JÉSUS DE NAZARETH

1. Du baptême dans le Jourdain à la Transfiguration

Joseph RATZINGER
BENOÎT XVI

JÉSUS DE NAZARETH

1. DU BAPTÊME DANS LE JOURDAIN
À LA TRANSFIGURATION

Édition française sous la direction de Mgr François Duthel

Traduit de l'allemand par Dieter Hornig,
Marie-Ange Roy et Dominique Tassel

Flammarion

Pour l'édition originale :
© 2007, Libreria editrice Vaticana, Cité du Vatican
© 2007, RCS Libri SpA Milano
Pour l'édition française :
© 2007, Éditions Flammarion, Paris
All rights reserved
ISBN : 978-2-0812-0390-7

AVANT-PROPOS

*L*e livre sur Jésus, dont je soumets ici la première partie au public, est le fruit d'un long cheminement intérieur. L'époque de ma jeunesse, les années 30 et 40, a connu toute une série d'ouvrages enthousiasmants sur Jésus : ceux de Karl Adam, Romano Guardini, Franz Michel Willam, Giovanni Papini, Daniel-Rops — pour ne citer que quelques noms. Dans tous ces ouvrages, c'était à partir des Évangiles qu'était brossé le portrait de Jésus Christ vivant sur la terre en tant qu'homme et qui, tout en étant pleinement homme, apportait Dieu aux hommes, Dieu avec lequel, en tant que Fils, il ne faisait qu'un. Ainsi, grâce à l'homme Jésus, Dieu devenait visible, de même que l'image de l'homme juste devenait visible à partir de Dieu.

La situation a changé depuis les années 50. Le fossé s'est élargi entre le « Jésus historique » et le « Christ de la foi », et les deux figures se sont éloignées l'une de l'autre à vue d'œil. Or, que peut bien signifier la foi en Jésus le Christ, en Jésus le Fils du Dieu vivant, dès lors que l'homme Jésus est si différent de celui que les Évangiles représentent et de celui que l'Église proclame à partir des Évangiles ?

Les progrès de la recherche historico-critique ont débouché sur des distinctions de plus en plus subtiles entre les différentes strates de la tradition, au terme desquelles la figure de Jésus, à laquelle la foi se réfère nécessairement, devient de plus en plus floue, voire évanescente. Dans le même temps, les reconstitutions de ce Jésus, qui devaient être recherchées derrière les traditions des évangélistes et de leurs sources, sont apparues de plus en plus antinomiques : du révolutionnaire anti-romain, travaillant au renversement des pouvoirs en place et échouant, évidemment, dans cette entreprise, au doux moraliste, qui consent à tout et, du coup, finit par causer lui-même sa perte sans qu'on en comprenne très bien les raisons. Quand on fait une lecture comparée de plusieurs de ces reconstitutions, force est de constater qu'elles reflètent davantage leurs auteurs et leurs idéaux qu'elles ne mettent au jour l'icône du Christ, alors devenue floue. Par conséquent, la méfiance à l'endroit de ces différentes images de Jésus s'est incontestablement accrue, alors que la figure même de Jésus s'éloignait encore plus de nous.

Comme résultat naturel de ces tentatives, il ressort l'impression que nous savons très peu de choses fiables sur Jésus et que c'est la foi en sa divinité qui a façonné son image après coup. Dans le même temps, cette impression a pénétré profondément la conscience collective de la chrétienté. Une telle situation est dramatique pour la foi, car le vrai point d'appui dont tout dépend — l'amitié intime avec Jésus — demeure incertain.

Il est manifeste qu'à la fin de sa vie, Rudolf Schnackenburg, l'exégète catholique de langue allemande probablement le plus important de la seconde moitié du XXᵉ siècle, a vivement ressenti le danger qu'une telle situation provoquait pour la foi. Confronté à l'insuffisance de toutes les images « historiques » de Jésus que l'exégèse avait fournies entre-temps, il eut encore assez d'énergie pour écrire son ultime grande œuvre : La personne du Christ dans le miroir des quatre Évangiles[1]. Cette œuvre, il la voulait au service des chrétiens croyants, « que la recherche scientifique a rendus incertains quant à la possibilité de garder la foi dans la personne de Jésus Christ Sauveur du monde[2] ». À la fin de son livre, Schnackenburg résume toute une vie de recherches en concluant « qu'une entreprise scientifique usant de méthodes historico-critiques aura bien du mal à fournir une image satisfaisante du personnage historique de Jésus de Nazareth[3] » et que « les efforts entrepris par l'exégèse scientifique [...] pour passer les traditions au crible de la crédibilité nous entraîneront dans un débat permanent sur les traditions et l'étude historique de la rédaction, un débat qui ne s'arrêtera jamais[4] ».

Sa propre représentation de la figure de Jésus, du fait de contraintes méthodologiques qu'il juge à la fois indispensables et insuffisantes, ne peut se défaire d'une certaine contradiction interne : Schnackenburg nous montre l'image du Christ des Évangiles, mais il la voit faite d'une multitude de traditions à travers lesquelles on ne peut apercevoir le « vrai » Jésus que de loin. « La base historique est un préalable, mais la perspective de la foi qui est celle des Évangiles amène constamment à la dépasser[5] », écrit-il. De cela personne ne doute aujourd'hui, mais les limites de cette « base historique » restent floues. Schnackenburg fait cependant ressortir clairement le point décisif en en faisant un donné réellement historique : la référence à Dieu et le lien intime avec Dieu qui sont le propre de Jésus : « Si on ne l'ancre pas en Dieu, le personnage de Jésus reste schématique, irréel et inexplicable[6]. » C'est également la pierre angulaire de mon livre : il voit Jésus à partir de sa communion avec le Père, qui est le centre proprement dit de sa personnalité ; sans cette communion, on ne comprend rien et, grâce à elle, le Christ se rend présent à nous encore aujourd'hui.

Dans la description concrète de la personne de Jésus, il est vrai que j'ai résolument tenté d'aller plus loin que Schnackenburg. Ce que je trouve problématique dans la façon dont Schnackenburg détermine le rapport entre traditions et événements historiques apparaît très clairement, à mon avis, dans la phrase suivante : les Évangiles « veulent pour ainsi dire habiller de chair la figure mystérieuse du Fils de Dieu apparu sur la terre[7] ». À ce propos, mon point de vue est le suivant : les Évangiles n'avaient pas besoin d'« habiller » Jésus de chair puisqu'il avait réellement pris chair. Reste à savoir s'il est possible de traverser le maquis des traditions pour trouver cette chair.

Dans son avant-propos, Schnackenburg nous dit qu'il se sait redevable de la méthode historico-critique, dont l'encyclique Divino afflante Spiritu, *en 1943, a autorisé l'utilisation dans la théologie catholique[8]. Cette encyclique marque en effet une étape importante pour l'exégèse catholique. Depuis, le débat méthodologique s'est poursuivi à l'intérieur de l'Église catholique comme à l'extérieur, et de nouvelles perspectives méthodologiques importantes pour l'interprétation de l'Écriture Sainte ont été dégagées — concernant le travail strictement historique en tant que tel aussi bien que le jeu combiné de la théologie et de la méthode historique. Un pas en avant décisif a été franchi avec la Constitution de Vatican II* Dei Verbum *sur la « Révélation divine ». En outre, d'importants éclaircissements, fruits d'une lente maturation des efforts exégétiques, ont été donnés dans deux documents de la Commission biblique pontificale :* L'interprétation de la Bible dans l'Église[9] *et* Le Peuple juif et ses saintes Écritures dans la Bible chrétienne[10].

Je voudrais indiquer, au moins à grands traits, quelles sont les orientations issues de ces deux documents, qui ont guidé mon travail dans l'élaboration de ce livre. Le premier aspect est que, du point de vue de la théologie et de la foi dans leur essence même, la méthode historique est et reste une dimension indispensable du travail exégétique. Car il est essentiel pour la foi biblique qu'elle puisse se référer à des événements réellement historiques. Elle ne raconte pas des légendes comme symboles de vérité qui vont au-delà de l'Histoire, mais elle se fonde sur une histoire qui s'est déroulée sur le sol de cette terre. Le factum historicum n'est pas pour elle une figure symbolique interchangeable, il est le sol qui la constitue : « Et incarnatus est » — « Et il a pris chair » — par ces mots, nous professons l'entrée effective de Dieu dans l'histoire réelle.

Si nous écartons cette histoire, la foi chrétienne est abolie en tant que telle et refondue dans une autre forme de religion. En effet, dès lors que l'histoire, le factuel, fait partie de l'essence même de la foi chrétienne, celle-ci doit affronter la méthode historique. C'est la foi elle-même qui l'exige. La Constitution conciliaire sur la Révélation divine le dit très clairement au numéro 12 et elle formule dans ce contexte plusieurs éléments méthodologiques concrets qu'il convient de respecter dans l'interprétation de l'Écriture. Le document de la Commission biblique consacré à l'interprétation de l'Écriture sainte est lui beaucoup plus circonstancié dans le chapitre intitulé « Méthodes et approches pour l'interprétation ».

Il est impossible, répétons-le, de se passer de la méthode historico-critique du fait de la structure même de la foi chrétienne. Mais il nous faut ajouter deux choses : tout en étant une des dimensions fondamentales de l'interprétation, cette méthode n'épuise pas le travail d'interprétation pour ceux qui voient dans les écrits bibliques la Sainte Écriture et qui la croient inspirée par Dieu. Nous y reviendrons de façon plus détaillée.

Le second élément important est qu'il faut discerner les limites de la méthode historico-critique elle-même. Pour celui qui se sent aujourd'hui interpellé par la Bible, la première limite consiste dans le fait que, par nature, la méthode doit nécessairement situer la parole dans le passé. En tant que méthode historique, elle étudie le contexte événementiel qui a vu naître les textes. Elle essaie de connaître et de comprendre le passé avec autant de précision que possible, tel qu'il était en lui-même, afin de reconstituer ce que l'auteur a pu et voulu dire à cette époque précise, dans le contexte de sa réflexion et des événements. Pour rester fidèle à elle-même, la méthode historique doit non seulement rechercher la parole comme appartenant au passé, mais elle doit aussi la laisser dans le passé. Elle peut y entrevoir des points de contact avec le présent, avec l'actualité ; elle peut essayer de l'appliquer au présent, mais elle ne peut en tout cas la rendre « actuelle » — cela dépasserait le cadre qui lui est imparti. Et c'est justement la précision dans l'interprétation du passé qui est à la fois sa force et sa limite.

À cela s'ajoute autre chose. En tant que méthode historique, elle postule la régularité du contexte dans lequel se sont déroulés les événements de l'histoire. Et elle doit de ce fait traiter les paroles auxquelles elle a affaire comme des paroles humaines. À bien y réfléchir, elle peut certes entrevoir la « plus-value » que recèle la parole, y pressentir une dimension plus élevée et inaugurer ainsi le dépassement d'elle-même, mais son objet propre demeure la parole de l'homme en tant que parole humaine.

En fin de compte, elle voit les différents livres de l'Écriture dans leur temps historique ; elle les répartit ensuite en fonction de leurs sources, mais l'unité de toutes ces écritures en tant que « Bible » n'a rien, pour elle, d'un donné historique brut. Elle

12

peut, bien entendu, voir les différentes phases de développement, la croissance des différentes traditions, et dans cette mesure même enregistrer la progression vers une unique « Écriture », au-delà des différents livres considérés un par un. Mais, au départ, la méthode historique est tenue de remonter à l'origine des textes et ainsi de commencer par les ramener à leur passé, avant, il est vrai, de compléter cette méthode régressive par la démarche inverse : suivre la progression des unités du texte en train de se constituer. En fin de compte, il faut retenir que la limite de toutes les tentatives de connaissance du passé est qu'on ne peut aller au-delà de la sphère des hypothèses, puisqu'en réalité il est impossible de ramener le passé au présent. Il existe bien entendu des hypothèses qui ont un haut degré de vraisemblance, mais globalement nous devons rester conscients des limites de nos certitudes. Et l'histoire, y compris celle de l'exégèse moderne, ne fait qu'attester cette limitation.

On conclura donc, d'un côté, à l'importance de la méthode historico-critique, tout en décrivant, de l'autre, ses limites. Avec ses limites, il devient évident, je l'espère, que cette méthode, de par sa nature, renvoie à quelque chose qui la dépasse et qu'elle est intrinsèquement ouverte à des méthodes complémentaires. Dans la parole passée, on peut entendre l'interrogation sur son actualité ; dans la parole des hommes se fait entendre quelque chose de plus grand ; les différentes Écritures renvoient d'une manière ou d'une autre au processus vivant de l'Écriture unique qui est à l'œuvre en elles. C'est justement de ce constat qu'est né et que s'est développé en Amérique, il y a environ trente ans, le projet d'« exégèse canonique », qui vise à lire les différents textes en les rapportant à la totalité de l'Écriture unique, ce qui permet de leur donner un éclairage tout à fait nouveau. La Constitution sur la Révélation divine du Concile Vatican II, au numéro 12, avait déjà mis ce point en lumière et elle en a fait un principe fondamental de l'exégèse *théologique : quiconque veut comprendre l'Écriture avec le même esprit qui l'a fait écrire doit considérer le contenu et l'unité de l'Écriture tout entière. Le Concile ajoute qu'il faut aussi tenir compte de la tradition vivante de toute l'Église et de l'analogie de la foi (les correspondances intérieures dans la foi).*

Arrêtons-nous d'abord sur l'unité de l'Écriture. Il s'agit d'un donné théologique, mais qui n'est pas purement et simplement plaqué de l'extérieur sur un ensemble de textes en lui-même hétérogène. L'exégèse moderne a montré que le processus par lequel les paroles transmises dans la Bible deviennent Écriture est un processus de perpétuelles relectures : dans une situation nouvelle, les textes anciens sont l'objet d'une nouvelle réception, d'une nouvelle compréhension, d'une nouvelle lecture. Au fil des lectures et des relectures, des corrections, des approfondissements et des amplifications, l'élaboration progressive d'une Écriture se déroule comme un processus de parole ouvrant petit à petit ses potentialités intérieures, qui sommeillaient en quelque sorte comme des semences, attendant pour fructifier d'y être fortement incitées par des situations nouvelles, des expériences et des souffrances nouvelles.

Celui qui part de Jésus Christ pour observer ce processus – certes non linéaire, souvent dramatique, mais qui va pourtant de l'avant – peut discerner qu'il existe une direction dans cet ensemble, que l'Ancien et le Nouveau Testament ne peuvent être dissociés. Certes, l'herméneutique christologique, qui voit dans Jésus Christ la clé de l'ensemble et qui, partant de lui, comprend la Bible comme une unité, postule un acte de foi et ne peut résulter d'une méthode purement historique. Mais cet acte de foi est intrinsèquement porteur de raison, d'une raison historique : il permet de voir l'unité interne de l'Écriture et, par là, d'avoir une compréhension nouvelle des différentes phases de son cheminement, sans leur retirer leur originalité historique.

L'« exégèse canonique » – la lecture des différents textes de la Bible dans leur ensemble – est une dimension essentielle de l'interprétation, qui n'est pas en contradiction avec la méthode historico-critique, mais la prolonge organiquement et la transforme en théologie proprement dite. Je voudrais mettre en relief deux autres aspects de l'exégèse théologique. L'interprétation historico-critique du texte cherche à retrouver le sens initial précis des mots, tels qu'on les entendait sur place et en leur temps. C'est bien et c'est important. Mais en dehors du fait que ce genre de reconstitution est d'une certitude relative, il convient d'avoir à l'esprit que toute parole d'homme d'un certain poids recèle d'emblée beaucoup plus que ce qui a pu parvenir sur le coup à la conscience immédiate de l'auteur. On peut d'autant plus parler de plus-value intérieure de la parole qu'elle dépasse l'instant où elle est prononcée, voire qu'elle a mûri dans le processus de l'histoire de la foi. Dans ce cas-là, l'auteur ne parle pas simplement de lui-même et pour lui-même. Il parle en puisant dans une histoire commune qui le porte et dans laquelle, en même temps, sont secrètement présentes les possibilités de son avenir et de son chemin ultérieur. Le processus de relecture et d'amplification des paroles n'aurait pas été possible si n'étaient pas déjà présentes, dans les paroles elles-mêmes, de telles ouvertures intrinsèques.

C'est ici que nous pouvons en quelque sorte avoir une intuition historique de ce que signifie l'inspiration : l'auteur ne parle pas en tant que personne privée, comme un sujet clos sur lui-même. Il parle au sein d'une communauté vivante et, de ce fait, il est porté par un mouvement historique vivant qu'il ne crée pas et qui n'est pas non plus créé par la collectivité, mais dans lequel une force directrice supérieure est à l'œuvre.

15

Il y a des dimensions de la parole que l'antique doctrine des quatre sens de l'Écriture avait esquissées de façon tout à fait appropriée. Les quatre sens de l'Écriture ne sont pas des significations particulières juxtaposées, mais précisément des dimensions d'une parole unique qui va bien au-delà de l'instant.

Cette considération implique déjà le second aspect que je voulais encore aborder. Les différents livres de l'Écriture Sainte, de même que celle-ci prise dans sa totalité, ne sont pas simplement une œuvre littéraire. L'Écriture est née d'un sujet vivant, le peuple de Dieu ; elle s'est développée et elle vit en son sein. On pourrait dire que les livres de l'Écriture renvoient à trois sujets imbriqués et agissant les uns sur les autres. On a d'abord un auteur particulier ou un groupe d'auteurs, auquel nous devons tel ou tel écrit. Mais ces auteurs ne sont pas des écrivains autonomes au sens moderne ; ils font partie d'un sujet commun, le peuple de Dieu, à partir duquel ils parlent et à qui ils s'adressent. C'est donc ce sujet qui est vraiment « l'auteur » plus profond des écrits. Et d'autre part, ce peuple n'est pas isolé ; il se sait guidé et interpellé par Dieu lui-même, qui est celui qui parle en profondeur, à travers des hommes et leur humanité.

Le lien avec le sujet « peuple de Dieu » est vital pour l'Écriture. D'un côté, ce livre – l'Écriture – est le critère qui vient de Dieu et la force qui guide le peuple, mais d'autre part l'Écriture ne vit justement que dans ce peuple, qui se dépasse lui-même dans cette Écriture et qui devient par là même – en dernière instance à partir du Verbe qui s'est fait chair – peuple de Dieu. Le peuple de Dieu – l'Église – est le sujet vivant de l'Écriture, et en elle les paroles bibliques sont toujours du présent. Ce qui implique évidemment que ce peuple admet lui-même qu'il se reçoit de Dieu et, pour finir, du Christ *incarné, qu'il accepte aussi d'être organisé, dirigé et orienté par Lui.*

Je me sentais tenu de fournir au lecteur ces quelques indications méthodologiques, puisqu'elles déterminent la voie de mon interprétation de la figure de Jésus dans le Nouveau Testament (voir ce que j'ai écrit à ce sujet dans l'introduction à la bibliographie). Pour ma présentation de Jésus, cela signifie surtout que je fais confiance aux Évangiles. Bien entendu, on présuppose tout ce que le Concile et l'exégèse moderne nous disent sur les genres littéraires, sur l'intention des affirmations, sur le contexte communautaire des Évangiles et de leur parole dans cet ensemble vivant. En intégrant tout cela, du mieux que j'ai pu, j'ai néanmoins voulu tenter de représenter le Jésus des Évangiles comme un Jésus réel, comme un « Jésus historique » au sens propre du terme. Je suis convaincu, et j'espère que le lecteur lui aussi pourra le voir, que cette figure est beaucoup plus logique et historiquement parlante, beaucoup plus compréhensible que les reconstructions auxquelles nous avons été confrontés au cours des dernières décennies. Je crois précisément que ce Jésus, celui des Évangiles, est une figure historiquement sensée et cohérente.

C'est uniquement si quelque chose d'extraordinaire s'est produit, si la figure et les paroles de Jésus ont radicalement dépassé toutes les espérances et toutes les attentes, que s'expliquent sa crucifixion et son influence. À peine une vingtaine d'années après la mort de Jésus, nous trouvons dans la grande hymne au Christ de la Lettre aux Philippiens (2, 6-11) une christologie dans laquelle il est dit de Jésus qu'il est l'égal de Dieu, mais qu'il s'est dépouillé, qu'il s'est fait homme, qu'il s'est abaissé jusqu'à mourir sur la croix et que, désormais, lui est dû l'hommage cosmique, l'adoration que Dieu avait proclamée chez le prophète Isaïe (cf. 45, 23) comme étant réservée à Dieu et à lui seul.

La recherche critique se pose à juste titre la question : que s'est-il passé au cours des vingt ans qui ont suivi la crucifixion de Jésus ? Comment en est-on venu à cette christologie ? L'action de communautés anonymes dont on essaie d'identifier les représentants ne peut, en réalité, rien expliquer. Comment des entités collectives anonymes ont-elles pu se montrer si créatives ? Faire preuve de tant de conviction et réussir à convaincre ? N'est-il pas beaucoup plus logique, du point de vue historique, de considérer que la grandeur est au commencement et que la personne de Jésus brisait en effet toutes les catégories disponibles, qu'elle ne pouvait être comprise qu'à partir du mystère de Dieu ? Il est vrai que croire qu'il était Dieu tout en étant réellement homme, croire qu'il le faisait comprendre sous une forme voilée, celle des paraboles, tout en étant de plus en plus claire, voilà qui dépasse les possibilités de la méthode historique. À l'inverse, à la lumière de cette conviction ancrée dans la foi, on peut lire les textes en s'appuyant sur la méthode historique et son ouverture à quelque chose de plus grand, alors ces textes s'ouvrent, et il en ressort un chemin et une figure dignes de foi. Ce qui ressort aussi en toute clarté dans les textes du Nouveau Testament, c'est la recherche complexe, à plusieurs niveaux, autour de la figure de Jésus et, en dépit des différences, l'unité profonde de ces écrits.

Il est évident qu'avec cette conception de la figure de Jésus, je vais au-delà de ce que dit par exemple Schnackenburg, représentatif d'une grande partie de l'exégèse contemporaine. Mais j'espère que le lecteur verra clairement que ce livre n'est pas écrit contre l'exégèse moderne, qu'il témoigne au contraire d'une grande reconnaissance pour tout ce qu'elle nous a donné et continue de nous donner. Elle nous a fait accéder à une abondance de matériaux et de connaissances qui présentent la personne de Jésus de façon bien plus vivante et bien plus profonde que nous ne pouvions l'imaginer il y a encore quelques décennies. J'ai simplement essayé, au-delà de l'interprétation historico-critique, d'appliquer les nouveaux critères méthodologiques, qui nous autorisent une interprétation proprement théologique de la Bible, qui requièrent évidemment la foi, sans pour autant vouloir ni pouvoir renoncer en rien à la rigueur historique.

Il est clair que je n'ai pas besoin de dire expressément que ce livre n'est en aucune manière un acte du magistère, mais uniquement l'expression de ma quête personnelle de « la face du Seigneur » (cf. Ps 26 [27], 8). Aussi chacun est-il libre de me contredire. Je prie simplement les lectrices et les lecteurs de me faire le crédit de la bienveillance sans lequel il n'y a pas de compréhension possible.

Comme je l'ai dit au début de cet avant-propos, ce livre est le résultat d'une longue approche intérieure. J'ai pu commencer à y travailler au cours des vacances de l'été 2003. En août 2004, j'ai donné leur forme définitive aux chapitres 1 à 4. Après mon élection au siège épiscopal de Rome, j'ai consacré tous mes instants de liberté à la rédaction de ce livre. Comme j'ignore de combien de temps et de combien de force je pourrai encore bénéficier à l'avenir, je me suis résolu à publier comme première partie les dix premiers chapitres, allant du baptême dans le Jourdain à la confession de Pierre et à la Transfiguration.

Dans la deuxième partie, j'espère pouvoir encore offrir le chapitre sur les récits de l'enfance, que pour l'instant j'ai remis à plus tard, parce qu'il me semblait surtout urgent de présenter la figure et le message de Jésus durant son activité publique,

19

dans le but de favoriser pour le lecteur la croissance d'un rapport vivant avec Jésus.

*Rome, en la fête de saint Jérôme,
30 septembre 2006
Joseph Ratzinger – Benoît XVI*

INTRODUCTION

Premier aperçu sur le mystère de Jésus

L e Livre du Deutéronome recèle une promesse totalement différente de l'espérance messianique des autres livres de l'Ancien Testament ; elle est d'une importance décisive pour comprendre la figure de Jésus. Ce n'est pas un roi d'Israël, ni du monde, ni un nouveau David, qui est promis, mais un nouveau Moïse, Moïse lui-même étant alors présenté comme un prophète. Or l'appellation de prophète tranche sur le monde religieux ambiant et elle se définit comme quelque chose d'absolument unique et différent, qu'on ne trouve sous cette forme qu'en Israël. La nouveauté et la différence qui la caractérisent résultent de la spécificité de la foi en Dieu qui fut donnée à Israël. De tout temps, l'homme s'est interrogé pour savoir d'où il venait, mais plus encore que l'obscurité de ses origines, c'est sans doute l'opacité de son avenir qui l'a inquiété. Il veut déchirer le rideau, il veut savoir ce qui va se passer pour échapper au malheur et pour trouver la voie du salut.

Les religions ne sont pas seulement soumises à l'interrogation sur l'origine, toutes cherchent à soulever le voile de l'avenir. Leur importance tient justement au savoir qu'elles transmettent sur ce qui va se produire, permettant ainsi à l'homme de trouver la voie qu'il lui faut emprunter pour ne pas échouer. C'est la raison pour laquelle pratiquement toutes les religions ont développé des formes de prévision de l'avenir.

Le Livre du Deutéronome énumère les différentes formes d'« ouverture » sur l'avenir pratiquées dans l'entourage d'Israël : « Lorsque tu seras entré dans le pays que le Seigneur ton Dieu te donne, tu n'apprendras pas à commettre les mêmes abominations que ces nations-là. On ne trouvera chez toi personne qui fasse passer au feu son fils ou sa fille, qui pratique divination, incantation, mantique ou magie, personne qui use de charmes, qui interroge les spectres et les devins, qui invoque les morts. Car quiconque fait ces choses est en abomination au Seigneur ton Dieu » (*Dt* 18, 9-12).

À quel point il était difficile d'y renoncer, c'est ce qu'illustre l'histoire de la fin de Saül : lui-même avait tenté d'appliquer ce commandement et de bannir toute forme de magie, mais confronté au danger imminent d'une bataille contre les Philistins, il ne supporte plus le silence de Dieu et il se rend à cheval chez une nécromancienne d'En-Dor qui doit appeler l'esprit de Samuel pour lui ouvrir les yeux sur l'avenir : quand le Seigneur se tait, c'est un autre qui doit déchirer le voile du lendemain (cf. *1 S* 28).

Le chapitre 18 du Deutéronome dénonce toutes ces façons d'entrer en possession de l'avenir en les qualifiant d'« abominations » aux yeux de Dieu et il oppose à cette industrie de la divination l'autre voie propre à Israël – le chemin de la foi – et ce sous la forme d'une promesse : « Au milieu de vous, parmi vos frères, le Seigneur votre Dieu fera se lever un prophète comme moi, et vous l'écouterez » (*Dt* 18, 15). Au premier abord, il semble qu'il s'agit uniquement de la promesse de l'institution du prophétisme en Israël, le prophète se voyant confier la tâche d'interpréter le présent et l'avenir. La critique à l'encontre des faux prophètes, que l'on retrouve constamment dans les livres prophétiques, indique tout simplement le danger que les prophètes assument pratiquement le rôle de devins, qu'ils se comportent comme tels pour répondre à la demande, demande qui faisait retomber Israël dans les errements dont les prophètes avaient justement pour mission de l'éloigner.

La fin du Livre du Deutéronome revient une fois encore sur la Promesse et lui donne un tour surprenant, qui va bien au-delà de l'institution du prophétisme et qui donne ainsi son sens spécifique à la figure du prophète. On peut en effet y lire ceci : « Il ne s'est plus jamais levé en Israël un prophète comme Moïse, lui que le Seigneur rencontrait face à face » (*Dt* 34, 10). Cette conclusion du cinquième livre de Moïse est dominée par une tonalité étrangement mélancolique. La promesse d'« un prophète comme moi » ne s'est pas encore réalisée. Il apparaît maintenant que ces mots ne signalent pas simplement l'institution du prophétisme, puisque ce dernier existait déjà, mais quelque chose d'autre et de bien plus important : l'annonce d'un nouveau Moïse. Il était devenu évident que l'installation en Palestine n'avait pas été l'entrée dans le salut, qu'Israël attendait encore sa véritable libération, qu'un exode de nature plus radicale était nécessaire et qu'il fallait pour ce faire un nouveau Moïse.

Puis il est également dit ce qui distinguait Moïse, ce qui constituait la particularité et la quintessence de cette figure : il avait rencontré le Seigneur « face à face », il avait parlé à Dieu comme un ami parle à son ami (cf. *Ex* 33, 11). La caractéristique essentielle de la figure de Moïse n'est pas les miracles dont on le crédite ; elle n'est pas non plus les œuvres et les épreuves pendant la traversée du désert depuis l'Égypte, « maison de servitude », jusqu'au seuil de la Terre promise. Ce qui est décisif, c'est que Moïse a parlé à Dieu comme à un ami : c'est uniquement de là que pouvaient venir ses œuvres, là que pouvait s'enraciner la Loi devant indiquer à Israël la voie à suivre dans l'histoire.

Et maintenant, il devient tout à fait clair que le prophète n'est pas la variante israélite du devin, comme on l'a de fait souvent considéré et comme de nombreux faux prophètes se concevaient eux-mêmes, mais qu'il signifie quelque chose de fondamentalement différent : il n'est pas là pour communiquer des événements de demain ou d'après-demain et pour satisfaire ainsi la curiosité ou le besoin de sécurité humains. Il nous montre le visage de Dieu et partant la voie que nous devons suivre. L'avenir dont il s'agit dans ses enseignements va beaucoup plus loin que ce qu'on cherche à savoir en interrogeant les devins. Il indique le chemin qui mène au véritable « exode », qui consiste à rechercher et à trouver dans toutes les voies de l'histoire la voie qui mène à Dieu, car c'est la véritable direction qu'il faut prendre. En ce sens, la prophétie correspond strictement à la foi d'Israël en un Dieu unique, c'est sa transposition dans la vie concrète d'une communauté devant Dieu et sur le chemin vers Dieu.

« Il ne s'est plus jamais levé en Israël un prophète comme Moïse. » Ce diagnostic donne à la promesse selon laquelle « le Seigneur votre Dieu fera se lever un prophète comme moi » une nouvelle dimension eschatologique. Israël peut désormais espérer un nouveau Moïse, qui n'a pas encore paru, mais qui se lèvera quand l'heure sera venue. Et le signe particulier de ce « prophète » sera qu'il rencontrera Dieu face à face comme le fait un ami avec son ami. Sa marque distinctive est une proximité avec Dieu telle qu'il peut communiquer sans intermédiaire, et donc sans altération, la volonté et la parole de Dieu. Et c'est l'élément salvifique qu'Israël attend, que l'humanité attend. Nous devons rappeler ici une autre histoire étrange concernant le rapport de Moïse à Dieu, histoire qui nous est racontée dans le Livre de l'Exode. On nous y rapporte la prière que Moïse adresse à Dieu : « Je t'en prie, laisse-moi contempler ta gloire » (*Ex* 33, 18). Cette prière n'est pas exaucée : « Tu ne pourras pas voir mon visage » (*Ex* 33, 20). Moïse se voit assigner une place à proximité de Dieu dans le creux d'un rocher devant lequel Dieu passera avec sa gloire. Pendant qu'il passe devant lui, Dieu le recouvre de sa propre main, qu'il retire ensuite : « Et tu me verras de dos, mais mon visage, personne ne peut le voir » (*Ex* 33, 23).

Ce passage mystérieux a joué un rôle essentiel dans l'histoire de la mystique juive et chrétienne, car c'est en partant de lui que l'on a tenté de savoir jusqu'où peut aller le contact avec Dieu dans cette vie et de discerner les limites de la vision mystique. Quant à ce qui nous occupe actuellement, il n'en reste pas moins que la proximité de Moïse avec Dieu, qui en fait le grand médiateur de la Révélation, le médiateur de l'Alliance, rencontre là ses limites. Il ne voit pas la face de Dieu, même s'il lui est donné de plonger dans la nuée de la proximité avec Dieu et de lui parler comme à un ami. Ainsi la promesse d'un « prophète comme moi » recèle implicitement une attente encore plus grande : qu'il soit donné au dernier prophète, au nouveau Moïse, ce que le premier Moïse n'avait pu obtenir – voir réellement et directement le visage de Dieu et ainsi pouvoir parler à partir de cette pleine vision et non simplement parce qu'il a vu Dieu de dos. Du coup cela implique aussi quasi naturellement l'espoir que le nouveau Moïse sera le médiateur d'une alliance supérieure à celle que Moïse avait pu rapporter du Sinaï (cf. *He* 9, 11-24).

C'est dans ce contexte que nous trouvons la clé de lecture de la fin du prologue de l'Évangile de Jean : « Dieu, personne ne l'a jamais vu ; le Fils unique, qui est dans le sein du Père, c'est lui qui a conduit à le connaître » (*Jn* 1, 18). C'est en Jésus que s'accomplit la promesse du nouveau prophète. En lui se réalise pleinement ce qui était resté inachevé chez Moïse : il vit devant la face de Dieu, non seulement en qualité d'ami, mais en qualité de fils, il vit dans l'union la plus intime avec le Père.

C'est là le point à partir duquel il est possible de comprendre la figure de Jésus, telle que nous la propose le Nouveau Testament ; tout ce qui est raconté de Jésus, ses paroles, ses actes, ses souffrances et sa gloire, trouve là son ancrage. Si l'on omet cela, qui est proprement le centre, on passe à côté de ce qui fait la spécificité de la figure de Jésus, qui devient contradictoire et finalement incompréhensible. La question que doit se poser nécessairement tout lecteur du Nouveau Testament cherchant à savoir d'où Jésus a bien pu tirer son enseignement, ce qui permettrait d'expliquer les modalités de son comportement, cette question ne peut recevoir de vraie réponse qu'à partir de là. La réaction des auditeurs de Jésus était claire : cet enseignement ne provient d'aucune école. Il est radicalement autre que l'enseignement que l'on peut recevoir dans les écoles. Il n'est pas une explication selon la méthode de l'interprétation telle qu'elle est transmise par les écoles. Il est tout autre. Il s'agit d'un enseignement fait « avec autorité ». En réfléchissant aux paroles de Jésus, il faudra revenir sur ce diagnostic de ses auditeurs et en approfondir la signification.

L'enseignement de Jésus ne vient pas d'un apprentissage humain, quelle qu'en soit la nature. Il provient du contact direct avec le Père, du dialogue « face à face » – de la vision de celui qui est dans « le sein du Père » (*Jn* 1, 18). C'est la parole du Fils. Privée de ce fondement intérieur, elle serait de la présomption. À l'époque de Jésus, c'était d'ailleurs l'opinion des scribes justement parce qu'ils refusaient d'accepter ce fondement intérieur : la vision et la connaissance face à face.

Pour comprendre Jésus, certaines notations récurrentes sont fondamentales ; ce sont des notations qui indiquent que Jésus s'est retiré « sur la montagne » et qu'il y a prié pendant plusieurs nuits, « seul » avec le Père. Ces brèves indications soulèvent le voile du mystère et nous permettent d'entrevoir l'existence de Jésus en tant que Fils, la source ultime de ses actes, de son enseignement et de sa souffrance. Cette « prière » de Jésus est le dialogue du Fils avec le Père, prière dans laquelle se trouvent entraînées la conscience et la volonté humaines de Jésus, son âme humaine, ce qui permet à la « prière » de l'homme de participer de la communion du Fils avec le Père. Le célèbre constat du théologien Harnack, selon lequel le message de Jésus est un message du Père, dans lequel le Fils n'aurait pas sa place, si bien que la christologie serait extérieure au message de Jésus – cette thèse se corrige ici d'elle-même. Si Jésus parle du Père comme il le fait, c'est parce qu'il est le Fils et qu'il est avec le Père dans une communion filiale. La dimension christologique, à savoir le mystère du Fils comme étant celui qui révèle le Père, « la christologie », est présente dans toutes les paroles et dans tous les actes de Jésus. Un autre élément essentiel se fait jour ici : nous avons dit que, dans l'acte de prier, l'âme humaine de Jésus se voyait impliquée dans sa communion filiale avec le Père. Qui voit Jésus, voit le Père (cf. *Jn* 14, 9). Ainsi le disciple qui accompagne Jésus se voit impliqué dans la communion avec Dieu. Tel est l'élément proprement rédempteur : le dépassement des limites de la condition humaine, déjà inscrit en l'homme dès la création comme attente et comme possibilité en vertu de sa ressemblance avec Dieu.

1

LE BAPTÊME DE JÉSUS

L a vie publique de Jésus commence avec son baptême par Jean le Baptiste dans les eaux du Jourdain. Alors que Matthieu se contente de la formule un peu abstraite « en ce temps-là » pour dater l'événement, Luc le situe très consciemment dans le contexte beaucoup plus large d'une histoire universelle, qui permet une datation extrêmement précise. Il est vrai que Matthieu autorise à sa manière une forme de datation, puisqu'il fait précéder son Évangile d'une généalogie de Jésus remontant à Abraham et à David, et présentant Jésus comme l'héritier de la promesse faite à Abraham, de même que l'héritier des promesses faites à David, à qui Dieu a offert un royaume éternel, en dépit de tous les péchés d'Israël et tous ses châtiments. Selon cet arbre généalogique, l'histoire se décompose en trois fois quatorze générations, 14 étant la valeur numérique du nom David : elle se divise en une période allant d'Abraham à David, une autre allant de David à l'exil babylonien, suivie d'une dernière période de quatorze générations. Et c'est justement cette dernière période de quatorze générations qui montre que l'heure du David définitif a sonné, l'heure du nouveau royaume de David compris comme instauration du Royaume même de Dieu.

Puisque l'Évangile de Matthieu s'adresse à des judéo-chrétiens, il s'agit là d'un arbre généalogique dessinant une histoire juive du salut, qui ne se réfère que très indirectement à l'histoire universelle : le royaume du nouveau David étant le royaume de Dieu, il concerne aussi naturellement le monde dans sa totalité. De ce fait, la datation concrète demeure floue, puisque le décompte des générations n'est pas vraiment fait dans le cadre d'une structure historique. Ce qui est déterminant, c'est le rythme ternaire de la promesse, sans intention d'établir un découpage temporel précis.

Remarquons immédiatement que Luc ne place pas sa généalogie de Jésus au début de son Évangile, mais qu'il la relie au baptême du Christ, dont elle est la conclusion. Il nous dit que, à cette époque, Jésus était âgé d'environ trente ans et qu'il avait donc atteint l'âge auquel il est légitime d'avoir une activité publique. Dans sa généalogie, Luc, contrairement à Matthieu, part de Jésus et remonte l'histoire antérieure. N'accordant aucune importance particulière à Abraham et à David, le récit généalogique remonte jusqu'à Adam, voire jusqu'à la création, puisque, au nom d'Adam, Luc ajoute : fils de Dieu. Par là même, c'est la mission universelle de Jésus qui se trouve mise en exergue : étant fils d'Adam, il est Fils de l'homme. Du fait de sa condition d'homme, nous faisons tous partie de Lui et Lui fait partie de nous. En lui l'humanité connaît un nouveau départ et parvient à son accomplissement.

Mais revenons au récit du baptême. Luc avait déjà donné deux dates essentielles dans les récits de l'enfance. Concernant la naissance de Jean le Baptiste, il nous dit qu'il faut la situer « au temps d'Hérode le Grand, roi de Judée » (1, 5). Alors que la datation de la vie de Jean le Baptiste

reste ainsi ancrée dans l'histoire du peuple juif, l'histoire de l'enfance de Jésus commence par ces mots : « En ces jours-là, parut un édit de l'empereur Auguste,... » (2, 1). Cette fois, c'est la grande Histoire, l'histoire universelle incarnée par l'Empire romain, qui se trouve à l'arrière-plan.

C'est ce fil de l'histoire que reprend Luc lorsqu'il introduit le récit du baptême, début de l'activité publique de Jésus. Il nous dit alors avec solennité et précision : « L'an quinze du règne de l'empereur Tibère, Ponce Pilate étant gouverneur de la Judée, Hérode prince de Galilée, son frère Philippe prince du pays d'Iturée et de Traconitide, Lysanias prince d'Abilène, les grands prêtres étant Anne et Caïphe... » (3, 1-2). Cette référence renouvelée à l'empereur romain situe Jésus dans le temps de l'histoire universelle : l'activité de Jésus ne doit pas appartenir à un temps mythique quelconque, pouvant à la fois signifier toujours et jamais. C'est un événement historique précisément datable, avec tout le sérieux d'une réalité historique humaine, quelque chose d'unique, dont le mode de présence à toutes les époques excède considérablement l'atemporalité du mythe.

Cependant, il ne s'agit pas là seulement de datation. L'empereur et Jésus personnifient deux ordres de réalité différents, qui ne s'excluent pas obligatoirement l'un l'autre, et dont le face-à-face recèle un conflit potentiel concernant les questions fondamentales de l'humanité et de l'existence humaine. « À César, rendez ce qui est à César, et à Dieu, ce qui est à Dieu » (*Mc* 12, 17), dira plus tard Jésus, formulant ainsi la compatibilité fondamentale des deux sphères. Mais alors que l'empereur se définit lui-même comme divin, ce que présuppose Auguste quand il se présente comme celui qui apporte la paix au monde et le salut à l'humanité, le chrétien, lui, doit « obéir à Dieu plutôt qu'aux hommes » (*Ac* 5, 29) ; les chrétiens deviennent alors des « martyrs », des témoins du Christ, qui est lui-même mort sur la croix sous Ponce Pilate en tant que « témoin fidèle » (*Ap* 1, 5). Avec la citation du nom de Ponce Pilate, l'ombre de la croix se profile dès le début de l'activité publique de Jésus. La croix s'annonce également dans les noms de Hérode, Anne et Caïphe.

Mais quelque chose d'autre est anticipé par la coexistence de l'empereur et des princes qui se partagent la Terre sainte. Toutes ces principautés dépendent de la Rome païenne. Le royaume de David est brisé, sa « tente » est délabrée (cf. *Am* 9, 11-15). Le descendant, père de Jésus selon la Loi, est un artisan qui habite la province de Galilée, où vivent aussi des populations païennes. Israël vit une fois de plus l'obscurité de Dieu, les promesses faites jadis à Abraham et à David semblent s'être abîmées dans le silence de Dieu. Et la même plainte s'élève de nouveau : nous n'avons plus de prophète, Dieu semble avoir abandonné son peuple. Pour les mêmes raisons, le pays est en proie à des troubles.

Des mouvements, des espoirs et des attentes antagonistes dominent le climat religieux et politique. À peu près à l'époque de la naissance de Jésus, Judas le Galiléen a appelé à une révolte qui fut réprimée dans le sang par les Romains. Son parti, celui des zélotes, qui continuait à exister, ne refuse ni la terreur ni la violence pour restaurer la liberté d'Israël. Il n'est pas exclu que l'un ou l'autre parmi les douze apôtres, Simon le zélote et peut-être aussi Judas Iscariote, ait été partisan de ce mouvement. Les pharisiens, que nous rencontrons fréquemment dans les Évangiles, tentent de leur côté de mener une vie d'observance stricte des préceptes de la Torah et de se soustraire à la culture unifiée hellénistique et romaine, qui s'imposait quasiment

d'elle-même sur le territoire de l'Empire romain et menaçait d'aligner Israël sur le mode de vie des peuples païens
du reste du monde. Les sadducéens, qui font majoritairement partie de l'aristocratie et de la classe sacerdotale, s'ef-
forcent de vivre un judaïsme éclairé, conforme au modèle
spirituel de l'époque, et partant, de s'adapter à la domination romaine. Ils disparaîtront après la destruction de Jérusalem (70 ap. J.-C.), alors que le mode de vie adopté par
les pharisiens trouvera une incarnation durable dans le
judaïsme imprégné par la Mishna et le Talmud. Même si,
dans les Évangiles, d'âpres oppositions mettent aux prises
Jésus et les pharisiens, et même si sa mort en croix est en
totale opposition avec le programme des zélotes, nous ne
devons pas oublier que les gens qui sont allés vers le Christ
provenaient d'horizons très divers et que la communauté
chrétienne primitive comprenait aussi beaucoup de prêtres
et d'anciens pharisiens.

Le hasard d'une découverte archéologique dans les
années qui ont suivi la Seconde Guerre mondiale a permis
de réaliser des fouilles à Qumran et de mettre au jour des
textes qui, d'après certains spécialistes, sont reliés à un
mouvement plus large, les esséniens, connus jusqu'alors
seulement d'après des sources littéraires. Ce groupe s'était
détourné du Temple d'Hérode et de son culte pour créer
des communautés monastiques dans le désert de Judée,
mais aussi des communautés de familles obéissant à des
règles fondées sur la religion. Ils ont également laissé une
littérature très riche et instauré des rites originaux compre-
nant notamment des ablutions liturgiques et des prières
dites en commun. Nous sommes touchés par le sérieux et
la foi dont témoignent ces écrits. Il semble que Jean le
Baptiste, mais aussi peut-être Jésus et sa famille étaient
proches de cette communauté. En tout état de cause, les

manuscrits de Qumran présentent de multiples analogies avec le message chrétien. Il n'est pas exclu que Jean le Baptiste ait vécu un certain temps au sein de cette communauté et qu'il lui doive une bonne partie de sa formation religieuse.

Il n'empêche que l'apparition du Baptiste demeure quelque chose de radicalement nouveau. Le baptême auquel il appelle se distingue des ablutions religieuses habituelles. Il ne peut être répété et doit être l'accomplissement concret d'une conversion qui redéfinit pour toujours la vie entière. Il est lié à un appel enflammé pour un nouveau mode de pensée et d'action, lié surtout à l'annonce du jugement de Dieu et à la venue d'un plus grand qui viendra après Jean. Le quatrième Évangile nous dit que cet être plus grand auquel il doit préparer la voie, le Baptiste « ne le connaissait pas » (cf. *Jn* 1, 30-33). Mais il sait que son rôle est de préparer la voie à cet Autre mystérieux et que toute sa mission est centrée sur lui.

Dans les quatre Évangiles cette mission spécifique est décrite par une citation d'Isaïe : « Une voix proclame : "Préparez à travers le désert le chemin du Seigneur. Tracez dans les terres arides une route aplanie pour notre Dieu" » (*Is* 40, 3). Marc ajoute encore des éléments associant Malachie 3, 1 et Exode 23, 20, que nous trouvons dans un autre contexte également chez Matthieu (11, 10) et chez Luc (1, 76 ; 7, 27) : « Voici que j'envoie mon messager en avant de toi, pour préparer la route » (*Mc* 1, 2). Dans tous ces textes de l'Ancien Testament, il est question d'une intervention salvifique de Dieu, qui sort de son silence pour juger et sauver. C'est à lui qu'il faut ouvrir la porte, c'est pour lui qu'il faut préparer le chemin. La prédication du

Baptiste donne une actualité à ces paroles d'espérance très anciennes : de grandes choses s'annoncent.

Nous pouvons imaginer l'impression extraordinaire que devaient nécessairement susciter la figure et le message du Baptiste dans l'atmosphère bouillonnante de la Jérusalem d'alors. Enfin un prophète réapparaissait, et sa vie elle-même était un témoignage. Enfin s'annonçait une nouvelle intervention de Dieu dans l'histoire. Jean baptise avec l'eau, mais un plus grand que lui, qui baptisera avec l'Esprit-Saint et le feu, est déjà sur le seuil. Ainsi nous n'avons nullement besoin de considérer que l'indication donnée par Marc est une exagération : « Toute la Judée, tout Jérusalem, venait à lui. Tous se faisaient baptiser par lui dans les eaux du Jourdain, en reconnaissant leurs péchés » (*Mc* 1, 5). La confession – la reconnaissance – des péchés appartient au baptême de Jean. Le judaïsme de l'époque connaissait plutôt des confessions formelles et générales, mais il n'ignorait pas la confession tout à fait personnelle, dans laquelle il faut énumérer un par un les actes fautifs[1]. Dans cet exercice, il s'agit réellement de surmonter son existence antérieure peccamineuse, de prendre un nouveau départ pour mener une autre vie.

C'est ce que signifie le processus du baptême. On y trouve d'un côté une symbolique de la mort : le flot qui anéantit et détruit. Aux yeux de la pensée antique, l'océan était une menace permanente pour le cosmos, pour la terre, le flot originaire capable d'ensevelir toute vie. Par le biais de l'immersion, le fleuve intègre cette symbolique. Mais le cours d'eau est aussi symbole de vie. Les grands fleuves de la région – le Nil, l'Euphrate, le Tigre – sont des grands dispensateurs de vie. De même le Jourdain est source de vie pour sa région jusqu'à aujourd'hui. Il s'agit de purifier, de libérer l'homme de la boue du passé, qui pèse sur la vie et qui la défigure ; il s'agit d'un nouveau commencement, à savoir d'une mort et d'une résurrection, il s'agit de repartir à zéro pour mener une vie nouvelle. On pourrait donc dire qu'il s'agit de renaître. Tout cela sera explicitement développé plus tard dans la théologie du baptême chrétien, mais les germes en sont déjà posés dans la descente dans les eaux du Jourdain et la remontée sur la rive.

Nous venons de voir que toute la Judée et Jérusalem affluaient pour se faire baptiser. Mais voici que se produit quelque chose de nouveau : « Or, à cette époque, Jésus vint de Nazareth, ville de Galilée, et se fit baptiser par Jean dans le Jourdain » (Mc 1, 9). Jusque-là, il n'avait pas été question de pèlerins venus de Galilée et tout paraissait se concentrer dans la seule Judée. Mais la nouveauté proprement dite n'est pas que Jésus soit d'une autre zone géographique, qu'il vienne en quelque sorte de loin. La grande nouveauté c'est que lui – Jésus – veut se faire baptiser, qu'il se mêle à la foule anonyme des pécheurs qui attendent là sur les rives du Jourdain. Comme nous venons de le voir, le baptême implique une reconnaissance des péchés. Il est une confession de ses fautes et la tentative de se dépouiller d'une ancienne vie mal vécue, pour en recevoir une nouvelle. Était-ce possible pour Jésus ? Comment pouvait-il se reconnaître des péchés ? Se séparer de la vie antérieure pour en mener une nouvelle ? Voilà la question que les chrétiens sont obligés de se poser. Le débat entre le Baptiste et Jésus, que raconte Matthieu, formule précisément cette question : « C'est moi qui ai besoin de me faire baptiser par toi, et c'est toi qui viens à moi ! » (Mt 3, 14). Sur quoi Matthieu poursuit : « Mais Jésus lui répondit : "Pour le moment, laisse-moi faire ; c'est de cette façon que nous devons accomplir parfaitement ce qui est juste." Alors Jean le laisse faire » (*Mt* 3, 15).

Le sens de cette réponse d'apparence énigmatique n'est pas facile à déchiffrer. En tout cas, le petit mot *árti* (« pour le moment ») traduit une forme de réserve. Dans les situations provisoires, il faut se comporter d'une certaine façon. Pour interpréter la réponse de Jésus, il est essentiel de donner tout son sens au mot « juste » : il faut accomplir parfaitement ce qui est « juste ». Dans le monde où se trouve Jésus, cette « justice » est la réponse de l'homme à la Torah, l'acceptation de l'entière volonté de Dieu, la volonté de prendre sur soi le « joug du royaume de Dieu », pour utiliser une formule connue. Le baptême de Jean n'est pas prévu par la Torah mais Jésus reconnaît ce baptême en utilisant ce mot qui exprime l'adhésion sans réserve à la volonté de Dieu, l'acceptation docile de son joug.

Puisque l'humble consentement à ce baptême implique la reconnaissance de la faute et une demande de Pardon pour connaître le renouveau, cette adhésion à l'entière volonté de Dieu dans un monde marqué par le péché exprime aussi la solidarité avec les hommes devenus coupables, mais aspirant à la justice. Il a fallu la croix et la résurrection pour mesurer toute l'importance de ce processus. En descendant dans l'eau, ceux qui reçoivent le baptême reconnaissent leurs péchés et cherchent à être délivrés du fardeau de leur chute dans le péché. Qu'est-ce que Jésus a donc fait ? Luc, qui prête une grande attention à la prière de Jésus tout au long de son Évangile et qui ne cesse de le représenter en prière quand il parle avec le Père, nous dit que Jésus priait en recevant le baptême (3, 21). C'est en partant de la croix et de la résurrection que les chrétiens ont compris ce qui s'était passé : Jésus a pris sur ses épaules le fardeau de la faute de l'humanité entière et l'a porté en descendant dans le Jourdain. Il inaugure sa vie publique en prenant la place des pécheurs. Il l'inaugure en anticipant la croix. Il est en quelque sorte le véritable Jonas, lequel avait dit aux matelots : « Prenez-moi et jetez-moi à la mer » (*Jon* 1, 12). C'est uniquement avec la croix que se révèle toute la signification du baptême de Jésus, son consentement à prendre sur lui tout ce qui est « juste ». Le baptême est l'acceptation de la mort pour les péchés de l'humanité, et la voix qui se manifeste au baptême – « Celui-ci est mon Fils bien-aimé » (*Mt* 3, 17) – est une anticipation de la résurrection. Il est donc compréhensible que, dans les discours de Jésus lui-même, le mot baptême désigne sa mort (cf. *Mc* 10, 38 ; *Lc* 12, 50).

C'est uniquement en partant de là que l'on peut comprendre le baptême chrétien. L'anticipation de la mort sur la croix, qui a eu lieu dans le baptême de Jésus, et l'anticipation de la résurrection, annoncée par la voix venant des cieux, sont maintenant réalité. Le baptême de l'eau qui est pratiqué par Jean est accompli avec le baptême de vie et de mort de Jésus. Suivre l'invitation au baptême signifie à présent se rendre sur le lieu du baptême de Jésus et recevoir ainsi de son identification avec nous notre identification avec lui. Le point de son anticipation de la mort est devenu pour nous le point de notre anticipation de la résurrection avec lui. Dans sa théologie du baptême (cf. *Rm* 6), Paul a développé ce rapport interne, sans parler explicitement du baptême de Jésus dans le Jourdain.

Dans sa liturgie et sa théologie des icônes, l'Église d'Orient a développé et approfondi cette conception du baptême de Jésus. Elle voit un rapport profond entre le contenu de la fête de l'Épiphanie (lors de laquelle, en

Orient, on célèbre Jésus proclamé Fils de Dieu par la voix venant des cieux) et celui de la fête de Pâques. Dans les paroles de Jésus à Jean : « C'est de cette façon que nous devons accomplir parfaitement ce qui est juste » (*Mt* 3, 15), les chrétiens d'Orient entendent par anticipation les paroles prononcées à Gethsémani : « Mon Père..., non pas comme je veux, mais comme tu veux » (*Mt* 26, 39). Les chants liturgiques du 3 janvier correspondent à ceux du mercredi de la Semaine sainte, les chants du 4 janvier à ceux du Jeudi saint, les chants du 5 janvier à ceux du Vendredi saint et du Samedi saint.

L'iconographie reprend ces correspondances. L'icône du baptême de Jésus représente l'eau comme un tombeau liquide ayant la forme d'une grotte sombre, qui est elle-même le signe iconographique représentant l'Hadès, le monde souterrain, l'enfer. La descente de Jésus dans ce tombeau liquide, dans cet enfer qui l'enserre complètement, est ainsi l'accomplissement avant l'heure de la descente dans le monde des morts : « Descendu dans les eaux, il a ligoté l'homme fort » (cf. *Lc* 11, 22) dit Cyrille de Jérusalem. Jean Chrysostome écrit : « S'immerger et émerger sont le symbole de la descente aux enfers et de la résurrection ». Les tropaires de la liturgie byzantine fournissent encore une autre référence symbolique : « À l'époque, le Jourdain reflua devant le manteau d'Élisée, les eaux se divisèrent et libérèrent une voie au sec en tant que symbole véritable du baptême grâce auquel nous parcourons la route de la vie[2]. »

Ainsi le baptême de Jésus est compris comme une répétition de la totalité de l'histoire, qui reprend le passé et anticipe l'avenir : l'entrée dans le péché d'autrui est une descente en « enfer » — non seulement, comme c'est le cas chez Dante, en spectateur, mais dans un mouvement de compassion, de transformation par la compassion, renversant ainsi et ouvrant violemment les portes des profondeurs. C'est une descente dans la maison du mal, une lutte avec l'homme fort qui retient l'homme prisonnier (et en effet, ne sommes-nous pas tous prisonniers des puissances qui nous soumettent à d'indicibles manipulations !). Cet homme fort et invincible à partir des seules forces de l'histoire universelle va être terrassé et ligoté par plus fort que lui, l'égal de Dieu, qui peut donc prendre sur lui toutes les fautes du monde et les endurer jusqu'au bout – sans rien laisser de côté, dans cette descente, de l'identité avec ceux qui sont tombés dans le péché. Ce combat est le « tournant » de l'être, qui opère une nouvelle constitution de l'être, et qui prépare un ciel nouveau et une terre nouvelle. Sous cet angle, le sacrement du baptême apparaît comme un don faisant participer au combat de Jésus pour la transformation du monde, grâce au tournant de la vie qui est advenu avec sa descente et sa remontée.

Cette exégèse et cette appropriation ecclésiales de l'événement du baptême de Jésus nous ont-elles trop éloignés de la Bible ? Dans ce contexte, il est bon de prêter attention au quatrième Évangile, selon lequel Jean le Baptiste apercevant Jésus a prononcé les mots suivants : « Voici l'Agneau de Dieu, qui enlève le péché du monde » (*Jn* 1, 29). Ces mots, que l'on prononce avant la communion dans la liturgie romaine, ont fait l'objet d'innombrables conjectures. Que signifie « Agneau de Dieu » ? Comme se fait-il que Jésus soit nommé « agneau » et que cet « agneau » enlève les péchés du monde et les surmonte pour en faire quelque chose qui n'a plus ni essence ni réalité ?

Joachim Jeremias a fourni les outils indispensables pour bien comprendre ce mot et pouvoir le considérer comme un véritable mot du Baptiste, y compris sur le plan historique. On y reconnaît tout d'abord deux allusions à l'Ancien Testament. Le chant du serviteur de Dieu dans le Livre d'Isaïe compare le serviteur souffrant à un agneau que l'on conduit à l'abattoir : « Comme une brebis muette devant les tondeurs, il n'ouvre pas la bouche » (*Is* 53, 7). Encore plus important est le fait que Jésus a été crucifié durant une fête de Pâque juive, si bien qu'il doit donc apparaître nécessairement comme le véritable agneau pascal, qui accomplissait le sens qu'avait eu l'agneau pascal à la sortie d'Égypte : libération de l'Égypte, « maison de servitude », ouvrant ainsi la possibilité de l'exode, la migration pour accéder à la liberté de la Promesse. Partant de Pâques, la symbolique de l'agneau est devenue fondamentale pour comprendre le Christ. Nous trouvons cette symbolique chez Paul (*1 Co* 5, 7), chez Jean (19, 36), dans la première épître de Pierre (*1 P* 1, 19) et dans l'Apocalypse (par exemple *Ap* 5, 6).

De plus, Jeremias souligne que le même mot hébreu *taljà* signifie à la fois « agneau », « enfant, serviteur »[3]. Aussi est-il possible que le mot employé par le Baptiste ait d'abord désigné le serviteur de Dieu, qui « porte » les péchés du monde en expiant à la place de tous. Mais en même temps ce mot ne l'identifiait-il pas comme le véritable agneau pascal qui efface le péché du monde en le rachetant ? « C'est avec la docilité de l'agneau du sacrifice que le Sauveur mourant sur la croix est allé à la mort à la place de tous et, grâce à la force expiatoire de sa mort innocente, il a effacé la faute de l'humanité entière[4]. » De même que le sang de l'agneau pascal avait joué un rôle décisif pour la libération d'Israël du joug de l'oppression égyptienne, de même le

Fils devenu serviteur – le berger devenu agneau – ne représente plus seulement Israël, mais il est aussi le garant de la libération du « monde », de l'humanité dans sa totalité.

Ce qui nous introduit au thème majeur de l'universalité de la mission de Jésus. Israël ne représente pas que lui-même, son élection étant la voie choisie par Dieu pour venir à tous : ce thème de l'universalité de Jésus, nous ne cesserons de le rencontrer, car il est le centre même de sa mission. Avec l'expression de l'agneau de Dieu qui porte le péché du monde, il apparaît dans le quatrième Évangile dès le début du cheminement de Jésus.

L'expression « agneau de Dieu » interprète – si nous pouvons nous exprimer ainsi – le baptême de Jésus, sa descente dans les profondeurs de la mort, dans les termes d'une théologie de la croix. Les quatre Évangiles racontent, de façon à chaque fois différente, que lorsque Jésus sortit de l'eau, le ciel « se déchira » (Marc), « s'ouvrit » (Matthieu et Luc), que l'Esprit descendit sur lui « comme une colombe » et qu'une voix venue du ciel retentit, s'adressant à Jésus selon Marc et Luc « Tu es... », disant de lui selon Matthieu : « Celui-ci est mon Fils bien-aimé ; en lui j'ai mis tout mon amour » (3, 17). L'image de la colombe rappelle sans doute le souffle de l'Esprit planant au-dessus des eaux, dont parle le récit de la création (*Gn* 1, 2), et elle apparaît par le biais du petit mot « comme » (comme une colombe) en tant que « comparaison pour dire ce qui au fond n'est pas descriptible[5] ». Nous rencontrerons la même voix venue du ciel lors de la transfiguration de Jésus, avec cette fois l'ajout d'une injonction : « Écoutez-le », et nous aurons à nous pencher sur la signification de ces mots.

Pour l'instant, je me contenterai de souligner brièvement trois aspects. Il y a en premier lieu l'image du ciel déchiré :

le ciel s'est ouvert au-dessus de Jésus. Sa communion de volonté avec le Père, la « justice », qu'il accomplit « parfaitement », ouvre le ciel dont l'essence est justement que la volonté de Dieu y est totalement accomplie. À quoi s'ajoute la proclamation par Dieu, le Père, de la mission de Jésus, laquelle ne définit pas un faire mais son être : il est le Fils bien-aimé, c'est en lui que Dieu a mis son amour. Et je voudrais souligner pour finir qu'avec le Fils, c'est aussi au Père et au Saint-Esprit que nous avons affaire : on voit s'esquisser ici le mystère du Dieu trinitaire, mais c'est le chemin de Jésus dans son ensemble qui le dévoilera dans toute sa profondeur. À cette précision près, il y a bien un lien qui va de ce commencement du chemin de Jésus jusqu'aux paroles qu'il utilisera après sa résurrection pour envoyer ses disciples dans le monde : « Allez donc ! De toutes les nations faites des disciples, baptisez-les au nom du Père, et du Fils, et du Saint-Esprit » (*Mt* 28, 19). Le baptême administré depuis par les disciples de Jésus est une entrée dans le baptême de Jésus – dans la réalité qu'il a, ce faisant, anticipée. C'est ainsi que l'on devient chrétien.

Un large courant de la recherche libérale interprète le baptême de Jésus comme une expérience de vocation. Lui qui avait mené jusque-là une vie tout à fait ordinaire dans la province de Galilée aurait fait alors une expérience bouleversante. C'est là que lui serait venue la conscience d'une relation particulière avec Dieu et de sa mission religieuse, conscience mûrie sur la base de l'attente prédominant en Israël et reformulé par Jean, grâce à un bouleversement personnel causé en lui par l'événement du baptême. Or on ne trouve rien de tout cela dans les textes. Quelle que soit l'érudition dont on habille cette conception, elle relève plus du genre romanesque sur Jésus, que d'une réelle exégèse des textes. Ces derniers ne nous permettent pas d'entrer dans le monde intérieur de Jésus – Jésus est au-dessus de nos psychologies [6]. Mais ils nous permettent de saisir le lien de Jésus avec « Moïse et les Prophètes », l'unité intérieure de son parcours, du premier instant de sa vie jusqu'à la croix et à la résurrection. Jésus n'apparaît pas comme un homme génial avec ses émotions, son échec et sa réussite, qui en feraient finalement un individu d'une période passée dont nous séparerait définitivement une distance insurmontable. Il est devant nous comme le « Fils bien-aimé », qui est donc d'un côté le tout Autre, mais qui pour cette même raison peut aussi être notre contemporain, et, comme le dit saint Augustin, pour chacun de nous, « plus intérieur que l'intime de nous-mêmes [7] ».

2

LES TENTATIONS DE JÉSUS

L a descente de l'Esprit sur Jésus qui clôt la scène du baptême constitue une sorte d'inauguration formelle de sa charge. Ce n'est donc pas sans raison que les Pères ont vu dans cette action une analogie avec l'onction par laquelle, en Israël, les rois et les prêtres étaient officiellement investis de leur fonction. L'expression Christ-Messie signifie « l'Oint » : dans l'ancienne Alliance, l'onction était considérée comme le signe visible de l'attribution des dons requis par la fonction, du don de l'Esprit de Dieu pour la charge. À partir de là, en Isaïe (11, 2), se développe l'espérance d'un authentique « Oint », dont « l'onction » consiste justement dans le fait que l'Esprit du Seigneur repose sur lui : « Esprit de sagesse et de discernement, esprit de conseil et de force, esprit de connaissance et de crainte du Seigneur ». D'après le récit de saint Luc, Jésus, dans la synagogue de Nazareth, s'est présenté lui-même et a présenté sa mission en utilisant une phrase semblable à celle d'Isaïe : « L'Esprit du Seigneur est sur moi, parce que le Seigneur m'a consacré par l'onction » (*Lc* 4, 18 ; cf. *Is* 61, 1). Dans la conclusion de la scène du Baptême, il nous est dit que Jésus a reçu la véritable « onction », qu'il est « l'Oint » attendu : à ce moment-là, lui a été formellement conférée la dignité royale et sacerdotale pour l'histoire et devant Israël.

Désormais, le Christ est investi de cette mission. Les trois Évangiles synoptiques racontent, à notre surprise, que la première disposition de l'Esprit fut de le conduire au désert, « pour être tenté par le démon » (*Mt* 4, 1). L'action est précédée par un temps de recueillement, qui est aussi nécessairement une lutte intérieure pour la mission et une lutte contre les déformations de la mission, qui se présentent comme ses vrais accomplissements. C'est une descente dans les épreuves qui menacent l'homme, car c'est seulement ainsi que l'homme qui est tombé peut être relevé. Se tenant au cœur originaire de sa mission, Jésus doit entrer dans le drame de l'existence humaine, le traverser jusqu'au plus profond, afin de retrouver ainsi la « brebis égarée », de la prendre sur ses épaules et de la ramener au bercail.

La descente de Jésus « aux enfers », dont parle le *Credo*, ne s'est pas seulement accomplie dans sa mort et après sa mort, elle fait à jamais partie de son cheminement : Jésus doit reprendre toute l'histoire à partir de ses commencements – depuis « Adam » –, la parcourir et en souffrir jusqu'au bout afin de pouvoir la transformer. La Lettre aux Hébreux a tout particulièrement insisté sur le fait que la mission de Jésus, sa solidarité avec nous tous, préfigurée dans le Baptême, implique qu'il s'expose aux menaces et aux épreuves de la condition humaine : « Il lui fallait donc devenir en tout semblable à ses frères, pour être, dans leurs relations avec Dieu, un grand prêtre miséricordieux et digne de confiance, capable d'enlever les péchés du peuple. Ayant souffert jusqu'au bout l'épreuve de sa Passion, il peut porter secours à ceux qui subissent l'épreuve » (*He* 2, 17-18). « En effet, le grand prêtre que nous avons n'est pas incapable, lui, de partager nos faiblesses ; en toutes choses, il a connu l'épreuve comme nous, et il n'a pas péché » (*He* 4, 15). Le récit des tentations est donc étroitement lié à celui du Baptême, où Jésus devient solidaire des pécheurs. Il faut ajouter à cela la lutte du mont des Oliviers, l'autre grande lutte intérieure de Jésus pour sa mission. Mais les « tentations » accompagnent Jésus tout au long de son parcours, et le récit des tentations apparaît de ce point de vue – tout comme celui du Baptême – comme une anticipation, dans laquelle est comme condensée la lutte de tout son parcours.

Dans son bref récit des tentations (1, 13), Marc a mis en relief le parallèle avec Adam, l'acceptation douloureuse du drame de la condition humaine comme telle. Jésus « vivait parmi les bêtes sauvages, et les anges le servaient ». Le désert – image opposée à celle du jardin – devient le lieu de la réconciliation et du salut ; les bêtes sauvages, qui représentent la forme la plus concrète de la menace que font peser sur l'homme la rébellion de la création et la puissance de la mort, deviennent des amis comme au Paradis. La paix, qu'Isaïe a annoncée pour le temps du Messie, est rétablie : « Le loup habitera avec l'agneau, le léopard se couchera près du chevreau » (*Is* 11, 6). Là où le péché est vaincu, là où l'harmonie de l'homme avec Dieu est rétablie, il s'ensuit la réconciliation de la création ; la création déchirée redevient alors un lieu de paix, comme le dira Paul en évoquant les gémissements de la création, qui « aspire de toutes ses forces à voir cette révélation des fils de Dieu » (*Rm* 8, 19).

Les oasis de la création, qui ont fleuri par exemple autour des monastères bénédictins en Occident, ne sont-ils pas des préfigurations de cette réconciliation de la création, qui vient des fils de Dieu ? Inversement, Tchernobyl, par exemple, n'est-il pas l'expression bouleversante de la création asservie et plongée dans l'obscurité de Dieu ? Marc conclut son bref récit des tentations par une phrase que l'on peut comprendre comme une allusion au Psaume 91 [90], 11 : « Et les anges le servaient. » Cette phrase se trouve aussi à la fin du récit plus développé des tentations chez Matthieu. C'est seulement à partir de ce contexte plus vaste qu'elle devient pleinement compréhensible.

Matthieu et Luc parlent de trois tentations, dans lesquelles se reflète la lutte intérieure de Jésus pour sa mission mais en même temps apparaît aussi la question concernant ce qui compte vraiment dans la vie des hommes. Ici se manifeste clairement le cœur de toute tentation : la mise à l'écart de Dieu qui, face à tout ce qui, dans notre vie, apparaît plus urgent, semble secondaire, voire superflu et ennuyeux. Mettre de l'ordre dans le monde par soi-même, sans Dieu, ne compter que sur soi, n'admettre comme réelles que les réalités politiques et matérielles en écartant Dieu comme illusion, telle est la tentation, qui nous menace sous de multiples aspects.

La nature de la tentation comprend aussi un comportement moral : elle ne nous invite pas directement au mal, ce serait trop grossier. Elle prétend nous montrer ce qui est meilleur : abandonner enfin les illusions et employer efficacement nos forces pour améliorer le monde. Elle se présente aussi avec la prétention du vrai réalisme. Le réel est ce qui se constate : le pouvoir et le pain. En comparaison, les choses de Dieu apparaissent comme irréelles, comme un monde secondaire, dont on n'a pas vraiment besoin.

Or, c'est de Dieu qu'il s'agit : est-il, oui ou non, le réel, la réalité même ? Est-il le Bien, ou devons-nous inventer nous-mêmes ce qui est bien ? La question de Dieu est la question fondamentale, qui nous place à la croisée des chemins de l'existence humaine. Que doit faire ou ne pas faire le Sauveur du monde ? Telle est la question que sous-tendent les tentations de Jésus. Chez Matthieu et Luc, les trois tentations sont identiques, seule leur succession diffère. Suivons la démarche de Matthieu pour la cohérence dans le déroulement ascendant de sa construction.

Jésus « après avoir jeûné quarante jours et quarante nuits, eut faim » (*Mt* 4, 2). Du temps de Jésus, le chiffre quarante était déjà chargé d'une riche signification symbolique pour Israël. Il nous rappelle d'abord les quarante années qu'Israël a passées dans le désert, qui furent le temps de sa tentation mais aussi le temps d'une proximité particulière de Dieu. Ensuite, il nous fait penser aux quarante jours que Moïse a passés sur le mont Sinaï, avant de pouvoir recevoir la parole de Dieu, les tables sacrées de l'Alliance. Il peut aussi évoquer le récit rabbinique selon lequel Abraham, sur le chemin du mont Horeb, où il aurait dû sacrifier son fils, s'est abstenu de tout aliment et de toute boisson pendant quarante jours et quarante nuits, se nourrissant de la vision et de la parole de l'ange qui l'accompagnait.

Dans une extension déjà quelque peu poussée de la symbolique des chiffres, les Pères ont aussi considéré le chiffre 40 comme le chiffre cosmique, le chiffre du monde dans son ensemble : les quatre points cardinaux délimitent le tout, et dix est le nombre des commandements. Le

chiffre cosmique multiplié par le nombre de commandements devient l'expression symbolique de l'histoire de ce
monde. En quelque sorte, Jésus parcourt de nouveau
l'Exode d'Israël, puis les errements et les désordres de toute
l'histoire. Les quarante jours de jeûne embrassent le drame
de l'histoire, que Jésus assume en lui et supporte jusqu'au
bout.

« Si tu es le Fils de Dieu, ordonne que ces pierres deviennent des pains » (*Mt* 4, 3) – ainsi commence la première
tentation. « Si tu es le Fils de Dieu » – nous entendrons
encore ces mots dans la bouche de ceux qui se moqueront
de Jésus au pied de la croix : « Si tu es le Fils de Dieu, des-
cends de la croix » (*Mt* 27, 40). Le Livre de la Sagesse avait
déjà envisagé cette situation : « Si ce juste est fils de Dieu,
Dieu l'assistera » (*Sg* 2, 18). Dérision et tentation vont ici
de pair : le Christ doit prouver ce qu'il prétend être, afin
de devenir crédible. Cette demande de preuve traverse tout
le cours de la vie de Jésus, où on lui reproche continuellement de ne pas se justifier assez clairement : il devrait
accomplir le grand miracle qui, éliminant toute ambiguïté
et toute contradiction, démontrerait à tout un chacun, de
façon indiscutable, qui il est et ce qu'il est ou n'est pas.
Cette demande, c'est celle que nous aussi nous adressons
à Dieu, au Christ et à son Église tout au long de l'histoire :
Dieu, si tu existes, alors tu dois aussi te montrer. Alors tu
dois déchirer le nuage qui te cache et nous donner la clarté
à laquelle nous avons droit. Si toi, ô Christ, tu es vraiment
le Fils et non un des illuminés qui ont paru continuellement dans l'histoire, alors tu dois te montrer plus clairement que tu ne le fais. Alors, tu dois donner à ton Église,
si elle doit bien être la tienne, un degré d'évidence d'un
autre ordre que celui dont elle dispose actuellement.

Nous reviendrons sur ce point quand nous arriverons à la deuxième tentation, dont il constitue le véritable centre. La preuve de l'existence de Dieu que le tentateur propose dans la première tentation consiste à transformer les pierres du désert en pain. Au commencement, il s'agit de la faim de Jésus lui-même, ainsi que l'a vu saint Luc : « Ordonne à cette pierre de devenir du pain » (*Lc* 4, 3). Mais Matthieu interprète la tentation de façon plus large, telle qu'elle fut présentée à Jésus durant sa vie terrestre, et ensuite renouvelée à travers toute l'histoire.

Quoi de plus tragique, quoi de plus contraire à la foi en un Dieu bon et à la foi en un rédempteur des hommes que la faim de l'humanité ? Le premier critère d'identification du Rédempteur devant le monde et pour le monde ne devrait-il pas consister à donner du pain et à faire en sorte que cesse la faim de tout homme ? Quand le peuple d'Israël errait dans le désert, Dieu l'avait nourri en lui envoyant le pain du ciel, la manne. On croyait pouvoir déceler dans cet épisode une image du temps messianique : le Sauveur du monde ne devait-il pas, et ne doit-il pas toujours, montrer son identité en donnant à manger à tout le monde ? Le problème de la faim dans le monde et, plus généralement, les problèmes sociaux ne sont-ils pas le critère premier et authentique pour mesurer la rédemption ? Quelqu'un qui ne satisfait pas à ce critère peut-il à bon droit s'appeler Rédempteur ? On peut tout à fait comprendre que le marxisme ait précisément fait de cet idéal le cœur de sa promesse de salut : il aurait fait en sorte que toute faim cesse et que « le désert devienne du pain ».

« Si tu es le Fils de Dieu... », quel défi ! Ne doit-on pas le lancer aussi à l'Église ? Si tu veux être l'Église de Dieu, alors préoccupe-toi d'abord du pain pour le monde – le reste viendra après. Il est difficile de répondre à ce défi, justement parce que le cri des affamés nous pénètre et doit nous pénétrer très profondément dans l'oreille et dans l'âme. On ne peut pas comprendre la réponse de Jésus seulement à la lumière du récit des tentations. Le thème du pain traverse tout l'Évangile et doit être considéré dans toute son ampleur.

Il y a deux autres grands récits sur le pain dans la vie de Jésus. L'un est la multiplication des pains pour les milliers de personnes qui avaient suivi le Seigneur dans un lieu désert. Pourquoi accomplir maintenant un acte qui a été rejeté auparavant comme une tentation ? Les gens étaient venus pour entendre la parole de Dieu et, pour ce faire, ils avaient laissé tomber tout le reste. Et ainsi, en tant que personnes qui ont ouvert leur cœur à Dieu, puis les uns aux autres, ils peuvent recevoir le pain comme il se doit. Ce miracle suppose trois éléments : en premier il y a eu la quête de Dieu, de sa parole et de la juste orientation de la vie entière. Par ailleurs, le pain est demandé à Dieu. Enfin, la disponibilité réciproque au partage constitue un élément essentiel du miracle. L'écoute de Dieu devient une vie avec Dieu et elle conduit de la foi à l'amour, à la découverte d'autrui. Jésus n'est pas indifférent à la faim des hommes, à leurs besoins matériels, mais il les replace dans leur juste contexte et leur donne la place qui leur revient.

Ce deuxième récit sur le pain renvoie par avance au troisième et il en constitue la préparation : la dernière Cène, qui devient l'Eucharistie de l'Église et le miracle permanent de Jésus sur le pain. Jésus lui-même est devenu le grain de blé qui, en mourant, porte du fruit en abondance (cf. *Jn* 12, 24). Il est lui-même pain pour nous, et cette multiplication des pains durera de manière inépuisable jusqu'à la fin

52

des temps. Ainsi, nous comprenons maintenant les paroles de Jésus, qu'il emprunte à l'Ancien Testament (cf. *Dt* 8, 3) pour repousser le tentateur : « Ce n'est pas seulement de pain que l'homme doit vivre, mais de toute parole qui sort de la bouche de Dieu » (*Mt* 4, 4). À ce sujet, il y a une phrase éclairante du jésuite allemand Alfred Delp, qui fut exécuté par les nazis : « Le pain est important, la liberté est plus importante, mais la chose la plus importante de toutes, c'est la fidélité constante et l'adoration jamais trahie. »

Là où cet ordre des biens n'est pas respecté, mais renversé, il n'y a plus alors de justice, on ne se soucie plus de l'homme qui souffre, mais se créent aussi des bouleversements et des destructions dans le domaine des biens matériels. Là où Dieu est considéré comme une grandeur secondaire que l'on peut écarter temporairement ou complètement, au nom de choses plus importantes, alors ces choses supposées plus importantes échouent aussi. L'issue négative de l'expérience marxiste n'est pas la seule à le montrer.

Les aides de l'Occident aux pays en voie de développement, fondées sur des principes purement techniques et matériels, qui non seulement ont laissé Dieu de côté, mais ont encore éloigné les hommes de Dieu par l'orgueil de leur prétendu savoir, ont fait du Tiers Monde le *Tiers Monde* au sens moderne. De telles aides ont écarté les structures religieuses, morales et sociales existantes et elles ont introduit leur mentalité techniciste dans le vide ainsi créé. Elles croyaient pouvoir transformer les pierres en pain, mais elles ont donné des pierres à la place du pain. Or il s'agit du primat de Dieu. Il s'agit de le reconnaître comme réalité, une réalité sans laquelle rien d'autre ne peut être bon. L'Histoire ne saurait être gouvernée par de simples structures matérielles, faisant abstraction de Dieu. Si le cœur de l'homme n'est pas bon, alors rien d'autre ne pourra le devenir. Et la bonté du cœur ne peut venir que de Celui qui est lui-même la Bonté, le Bien.

On peut, bien sûr, se demander pourquoi Dieu n'a pas créé un monde où sa présence serait plus manifeste ; pourquoi le Christ n'a pas laissé derrière lui une tout autre splendeur de sa présence, qui toucherait tout un chacun de manière irrésistible. C'est le mystère de Dieu et de l'homme, que nous ne pouvons pénétrer. Nous vivons dans ce monde, où Dieu n'a justement pas l'évidence du tangible, mais où il peut être cherché et trouvé uniquement par l'élan du cœur, l'« exode » d'« Égypte ». Dans *ce* monde, nous devons résister aux illusions de fausses philosophies et reconnaître que nous ne vivons pas seulement de pain, mais d'abord de l'obéissance à la parole de Dieu. C'est seulement là où cette obéissance est vécue que naissent et grandissent les sentiments qui permettent aussi de procurer du pain à tous.

Venons-en maintenant à la deuxième tentation de Jésus, dont la signification exemplaire est à beaucoup d'égards la plus difficile à comprendre. La tentation est à comprendre comme une sorte de vision, dans laquelle est résumée une réalité, une menace particulière pour l'homme et pour la mission de Jésus. D'emblée, un point nous intrigue. Pour attirer Jésus dans son piège, le diable cite l'Écriture Sainte : le Psaume 91 [90], qui évoque la protection que Dieu accorde à l'homme fidèle : « Il donne mission à ses anges de te garder sur tous tes chemins. Ils te porteront sur leurs mains pour que ton pied ne heurte les pierres » (v. 11-12). Ces paroles prennent une importance plus grande du fait qu'elles ont été prononcées dans la Ville sainte, dans le lieu saint. En effet, le psaume cité est lié au Temple ; celui qui le récite attend une protection dans le Temple, car la maison de Dieu doit être un lieu particulier de protection divine. En quel autre lieu l'homme qui croit en Dieu devrait-il se savoir plus à l'abri que dans l'enceinte sacrée[1] ? Le diable se révèle un connaisseur de l'Écriture, il est capable de citer le psaume avec précision. Tout le dialogue de la deuxième tentation se présente comme un débat entre deux experts en Écriture Sainte : le diable y fait figure de théologien, ainsi que nous le fait remarquer Joachim Gnilka.

Vladimir Soloviev a repris ce thème dans son *Court récit sur l'Antéchrist* : l'Antéchrist est fait docteur *honoris causa* en théologie de l'université de Tübingen ; c'est un grand expert de la Bible. Ainsi, Soloviev a voulu exprimer, de façon radicale, son scepticisme envers un certain type d'exégèse érudite de son temps. Il ne s'agit pas d'un refus de l'interprétation scientifique de la Bible en tant que telle, mais d'un avertissement particulièrement nécessaire et salutaire face à ses errances possibles. L'interprétation de la Bible peut effectivement devenir un instrument de l'Antéchrist. Ce n'est pas seulement Soloviev qui le dit, c'est ce qu'affirme implicitement le récit même des tentations. Les pires livres qui détruisent la figure de Jésus, qui démolissent la foi, ont été écrits avec de prétendus résultats de l'exégèse.

De nos jours, la Bible est assujettie chez beaucoup au critère de la prétendue vision moderne du monde, dont le dogme fondamental est que Dieu ne peut nullement agir dans l'histoire, et que, par conséquent, tout ce qui le concerne est à reléguer dans la sphère du subjectif. Alors la Bible ne parle plus de Dieu, du Dieu vivant, mais c'est nous-mêmes seulement qui parlons et qui déterminons ce que Dieu peut faire et ce que nous voulons ou devons faire. Et l'Antéchrist nous dit alors, se présentant comme un grand érudit, qu'une exégèse qui lit la Bible dans la perspective de la foi au Dieu vivant, lui prêtant attention, relève d'une attitude fondamentaliste ; seule *son* exégèse, l'exégèse considérée comme authentiquement scientifique, dans laquelle Dieu lui-même ne dit rien et n'a rien à dire, serait à la pointe du progrès.

La dispute théologique entre Jésus et le diable est une dispute qui concerne chaque époque et qui a comme objet l'interprétation correcte de la Bible, dont la question herméneutique fondamentale est la question de l'image de Dieu. La dispute sur l'interprétation est en fin de compte une discussion qui porte sur qui est Dieu. Cette discussion autour de l'image de Dieu, dont il s'agit dans la dispute sur l'interprétation correcte de l'Écriture, trouve son expression concrète dans l'image du Christ : celui qui est resté sans pouvoir terrestre est-il réellement le Fils du Dieu vivant ?

Ainsi, la question concernant la structure de l'étrange dialogue sur l'Écriture entre Jésus et le Tentateur conduit directement au cœur de la question du contenu. De quoi est-il question ? On a associé cette tentation au thème du *panem et circenses* : après le pain, doit être offert quelque chose de sensationnel. Comme il ne suffit manifestement pas à l'homme d'être physiquement rassasié, celui qui ne veut pas laisser entrer Dieu dans le monde et dans les hommes doit offrir la stimulation d'expériences excitantes, dont le frémissement remplace et refoule l'émotion religieuse. Mais ce ne peut pas être le sens de ce passage, car, à ce qu'il semble, il n'y a pas de spectateurs.

L'enjeu apparaît dans la réponse de Jésus empruntée encore au Deutéronome (6, 16) : « Vous ne mettrez pas à l'épreuve le Seigneur votre Dieu. » Dans le Deutéronome, c'est une allusion à l'histoire d'Israël qui risquait de mourir de soif dans le désert. S'ensuit une rébellion contre Moïse qui devient une rébellion contre Dieu. Dieu doit montrer qu'il est Dieu. Dans la Bible, cette rébellion contre Dieu est décrite ainsi : « Ils avaient mis le Seigneur au défi en disant : "Le Seigneur est-il vraiment au milieu de nous, ou bien n'y est-il pas ?" » (*Ex* 17, 7). Il s'agit donc de ce que nous avons déjà mentionné précédemment : Dieu doit se prêter à l'expérimentation. Il est « mis à l'épreuve », comme on teste les marchandises. Il doit se soumettre aux conditions que nous considérons comme nécessaires à notre certitude. S'il n'accorde pas maintenant la protection promise par le Psaume 91 [90], alors il n'est pas Dieu. Alors il a falsifié sa parole, et de ce fait il s'est falsifié lui-même.

Nous avons ici devant nous dans sa totalité la grande question de savoir comment on peut connaître Dieu et comment on peut ne pas le connaître, comment l'homme peut être en relation avec lui et comment il peut le perdre. La présomption qui veut transformer Dieu en objet et lui imposer nos conditions expérimentales de laboratoire ne saura trouver Dieu. Car il présuppose déjà que nous nions Dieu en tant que Dieu, parce que nous nous mettons au-dessus de lui, parce que nous mettons de côté toute la dimension de l'amour, de l'écoute intérieure, et que nous ne reconnaissons comme réel que ce dont on peut faire l'expérience, que ce qui a été mis entre nos mains. Celui qui pense ainsi se fait lui-même Dieu et rabaisse ainsi non seulement Dieu mais aussi le monde et lui-même.

À partir de cette scène sur le pinacle du Temple, le regard s'ouvre également sur la croix. Le Christ ne s'est pas jeté du pinacle du Temple. Il n'a pas sauté dans l'abîme. Il n'a pas mis Dieu à l'épreuve. Mais il est descendu dans l'abîme de la mort, dans la nuit de l'abandon ; il s'est exposé

57

comme un être sans défense. Il a osé *ce* saut-là comme acte d'amour de Dieu pour les hommes. Et donc il savait qu'en sautant, il ne pouvait tomber finalement qu'entre les mains clémentes du Père. Ainsi apparaît le sens véritable du Psaume 91 [90], le droit à la confiance extrême et illimitée, dont il parle : celui qui fait la volonté de Dieu sait qu'au milieu de toutes les terreurs qu'il traverse, il ne perdra jamais une ultime protection. Il sait que le fondement du monde est l'amour et que, par conséquent, même là où aucun humain ne peut ou ne veut l'aider, il peut continuer à cheminer dans la confiance en Celui qui l'aime. Cette confiance, à laquelle l'Écriture nous autorise et à laquelle le Seigneur, le Ressuscité, nous invite, est quelque chose de tout à fait autre que le défi aventureux adressé à Dieu, qui voudrait faire de Lui notre serviteur.

Venons-en maintenant à la troisième et dernière tentation, point culminant de tout le récit. Le diable emmène le Seigneur en vision sur une haute montagne. Il lui montre tous les royaumes de la terre avec leur splendeur et il lui offre la domination du monde. N'est-ce pas justement la mission du Messie ? Ne doit-il pas être le roi du monde qui réunira la terre entière dans un grand royaume de paix et de bien-être ? Comme la tentation du pain a deux correspondants singuliers dans l'histoire de Jésus, la multiplication des pains et la dernière Cène, il en va de même ici.

Le Seigneur ressuscité réunit les siens « sur la montagne » (*Mt* 28, 16). Et à ce moment-là, il dit effectivement : « Tout pouvoir m'a été donné au ciel et sur la terre » (*Mt* 28, 18). Ici nous trouvons deux aspects nouveaux et différents : le Seigneur a pouvoir au ciel et sur la terre. Et seul celui qui est doté de tout ce pouvoir a le pouvoir authentique, salvifique. Sans le ciel, le pouvoir terrestre reste toujours ambigu et fragile. Seul le pouvoir qui accepte le critère et le jugement du ciel, c'est-à-dire de Dieu, peut devenir un pouvoir orienté vers le bien. Et seul le pouvoir qui se place sous la bénédiction de Dieu peut être fiable.

À cela s'ajoute encore un autre aspect : Jésus a ce pouvoir en tant que ressuscité, ce qui signifie que ce pouvoir présuppose la croix, présuppose sa mort. Il présuppose l'autre montagne – le Golgotha –, où il meurt, suspendu à la croix, moqué par les hommes et abandonné des siens. Le Royaume du Christ est différent des royaumes du monde et de leur splendeur, que Satan lui donne à voir. Cette gloire-là est, comme le dit le mot grec *doxa*, une apparence qui se dissipe. Le Royaume du Christ n'a pas une telle splendeur. Grâce à l'humilité de la prédication, il grandit en ceux qui veulent se faire ses disciples, qui seront baptisés au nom du Dieu Trinité et qui observeront ses commandements (cf. *Mt* 28, 19-20).

Mais revenons à la tentation. Son vrai contenu devient visible lorsque nous constatons que, dans l'histoire, elle prend sans cesse une forme nouvelle. L'Empire chrétien a cherché très tôt à transformer la foi en un facteur politique pour l'unité de l'Empire. Le règne du Christ devait donc prendre la forme d'un royaume politique et de sa splendeur. La faiblesse de la foi, la faiblesse terrestre de Jésus Christ devait être soutenue par le pouvoir politique et militaire. Au cours des siècles, cette tentation – asseoir la foi par le pouvoir – est revenue continuellement, sous des formes diverses, et la foi a toujours couru le risque d'être étouffée sous l'étreinte du pouvoir. Le combat pour la liberté de l'Église, combat parce que le royaume de Jésus ne peut être identifié à aucune structure politique, doit être mené tout au long des siècles. Car la confusion entre la foi et le pouvoir politique a toujours un prix : la foi se met au service du pouvoir et doit se plier à ses critères.

Dans le récit de la Passion du Seigneur, l'alternative dont il est question ici apparaît sous une forme provocante. Au point culminant du procès, Pilate fait choisir entre Jésus et Barrabas. L'un des deux sera libéré. Mais qui est Barabbas ? D'ordinaire, nous avons en mémoire la formulation de l'Évangile de Jean : « Ce Barabbas était un bandit » (*Jn* 18, 40). Dans la situation politique qui régnait à l'époque en Palestine, le mot grec utilisé pour bandit a une connotation particulière. Il signifiait plutôt une sorte de « combattant de la résistance ». Barabbas avait participé à une émeute (cf. *Mc* 15, 7) et, dans ce contexte, il était en outre accusé de meurtre (cf. *Lc* 23, 19-25). Quand Matthieu dit que Barabbas était un « prisonnier bien connu », il ressort qu'il avait été un des résistants les plus éminents, voire le véritable meneur de cette émeute (cf. *Mt* 27, 16).

Autrement dit : Barabbas était une figure messianique. Le choix entre Jésus et Barabbas n'est donc pas fortuit : deux figures messianiques, deux formes du messianisme s'opposent. Cela devient encore plus évident lorsque nous prenons en compte que « Bar-Abbas » signifie fils du père. C'est une désignation typiquement messianique, le nom religieux d'un des chefs éminents du mouvement messianique. La dernière grande guerre messianique des Juifs a été menée en 132 par Bar-Kokhba, fils de l'étoile. Le nom est formé de la même façon, la même intention est affichée.

Chez Origène, nous trouvons un autre détail intéressant : dans beaucoup de manuscrits des Évangiles jusqu'au IIIe siècle, l'homme en question s'appelait « Jésus Barabbas », Jésus fils du père. Il se présente comme une sorte d'*alter ego* de Jésus, qui revendique la même prétention, mais de façon très différente. Le choix est donc entre un Messie qui est à la tête d'un combat, qui promet la liberté et son propre royaume, et ce mystérieux Jésus qui proclame de se perdre soi-même pour trouver le chemin vers la vie. Faut-il s'étonner que les foules aient préféré Barabbas[2] ?

Si nous devions choisir aujourd'hui, Jésus de Nazareth, le fils de Marie, le Fils du Père, aurait-il une chance ? Mais connaissons-nous vraiment Jésus ? Le comprenons-nous ? Ne devons-nous pas chercher à le connaître de manière complètement nouvelle, hier comme aujourd'hui ? Le tentateur n'a pas la grossièreté de nous inciter directement à adorer le diable. Il nous incite seulement à choisir ce qui est rationnel, à donner la priorité à un monde planifié et organisé, où Dieu en tant que question privée peut avoir une place, sans avoir pourtant le droit de se mêler de nos affaires essentielles. Soloviev attribue un livre à l'Antéchrist, *Le Chemin public vers la paix et le bien-être du monde,* livre qui devient pour ainsi dire la nouvelle Bible dont le contenu véritable est l'adoration du bien-être et de la planification raisonnable.

La troisième tentation de Jésus se révèle ainsi comme la tentation fondamentale. La question qu'elle pose est de savoir ce que doit faire un sauveur du monde. Et cette question traverse toute la vie de Jésus. Elle se manifeste encore une fois clairement à un tournant décisif de son chemin. Au nom des disciples, Pierre avait exprimé sa confession de foi en Jésus Messie-Christ, le Fils du Dieu vivant, donnant ainsi une expression à la foi qui construit l'Église et qui inaugure la nouvelle communauté de foi fondée sur le Christ. Mais précisément à ce moment crucial où, face à « l'opinion des gens », se manifeste la connaissance spécifique et décisive de Jésus, et où commence alors à se former sa nouvelle famille, voici le tentateur : le danger de tout inverser. Le Seigneur explique immédiatement que le concept de Messie doit être compris à partir de l'ensemble du message prophétique : cela ne signifie pas un pouvoir terrestre, mais la croix et une communauté complètement différente qui naît par la croix.

Cependant, Pierre ne l'avait pas entendu ainsi : « Pierre, le prenant à part, se mit à lui faire de vifs reproches : "Dieu t'en garde, Seigneur ! Cela ne t'arrivera pas" » (*Mt* 16, 22). Si nous lisons ces paroles dans le contexte du récit des tentations, comme leur nouvelle évocation au moment décisif, alors nous comprenons la réponse incroyablement dure de Jésus : « Passe derrière moi, Satan, tu es un obstacle sur ma route ; tes pensées ne sont pas celles de Dieu, mais celles des hommes » (*Mt* 16, 23).

Mais tous ne continuons-nous pas sans cesse à dire à Jésus que son message conduit à contredire les opinions dominantes et qu'ainsi il risque l'échec, la souffrance et la persécution ? Aujourd'hui, l'Empire chrétien ou la papauté temporelle ne constituent plus une tentation, mais voir dans le christianisme une recette conduisant au progrès et reconnaître le bien-être commun comme la véritable finalité de toute religion, et donc aussi de la religion chrétienne, telle est la nouvelle forme de cette même tentation. Aujourd'hui, elle apparaît sous la forme de la question suivante : que nous a apporté Jésus s'il n'a pas fait advenir un monde meilleur ? Ne serait-ce pas là le contenu de l'espérance messianique ?

Dans l'Ancien Testament, deux espérances se confondent encore sans se différencier : l'attente d'un monde sain, où le loup reposera à côté de l'agneau (cf. *Is* 11, 6), où les peuples du monde se mettront en route vers le mont Sion et pour lequel vaut la prophétie : « De leurs épées, ils forgeront des socs de charrue, et de leurs lances, des faucilles » (*Is* 2, 4 ; cf. *Mi* 4, 1-3). Mais à côté, il y a la perspective du serviteur de Dieu en proie à la souffrance, celle d'un Messie qui sauve en endurant le mépris et la souffrance. Tout au long de son chemin et encore dans les rencontres postpascales, Jésus allait montrer à ses disciples que Moïse et les prophètes parlaient de lui, de celui qui n'a pas de pouvoir apparent, qui souffre, qui est crucifié et qui est ressuscité ; il devait montrer que c'est ainsi que s'accomplissaient les promesses. « Vous n'avez donc pas compris ! Comme votre cœur est lent à croire tout ce qu'ont dit les prophètes ! » – c'est ainsi que le Seigneur s'adresse aux disciples d'Emmaüs (*Lc* 24, 25) et c'est ainsi qu'il doit toujours nous parler à travers les siècles, car nous continuons de penser que, si Jésus voulait être le Messie, il aurait dû nous apporter l'âge d'or.

Mais Jésus nous dit aussi ce qu'il a opposé à Satan, ce qu'il a dit à Pierre et qu'il a expliqué de nouveau aux disciples d'Emmaüs : aucun royaume de ce monde n'est le Royaume de Dieu, la condition du salut de l'humanité par excellence. Le royaume humain reste un royaume humain, et celui qui affirme qu'il peut ériger un monde sauvé approuve l'imposture de Satan et fait tomber le monde entre ses mains.

Dès lors, nous sommes confrontés à la grande question qui nous accompagnera tout au long de ce livre : qu'est-ce que Jésus a vraiment apporté, s'il n'a pas apporté la paix dans le monde, le bien-être pour tous, un monde meilleur ? qu'a-t-il apporté ?

La réponse est très simple : Dieu. Il a apporté Dieu. Il a apporté le Dieu dont la face s'est lentement et progressivement dévoilée depuis Abraham jusqu'à la littérature sapientielle, en passant par Moïse et les Prophètes – le Dieu qui n'avait montré son vrai visage qu'en Israël et qui avait été honoré dans le monde des gentils sous des avatars obscurs – c'est ce Dieu-là, le Dieu d'Abraham, d'Isaac et de Jacob, le Dieu véritable qu'il a apporté aux peuples de la terre.

Il a apporté Dieu : dès lors, nous connaissons sa face, dès lors nous pouvons l'invoquer. Dès lors, nous connaissons le chemin que, comme hommes, nous devons emprunter dans ce monde. Jésus a apporté Dieu et avec lui la vérité sur notre origine et notre destinée ; la foi, l'espérance et l'amour. Seule la dureté de notre cœur nous fait considérer que c'est peu de chose. Assurément, le pouvoir de Dieu dans le monde est discret, mais c'est le pouvoir véritable, durable. Encore et toujours, la cause de Dieu semble continuellement comme « à l'agonie » Mais elle se montre toujours comme ce qui véritablement demeure et sauve. Les royaumes du monde, que Satan a pu montrer jadis au Seigneur, se sont tous écroulés entre-temps. Leur gloire, leur *doxa*, n'était qu'apparence. Mais la gloire du Christ, la gloire de son amour, faite d'humilité et d'acceptation de la souffrance, n'a pas décliné et ne déclinera pas.

Du combat contre Satan, Jésus sort vainqueur : à la divinisation fallacieuse du pouvoir et du bien-être, à la promesse fallacieuse d'un avenir garantissant tout à tous, en vertu du pouvoir et de l'économie, il a opposé la nature divine de Dieu – Dieu comme véritable bien de l'homme. À l'invitation qui lui est faite d'adorer le pouvoir, le Seigneur oppose les paroles du Deutéronome, le livre même que le diable avait déjà cité : « C'est devant le Seigneur ton Dieu que tu te prosterneras, et c'est lui seul que tu adoreras » (*Mt* 4, 10 ; cf. *Dt* 6, 13). Le commandement fondamental pour Israël est aussi celui des chrétiens : seul Dieu doit être adoré. Plus loin, lorsque nous réfléchirons sur le Sermon sur la montagne, nous verrons que cette adhésion inconditionnelle au premier commandement du Décalogue inclut aussi une adhésion au deuxième : le respect de l'homme, l'amour du prochain. Chez Matthieu, le récit de la tentation se conclut, comme chez Marc, par ces mots : « Des anges s'approchèrent de lui, et ils le servaient » (*Mt* 4, 11 ; cf. *Mc* 1, 13). Dès lors, s'accomplit le Psaume 91 [90], 11 : les anges le servent. Il s'est révélé comme Fils, c'est pourquoi le ciel s'est ouvert au-dessus de lui, le nouveau Jacob, le père d'un Israël devenu universel (cf. *Jn* 1, 51 ; *Gn* 28, 12).

3

L'ÉVANGILE DU ROYAUME DE DIEU

« Après l'arrestation de Jean Baptiste, Jésus partit pour la Galilée proclamer l'Évangile de Dieu ; il disait : "Les temps sont accomplis : le Règne de Dieu est tout proche. Convertissez-vous et croyez à l'Évangile" » (*Mc* 1, 14-15). C'est en ces termes que l'évangéliste Marc retrace le début du ministère de Jésus et qu'il énonce en même temps le contenu essentiel de son message. Matthieu lui aussi résume ainsi l'activité de Jésus en Galilée : « Parcourant toute la Galilée, [il] enseignait dans leurs synagogues, proclamait l'Évangile du Royaume, guérissait toute maladie et toute infirmité dans le peuple » (*Mt* 4, 23 ; cf. 9, 35). Les deux évangélistes désignent la prédication de Jésus comme « Évangile ». Qu'est ce que cela signifie en réalité ?

Récemment le mot Évangile a été traduit par l'expression « bonne Nouvelle ». Elle sonne bien à l'oreille, mais reste très en deçà de la dimension qu'a le mot « Évangile ». Ce terme renvoie au langage des empereurs romains qui se considéraient comme les maîtres du monde, ses sauveurs et ses rédempteurs. Les messages de l'empereur portaient le nom d'« évangiles », indépendamment du fait que leur contenu soit particulièrement joyeux et agréable. L'idée sous-jacente était que ce qui émane de l'empereur est un

67

message salvifique, non pas une simple nouvelle, mais une transformation du monde allant dans le sens du bien.

Si les évangélistes reprennent ce mot, qui est devenu depuis le nom générique désignant leurs écrits, c'est parce qu'ils veulent dire que ce que les empereurs, qui se font passer pour dieu, prétendent à tort, se réalise ici réellement : un message délivré en toute autorité, qui est réalité et non simple discours. Dans le langage actuel de la théorie linguistique, on dirait que l'Évangile ne relève pas simplement du discours informatif, mais du discours performatif, qu'il n'est pas seulement communication, mais action, force efficace qui entre dans le monde en le sauvant et en le transformant. Marc parle de l'« Évangile de Dieu » : c'est Dieu qui a le pouvoir de sauver le monde, et non les empereurs. Il s'agit ici de la parole de Dieu, qui est parole en acte ; elle fait advenir réellement ce que les empereurs ne font qu'affirmer sans avoir la capacité de le réaliser. Car entre ici en action le véritable Seigneur du monde : le Dieu vivant.

Le message central de l'« Évangile », c'est que le Royaume de Dieu est proche. Une coupure se produit alors dans le temps, quelque chose de nouveau se réalise. Et en réponse à ce don, on demande aux hommes conversion et foi. Au cœur de cette annonce, il y a le message de la proximité du Royaume de Dieu, qui constitue effectivement le noyau de la parole et de l'activité de Jésus. Un élément statistique vient le confirmer : l'expression « Règne » ou « Royaume de Dieu » apparaît en tout cent vingt-deux fois dans le Nouveau Testament, dont quatre-vingt-dix-neuf fois dans les trois Évangiles synoptiques, quatre-vingt-dix d'entre elles correspondant à des paroles prononcées par Jésus. Dans l'Évangile de Jean et les autres écrits néotestamentaires, cette expression a seulement un rôle marginal. On peut dire que si Jésus axe sa prédication prépascale sur le message du Royaume de Dieu, c'est la christologie qui est au centre de la prédication apostolique postérieure à Pâques.

Mais alors, cela signifie-t-il qu'il y a abandon de la véritable annonce faite par Jésus ? Est-il juste de dire, comme le fait Bultmann, que le Jésus de l'histoire n'a pas sa place dans la théologie du Nouveau Testament, mais qu'il faudrait encore le considérer comme un maître juif qui, tout en devant être compté parmi les présupposés essentiels du Nouveau Testament, n'en ferait pas partie personnellement ?

Une autre variante de ces conceptions qui creusent un fossé entre Jésus et la prédication apostolique est inscrite dans la phrase désormais célèbre du moderniste catholique Alfred Loisy : « Jésus annonçait le Royaume et c'est l'Église qui est venue. » On peut y voir de l'ironie, mais également de la tristesse : au lieu du Royaume de Dieu tant attendu, du monde nouveau transformé par Dieu lui-même, est venu quelque chose de tout à fait autre et ô combien misérable : l'Église.

Cette vision des choses est-elle juste ? La formation du christianisme dans la prédication apostolique, dans l'Église qu'elle a bâtie, signifie-t-elle en réalité une chute d'une attente non réalisée vers quelque chose d'autre ? Le passage du sujet « Royaume de Dieu » au sujet « Christ » (avec pour corollaire l'avènement de l'Église) constitue-t-il vraiment l'écroulement d'une promesse et l'apparition de quelque chose d'autre ?

Tout dépend de la façon dont nous comprenons la parole de Jésus concernant le « Royaume de Dieu », de la relation entre ce qu'il proclame et lui-même, celui qui le proclame : est-il seulement un messager qui doit défendre une cause en définitive indépendante de lui, ou bien le messager est-il lui-même le message ? La question primordiale n'est pas celle de l'Église, mais celle du rapport entre le Royaume de Dieu et le Christ : c'est de la réponse à cette question que dépend la façon dont nous pouvons comprendre l'Église.

Avant de nous plonger plus avant dans les paroles de Jésus pour comprendre son message – son action et sa souffrance –, il peut être utile d'examiner brièvement les différentes acceptions du mot « Royaume » dans l'histoire de l'Église. Chez les Pères, on peut distinguer trois dimensions dans l'interprétation de ce terme clé.

La première est la dimension christologique. Origène a appelé Jésus – à partir de la lecture des paroles de ce dernier – *autobasileía*, à savoir le Royaume en personne. Jésus lui-même est le « Royaume » ; le royaume n'est pas une chose, il n'est pas un espace de souveraineté au même titre que les royaumes terrestres. Il est une personne, il est Lui. L'expression « Royaume de Dieu » serait donc en elle-même une christologie voilée. Par la manière dont il parle du « Royaume de Dieu », Jésus guide les hommes jusqu'au fait énorme qu'en Lui, Dieu lui-même est présent parmi les hommes, qu'Il est la présence même de Dieu.

Une deuxième interprétation de la signification du « Royaume de Dieu » est celle que nous pourrions appeler « idéaliste » ou encore mystique ; elle considère que le Royaume de Dieu est fondamentalement établi dans l'intériorité de l'homme. C'est encore Origène qui a inauguré ce courant d'interprétation. Dans son traité *Sur la prière*, il dit : « Il est donc évident que celui qui prie pour que vienne le Royaume de Dieu prie avec raison qu'en lui s'élève, fructifie, s'achève le Règne de Dieu. Dans tous les saints qui ont Dieu pour roi (à savoir qu'existe la seigneurie, le Royaume de Dieu) [...], le Seigneur habite comme dans une cité bien administrée. [...] Si donc nous voulons que Dieu règne sur nous (que son royaume soit en nous), que jamais le péché ne règne dans notre corps mortel (cf. *Rm* 6, 12) [...], le Seigneur se promènera en nous comme en un paradis spirituel (cf. *Gn* 3, 8) ; il règnera seul en nous avec son Christ[1]. » L'idée fondamentale est claire : le « Royaume de Dieu » n'est pas un point sur une carte géographique. Ce n'est pas un royaume à la manière des royaumes terrestres ; son lieu, c'est l'intériorité de l'homme. C'est là qu'il grandit et c'est à partir de là qu'il agit.

Une troisième dimension dans l'interprétation du Royaume de Dieu est celle que l'on pourrait appeler ecclésiastique : elle met en relation, sous différents aspects, le Royaume de Dieu et l'Église, et elle établit entre les deux un rapport de plus ou moins grande proximité.

Pour autant que je puisse en juger, ce dernier courant a fini par prendre le pas sur les autres, surtout dans la théologie catholique de l'époque moderne, même si l'interprétation qui va dans le sens de l'intériorité de l'homme et de sa relation au Christ n'a jamais totalement disparu. Mais dans la théologie du XIXe siècle et aussi du début du XXe siècle, on parlait volontiers de l'Église en tant que Royaume de Dieu sur terre ; l'Église était considérée comme la réalisation du Royaume à l'intérieur de l'histoire. Mais, dans le même temps, la philosophie des Lumières avait suscité dans la théologie protestante un bouleversement dans l'exégèse, induisant en particulier une interprétation nouvelle du message de Jésus relatif au Royaume de Dieu.

Toutefois, cette nouvelle interprétation s'est très vite divisée en de multiples courants.

Représentant de la théologie libérale au début du XXᵉ siècle, Adolf von Harnack voyait dans l'annonce du Royaume de Dieu par Jésus une double révolution par rapport au judaïsme de l'époque. Alors que dans le judaïsme tout aurait été axé sur la collectivité, sur le peuple élu, l'annonce de Jésus aurait été strictement individualiste : Jésus se serait adressé à l'individu et aurait précisément reconnu la valeur infinie de l'individu, faisant de celle-ci le fondement de son enseignement. Une seconde opposition est fondamentale chez Harnack. À son avis, ce qui aurait dominé dans le judaïsme, c'est l'aspect cultuel (et donc, avec lui, la classe sacerdotale), alors que Jésus, lui, aurait écarté l'aspect cultuel, son message aurait été orienté dans un sens strictement moral. Il n'aurait pas visé la purification et la sanctification cultuelles, mais l'âme humaine : l'agir moral de l'individu, ses œuvres d'amour, décideraient de son entrée dans le Royaume ou de son exclusion.

Cette opposition entre culte et morale, entre collectif et individu, a fait ressentir ses effets pendant très longtemps et, à partir des années 30 environ, elle a été largement reprise par l'exégèse catholique elle-même. Chez Harnack, toutefois, elle était aussi liée à l'opposition entre les trois grandes formes du christianisme, le christianisme catholique romain, gréco-slave et protestant germanique. Selon Harnack, ce dernier avait rétabli le message du Christ dans toute sa pureté. Cependant, dans le protestantisme précisément, sont apparues des positions résolument antithétiques : l'objet de la promesse ne serait pas l'individu en tant que tel, mais la communauté, et, comme membre de cette dernière, l'individu accéderait au salut. L'important ne serait donc pas ce que l'homme accomplit sur le plan éthique ; le Royaume de Dieu se situerait bien plutôt « au-delà de l'éthique » et relèverait strictement de la grâce, comme le montrent bien les repas que Jésus prend avec les pécheurs [2].

La grande époque de la théologie libérale prit fin avec la Première Guerre mondiale et le changement radical du climat spirituel qui s'ensuivit. Mais les signes annonciateurs d'un bouleversement étaient bien antérieurs. Le premier signe clair fut le livre de Johannes Weiß, *Die Predigt Jesu vom Reiche Gottes* (1892). Les premiers travaux d'exégèse d'Albert Schweitzer allaient dans le même sens : on se mit à dire alors que le message de Jésus aurait été radicalement eschatologique, que son annonce de la proximité du Royaume de Dieu signifierait qu'il proclamait l'imminence de la fin du monde, l'irruption du monde nouveau de Dieu, de sa seigneurie précisément. La proclamation du Royaume de Dieu serait donc à comprendre d'un point de vue strictement eschatologique. Même les textes qui contredisaient de façon manifeste cette vision des choses furent interprétés en ce sens, quitte à leur faire quelque peu violence, comme par exemple les paraboles de la croissance, celle du semeur (cf. *Mc* 4, 3-9), celle de la graine de moutarde (cf. *Mc* 4, 30-32), celle du levain (cf. *Mt* 13, 33 ; *Lc* 13, 20-21), celle de la semence qui pousse d'elle même (cf. *Mc* 4, 26-29). On se mit à dire que l'important n'était pas la croissance, que le sens des paroles de Jésus était le suivant : ce qui existe maintenant, c'est l'humble réalité, mais l'autre réalité apparaîtra à l'improviste, d'un seul coup. Il est manifeste qu'ici, la théorie prenait le pas sur la fidélité au texte. Pour traduire dans l'existence chrétienne d'aujourd'hui cette perspective eschatologique imminente qui n'est pas immédiatement intelligible pour nous, on a fait bien des efforts. Bultmann par exemple a eu recours à la philosophie de Martin Heidegger : ce qui compte serait une attitude existentielle, « la disponibilité permanente » ; à la suite d'Ernst Bloch, Jürgen Moltmann a développé une théologie de l'espérance qui entendait interpréter la foi comme une intégration active dans la construction de l'avenir.

Entre-temps s'est développée dans de larges cercles de la théologie, et tout spécialement en milieu catholique, une réinterprétation sécularisée du concept de « Royaume », qui développe une nouvelle vision du christianisme, des religions et de l'histoire en général, et qui, par ce profond remaniement, prétend rendre à nouveau accessible et assimilable ce qu'elle considère être le message de Jésus. On a pu dire qu'avant le Concile régnait l'ecclésiocentrisme : l'Église aurait été alors présentée comme le centre du christianisme. Puis on serait passé au christocentrisme présentant le Christ comme le centre de tout. Mais, ajoute-t-on, non seulement l'Église divise, le Christ aussi, lui qui appartient aux seuls chrétiens. Donc du christocentrisme on serait passé au théocentrisme, se rapprochant un peu plus, de cette façon, de la communauté des religions. Mais, on ne toucherait pas au but pour autant, car Dieu lui-même est un possible élément de division entre les religions et entre les hommes.

Il faudrait donc à présent franchir le pas qui mène au régno-centrisme, au caractère central du Royaume. En définitive, cela aurait été précisément le cœur du message de Jésus, et constituerait la voie juste permettant de réunir enfin les forces positives de l'humanité dans la marche vers l'avenir du monde. « Royaume » désignerait alors simplement un monde où règnent la paix, la justice, et où la création est préservée. Il ne s'agirait de rien d'autre. Ce

« royaume » devrait être instauré en tant que finalité de l'histoire. Et la véritable mission des religions serait de travailler ensemble à l'avènement du « Royaume ». Pour le reste, elles pourraient parfaitement maintenir leurs traditions, vivre chacune son identité, mais, tout en conservant leurs identités respectives, elles devraient collaborer pour un monde dans lequel la paix, la justice et le respect de la création seraient déterminants.

L'idée paraît séduisante : selon cette perspective, il apparaît envisageable que le message de Jésus puisse être enfin assimilé par tous sans que l'on doive pour autant faire œuvre de missionnaire envers les autres religions ; la parole de Jésus semble à présent avoir finalement acquis un contenu pratique ; la réalisation du « Royaume » semble pouvoir être ainsi la tâche commune et donc devenir proche. Mais, en y regardant à deux fois, on est tout de même perplexe : qui va donc nous dire ce qu'est la justice ? Nous dire ce qui concrètement sert la justice dans une situation donnée ? Nous dire de quelle façon instaurer la paix ? À une observation plus attentive, tout ce raisonnement s'avère être un bavardage utopique sans contenu réel, à moins de postuler sans le dire que ce sont les doctrines partisanes qui devront déterminer le contenu de ces concepts que chacun sera obligé d'accepter.

Mais ce que l'on constate surtout, c'est que Dieu a disparu et que l'homme est seul à agir. Le respect des « traditions » religieuses n'est qu'apparent. En réalité, on les considère comme une somme d'habitudes qu'il faut bien laisser aux hommes même si, en dernière analyse, elles n'ont pas la moindre importance. La foi, les religions, se retrouvent instrumentalisées à des fins politiques. Aménager le monde est la seule chose qui compte. La religion n'a d'importance que dans la mesure où elle peut servir à cela. Il est inquiétant de constater à quel point cette vision post-chrétienne de la foi et de la religion est proche de la troisième tentation de Jésus.

Revenons-en donc à l'Évangile, au Jésus authentique. La critique essentielle que nous avons adressée à cette vision sécularisée et utopique du Royaume était que Dieu a disparu. Il est devenu inutile, voire gênant. Mais Jésus a proclamé le Royaume de Dieu et non un royaume quelconque. Matthieu parle de son côté du « Royaume des cieux » ; or le terme « cieux » est l'équivalent de celui de « Dieu », car dans le judaïsme, compte tenu du second commandement, on évite d'employer ce mot par respect du mystère divin. Par conséquent, l'expression « Royaume des cieux » n'annonce pas quelque chose qui relève unilatéralement de l'au-delà, mais elle renvoie à Dieu, qui est à la fois ici-bas et au-delà, et qui, tout en transcendant infiniment notre monde, en fait aussi intrinsèquement partie.

Une fois encore, le commentaire linguistique a son importance : la racine hébraïque *malkut* « est un *nomen actionis* et renvoie – tout comme le mot grec *basileía* – à l'exercice de la seigneurie du roi, à son être souverain [3] ». Il n'est pas question d'un « royaume » à venir ou encore à instaurer, mais de la souveraineté de Dieu sur le monde, qui, de façon nouvelle, devient réalité dans l'histoire.

Plus explicitement encore, nous pouvons dire : en parlant du Royaume de Dieu, Jésus annonce tout simplement Dieu, c'est-à-dire le Dieu vivant, qui est en mesure d'agir concrètement dans le monde et dans l'histoire, et qui y agit précisément maintenant. Il nous dit : Dieu existe. Et encore : Dieu est vraiment Dieu, c'est-à-dire qu'il tient les rênes du monde entre ses mains. En ce sens, le message de

Jésus est très simple, il est totalement théocentrique. L'aspect nouveau et spécifique de son message consiste à nous dire que Dieu agit maintenant – que l'heure est venue où Dieu se révèle dans l'histoire comme son Seigneur lui-même, comme le Dieu vivant, ce qui dépasse tout ce qu'on a connu jusque-là. C'est pour cette raison que la traduction « Royaume de Dieu » est insuffisante, mieux vaudrait parler de la souveraineté ou de la seigneurie de Dieu.

Il nous faut à présent tenter de définir plus précisément encore, à partir de son contexte historique, ce que recèle le message de Jésus sur le « Royaume ». L'annonce de la seigneurie de Dieu se fonde, comme tout le message de Jésus, sur l'Ancien Testament, qu'il lit dans son mouvement progressif, depuis les origines avec Abraham jusqu'à son heure, comme une totalité qui – précisément lorsqu'on comprend la totalité du mouvement – conduit directement à Jésus.

Il y a d'abord les psaumes dits d'intronisation, qui proclament la royauté de Dieu (YHWH), une royauté conçue à la fois comme universelle et cosmique, accueillie par Israël dans l'adoration (cf. *Ps* 47 ; 93 ; 96 ; 97 ; 98 ; 99). Depuis le VIᵉ siècle, face aux catastrophes survenues dans l'histoire d'Israël, la royauté de Dieu est l'expression de l'espérance pour l'avenir. Dans le Livre de Daniel, au IIᵉ siècle av. J.-C., il est question de la seigneurie de Dieu dans le temps présent, mais surtout ce livre nous annonce une espérance pour l'avenir, où devient importante la figure du « Fils d'homme » qui devra faire advenir la seigneurie. Dans le judaïsme de l'époque de Jésus, nous rencontrons le concept de seigneurie de Dieu dans le culte du Temple de Jérusalem et dans la liturgie synagogale ; il est présent dans les écrits rabbiniques ainsi que dans les manuscrits de Qumrân. Le Juif pieux prie chaque jour en répétant le *Schema' Israel* :

« Écoute, Israël : le Seigneur notre Dieu est l'Unique. Tu aimeras le Seigneur ton Dieu de tout ton cœur, de toute ton âme et de toute ta force » (*Dt* 6, 4-5 ; cf. 11, 13 ; *Nb* 15, 37-41). Réciter cette prière était interprété comme le fait de prendre sur soi le joug de la seigneurie de Dieu : cette prière n'est pas que des mots ; en la récitant, celui qui prie accueille la souveraineté de Dieu, qui entre ainsi dans le monde par l'acte de celui qui prie, qui est porté par lui et qui, en en déterminant par la prière la façon de vivre, le caractère quotidien, se rend présent dans un lieu précis du monde.

Nous le voyons, la seigneurie de Dieu, sa souveraineté sur le monde et sur l'histoire, va au-delà du moment, va au-delà de l'histoire dans sa totalité et la transcende ; sa dynamique intrinsèque conduit l'histoire au-delà d'elle-même. Mais, en même temps, elle est tout à fait présente ; présente dans la liturgie, dans le Temple et dans la synagogue en tant qu'anticipation du monde à venir ; présente en tant que force donnant forme à la vie par la prière et par l'existence du croyant qui porte le joug de Dieu et qui participe ainsi par avance au monde à venir.

On voit parfaitement ici que Jésus a été « un véritable fils d'Israël » (*Jn*, 1, 47) et qu'en même temps, par la dynamique interne de ses promesses, il a dépassé le judaïsme. Aucun des éléments que nous venons de mettre au jour n'est perdu. Pourtant, il y a là quelque chose de nouveau qui s'exprime essentiellement dans les paroles « le Règne de Dieu est tout proche » (*Mc*, 1, 15), « le Règne de Dieu est survenu pour vous » (*Mt*, 12, 28), « le Règne de Dieu est au milieu de vous » (*Lc*, 17, 21). La venue du règne telle qu'elle s'exprime ici est une action présente qui concerne l'histoire tout entière. Ce sont ces paroles qui suscitèrent la thèse de l'attente de l'accomplissement imminent, la faisant apparaître comme spécifique de Jésus. Mais rien n'oblige à suivre cette interprétation et, si l'on considère les paroles de Jésus dans leur ensemble, il faut même clairement l'exclure : la preuve en est que ceux qui soutiennent l'interprétation apocalyptique de l'annonce du Royaume par Jésus (dans le sens d'une attente imminente) sont tout simplement obligés, à partir de leurs critères, de contester une grande partie des paroles de Jésus sur ce sujet et d'en infléchir d'autres dans leur sens, même s'ils doivent pour cela leur faire violence.

Dans le message de Jésus relatif au Royaume, nous l'avons vu, sont inscrites des affirmations qui expriment la pauvreté de ce royaume dans l'histoire : il est comme un grain de moutarde, la plus petite de toutes les graines. Il est comme le levain, quantité infime en comparaison de la masse de la pâte, mais élément déterminant pour son devenir. Le Royaume est constamment comparé à la semence qui est répandue dans le champ du monde et qui connaît des sorts divers : mangée par les oiseaux, étouffée sous les ronces ou bien au contraire parvenant à maturité pour donner beaucoup de fruit. Une autre parabole raconte que la semence du royaume croît, mais qu'un ennemi sème par-dessus de l'ivraie qui croît en même temps, et ce n'est qu'à la fin qu'on peut séparer les deux (cf. *Mt* 13, 24-30).

Un aspect encore différent de cette mystérieuse réalité de la « seigneurie de Dieu » se fait jour lorsque Jésus la compare à un trésor enfoui dans un champ. Celui qui le découvre l'enfouit à nouveau et vend tout ce qu'il a pour acheter le champ et pour entrer ainsi en possession du trésor capable de combler toutes ses attentes. Dans la parabole symétrique de la perle fine, celui qui trouve la perle vend lui aussi tout ce qu'il a pour acquérir ce bien plus précieux que tout (cf. *Mt* 13, 44-46). Une autre facette encore de la réalité de la « seigneurie de Dieu » (Règne) se fait jour lorsque Jésus prononce des paroles, difficiles à interpréter, selon lesquelles le « Royaume des cieux subit la violence et les violents cherchent à s'en emparer » (*Mt* 11, 12). Sur le plan méthodologique, il n'est pas admissible d'isoler de l'ensemble un aspect que l'on reconnaît comme « propre à Jésus » et de s'appuyer ensuite sur cette affirmation arbitraire pour infléchir tout le reste dans le sens souhaité. Nous devons dire au contraire : la réalité que Jésus appelle « Royaume de Dieu, seigneurie de Dieu » est extrêmement complexe, et c'est seulement en l'acceptant dans sa totalité que nous pouvons nous approcher de son message et nous laisser guider par lui.

Examinons d'un peu plus près au moins un texte qui témoigne de la difficulté à comprendre le message de Jésus, toujours mystérieusement chiffré. Aux versets 20 et 21 du chapitre 17, Luc nous dit : « Comme les pharisiens demandaient à Jésus quand viendrait le Règne de Dieu, il leur répondit : "Le Règne de Dieu ne vient pas d'une manière visible [pour un spectateur neutre !]. On ne dira pas : 'Le voilà, il est ici !' ou bien : 'Il est là !' En effet, voilà que le Règne de Dieu est au milieu de vous." » Dans les interprétations de ce texte, on rencontre à nouveau les différents courants d'interprétation du « Royaume de Dieu » – selon les postulats et la vision fondamentale de la réalité de chaque exégète.

L'interprétation « idéaliste » nous dit que le Royaume de Dieu n'est pas une réalité extérieure, mais qu'il se situe dans l'intériorité de l'homme (rappelons-nous ce que nous avons déjà trouvé chez Origène). Il y a du vrai dans cette explication, mais même d'un point de vue linguistique, elle est inappropriée. Puis il y a l'interprétation qui se réfère à l'attente de l'accomplissement imminent, qui affirme que le Royaume de Dieu ne vient pas lentement, de sorte que sa venue serait observable, qu'il arrive au contraire à l'improviste. Mais cette interprétation ne trouve aucun fondement dans le texte tel qu'il est formulé. C'est pourquoi de plus en plus, on tend aujourd'hui à dire qu'en prononçant ces paroles, le Christ renvoie à lui-même : le Royaume de Dieu, c'est lui-même qui se trouve au milieu de nous, seulement nous ne le connaissons pas (cf. *Jn* 1, 31). Avec une nuance légèrement différente, d'autres paroles de Jésus vont dans le même sens : « Si c'est par le doigt de Dieu que j'expulse les démons, c'est donc que le Règne de Dieu est survenu pour vous » (*Lc* 11, 20). Ici, comme d'ailleurs dans le texte précédent, le « Royaume » n'est pas là de par la simple présence physique de Jésus, mais il l'est à travers son action dans l'Esprit-Saint. En ce sens, c'est en lui et par lui que le Royaume de Dieu est présent ici et maintenant, qu'il « est tout proche ».

Voici donc que s'impose une réponse, qui est encore provisoire et qui demande à être enrichie tout au long de notre lecture de l'Écriture : cette nouvelle forme de proximité du Royaume dont parle Jésus et dont la proclamation constitue le trait distinctif de son message, cette proximité nouvelle, c'est Jésus lui-même. Par sa présence et son action, Dieu est entré dans l'histoire d'une manière tout à fait nouvelle, ici et maintenant, comme Celui qui agit. C'est pourquoi aujourd'hui « les temps sont accomplis » (*Mc* 1, 15) ; c'est pourquoi sont venus maintenant, d'une façon unique en son genre, le temps de la conversion et de la pénitence, tout comme le temps de la joie, car Dieu vient à nous en Jésus. En lui, Dieu est maintenant celui qui agit et qui règne, qui règne de manière divine, c'est-à-dire sans pouvoir temporel, qui règne en aimant « jusqu'au bout » (*Jn* 13, 1), jusqu'à la Croix. C'est à partir de cet élément central que l'on peut relier les différents aspects en apparence contradictoires. C'est à partir de lui que l'on peut comprendre les déclarations sur le caractère humble et caché du Royaume, l'image essentielle de la semence qui continuera de nous occuper à plus d'un titre ; et aussi l'invitation au courage de se mettre à la suite de Jésus, en abandonnant tout le reste. Il est lui-même le trésor ; la communion avec lui est la perle précieuse.

C'est à partir de là que s'éclaire aussi la tension entre *ethos* et grâce, entre le personnalisme le plus strict et l'appel à rejoindre une nouvelle famille. En réfléchissant sur la Torah du Messie dans le Sermon sur la montagne, nous verrons comment s'imbriquent la liberté par rapport à la Loi, le don de la grâce, la « plus grande justice » réclamée aux disciples de Jésus, la justice qui « surpasse » celle des pharisiens et des scribes (cf. *Mt* 5, 20). Voyons pour l'instant un seul exemple : l'épisode du pharisien et du publicain qui prient tous deux dans le Temple de façon très différente (cf. *Lc* 18, 9-14).

Le pharisien peut se glorifier de vertus considérables, il ne parle que de lui-même à Dieu et, en se louant lui-même, il croit louer Dieu. Le publicain connaît ses péchés, il sait qu'il ne peut se glorifier devant Dieu et, conscient de sa faute, il demande grâce. Cela signifie-t-il que l'un incarne l'*ethos* et l'autre la grâce sans l'*ethos* ou contre l'*ethos* ? En réalité, la question qui se pose n'est pas celle de l'*ethos* ou du non-*ethos*, mais celle de deux façons de se tenir devant Dieu et devant soi-même. L'un ne regarde pas du tout Dieu, mais seulement lui-même ; en fait, il n'a nullement besoin de Dieu, car lui-même fait tout comme il convient. Il n'existe aucun lien authentique avec Dieu qui en définitive est superflu – son propre agir suffit. L'homme se justifie lui-même. L'autre, par contre, se voit à partir de Dieu. Il a tourné son regard vers Dieu et il a ainsi ouvert les yeux sur lui-même. Il sait donc qu'il a besoin de Dieu, qu'il a besoin de vivre de sa bonté qu'il ne peut obtenir par la force, qu'il ne peut se procurer seul. Il sait qu'il a besoin de miséricorde et ainsi il prend modèle sur la miséricorde divine pour devenir lui-même miséricordieux et en cela semblable à Dieu. Il vit de cette relation, de ce don qu'il reçoit ; il aura toujours besoin qu'on lui fasse don de la bonté, du Pardon, mais à partir de cela il apprendra toujours aussi à le transmettre. La grâce qu'il demande dans sa prière ne le dispense pas de l'*ethos*. Elle seule le rend capable de faire réellement le bien. Il a besoin de Dieu, et parce qu'il le reconnaît, il commence, à partir de la bonté divine, à devenir lui-même bon. L'*ethos* n'est pas nié, il est seulement libéré du moralisme rigoriste et placé dans le cadre d'une relation d'amour, de la relation à Dieu ; ainsi l'*ethos* trouve son accomplissement véritable.

Le thème du « Royaume » de Dieu est présent dans l'ensemble de la prédication de Jésus. C'est pourquoi il n'est intelligible qu'à partir de l'intégralité de son message. En nous tournant maintenant vers l'un des passages centraux de la proclamation de Jésus, le Sermon sur la montagne, nous allons voir développés avec une plus grande profondeur les thèmes que nous n'avons fait qu'aborder fugitivement ici. Surtout, nous allons comprendre clairement que Jésus parle toujours en tant que Fils, que la relation entre Père et Fils se trouve toujours en arrière-plan de son message. En ce sens, Dieu occupe toujours la place centrale dans le discours ; mais précisément parce que Jésus est lui-même Dieu, le Fils, sa prédication tout entière est annonce de son propre mystère, est christologie, c'est-à-dire discours sur la présence de Dieu dans son faire et dans son être. Nous verrons alors comment ce point exige une décision et comment, par voie de conséquence, il mène à la croix et à la résurrection.

4

LE SERMON SUR LA MONTAGNE

À la suite des tentations, on trouve chez Matthieu un bref récit du début du ministère de Jésus dans lequel la Galilée est explicitement présentée comme « la Galilée des nations », le lieu annoncé par les prophètes (cf. *Is* 8, 23 ; 9, 1) où se lèverait la « grande lumière » (*Mt* 4, 15). Matthieu réplique ainsi à ceux qui s'étonnent de ce que le Sauveur ne vienne pas de Jérusalem et de Judée, mais d'un coin de terre déjà considéré comme à demi païen. Ce détail justement, qui aux yeux du grand nombre apparaît comme un élément en *défaveur* de l'envoi messianique de Jésus – le fait qu'il vienne de Nazareth, de Galilée –, est en réalité la *preuve* de sa mission divine. Depuis le début déjà et jusque dans le moindre détail, Matthieu recourt à l'Ancien Testament en faveur de Jésus. Ce que dit fondamentalement, mais sans le développer en détail, le récit lucanien du cheminement de Jésus avec les disciples d'Emmaüs (*Lc* 24, 25s), c'est-à-dire que toutes les Écritures se réfèrent à lui, Matthieu s'efforce de le démontrer pour tous les détails de la vie de Jésus.

Il nous faudra revenir par la suite sur trois éléments du sommaire initial de Matthieu concernant l'activité de Jésus

(*Mt* 4, 12-25). Quant à la prédication de Jésus, il y a tout d'abord l'indication dont le contenu est essentiel et qui synthétise la totalité de son message : « Convertissez-vous, car le Royaume (la seigneurie) des cieux est tout proche » (*Mt* 4, 17). Il y a ensuite l'appel des Douze par lequel, dans un geste symbolique qui est également une action tout à fait concrète, Jésus proclame et lance le renouveau du peuple des douze tribus, la nouvelle convocation d'Israël. Enfin, comme on le voit immédiatement ici, Jésus n'est pas seulement maître, mais encore rédempteur de l'homme dans sa totalité. Le Jésus qui enseigne est aussi le Jésus qui guérit.

En quelques lignes, quatorze versets seulement (4, 12-25), Matthieu dresse devant ses auditeurs un premier portrait de la personne et de l'œuvre de Jésus. Vient ensuite, en trois chapitres, le « Sermon sur la montagne ». De quoi s'agit-il ? Dans cette grande composition en forme de discours, Matthieu nous présente Jésus comme le nouveau Moïse, et ce au sens profond qui précédemment s'est déjà rendu évident pour nous suite à la promesse faite par un prophète dans le Livre du Deutéronome.

Le verset introductif signifie bien davantage qu'un cadre plus ou moins fortuit : « Quand Jésus vit la foule, il gravit la montagne. Il s'assit, et ses disciples s'approchèrent. Alors, ouvrant la bouche, il se mit à les instruire » (*Mt* 5, 1-2). Jésus s'assied, signe de la pleine autorité du maître. Il prend place sur la « chaire » que constitue la montagne. Plus tard, il parlera des rabbins qui sont assis sur la chaire de Moïse et, par là même, investis de l'autorité : on doit écouter et accepter leur enseignement même si leur vie va à l'encontre de ce qu'ils enseignent (cf. *Mt* 23, 2), même s'ils ne sont pas eux-mêmes l'autorité, mais qu'ils ont été investis de l'autorité par un autre. Jésus s'assied sur la « chaire » comme maître d'Israël et maître de l'humanité en général. Car – l'analyse du texte le montrera – en parlant de « disciples », Matthieu ne restreint pas le cercle de ceux auxquels ce discours s'adresse, bien au contraire, il l'élargit. Quiconque écoute et accueille la Parole peut devenir « disciple ».

À l'avenir, l'important ne sera pas l'origine, mais le fait d'écouter et de suivre. Devenir disciple est une possibilité offerte à chacun ; tout le monde est appelé : c'est donc sur la base de l'écoute de la Parole que se crée un Israël plus vaste, un Israël renouvelé, qui n'exclut ni n'abolit l'ancien, mais le dépasse en l'ouvrant à l'universel.

Jésus s'assied sur la « chaire » de Moïse, mais pas au même titre que les maîtres formés pour leur charge dans les écoles ; il s'assied là comme un plus grand Moïse, qui étend l'Alliance à tous les peuples. La signification de la montagne apparaît alors clairement. L'évangéliste ne nous dit pas de quel mont de Galilée il s'agit. Mais du fait qu'il s'agit du lieu du discours de Jésus, c'est simplement « la montagne », le nouveau Sinaï. « La montagne » est le lieu de prière de Jésus, de son face-à-face avec le Père ; c'est justement pour cela qu'elle est aussi le lieu de son enseignement, qui procède de l'échange le plus intime avec le Père. « La montagne » prouve ainsi par elle-même son identité comme le nouveau Sinaï, le Sinaï définitif.

Bien sûr, quelle différence entre cette « montagne » et le puissant massif de pierre situé en plein désert ! Selon la tradition, la montagne des Béatitudes serait une hauteur située au nord du lac de Génésareth : quiconque y est allé un jour et conserve imprimé dans son âme le vaste panorama qui s'offre à lui, les eaux du lac, le ciel et le soleil, les arbres et les prés, les fleurs et le chant des oiseaux, ne peut oublier la merveilleuse atmosphère de paix, de beauté de la création, qu'il a rencontrée dans une terre malheureusement si tourmentée.

Quelle que fût cette « montagne des Béatitudes », elle a porté d'une façon ou d'une autre la marque de cette paix et de cette beauté. Le tournant que représente l'expérience vécue sur le Sinaï par le prophète Élie, qui avait ressenti le passage de Dieu non pas dans la tempête, ni dans le tremblement de terre, ni dans le feu, mais dans le murmure d'une brise légère (cf. *1 R* 19, 1-13), trouve ici son achèvement. Dieu révèle maintenant sa puissance dans la douceur, sa grandeur dans la simplicité et la proximité. En réalité, cette puissance n'en est pas moins insondable. Ce qui s'exprimait auparavant par la tempête, le tremblement de terre et le feu prend maintenant la forme de la croix, du Dieu souffrant qui nous appelle à entrer dans ce feu mystérieux, le feu de l'amour crucifié : « Heureux serez-vous si l'on vous insulte, si l'on vous persécute... » (*Mt* 5, 11). La puissance de la révélation sur le Sinaï avait à ce point effrayé le peuple qu'il dit à Moïse : « Toi, parle-nous, et **nous** écouterons ; mais que Dieu ne nous parle pas, car ce serait notre mort. » (*Ex* 20, 19).

Maintenant, Dieu parle tout près de nous, il est un homme qui parle aux hommes. Maintenant, il s'abaisse jusqu'aux profondeurs de leur souffrance, mais précisément il amènera et il amène toujours ses auditeurs – qui croient pourtant être ses disciples – à dire : « Ce qu'il dit là est intolérable, on ne peut pas continuer à l'écouter ! » (*Jn* 6, 60). Cette nouvelle bonté du Seigneur ne passe pas facilement. Nombreux sont ceux qui trouvent le scandale de la croix plus intolérable que ne le fut le tonnerre sur le Sinaï pour les Israélites. Oui, ils avaient bien raison de dire : si Dieu parlait avec nous, « ce serait notre mort » (*Ex* 20, 19). Car sans une « mort », sans le naufrage de ce qui est seulement nôtre, il n'existe pas de communion avec Dieu, ni de rédemption ; la méditation sur le baptême l'a déjà montré, il est impossible de réduire ce sacrement à un simple rite.

Nous avons anticipé sur ce que seule la réflexion sur le texte peut faire apparaître pleinement. Il devrait être clair maintenant que « le Sermon sur la montagne » est la nouvelle Torah apportée par Jésus. Moïse n'avait pu rapporter sa Torah qu'en s'enfonçant d'abord dans l'obscurité de Dieu sur la montagne ; la Torah de Jésus implique, elle aussi, l'immersion dans la communion avec le Père, les élévations intérieures de sa vie, qui se poursuivent par les descentes dans la communion de vie et de souffrance avec les hommes.

L'évangéliste Luc nous transmet, du Sermon sur la montagne, une version plus brève qu'il oriente différemment. Il écrit pour les chrétiens provenant du paganisme, il est donc moins important pour lui de représenter Jésus comme le nouveau Moïse et sa parole comme la Torah définitive. Pour commencer, il fixe différemment le cadre extérieur. Chez lui, le Sermon sur la montagne est immédiatement précédé par l'appel des douze apôtres, appel qu'il présente comme le fruit d'une nuit passée en prière et qu'il situe sur la montagne, lieu habituel de prière de Jésus. Après cet événement si fondamental dans l'itinéraire de Jésus, le Seigneur descend de la montagne avec les Douze qu'il vient de choisir et de désigner par leur nom, et il s'arrête debout dans la plaine. Pour Luc, la position debout est l'expression de la majesté et de l'autorité de Jésus ; la plaine est l'expression du vaste espace dans lequel Jésus envoie sa parole – un vaste espace que Luc souligne en nous disant qu'hormis les Douze en compagnie desquels il était descendu de la montagne, étaient présents « un grand nombre de disciples et une foule de gens venus de toute la Judée, de Jérusalem et du littoral de Tyr et de Sidon qui étaient venus l'entendre et se faire guérir de leurs maladies » (*Lc* 6, 17-18). La signification universelle du Sermon, visible dans ce scénario, a pourtant ceci de spécifique que Luc, tout comme Matthieu, dit ensuite : « Regardant alors ses disciples, Jésus dit... » (6, 20). Ces deux aspects coexistent : le Sermon sur la montagne s'adresse à tout le monde, dans le présent et dans l'avenir, mais il réclame aussi d'être disciple et il ne peut être compris et vécu que si l'on suit et si l'on accompagne Jésus.

Les réflexions qui suivent ne prétendent certainement pas expliquer, verset par verset, le Sermon sur la montagne ; je désire choisir trois passages dans lesquels, à mes yeux, le message de Jésus et sa personne peuvent nous apparaître de façon particulièrement claire. En premier lieu, il s'agit des Béatitudes. Ensuite, j'aimerais méditer sur la nouvelle version de la Torah telle que Jésus la propose. Ici, il dialogue avec Moïse, avec les traditions d'Israël. Le grand érudit juif Jacob Neusner, dans un livre important, s'est en quelque sorte mêlé aux auditeurs du Sermon sur la montagne pour entamer ensuite un dialogue avec Jésus intitulé *Un rabbin parle avec Jésus*. Ce débat respectueux et sincère que ce Juif croyant mène avec Jésus, le fils d'Abraham, m'a ouvert les yeux, plus que d'autres interprétations du Sermon sur la montagne que je connais, sur la grandeur de la Parole de Jésus et sur la décision à laquelle nous confronte l'Évangile.

C'est pourquoi j'aimerais ici m'insérer en tant que chrétien dans le dialogue du rabbin avec Jésus pour mieux comprendre, à partir de là, ce qui est authentiquement juif et ce qui constitue le mystère de Jésus. Enfin, une partie importante du Sermon sur la montagne est consacrée à la prière – comment pourrait-il en être autrement ? – cette partie culminant dans le *Notre Père*, par lequel Jésus veut enseigner à ses disciples de tous les temps à prier, afin de les mettre en face du visage de Dieu et de les guider ainsi sur le chemin de la vie.

1. *Les Béatitudes*

Il n'est pas rare que l'on présente les Béatitudes comme l'antithèse néotestamentaire du Décalogue, en quelque sorte comme l'éthique la plus élevée des chrétiens en regard des commandements de l'Ancien Testament. Cette conception méconnaît totalement le sens des paroles de Jésus. Car Jésus a toujours posé comme allant de soi la validité du Décalogue (cf. par exemple *Mc* 10, 19 ; *Lc* 16, 17). Dans le Sermon sur la montagne, les commandements de la seconde table sont repris et approfondis, mais ils ne sont pas abolis (cf. *Mt* 5, 21-48), car cela serait diamétralement opposé au principe fondamental énoncé juste avant le passage relatif au Décalogue : « Ne pensez pas que je suis venu abolir la Loi ou les Prophètes : je ne suis pas venu abolir, mais accomplir. Amen, je vous le dis : Avant que le ciel et la terre disparaissent, pas une lettre, pas un seul petit trait ne disparaîtra de la Loi jusqu'à ce que tout se réalise » (*Mt* 5, 17-18). À la suite du dialogue entre Jésus et le rabbi, il nous faudra revenir sur cette phrase qui ne contredit qu'en apparence le message paulinien. Pour l'instant, il suffit de voir que Jésus n'a nullement l'intention d'abolir le Décalogue, bien au contraire, il le renforce.

Mais que sont alors les Béatitudes ? Elles s'intègrent tout d'abord dans une longue tradition de messages vétérotestamentaires, telle que nous la rencontrons par exemple dans le Psaume 1 et dans le texte parallèle de Jérémie (17, 7s) : « Béni soit l'homme qui met sa confiance dans le Seigneur... ». Il s'agit là de paroles de promesse qui servent également au discernement des esprits et qui deviennent ainsi des paroles qui montrent le chemin. Le cadre donné par Luc au Sermon sur la montagne précise la destination particulière des Béatitudes de Jésus : « Regardant alors ses disciples... » Chaque affirmation des Béatitudes procède de ce regard porté sur les disciples ; elles décrivent en quelque sorte la situation concrète qui est celle des disciples de Jésus : ils sont pauvres, affamés, ils pleurent, ils sont haïs et persécutés (*Lc* 6, 20-23). Elles qualifient d'un point de vue pratique, mais aussi théologique, les disciples, ceux qui ont suivi Jésus et qui constituent désormais sa famille.

Mais la situation empirique de menace imminente dans laquelle Jésus voit concrètement les siens se change en promesse lorsque le regard porté sur elle est illuminé par le Père. Face à la communauté des disciples de Jésus, les Béatitudes constituent des paradoxes : les critères du monde se voient inversés dès que l'on considère la réalité dans la juste perspective, à savoir du point de vue de l'échelle de valeur de Dieu, qui est différente de celle du monde. Ceux qui, selon les critères du monde, sont considérés comme pauvres et perdus sont en vérité bienheureux et bénis, et, malgré toutes leurs souffrances, ils sont en droit d'être dans la joie et l'allégresse. Les Béatitudes sont des promesses dans lesquelles resplendit la nouvelle image du monde et de l'homme qu'inaugure Jésus, le « renversement des valeurs ». Ce sont des promesses eschatologiques ; mais cette expression ne doit pas être entendue au sens où la joie qu'elles annoncent serait renvoyée dans un avenir infiniment lointain ou exclusivement dans l'au-delà. Si l'homme commence à voir et à vivre à partir de Dieu, s'il marche en compagnie de Jésus, alors il vit selon de nouveaux critères, et quelque chose de l'*eschaton*, de ce qui doit venir, est déjà présent maintenant. Par Jésus, la joie vient dans les tribulations.

Les paradoxes que Jésus présente dans les Béatitudes expriment la vraie situation du croyant dans le monde, une situation que Paul a décrite à maintes reprises à la lumière de son expérience de vie et de souffrance d'apôtre : « On nous traite de menteurs, et nous disons la vérité ; de gens obscurs, et nous sommes très connus ; on nous croit mourants, et nous sommes bien vivants ; on nous punit, mais sans nous faire mourir ; on nous croit tristes, et nous sommes toujours joyeux ; pauvres, et nous faisons tant de riches ; démunis de tout, et nous possédons tout » (*2 Co* 6, 8-10). « À tout moment, nous subissons l'épreuve, mais nous ne sommes pas écrasés ; nous sommes désorientés, mais non pas désemparés ; nous sommes pourchassés, mais non pas abandonnés ; terrassés, mais non pas anéantis... » (*2 Co* 4, 8-10). Ce qui, dans les Béatitudes de l'Évangile de Luc, est encouragement et promesse constitue chez Paul l'expérience vécue de l'Apôtre. Il se sent « le dernier de tous », tel un condamné à mort qui est livré en spectacle au monde, sans patrie, insulté, calomnié (cf. *1 Co* 4, 9-13). Et pourtant, il fait l'expérience d'une joie infinie. Précisément comme celui qui est à la merci de tous, qui s'est dépouillé de lui-même pour apporter le Christ aux hommes, il fait l'expérience du lien intime entre la croix et la résurrection : nous sommes livrés à la mort « afin que la vie de Jésus, elle aussi, soit manifestée dans notre existence mortelle » (*2 Co* 4, 11). Dans ses envoyés, le Christ continue de souffrir, sa place est toujours sur la croix. Mais il est cependant de façon irrévocable le Ressuscité. Et même si l'envoyé de Jésus dans ce monde continue de vivre la Passion de Jésus, la splendeur de la résurrection s'y fait sentir, elle est la source d'une joie, d'une « Béatitude » plus fortes que le bonheur qu'il a pu éprouver auparavant dans son cheminement dans le monde. À présent, et à présent seulement, il sait ce qu'est réellement le « bonheur », ce qu'est la vraie « Béatitude », et il découvre du même coup l'indigence de ce qui, selon les critères habituels, est considéré comme satisfaction et bonheur.

Les paradoxes de la vie de saint Paul, qui concordent avec ceux qui sont exposés dans les Béatitudes, font apparaître une réalité semblable à celle que Jean exprimait aussi, mais d'une autre manière, lorsqu'il parlait de la croix du Seigneur comme d'une « élévation », comme d'une intronisation dans la majesté de Dieu. Jean concentre dans un seul mot la croix et la résurrection, la croix et l'élévation, parce que, pour lui, ce sont réellement deux choses inséparables. La croix est l'acte de l'« Exode », l'acte d'amour accompli jusqu'à l'extrême et « jusqu'au bout » (*Jn* 13, 1). C'est pourquoi elle est le lieu de la gloire, le lieu du vrai contact et de l'union véritable avec Dieu qui est Amour (cf. *1 Jn* 4, 7-16). Cette vision johannique concentre donc et nous rend intelligible, de manière définitive, le sens des paradoxes du Sermon sur la montagne.

Ces considérations de Paul et de Jean nous ont fait apparaître deux vérités. Les Béatitudes énoncent ce que signifie être disciple. Elles prennent une dimension d'autant plus concrète et plus réelle que le disciple se consacre plus totalement à son ministère, comme en témoignent de façon exemplaire la vie et la personne de Paul. Leur signification ne peut être exposée de façon purement théorique, elle se manifeste dans la vie, la souffrance et la joie mystérieuse du disciple qui a tout sacrifié pour suivre le Seigneur. Le second élément qui se fait clairement jour ici, c'est le caractère christologique des Béatitudes. Le disciple est lié au mystère du Christ, sa vie est immergée dans la communion avec le Christ : « Je vis, mais ce n'est plus moi, c'est le Christ qui vit en moi » (*Ga* 2, 20). Les Béatitudes sont la transposition de la croix et de la résurrection dans l'existence des disciples. Mais leur valeur pour le disciple procède du fait qu'elles ont tout d'abord trouvé l'archétype de leur réalisation dans le Christ lui-même.

La version que Matthieu donne des Béatitudes (cf. *Mt* 5, 3-12) nous montre cela avec encore plus de netteté. En lisant attentivement le texte, on se rend compte que les Béatitudes constituent de manière voilée une biographie intérieure de Jésus, un portrait de sa personne. Lui qui n'a pas d'endroit où reposer sa tête (cf. *Mt* 8, 20) est le vrai pauvre, lui qui peut dire de lui-même « devenez mes disciples car je suis doux et humble de cœur » (*Mt* 11, 29), est véritablement doux ; il est le véritable cœur pur qui de ce fait contemple Dieu en permanence. Il est l'artisan de paix, il est celui qui souffre par amour de Dieu. Les Béatitudes révèlent le mystère du Christ lui-même, elles nous appellent à entrer dans la communion avec le Christ. Mais précisément à cause de leur caractère christologique caché, elles sont des signes qui indiquent aussi la voie à l'Église qui doit reconnaître en elles son modèle ; elles constituent pour chaque fidèle des indications pour suivre le Christ, même si c'est de façon différente, en fonction de la diversité des vocations.

Voyons maintenant de plus près les différents maillons de la chaîne des Béatitudes. Il y a tout d'abord l'expression énigmatique sur laquelle on s'est tant interrogé : « les pauvres de cœur ». Cette expression apparaît dans les rouleaux de Qumrân, où elle constitue la définition des membres de la communauté par eux-mêmes. Ses membres se nomment aussi eux-mêmes « les pauvres de la grâce », « les pauvres de ta rédemption » ou simplement « les pauvres »[1]. En se qualifiant elle-même ainsi, la communauté de Qumrân exprime sa conscience d'être le véritable Israël, et elle reprend là effectivement des traditions profondément ancrées dans la foi d'Israël. À l'époque de la conquête de la Judée par les Babyloniens, 90 % des habitants de la région faisaient partie de la classe pauvre ; après l'exil, la politique fiscale des Perses provoqua à nouveau une situation dramatique de pauvreté. La conception ancienne selon laquelle tout va bien pour le juste alors que la pauvreté résulte d'une mauvaise vie (rapport entre agir et qualité de vie) n'était désormais plus tenable. Voici que, dans sa pauvreté même, Israël se reconnaît comme proche de Dieu, reconnaît que les pauvres, dans leur humilité même, sont chers au cœur de Dieu, à l'inverse des riches, qui, dans leur orgueil, ne comptent que sur eux-mêmes.

Un grand nombre de psaumes expriment la piété des pauvres, qui s'est approfondie ; ils se reconnaissent comme le véritable Israël. Dans la piété que manifestent ces psaumes, dans leur profond attachement à la bonté de Dieu, dans la bonté et l'humilité humaines qui ont ainsi été forgés, dans l'attente vigilante de l'amour salvifique de

Dieu, s'est développée l'ouverture du cœur qui a ouvert toutes grandes les portes au Christ. Marie et Joseph, Syméon et Anne, Zacharie et Élisabeth, les bergers de Bethléem, les Douze que le Seigneur a appelés pour constituer le premier cercle des disciples, tous appartiennent à des milieux qui se distinguent des pharisiens et des sadducéens, mais aussi de la communauté de Qumrân, malgré une certaine proximité spirituelle. C'est en eux que commence le Nouveau Testament, qui se sait en union totale avec la foi d'Israël qui mûrit en vue d'une pureté toujours plus grande.

Ce sont eux aussi qui ont mûri en silence cette attitude devant Dieu que Paul développera dans sa théologie de la justification. Devant Dieu, ces hommes ne se glorifient pas de leurs actes. Devant Dieu, ils ne prétendent pas être une sorte de partenaire commercial égal en droits, qui exige d'être rétribué à hauteur de ses actes. Ces hommes savent qu'intérieurement aussi, ils sont pauvres, qu'ils aiment tout en recevant simplement ce que Dieu leur donne, et c'est précisément en cela qu'ils vivent en accord intime avec l'être et la Parole de Dieu. Quand sainte Thérèse de Lisieux disait qu'un jour elle paraîtrait devant Dieu les mains vides et qu'elle les lui tendrait ouvertes, elle décrivait l'esprit de ces pauvres de Dieu : ils arrivent les mains vides, ces mains-là n'agrippent pas, ne retiennent pas, elles s'ouvrent et donnent, prêtes à s'abandonner à la bonté de Dieu qui donne.

Dans ces conditions, il n'y a pas d'opposition entre Matthieu qui parle des pauvres de cœur et Luc chez qui le Seigneur s'adresse simplement aux « pauvres ». On a dit qu'à l'origine Luc entendait la pauvreté au sens tout à fait matériel et concret tandis que Matthieu avait spiritualisé ce concept, le dépouillant ainsi de son caractère radical.

Quiconque lit l'Évangile de Luc sait parfaitement qu'il nous présente bien les « pauvres de cœur », en quelque sorte le groupe sociologique qui a constitué le point de départ de l'itinéraire terrestre et du message de Jésus. Et il est clair à l'inverse que Matthieu se situe encore dans la tradition de la piété des psaumes et donc dans la vision du véritable Israël dont les psaumes étaient l'expression.

La pauvreté dont il est question ici n'est jamais d'ordre strictement matériel. La pauvreté purement matérielle ne sauve pas, même s'il est certain que les défavorisés de ce monde peuvent tout particulièrement compter sur la bonté divine. Mais le cœur de ceux qui ne possèdent rien peut être endurci, vicié, mauvais, intérieurement possédé par l'envie de posséder, oublieux de Dieu et avide de s'approprier le bien d'autrui.

D'autre part, la pauvreté dont il est question n'est pas non plus une attitude purement spirituelle. Certes, l'attitude radicale qui nous a été et qui nous est encore donnée en exemple dans la vie de tant de chrétiens authentiques, depuis Antoine, le père des moines, jusqu'à François d'Assise et les pauvres exemplaires de notre siècle, n'est pas une mission assignée à tous. Mais pour être la communauté des pauvres de Jésus, l'Église a sans cesse besoin des grandes figures du renoncement ; elle a besoin des communautés qui les suivent, qui vivent la pauvreté et la simplicité, et qui nous montrent par là la vérité des Béatitudes, afin de tous nous secouer et nous réveiller, pour comprendre que posséder des biens, c'est simplement servir, pour s'opposer à la culture de l'avoir par une culture de la liberté intérieure, et pour créer ainsi les conditions de la justice sociale.

Le Sermon sur la montagne en tant que tel n'est pas, il est vrai, un programme social. Mais la justice sociale ne peut croître que là où la grande orientation qu'il nous

donne reste vive dans nos convictions et dans notre façon
d'agir, là où la foi procure la force de se déposséder soi-
même et de se sentir responsable de son prochain comme
de la société. Et l'Église tout entière doit rester consciente
du fait qu'elle doit être reconnaissable aux yeux de tous
comme la communauté des pauvres de Dieu. Tout comme
l'Ancien Testament s'est ouvert au renouveau apporté par
la Nouvelle Alliance à partir des pauvres de Dieu, tout
renouveau de l'Église ne peut venir que de ceux chez qui
sont vivantes une humilité résolue et une bonté toujours
prête à servir autrui.

Mais nous n'avons considéré jusqu'ici que la première
partie de la première Béatitude « Heureux les pauvres de
cœur » ; chez Matthieu et chez Luc, la promesse qui leur
est destinée est la même : « Le Royaume de Dieu est à
vous » (*Lc* 6, 20), « Le Royaume des cieux est à eux » (*Mt*
5, 3). Le Royaume de Dieu, catégorie fondamentale du
message de Jésus, fait ici son entrée dans les Béatitudes, et
un tel contexte est important pour bien comprendre cette
notion très controversée. Nous l'avons déjà vu lorsque nous
avons examiné de plus près la signification de l'expression
« Royaume de Dieu », et nous devrons nous en souvenir
aussi dans nos réflexions suivantes.

Mais peut-être est-il bon, avant de poursuivre notre
méditation sur le texte, de revenir un instant sur la figure
de l'histoire de la foi dont l'existence humaine illustre avec
une intensité extrême cette Béatitude : François d'Assise.
Les saints sont les interprètes authentiques de l'Écriture
Sainte. Le sens d'une expression se révèle avant tout grâce
aux hommes qu'elle a saisis tout entiers et qui l'ont vécue
de tout leur être. L'interprétation de l'Écriture ne peut être
une affaire purement académique ni reléguée dans le

domaine exclusivement historique. L'Écriture recèle toujours en puissance un avenir qui se révèle seulement lorsque l'on vit et souffre sa parole jusqu'au bout. La promesse inscrite dans la première Béatitude, François d'Assise en a été saisi de la façon la plus radicale, jusqu'à se dépouiller de ses vêtements avant d'en recevoir d'autres de la main de l'évêque, le représentant de la bonté paternelle de Dieu qui habille les lis des champs mieux que n'était habillé le roi Salomon (cf. *Mt* 6, 28-30). Cette extrême humilité était à ses yeux avant tout liberté de servir, liberté de suivre sa mission, confiance absolue en Dieu qui prend soin des fleurs des champs, mais aussi de ses enfants sur terre. Elle était un correctif apporté à l'Église de cette époque qui, sous l'emprise d'un système féodal, avait perdu la liberté et le dynamisme de son élan missionnaire. Elle signifiait l'ouverture de son moi le plus intime au Christ, auquel les stigmates le rendaient semblable en tout point, de sorte que réellement, ce n'est plus lui-même qui vivait, mais que, étant né à nouveau, il existait désormais tout entier par le Christ et dans le Christ. Il ne voulait d'ailleurs pas fonder un ordre, mais simplement rassembler à nouveau le peuple de Dieu pour qu'il écoute la parole au lieu de se dérober à travers de savants commentaires au sérieux de l'appel de Dieu. Mais en créant le tiers ordre, il a fini par accepter de distinguer entre l'engagement radical et la nécessité de vivre dans le monde. Tiers ordre, cela signifie accepter en toute humilité la mission de la vocation séculière et ses exigences là où chacun est appelé à le faire, tout en continuant à se laisser guider par la communion intime et profonde avec le Christ telle que François d'Assise l'a vécue avant nous. « Que ceux qui font des achats [soient] comme s'ils ne possédaient rien » (*1 Co* 7, 30). Apprendre à vivre cette tension intérieure comme étant peut-être une exigence plus difficile encore, et être capable de la vivre réellement, de façon sans cesse renouvelée, en s'appuyant sur ceux qui ont choisi de suivre le Christ de manière radicale, tel est le sens des tiers ordres, qui nous révèlent ce que cette Béatitude peut signifier pour *tous*. Surtout, l'exemple de François d'Assise nous montre clairement ce que signifie le « Royaume de Dieu ». François était totalement lié à l'Église et, en même temps, des personnes telles que lui rapprochent l'Église de son but futur qui est déjà présent : Le Royaume de Dieu est tout proche...

La deuxième Béatitude de l'Évangile de Matthieu est étroitement liée à la première : « Heureux les doux (les humbles) : ils obtiendront la terre promise » (*Mt* 5, 5). Cette Béatitude est quasiment la citation d'un psaume : « Les doux posséderont la terre » (*Ps* 37 [36], 11). Dans la Bible en grec, le mot *praeîs* (au singulier *prays*) (« les doux – les humbles »), qui est porteur d'une riche et longue tradition, traduit le mot hébreu *anawin* qui désignait les pauvres de Dieu dont il a été question à propos de la première Béatitude. La première et la deuxième Béatitudes se recoupent donc largement, la deuxième précisant une nouvelle fois un aspect essentiel de ce que signifie la pauvreté vécue à partir de Dieu et dans la perspective de Dieu.

Mais l'éventail s'élargit encore si l'on considère d'autres textes où apparaît le même terme. Au Livre des Nombres, il est écrit : « Or, Moïse était très humble, l'homme le plus humble que la terre ait porté » (*Nb* 12, 3). Comment ne pas penser dans ce contexte à la parole de Jésus : « Prenez sur vous mon joug, devenez mes disciples, car je suis doux et humble de cœur, et vous trouverez le repos » (*Mt* 11, 29) ? Le Christ est le nouveau Moïse, le vrai Moïse (telle est la pensée fondamentale qui traverse tout le Sermon sur la montagne) ; en lui s'affirme la présence de la bonté pure, qui est le propre du Très-Haut, de celui qui règne.

Nous sommes conduits encore plus profondément si nous considérons une autre correspondance entre Ancien et Nouveau Testament, au centre de laquelle nous rencontrons à nouveau le mot *prays,* doux, humble. Dans le Livre de Zacharie, nous trouvons cette promesse de salut : « Exulte de toutes tes forces, fille de Sion ! Pousse des cris de joie, fille de Jérusalem ! Voici ton roi qui vient vers toi : il est juste et victorieux, humble et monté sur un âne, un âne tout jeune. Ce roi fera disparaître [...] les chars de guerre [...] ; il brisera l'arc de guerre, et il proclamera la paix aux nations. Sa domination s'étendra d'une mer à l'autre » (*Za* 9, 9-10). Le prophète proclame ici la venue d'un roi pauvre, un roi dont le règne ne repose pas sur le pouvoir politique et militaire. Sa nature même est l'humilité, la douceur envers Dieu et envers les hommes. Cette nature qui l'oppose aux grands rois de la terre se manifeste par le fait qu'il fait son entrée sur une ânesse, la monture des pauvres, par opposition aux chars de guerre qu'il supprime. Il est le roi de la paix, il l'est par le pouvoir de Dieu et non en vertu de son propre pouvoir.

À cela s'ajoute l'universalité de sa royauté, qui s'étend sur toute la terre, « d'une mer à l'autre ». Cette expression suggère l'image du globe terrestre entouré d'eau de toutes parts et elle nous fait pressentir l'étendue de son règne qui englobe l'univers tout entier. Karl Elliger a raison de dire qu'« émergeant du brouillard, apparaît avec une étonnante netteté la figure de celui qui a réellement apporté la paix au monde entier, qui se situe au-delà de toute raison puisque, en fils obéissant, il a renoncé à user d'une quelconque violence et qu'il a souffert jusqu'à ce que son père le sauve de la souffrance, et qui à présent construit sans

répit son royaume à travers cette simple parole de paix... » [2].
C'est seulement maintenant que nous saisissons toute la portée du récit du dimanche des Rameaux et que nous comprenons la signification de ce qui vient d'être raconté par Luc
(cf. 19, 30) (tout comme par Jean), nous rapportant que
Jésus envoie ses disciples chercher une ânesse avec son ânon :
« Cela s'est passé pour accomplir la parole transmise par le
prophète : *Dites à la fille de Sion : Voici ton roi qui vient vers
toi, humble, monté sur une ânesse et un petit âne, le petit d'une
bête de somme* » (*Mt* 21, 4-5 ; cf. *Jn* 12, 14-15).

Malheureusement les traductions françaises ont effacé
ces correspondances en traduisant chaque fois *prays* par un
mot différent. Dans ce large éventail de textes – du Livre
des Nombres (chap. 12) à Zacharie (chap. 9), jusqu'aux
Béatitudes et au récit du dimanche des Rameaux – on
reconnaît la vision de Jésus roi de la paix, qui fait éclater
les frontières entre les peuples et qui instaure « d'une mer
à l'autre » un espace de paix. Par son obéissance, il nous
appelle à entrer dans cette paix ; il la plante en nous. Le
terme « doux, humble » fait partie du vocabulaire du peuple
de Dieu, d'Israël devenu universel dans le Christ, mais c'est
aussi une parole royale qui nous révèle la nature de la
royauté nouvelle du Christ. En ce sens, on pourrait dire
que ce terme relève à la fois de la christologie et de l'ecclésiologie ; en tout cas il nous appelle à suivre celui qui, en
faisant son entrée dans Jérusalem monté sur une ânesse,
nous révèle l'essence même de sa royauté.

Le texte de l'Évangile de Matthieu lie à cette deuxième
Béatitude la Promesse de la terre : « Heureux les doux : ils
obtiendront la terre promise. » Que faut-il entendre par là ?
L'espérance de la terre est un élément essentiel de la promesse initiale faite à Abraham. Lors de la traversée du

désert, atteindre la terre promise reste, tout au long de sa marche, l'objectif constant du peuple d'Israël. Pendant l'exil, Israël attend le retour sur sa terre. Mais il ne faut pas oublier que la promesse de la terre va bien au-delà du simple concept de possession d'un morceau de terre ou d'un territoire national auquel tout peuple a droit.

Dans la lutte pour la libération d'Israël et dans la sortie d'Égypte, c'est tout d'abord le droit à la liberté d'adorer, puis à la liberté de pratiquer son propre culte, ainsi que, tout au long de l'histoire du peuple élu, la promesse de terre qui prennent toujours plus clairement la signification suivante : la terre est donnée pour être un lieu d'obéissance, un espace ouvert à Dieu, et donc une terre libérée des abominations du culte des idoles. Dans la notion de liberté et de terre, l'obéissance à Dieu et, partant, l'idée d'une bonne et juste organisation de cette terre sont des éléments essentiels. Dans cette perspective, l'exil et la privation de la terre devenaient intelligibles, car, s'étant transformée en lieu du culte des idoles, de la désobéissance, la possession de la terre contredisait ainsi son véritable sens.

À partir de là, la diaspora prenait un sens nouveau et positif. Israël était dispersé à travers le monde afin de ménager partout un espace à Dieu et d'accomplir alors le sens de la création tel qu'il est mentionné dans le premier récit de la Genèse (cf. *Gn* 1, 1-2. 4). Le sabbat est le terme de la création, il indique sa finalité : s'il y a création, c'est que Dieu a voulu créer un lieu où l'on réponde à son amour, un lieu d'obéissance et de liberté. Peu à peu, à travers l'acceptation des souffrances qui émaillent l'histoire des rapports d'Israël avec Dieu, la notion de terre a gagné en ampleur et en profondeur, visant de moins en moins la possession d'un territoire national et de plus en plus l'universalité du droit de Dieu sur le monde.

Naturellement, dans un premier temps, on peut ne voir dans ce rapport entre « douceur » et promesse de la terre qu'une simple sagesse de l'histoire : les conquérants viennent et repartent. Restent les hommes simples, les humbles, ceux qui cultivent la terre et qui continuent de semer et de récolter dans la douleur comme dans la joie. D'un point de vue purement historique, les humbles, les simples, sont davantage installés dans la durée que les hommes violents. Mais il s'agit de bien autre chose. L'universalisation progressive du concept de terre à partir des fondements théologiques de l'espérance correspond aussi à l'horizon universel que nous avons rencontré dans la promesse de Zacharie : la terre du roi de la paix n'est pas un État national, elle s'étend « d'une mer à l'autre ». La paix a pour finalité de faire tomber les frontières et d'instituer une terre du renouveau par la paix qui vient de Dieu. En fin de compte, nous dit le Seigneur, la terre appartient aux « doux », aux artisans de paix. Elle doit devenir « le pays du roi de la paix ». La deuxième Béatitude nous invite à vivre en œuvrant en ce sens.

Toute assemblée eucharistique est pour nous chrétiens un lieu semblable, dans lequel le roi de la paix exerce sa seigneurie. La communauté universelle de l'Église de Jésus Christ est ainsi une ébauche de ce que sera la « terre » de demain, qui devra devenir une terre de la paix de Jésus Christ. En cela aussi, la deuxième Béatitude fait très directement écho à la première. Elle explicite un peu plus encore ce que signifie le « Royaume de Dieu », même si ce terme a une portée qui va bien au-delà de la promesse de la terre.

Nous avons déjà anticipé sur la septième Béatitude : « Heureux les artisans de paix : ils seront appelés fils de Dieu. » De ce fait, quelques indications à propos de cette parole fondamentale de Jésus suffiront sans aucun doute. Voyons tout d'abord l'arrière-plan de l'histoire universelle. Dans le récit de l'enfance de Jésus, Luc avait déjà évoqué le contraste entre cet enfant et le tout-puissant empereur Auguste, que l'on célébrait comme le « sauveur de tout le genre humain » et comme le grand artisan de la paix. Déjà auparavant, César avait revendiqué le titre d'« artisan de la paix de l'*oikouménè* ». Pour les croyants d'Israël, ce verset évoque le souvenir du roi Salomon, dont le nom renferme le mot *shalom*, paix. Voici ce que le Seigneur avait promis à David : « C'est en ses jours que je donnerai à Israël paix et tranquillité... Il sera pour moi un fils et je serai pour lui un père » (*1 Ch*, 22, 9-10). Cette phrase fait apparaître une relation entre la filiation divine et la royauté de la paix : Jésus est le Fils, et il l'est réellement. C'est ce qui fait de lui le vrai « Salomon », celui qui apporte la paix. Faire œuvre de paix appartient par nature au fait d'être fils. Cette septième Béatitude nous invite à être et à faire ce que fait le Fils pour devenir nous-mêmes des « fils de Dieu ».

Cela est valable tout d'abord à petite échelle dans l'espace de la vie de chacun. Le point de départ en est la décision fondamentale qu'au nom de Dieu, Paul appelle passionnément de ses vœux : « Au nom du Christ, nous vous le demandons, laissez-vous réconcilier avec Dieu » (*2 Co* 5, 20). Se brouiller avec Dieu est à l'origine de toutes les corruptions humaines, surmonter cette désunion est la condition fondamentale de la paix dans le monde. Seul l'homme réconcilié avec Dieu peut se réconcilier et être en harmonie avec lui-même, et seul l'homme réconcilié avec Dieu et avec lui-même peut faire œuvre de paix autour de lui et la propager à travers le monde entier. Mais le contexte politique qui transparaît dans le récit lucanien de l'enfance de Jésus comme chez Matthieu dans les Béatitudes signale toute la portée de cette parole. « Paix sur la terre » (*Lc* 2, 14), telle est la volonté de Dieu et du même coup la mission confiée aux hommes. Le chrétien sait que l'existence de la paix sur la terre est liée au fait que l'homme se trouve dans l'*eudokía*, dans le « bon plaisir » de Dieu. La lutte pour être en paix avec Dieu fait partie de la lutte pour la « paix sur terre » et lui est indispensable, c'est de là que viennent les critères et les forces nécessaires pour une telle lutte. Là où l'homme perd Dieu de vue, la paix elle aussi dépérit et la violence prend le dessus avec des formes de cruauté insoupçonnées jusque-là, c'est ce que nous ne voyons que trop bien aujourd'hui.

Passons à la troisième Béatitude : « Heureux ceux qui pleurent : ils seront consolés » (*Mt* 5, 5). Est-il bon d'être dans l'affliction et de faire de la tristesse une Béatitude ? Il existe deux sortes de tristesses : une tristesse qui a perdu l'espérance, celle de la perte de confiance dans l'amour comme dans la vérité qui mine l'homme de l'intérieur et le détruit, mais aussi la tristesse qui procède du bouleversement provoqué par la vérité et qui amène l'homme à la conversion, à la résistance au mal. Cette tristesse est salutaire parce qu'elle enseigne à l'homme à espérer et à aimer à nouveau. Celui qui incarne la première forme de tristesse, c'est Judas, qui, frappé de frayeur en songeant à sa chute, n'ose plus espérer et qui se pend, en proie au désespoir. Incarnant la seconde forme de tristesse, il y a Pierre qui, sous le regard du Seigneur, verse des larmes salutaires car elles labourent la terre de son âme. Il prend un nouveau départ et devient un homme nouveau.

Ézéchiel nous livre un témoignage impressionnant de cette forme positive de tristesse, contre-pouvoir au règne du mal (cf. *Ez* 9, 4). Six hommes reçoivent la mission d'exécuter le châtiment de Jérusalem, de ce pays coupable de crimes sanglants, de cette ville emplie de violence (cf. *Ez* 9, 9). Mais auparavant, un homme vêtu de lin doit dessiner un *tau* (une sorte de croix) sur le front de tous ceux qui « gémissent et qui pleurent sur toutes les abominations qu'on y commet » (*Ez* 9, 4), et ceux qui portent cette marque sont exemptés du châtiment. Il s'agit d'hommes qui ne hurlent pas avec les loups, qui ne se laissent pas entraîner à se faire les complices de l'injustice devenue naturelle, mais qui au contraire en souffrent. Même s'il n'est pas en leur pouvoir de changer dans son ensemble cette situation, ils opposent au règne du mal la résistance passive de la souffrance, la tristesse qui assigne une limite au pouvoir du mal.

La tradition nous a légué une autre image de la tristesse salutaire, celle de Marie au pied de la croix en compagnie de sa sœur – femme de Cléophas –, de Marie de Magdala et de Jean. Comme dans la vision d'Ézéchiel, nous rencontrons à nouveau, dans un monde empli de cruauté et de cynisme ou de connivences dictées par la peur, le petit groupe de ceux qui restent fidèles. Ils ne peuvent détourner le malheur, mais, en partageant sa souffrance, ils se placent du côté du condamné, en partageant l'amour, ils prennent le parti de Dieu, qui est amour. Cette compassion rappelle la magnifique parole de saint Bernard de Clairvaux dans son commentaire du Cantique des Cantiques : « *impassibilis est Deus, sed non incompassibilis*, Dieu est impassible, mais il peut compatir[3] ». C'est au pied de la croix que l'on peut le mieux comprendre cette parole : « Heureux ceux qui pleurent : ils seront consolés. » Celui qui n'endurcit pas son cœur devant la souffrance, devant la détresse de l'autre, celui qui, au lieu d'ouvrir son âme au mal, souffre de son pouvoir, donnant par là même raison à la vérité et à Dieu, celui-là ouvre les fenêtres du monde et fait entrer la lumière. À ceux qui pleurent ainsi, la grande consolation est promise. C'est ce qui relie étroitement la troisième Béatitude à la huitième : « Heureux ceux qui sont persécutés pour la justice : le Royaume des cieux est à eux » (*Mt* 5, 10).

La tristesse dont parle le Seigneur est le refus de se conformer au mal, elle est une manière d'aller contre ce que tout le monde fait, contre les modèles de comportement qui s'imposent à l'individu. Le monde ne supporte pas ce genre de résistance, il exige que l'on fasse comme tout le monde. À ses yeux, la tristesse est accusatrice, elle s'oppose à l'engourdissement des consciences, et c'est effectivement le cas. C'est pourquoi « ceux qui pleurent » deviennent des « persécutés pour la justice ». À ceux qui pleurent, on promet la consolation, à ceux qui sont persécutés, le Royaume de Dieu. Il s'agit de la même promesse que celle faite aux pauvres de cœur, de deux promesses très proches l'une de l'autre : le Royaume de Dieu – être sous la protection du pouvoir de Dieu et dans la sécurité dans son amour –, telle est la véritable consolation.

D'autre part, celui qui souffre ne sera vraiment consolé, ses larmes ne tariront totalement que le jour où plus aucune violence meurtrière ne viendra le menacer, lui et les hommes dépourvus de pouvoir ici-bas, la consolation ne sera achevée que le jour où les souffrances incomprises du passé seront élevées dans la lumière de Dieu et où sa bonté permettra de leur donner un sens porteur de réconciliation. La véritable consolation ne se manifestera que le jour où « le dernier ennemi », la mort (*1 Co* 15, 26), et tous ses acolytes auront perdu tout pouvoir. Ainsi, la parole relative à la consolation nous aide à comprendre ce qu'il faut entendre par « Royaume de Dieu » (des cieux), et réciproquement le « Royaume de Dieu » nous fait entrevoir quelle sorte de consolation le Seigneur tient prête pour tous ceux qui pleurent et qui souffrent ici-bas.

Il nous faut ici insérer une autre remarque : pour Matthieu, pour ses lecteurs et ses auditeurs, la parole relative aux « persécutés pour la justice » avait valeur prophétique. Pour eux, cette affirmation du Seigneur anticipait la situation de l'Église telle qu'ils la vivaient à leur époque. L'Église était devenue l'objet de persécutions, elle était persécutée « pour la justice ». Dans le langage de l'Ancienne Alliance, la « justice » est l'expression de la fidélité à la Torah, de la fidélité à la Parole de Dieu à laquelle les Prophètes n'ont cessé d'exhorter. Il s'agit de persévérer sur le chemin indiqué par Dieu, au centre duquel se trouve le Décalogue. Le concept du Nouveau Testament qui correspond à celui de justice dans l'Ancien Testament est la « foi ». Celui qui a la foi est le « juste » qui « suit les voies de Dieu » (*Ps* 1 ; *Jr* 17, 5-8). Car la foi signifie accompagner le Christ, en qui s'accomplit la loi tout entière ; par elle, nous nous unissons à la justice du Christ lui-même.

Les hommes persécutés pour la justice sont ceux qui vivent de la justice divine, de la foi. Parce que les hommes ne cessent d'aspirer à s'émanciper de la volonté de Dieu pour ne suivre qu'eux-mêmes, la foi ne cessera d'apparaître comme contredisant le « monde », c'est-à-dire les pouvoirs établis du moment et, de ce fait, à toutes les périodes de l'histoire, on sera persécuté pour la justice. Cette parole de consolation est un encouragement adressé à l'Église persécutée de tous les temps. Dans son impuissance et ses souffrances, elle sait qu'elle se situe là où advient le Royaume de Dieu.

Si par conséquent, tout comme dans les Béatitudes précédentes, nous sommes en droit de voir dans cette promesse une dimension ecclésiologique, une explication de la nature de l'Église, nous y retrouvons également le fondement christologique : le Christ crucifié est le juste persécuté dont parlent les prophéties de l'Ancien Testament et en particulier les chants du Serviteur de Dieu, et que Platon lui aussi avait déjà pressenti[4]. Et, partant, le Christ est lui-même l'avènement du Royaume de Dieu. Cette Béatitude est une invitation directe adressée à l'individu, comme à l'Église tout entière, à suivre le crucifié.

La Béatitude des persécutés se conclut, à la dernière phrase des « macarismes »[5], par une variante qui met au jour un nouvel aspect. Jésus promet joie, allégresse et grande récompense « si l'on vous insulte, si l'on vous persécute et si l'on dit faussement toute sorte de mal contre vous, à cause de moi » (*Mt* 5, 11). Sa personne, le fait de prendre parti pour lui, est désormais l'aune à laquelle se mesurent la justice et le salut. Si dans les autres Béatitudes la christologie est pour ainsi dire voilée, le message qui définit ici le Christ comme le centre de l'histoire apparaît ouvertement. Jésus attribue à son « je » un caractère de norme dont aucun Maître en Israël ni aucun Docteur de l'Église ne peut se prévaloir. Celui qui parle ainsi n'est plus un prophète au sens traditionnel, détenteur d'un message et d'un mandat conférés par un tiers, il est lui-même le point de référence de la vie juste, il est lui-même fin et centre de toute chose.

Nous verrons en poursuivant nos méditations que le caractère explicite de cette christologie est constitutif du Sermon sur la montagne dans son ensemble. Ce qui n'a fait que transparaître jusqu'ici va se développer au fur et à mesure que nous en suivrons le déroulement.

Écoutons maintenant la quatrième Béatitude dont nous n'avons pas encore parlé : « Heureux ceux qui ont faim et soif de la justice : ils seront rassasiés » (*Mt* 5, 6). Ces paroles sont intimement liées à celles qui concernent les affligés qui seront consolés. De la même manière, ceux qui ne se plient pas au diktat des opinions et des habitudes dominantes reçoivent une promesse ; et ils s'opposent à ce diktat dans la souffrance ; même en ce cas, il s'agit de personnes qui scrutent autour d'elles à la recherche de ce qui est grand, de la vraie justice, du bien véritable. Aux yeux de la tradition, un mot qui se trouve dans l'un des récits du Livre de Daniel résume l'attitude dont il est question ici. Daniel y est appelé *vir desideriorum*, homme des désirs (*Dn* 10, 11). Le regard se fixe sur les hommes qui ne se contentent pas de ce qui existe, qui n'étouffent pas l'inquiétude du cœur incitant l'homme à se dépasser et le poussant à entreprendre un chemin intérieur, tels les Mages d'Orient à la recherche de Jésus, de l'étoile qui éclaire le chemin de la vérité, de l'amour, de Dieu. Ces personnes possèdent une sensibilité intérieure leur permettant d'entendre et de voir les signes imperceptibles que Dieu envoie dans le monde et qui brisent la dictature de l'habitude.

Comment ne pas évoquer à ce propos l'humilité des saints à travers lesquels l'Ancienne Alliance s'ouvre à la Nouvelle et prend en elle sa forme définitive ? Zacharie et Élisabeth, Marie et Joseph, Syméon et Anne, chacun à sa manière fait preuve de vigilance intérieure en attendant le salut d'Israël, et par leur piété emplie d'humilité, par la patience de leur attente et de leur désir, ils « préparent les chemins » au Seigneur. Mais pensons aussi aux douze apôtres, des hommes issus, nous le verrons, de milieux intellectuels et sociaux très divers, qui pourtant, au milieu de leur travail et de leur quotidien, avaient conservé l'ouverture du cœur qui leur a permis d'entendre l'appel de plus grand qu'eux. Ou encore à Paul et à sa passion pour la justice, une passion qui, bien que sur la mauvaise voie, le prépare néanmoins à être jeté à terre par Dieu et à parvenir ainsi à une nouvelle clairvoyance. Nous pourrions parcourir ainsi toute l'histoire. Edith Stein a dit un jour que quiconque recherche la vérité avec sincérité et passion est en route vers le Christ. La quatrième Béatitude parle de ces personnes-là, de cette soif et de cette faim bienheureuses, car elles mènent l'homme à Dieu, au Christ et elles ouvrent de ce fait le monde au Royaume de Dieu.

Le moment est venu, me semble-t-il, de partir du Nouveau Testament pour parler du salut de ceux qui ne connaissent pas le Christ. La pensée contemporaine tend à dire que chacun doit vivre sa religion ou peut-être même l'athéisme qui est le sien et que, de cette manière, il trouvera le salut. Une telle opinion présuppose une étrange image de Dieu et une étrange conception de l'homme et de la juste façon d'être homme. Essayons d'expliciter cela en posant quelques questions pratiques. Est-ce que l'on sera bienheureux et reconnu par Dieu comme un juste parce qu'on se sera scrupuleusement conformé aux devoirs qu'impose la vengeance par le sang ? Parce que l'on se sera engagé de toutes ses forces en faveur de « la Guerre Sainte » et dans cette guerre ? Ou parce que l'on aura offert certains sacrifices d'animaux ? Ou parce que l'on aura satisfait à l'observance des ablutions rituelles ou de quelque autre précepte religieux ? Parce qu'on aura érigé en norme de conscience ses opinions et ses désirs et qu'ainsi on se sera érigé soi-même en critère ? Non, Dieu exige l'inverse, il exige le réveil intérieur à son exhortation silencieuse, qui est présente en nous, afin de nous arracher aux simples habitudes, nous conduisant sur le chemin de la vérité. « Avoir faim et soif de justice », tel est le chemin qui s'offre à chacun de nous, un chemin qui prend fin auprès de Jésus Christ.

Reste encore un « macarisme » : « Heureux les cœurs purs : ils verront Dieu » (*Mt* 5, 8). L'organe qui permet de voir Dieu, c'est le cœur. Le simple entendement ne suffit pas. Pour que l'homme puisse parvenir à percevoir Dieu, les forces de son existence doivent agir ensemble. Sa volonté doit être pure et, déjà avant elle, le fond affectif de l'âme, qui prescrit à l'entendement et à la volonté la direction à suivre. Par « cœur », on entend précisément le jeu intérieur combiné des forces de perception de l'homme, où entre également en jeu la juste compénétration de l'âme et du corps qui fait partie de la totalité de la créature appelée « homme ». La disposition affective fondamentale de l'homme dépend précisément aussi de cette unité entre l'âme et le corps, et du fait que l'homme accepte d'être à la fois corps et esprit, de soumettre le corps à la discipline de l'esprit, mais sans pour autant isoler la raison ou la volonté, se recevant lui-même de Dieu, de reconnaître et de vivre aussi la corporéité de son existence comme une source de richesse pour l'esprit. Le cœur, l'homme dans sa totalité, doit être pur, intérieurement ouvert et libre, afin que l'homme puisse voir Dieu. Voici comment Théophile d'Antioche (mort vers 180) a exprimé cela lors d'une controverse avec certains hommes qui le questionnaient : « Mais si tu me disais : "montre-moi ton Dieu", je te répondrais : "montre-moi l'homme que tu es..." Car Dieu est perçu par les hommes qui sont capables de le voir, à savoir s'ils ont les yeux de l'âme ouverts... De même qu'un miroir doit être propre, l'homme doit avoir une âme pure[6]. »

Se pose alors la question : comment l'œil intérieur de l'homme devient-il pur ? Comment faire en sorte que ses yeux se dessillent avant qu'il ne finisse par être totalement aveugle ? La tradition mystique du « chemin de purification », qui mène à « l'union », a tenté de répondre à cette question. Mais il nous faut lire les Béatitudes avant tout dans le contexte biblique. Ce thème est présent surtout dans le Psaume 23 [24], expression d'une antique liturgie d'entrée au sanctuaire : « Qui peut gravir la montagne du Seigneur et se tenir dans le lieu saint ? L'homme au cœur pur, aux mains innocentes, qui ne livre pas son âme aux idoles et ne dit pas de faux serments » (3-4). À la porte du Temple se pose la question de savoir qui a le droit de se tenir à proximité du Dieu vivant : la condition est d'avoir « les mains innocentes et le cœur pur ».

Le Psaume explique de multiples façons en quoi consiste cette condition pour accéder à la maison de Dieu. Une condition indispensable est que les hommes qui veulent entrer dans sa maison doivent le chercher, rechercher sa face (cf. v. 6). Apparaît donc comme condition fondamentale la même attitude qui auparavant avait été décrite comme « faim et soif de la justice ». La quête de Dieu, la recherche de son visage, telle est la condition primordiale pour la montée qui conduit à la rencontre avec Dieu. Mais avant même cela, comme contenu des concepts « mains innocentes » et « cœur pur » est posée l'exigence que l'homme ne s'adonne pas au mensonge et ne fasse pas de faux serment, à savoir l'honnêteté, la sincérité, la justice envers son prochain et envers la communauté, ce que nous

115

pourrions appeler l'*ethos* social, mais qui en réalité plonge ses racines au plus profond du cœur.

Le Psaume 14 [15] développe plus en détail cette même perspective, de sorte que l'on peut dire que la condition pour accéder à Dieu est tout simplement le contenu du Décalogue, l'accent étant mis sur la quête intérieure de Dieu, sur le fait d'être en chemin vers lui (première table) et sur l'amour du prochain, sur la justice envers l'individu et la communauté (deuxième table). Aucune condition fondée spécifiquement sur la connaissance qui découle de la Révélation n'est énoncée, seuls sont requis le fait de « chercher Dieu » et les fondements de la justice dictés par une conscience en éveil, secouée et tirée du sommeil par la quête de Dieu. Notre réflexion antérieure sur la question du salut se voit à nouveau confirmée ici.

Mais dans la bouche de Jésus, cette parole prend un relief nouveau. Elle fait partie de sa nature spécifique : voir Dieu, être face à face avec lui, communiquer intérieurement en permanence avec lui, en définitive vivre l'existence du Fils. Il s'agit donc là d'une expression très profondément christologique. Nous verrons Dieu si nous entrons dans les « dispositions du Christ » (cf. *Ph* 2, 5). La purification du cœur se réalise lorsqu'on suit le Christ, que l'on ne fait plus qu'un avec lui. « Je vis, mais ce n'est plus moi, c'est le Christ qui vit en moi » (*Ga* 2, 20). Un nouvel élément apparaît ici. La montée vers Dieu a lieu précisément lorsqu'on s'abaisse à servir humblement, qu'on s'abaisse par amour, un amour qui est l'essence de Dieu et par là même la force qui purifie véritablement, qui rend l'homme capable de percevoir Dieu et de le voir. En Jésus Christ, Dieu lui-même s'est révélé en s'abaissant : « Lui qui était dans la condition de Dieu, il n'a pas jugé bon de revendiquer son droit d'être traité à l'égal de Dieu, mais au contraire, il se dépouilla lui-même en prenant la condition de serviteur. Devenu semblable aux hommes [...], il s'est abaissé lui-même en devenant obéissant jusqu'à mourir, et à mourir sur une croix. C'est pourquoi Dieu l'a élevé au-dessus de tout » (*Ph* 2, 6-9).

Ces paroles marquent un tournant décisif dans l'histoire de la mystique. Elles signalent la nouveauté de la mystique chrétienne, qui procède de la nouveauté de la révélation en Jésus Christ. Dieu s'abaisse, jusqu'à mourir sur la croix. Et c'est précisément ainsi qu'il se révèle dans son authentique divinité. La montée vers Dieu advient quand on l'accompagne dans cet abaissement. La liturgie d'entrée dans le sanctuaire, au Psaume 23 [24], prend alors un sens nouveau. Le cœur pur est le cœur aimant qui entre en communion de service et d'obéissance avec Jésus Christ. L'amour est le feu qui purifie et qui unit raison, volonté et sentiment, qui unifie l'homme en vertu de l'action unifiante de Dieu, de sorte que l'homme devient serviteur pour réunir ceux qui sont dans la désunion : alors l'homme entre dans le sanctuaire de Dieu et peut le voir. Et cela s'appelle la Béatitude.

Après cette tentative de pénétrer plus profondément dans la vision intérieure des Béatitudes – sur le thème que nous n'avons pas encore traité des miséricordieux, nous nous arrêterons dans le cadre de la parabole du bon Samaritain –, nous devons nous poser encore deux questions pour la compréhension de l'ensemble. Luc fait suivre les quatre Béatitudes qu'il transmet de quatre invectives : « Malheureux, vous les riches... malheureux, vous qui êtes repus maintenant... malheureux, vous qui riez maintenant... malheureux êtes-vous quand tous les hommes disent du bien de vous » (*Lc* 6, 24-26). Ces paroles nous effraient. Que faut-il en penser ?

On peut tout d'abord constater que Jésus suit là le schéma que l'on retrouve au chapitre 17 du Livre de Jérémie et dans le Psaume 1 : à la description du juste chemin qui mène l'homme au salut s'oppose une mise en garde qui démasque les fausses promesses et les fausses propositions, invitant l'homme à se détourner d'une voie qui ne peut aboutir qu'à une chute mortelle. Nous retrouverons une structure similaire dans la parabole du riche et de Lazare.

Quiconque a bien compris les signes d'espérance que nous avons rencontrés dans les Béatitudes reconnaîtra ici les attitudes symétriquement opposées qui enferment l'homme dans l'apparence et le provisoire, et qui, l'entraînant dans la perte de sa hauteur et de sa profondeur, et aussi dans la perte de Dieu et du prochain, le portent à sa ruine. On comprend alors la véritable intention de cette mise en garde : les invectives ne sont pas des condamnations, elles ne sont pas motivées par la haine, l'envie ou l'hostilité profonde. Il ne s'agit pas de condamner, mais de mettre en garde afin de sauver.

Voilà qui soulève une question de fond : la direction que nous indique le Seigneur dans les Béatitudes et dans les monitions qui leur sont opposées est-elle exacte ? Est-il vraiment grave d'être riche et repu, de rire, d'être louangé ? C'est précisément cet aspect qui a suscité la critique furieuse de Frédéric Nietzsche contre le christianisme. Selon lui, ce n'est pas à la doctrine chrétienne que l'on doit s'en prendre ; c'est la morale du christianisme, ce « crime capital contre la vie », qu'il faut dénoncer. Et par « morale du christianisme », il entend précisément l'orientation qui nous est donnée dans le Sermon sur la montagne.

« Quel a été jusqu'ici le plus grand péché commis sur terre ? N'était-ce pas la parole de celui qui a dit "malheur à ceux qui rient" ? » À l'encontre des promesses du Christ, Nietzsche dit : Nous ne voulons nullement entrer dans le royaume des cieux. « Nous sommes devenus des hommes et c'est pourquoi ce que nous voulons, c'est le royaume de la terre [7]. »

La perspective donnée par le Sermon sur la montagne apparaît comme une religion du ressentiment, comme l'envie qui ronge les lâches et les incapables qui ne sont pas de taille à se mesurer avec la vie et qui cherchent dès lors à se venger en exaltant leur échec et en invectivant les forts, ceux qui connaissent le succès, le bonheur. À l'ampleur du regard de Jésus s'oppose une focalisation réductrice sur les réalités d'ici-bas ; la volonté de profiter pleinement dès à présent du monde et de ce qu'offre la vie, de chercher le ciel ici-bas sans se laisser arrêter par le moindre scrupule.

Cette vision des choses est entrée pour une grande part dans la conscience moderne et elle détermine largement la conception de l'existence qui a cours aujourd'hui. Le Sermon sur la montagne soulève la question de l'option fondamentale du christianisme, et nous qui sommes les enfants de notre époque, nous répugnons intérieurement à cette option, même si nous ne sommes pas insensibles à l'éloge des doux, des miséricordieux, des artisans de paix, des purs. Après l'expérience des régimes totalitaires, de la brutalité avec laquelle ils ont écrasé les hommes, raillé, asservi, frappé les faibles, nous sommes à nouveau à même de comprendre ceux qui ont faim et soif de justice, nous redécouvrons l'âme de ceux qui sont dans l'affliction et leur droit à être consolés. Face aux abus du pouvoir économique, face aux actes de cruauté d'un capitalisme qui ravale les hommes au rang de marchandise, nos yeux se sont ouverts sur les dangers que recèle la richesse, et nous comprenons de manière renouvelée ce que Jésus voulait dire quand il mettait en garde contre la richesse, contre le dieu Mammon qui détruit l'homme et qui étrangle entre ses horribles serres de rapace une grande partie du monde. Oui, les Béatitudes s'opposent à notre appétit spontané pour la vie, à notre faim et à notre soif de vie. Elles exigent une « conversion », elles nécessitent que l'on tourne le dos à la direction que l'on voudrait spontanément suivre. Mais ce retournement fait apparaître un univers plus pur et plus élevé ; notre existence se met alors en bon ordre.

Le monde grec, dont la joie de vivre éclate de façon si merveilleuse dans l'épopée d'Homère, avait néanmoins profondément conscience que le vrai péché de l'homme, le danger majeur qui le menaçait était l'*hýbris*, cet orgueil démesuré et présomptueux par lequel l'homme s'élève lui-même au rang de divinité, veut être son propre dieu, afin de posséder pleinement la vie et de jouir jusqu'à épuisement de tout ce qu'elle peut bien offrir. Cette conscience que la vraie menace qui pèse sur l'homme réside dans l'étalage qu'il fait de son arrogance triomphante, qui semble une évidence au premier abord, la personne du Christ lui donne toute sa profondeur dans le Sermon sur la montagne.

Nous avons vu que ce Sermon était une christologie cachée. En arrière-plan, il y a la personne du Christ, de l'homme qui est Dieu, mais qui précisément pour cette raison s'abaisse, se dépouille de tout, jusqu'à mourir sur la croix. De Paul à François d'Assise, jusqu'à mère Teresa, les saints ont vécu cette option, nous montrant ainsi quelle était la juste image de l'homme et de son bonheur. En résumé, l'amour est la vraie « morale » du christianisme. Ce dernier s'oppose bien sûr à l'égoïsme, il est un exode de soi-même, et c'est précisément ainsi que l'homme vient à lui même. À l'inverse de l'image nietzschéenne de l'homme et de sa splendeur tentatrice, ce chemin semble au premier abord misérable, quasiment impossible à suivre. Mais il est le véritable chemin des hauteurs de la vie ; seul le chemin de l'amour, dont le Sermon sur la montagne décrit les voies, révèle la richesse de la vie, la grandeur de la vocation humaine.

2. La Torah du Messie

Il a été dit – Et moi je vous dis

Du Messie, on attendait qu'il apporte une Torah renouvelée, sa Torah. C'est sans doute à cela que pense Paul quand il parle de la « loi du Christ » dans sa Lettre aux Galates (6, 2). Sa grande plaidoirie passionnée pour la liberté vis-à-vis de la loi culmine dans les phrases suivantes du chapitre 5 : « Si le Christ nous a libérés, c'est pour que nous soyons vraiment libres. Alors tenez bon, et ne reprenez pas les chaînes de votre ancien esclavage » (5, 1). Mais ensuite, lorsqu'il reprend le même concept : « Or, vous, frères, vous avez été appelés à la liberté » (*Ga* 5, 13), c'est pour ajouter aussitôt : « Mais que cette liberté ne soit pas un prétexte pour satisfaire votre égoïsme ; au contraire, mettez-vous, par amour, au service les uns des autres. » Après quoi il développe ce qu'est la liberté, à savoir une liberté qui mène au Bien, une liberté qui se laisse guider par l'Esprit de Dieu, et se laisser guider par l'Esprit de Dieu, c'est justement la bonne façon de se libérer de la loi. Immédiatement après, Paul nous indique quel est le contenu de la liberté de l'esprit et ce qui est incompatible avec elle.

La « Loi du Christ » est la liberté, tel est le paradoxe du message de la Lettre aux Galates. Cette liberté a donc un contenu, elle a une direction, et elle entre par là même en contradiction avec ce qui ne libère l'homme qu'en apparence mais qui en réalité l'asservit. La « Torah du Messie » est absolument nouvelle, différente — et c'est précisément pour cette raison qu'elle « accomplit » la Torah de Moïse.

La plus grande partie du Sermon sur la montagne (*Mt* 5, 17 - 7, 27) est consacrée au même thème. Après l'introduction programmatique des Béatitudes, le Sermon nous présente en quelque sorte la Torah du Messie. Il existe également une analogie avec la Lettre aux Galates pour ce qui est des destinataires et des intentions du texte : Paul écrit à des judéo-chrétiens qui se demandent s'il ne faut pas continuer à observer la totalité des préceptes de la Torah tels qu'ils ont été interprétés jusque-là.

Cette incertitude concernait avant tout la circoncision, les interdits alimentaires, toute la sphère des purifications et les modalités d'observance du sabbat. Paul considère que cette conception est une régression en regard de la nouveauté du tournant messianique, régression dans laquelle s'évanouit l'essentiel de ce tournant, à savoir l'universalisation du peuple de Dieu. En vertu de cette universalisation, Israël peut désormais englober tous les peuples de la terre ; le Dieu d'Israël a été réellement apporté aux nations conformément à la Promesse et il se manifeste comme leur Dieu à tous, le Dieu unique.

Ce n'est plus la « chair » qui est déterminante (la descendance physique d'Abraham), mais l'« Esprit », c'est-à-dire l'appartenance à l'héritage de foi et de vie d'Israël au moyen de la communion avec Jésus Christ, qui a « spiritualisé » la loi pour en faire la voie que tous devaient suivre dans leur vie. Dans le Sermon sur la montagne, Jésus s'adresse à son peuple, à Israël, comme étant le premier porteur de la Promesse. Mais en lui transmettant la nouvelle Torah, il ouvre celui-ci, de sorte qu'Israël et les autres nations peuvent constituer une nouvelle famille, la grande famille de Dieu.

Matthieu a écrit son Évangile pour des judéo-chrétiens et il l'a écrit dans la perspective du monde juif, afin de renouveler le grand élan qu'avait suscité Jésus. À travers son Évangile, Jésus parle de manière nouvelle et continue à Israël. Dans le temps historique de Matthieu, Jésus parle plus particulièrement à des judéo-chrétiens qui reconnaissent la nouveauté et la continuité de l'histoire de Dieu avec l'humanité, histoire qui commence avec Abraham, et du tournant opéré grâce à Jésus. C'est ainsi qu'ils doivent trouver le chemin de la vie.

Mais à quoi ressemble donc cette Torah du Messie ? Dès le début, il y a comme une sorte de titre et de clé de lecture, un mot qui ne cesse de nous surprendre, posant avec une clarté sans ambiguïté la fidélité de Dieu à lui-même et la fidélité de Jésus à la foi d'Israël : « Ne pensez pas que je suis venu abolir la Loi ou les Prophètes : je ne suis pas venu abolir, mais accomplir. Amen, je vous le dis : Avant que le ciel et la terre disparaissent, pas une lettre, pas un seul petit trait ne disparaîtra de la Loi jusqu'à ce que tout se réalise. Donc, celui qui rejettera un seul de ces plus petits commandements, et qui enseignera aux hommes à faire ainsi, sera déclaré le plus petit dans le Royaume des cieux. Mais celui qui les observera et les enseignera sera déclaré grand dans le Royaume des cieux » (*Mt* 5, 17-19).

Il ne s'agit donc pas d'abolir, mais d'accomplir, et cet accomplissement requiert un surcroît de justice, comme le dit immédiatement Jésus : « Si votre justice ne surpasse pas celle des scribes et des pharisiens, vous n'entrerez pas dans le Royaume des cieux » (*Mt* 5, 20). Ne s'agit-il donc que d'un rigorisme accru dans l'obéissance à la loi ? Ou que pourrait bien être d'autre cette plus grande justice ?

Si l'accent est mis sur la plus grande fidélité, sur l'absolue continuité dès le début de la « relecture », de la nouvelle lecture des parties essentielles de la Torah, ce qui frappe bien au contraire quand on continue, c'est que Jésus expose le rapport entre la Torah de Moïse et la Torah du Messie sous forme d'une série d'antithèses : vous avez appris qu'il a été dit aux anciens... et moi je vous dis. Le je de Jésus s'affirme avec une autorité qu'aucun maître de la Loi ne peut se permettre. La foule le sent bien et Matthieu nous dit explicitement que le peuple était « effrayé » par sa façon d'enseigner. Il n'enseigne pas comme le font les rabbis, mais « en homme qui a autorité » (*Mt* 7, 28-29 ; cf. *Mc* 1, 22 ; *Lc* 4, 32). L'expression ne désigne évidemment pas quelque qualité rhétorique des discours de Jésus, mais la prétention avouée de se trouver soi-même au niveau du législateur – au niveau de Dieu. La « frayeur » (malheureusement cette « frayeur » se trouve édulcorée par les principales traductions françaises de la Bible, dans lesquelles la foule est simplement « frappée ») est justement celle qu'on éprouve du fait qu'un homme ose parler avec l'autorité de Dieu. Faisant ainsi, ou bien il profane la majesté de Dieu, ce qui serait terrible, ou bien, et cela semble pratiquement inconcevable, il est vraiment à la hauteur de Dieu.

Alors comment comprendre cette Torah du Messie ? Quel chemin nous indique-t-elle ? Que nous dit-elle de Jésus, d'Israël, de l'Église, de nous-mêmes et à nous-mêmes ? Dans ma recherche d'une réponse à ces questions, le livre déjà cité d'un savant juif, Jacob Neusner, m'a été d'une grande aide : *A Rabbi Talks with Jesus. An Intermillenian Interfaith Exchange*[8].

Neusner, Juif pratiquant et rabbin, a grandi dans l'amitié avec des chrétiens catholiques et des évangélistes ; il enseigne à l'Université avec des théologiens chrétiens et il témoigne d'un profond respect pour la foi de ses collègues chrétiens, tout en restant profondément convaincu de la validité de l'interprétation juive des Saintes Écritures. Son profond respect de la foi chrétienne et sa fidélité au judaïsme l'ont conduit à rechercher le dialogue avec Jésus.

Dans ce livre, l'auteur se mêle au groupe de ses disciples sur la « montagne » de Galilée. Il écoute Jésus, compare sa parole avec celle de l'Ancien Testament et avec les traditions rabbiniques telles qu'elles sont consignées dans la Mishna et le Talmud. Il voit dans ces ouvrages la présence de traditions orales qui remontent aux origines, ouvrages qui lui fournissent la clé pour interpréter la Torah. Il écoute, compare, et parle avec Jésus lui-même. Il est touché par la grandeur et la pureté de ses paroles et, en même temps, tourmenté par l'incompatibilité finale qu'il trouve au centre du Sermon sur la montagne. Puis il poursuit son chemin avec Jésus en direction de Jérusalem et il constate que, dans les paroles de Jésus, revient la même thématique, qui est peu à peu développée. Il ne cesse d'essayer de comprendre, il ne cesse d'être touché par la grandeur du message, et il ne cesse de parler avec Jésus. Mais pour finir, il décide de ne pas suivre Jésus. Il reste fidèle, pour reprendre son expression, à l'« éternel Israël[9] ».

Le dialogue du rabbin avec Jésus montre comment la foi en la parole de Dieu, présente dans les Saintes Écritures, dépasse les époques pour créer une contemporanéité : c'est à partir de l'Écriture que le rabbin peut entrer dans l'aujourd'hui de Jésus et c'est à partir d'elle que Jésus entre dans notre aujourd'hui. Ce dialogue se déroule avec une grande franchise. Il laisse transparaître les divergences dans toute leur dureté, mais cela se déroule également dans un climat de grand amour : le rabbin accepte l'altérité du message de Jésus et il s'éloigne sans qu'apparaisse de haine ; et tout en maintenant la rigueur de la vérité, il fait toujours apparaître la force réconciliatrice de l'amour.

Essayons de recueillir l'essentiel de ce dialogue, afin de mieux connaître Jésus et de mieux comprendre nos frères juifs. Le point central est, me semble-t-il, très joliment montré dans une des scènes les plus impressionnantes du livre de Neusner. Ayant suivi Jésus dans son dialogue intérieur tout au long de la journée, Neusner se retire à présent avec les Juifs d'une petite ville pour prier et pour étudier la Torah, pour discuter avec le rabbin de ce qu'il a entendu, toujours dans l'idée de la contemporanéité à travers les siècles. Le rabbin cite un extrait du Talmud babylonien : « Rabbi Shimlaï rapporta : "Six cent treize préceptes ont été transmis à Moïse ; trois cent soixante-cinq préceptes négatifs correspondent aux jours de l'année solaire, et deux cent quarante-huit préceptes positifs correspondent aux parties du corps humain. Sur quoi David vint et en réduisit le nombre à onze... Sur quoi Isaïe vint et en réduisit le nombre à six... Sur quoi Isaïe revint une seconde fois et en ramena le nombre à deux, vint ensuite Habaquq et il les ramena à un seul, car il est dit : 'Le juste vivra par sa fidélité' (*Ha* 2, 4)" [10]. »

Dans le livre de Neusner, vient immédiatement après le dialogue suivant : « "Est-ce cela que Jésus le sage avait à dire ?", demande le maître. Moi : "Pas exactement, mais à peu près." Lui : "Qu'a-t-il omis ?" Moi : "Rien." Lui : "Qu'a-t-il ajouté alors ?" Moi : "Lui-même." [11] » Tel est le point central de l'effroi causé par le message de Jésus aux yeux du Juif croyant qu'est Neusner, et c'est aussi la raison centrale pour laquelle il refuse de suivre Jésus et reste fidèle à l'« éternel Israël » : le caractère central du je de Jésus dans son message, qui donne une nouvelle direction à toute chose. À titre de preuve de cet « ajout », Neusner cite à cet endroit [12] ce que Jésus dit au jeune homme riche : si tu veux être parfait, viens, vends ce que tu possèdes et suis-*moi* (cf. *Mt* 19, 20). La perfection, le fait d'être saint comme Dieu est saint, tel que cela est requis par la Torah (cf. *Lv* 19, 2 ; 11, 44), consiste désormais à suivre Jésus.

C'est avec une grande crainte et un grand respect que Neusner aborde le mystère de cette équivalence entre Jésus et Dieu qu'opèrent divers passages du Sermon sur la montagne, mais ses analyses montrent néanmoins que, sur ce point, le message de Jésus se distingue radicalement de la foi de l'« éternel Israël ». Il le fait en partant de trois commandements fondamentaux dont il étudie le traitement par Jésus : le quatrième commandement (tu honoreras ton père et ta mère), le troisième, respect du caractère sacré du sabbat, et pour finir le commandement de sainteté que nous venons d'aborder. Il parvient à la conclusion, et celle-ci le tourmente, que Jésus veut visiblement l'inciter à le suivre et à transgresser ces trois commandements fondamentaux de Dieu.

La querelle du sabbat

Suivons le dialogue de Neusner – le Juif croyant – avec Jésus et commençons par le sabbat. Pour Israël, observer scrupuleusement le sabbat est l'expression centrale de son existence en tant que vie dans l'alliance avec Dieu. Même la lecture superficielle des Évangiles permet de savoir que la querelle concernant ce qui doit être fait ou non pendant le sabbat est au centre de la discussion que Jésus mène avec le peuple d'Israël de son temps. L'interprétation courante consiste à dire que Jésus a rompu avec une pratique légaliste bornée pour gratifier Israël d'une conception plus généreuse et plus libérale, ouvrant ainsi la porte à une pratique raisonnable et conforme à chaque situation. On en veut pour preuve la phrase suivante : « Le sabbat a été fait pour l'homme, et non pas l'homme pour le sabbat » (*Mc* 2, 27), où l'on trouve une conception anthropocentrique de toute la réalité, de laquelle ressortirait de manière évidente une interprétation « libérale » des commandements. C'est justement des querelles autour du sabbat que l'on déduit l'image d'un Jésus libéral. Sa critique du judaïsme de son temps serait la critique que fait l'homme libéral et raisonnable d'un légalisme figé, dont le fond n'est plus qu'hypocrisie et qui réduit la religion à n'être plus qu'un système asservissant de préceptes en fin de compte déraisonnables, qui empêcheraient l'homme de développer son action et sa liberté. Il va de soi que cette interprétation ne pouvait guère susciter une image très sympathique du judaïsme. Il est vrai que la critique moderne, à commencer par celle de la Réforme, voyait « l'élément juif » ainsi conçu être présent dans le catholicisme.

Quoi qu'il en soit, ce qui est débattu ici, c'est Jésus – qui était-il réellement et que voulait-il vraiment ? –, ainsi que

la question de la réalité du judaïsme et du christianisme :
Jésus a-t-il été en réalité un rabbi libéral ? un précurseur du
libéralisme chrétien ? Le Christ de la foi et, par conséquent,
toute la foi de l'Église ne seraient-ils donc qu'une grosse
erreur ?

Neusner écarte ce type d'interprétation avec une célérité
surprenante, et il peut le faire parce qu'il pointe le véritable
objet du litige de façon tout à fait convaincante. À propos
de la discussion concernant les disciples qui arrachent les
épis, il se contente de dire : « Ce qui m'inquiète, par conséquent, n'est pas le fait que les disciples aient violé le
commandement d'observer le sabbat. Ce serait absurde et
passerait à côté de l'essentiel [13]. » Certes, quand nous lisons
la querelle sur les guérisons accomplies le jour du sabbat et
les récits sur la tristesse et la colère du Seigneur causées
par la dureté de cœur des représentants de l'interprétation
dominante du sabbat, nous voyons que, dans ces débats, ce
sont les questions fondamentales concernant l'homme et la
bonne façon d'honorer Dieu qui sont en jeu. À cet égard,
même cet aspect du conflit n'est sûrement pas que
« banal ». Neusner a pourtant raison quand il voit le nœud
du conflit dans la réponse que fait Jésus à propos de la
querelle des épis arrachés un jour de sabbat.

Jésus défend la façon dont les disciples apaisent leur faim
en invoquant d'abord David, qui avait mangé les pains de
l'offrande dans la maison de Dieu avec ses compagnons,
« or, cela n'était permis ni à lui, ni à ses compagnons, mais
aux prêtres seulement. » (*Mt* 12, 4). Après quoi il poursuit :
« Ou bien encore, n'avez-vous pas lu dans la Loi que le
jour du sabbat, les prêtres, dans le Temple, manquent au
repos du sabbat sans commettre aucune faute ? Or, je vous
le dis : il y a ici plus grand que le Temple. Si vous aviez

compris ce que veut dire cette parole : *C'est la miséricorde que je désire, et non les sacrifices* (Os 6, 6 ; cf. *1 S* 15, 22), vous n'auriez pas condamné ceux qui n'ont commis aucune faute. Car le Fils de l'homme est maître du sabbat » (*Mt* 12, 4-8). Neusner commente : « Lui (Jésus) et ses disciples peuvent faire ce qu'ils font le jour du sabbat parce qu'ils ont pris la place des prêtres dans le Temple : le sanctuaire s'est déplacé. Il est désormais constitué par le cercle du Maître et de ses disciples [14]. »

Il est temps de s'arrêter un instant afin de voir ce que le sabbat signifiait pour Israël, et ainsi de comprendre les enjeux de cette querelle. Dieu s'est reposé le septième jour, nous dit le récit de la création. « Ce jour-là, nous fêtons la création », conclut Neusner avec raison [15]. Et il poursuit : « Ne pas travailler le jour du sabbat est plus qu'accomplir un rite avec une obéissance scrupuleuse. C'est une façon d'imiter Dieu [16]. » Est donc partie intégrante du sabbat, non seulement, sur le mode négatif, le fait de s'abstenir de toute activité extérieure, mais, positivement cette fois, le « repos » qui doit aussi trouver une expression spatiale : « Pour observer le sabbat, il faut donc rester chez soi. Le renoncement à tout travail ne suffit pas, il faut également se reposer, et cela signifie, sur le plan social, que le cercle familial et domestique est rétabli un jour par semaine, cercle à l'intérieur duquel chacun est chez soi et où tout est à sa place [17]. » Le sabbat n'est pas seulement une affaire de religiosité personnelle, c'est le noyau d'un ordre social : « Ce jour fait de l'éternel Israël ce qu'il est, le peuple qui se repose le septième jour de sa création, comme Dieu l'avait fait après la création du monde [18]. »

Dans ce contexte, il serait sans doute opportun d'amorcer une réflexion sur notre société contemporaine et de considérer combien il serait salutaire que les familles puissent passer une journée ensemble et fassent de leur maison le foyer et le lieu de l'accomplissement de la communion dans le repos de Dieu. Mais interdisons-nous ici ce genre de considérations et restons-en au dialogue entre Jésus et Israël, qui est aussi un dialogue entre Jésus et nous, comme l'est aujourd'hui notre dialogue avec le peuple juif.

Le thème du « repos » comme élément constitutif du sabbat permet à Neusner de faire référence au cri de jubilation de Jésus, qui, dans l'Évangile selon Matthieu, précède l'épisode des épis arrachés par les disciples. Il s'agit de ce qu'on appelle le cri d'allégresse messianique, qui commence ainsi : « Père, Seigneur du ciel et de la terre, je proclame ta louange : ce que tu as caché aux sages et aux savants, tu l'as révélé aux tout-petits... » (*Mt* 11, 25-30). Dans notre interprétation classique, ces deux textes évangéliques apparaissent complètement différents l'un de l'autre : l'un parle de la divinité de Jésus, l'autre de la querelle du sabbat. Chez Neusner, il apparaît clairement que les deux textes sont étroitement liés, car il s'agit dans les deux cas du mystère de Jésus, du « Fils de l'homme », du « Fils » par excellence.

Voici les phrases qui précèdent immédiatement l'épisode du sabbat : « Venez à moi, vous tous qui peinez sous le poids du fardeau, et moi, je vous procurerai le repos. Prenez sur vous mon joug, devenez mes disciples, car je suis doux et humble de cœur, et vous trouverez le repos. Oui, mon joug est facile à porter, et mon fardeau, léger » (*Mt* 11, 28-30). D'ordinaire, on en donne une interprétation moralisante à partir de la conception d'un Jésus libéral : comparée au « légalisme juif », la conception libérale de la Loi qui est celle de Jésus faciliterait la vie. Dans la pratique, cette interprétation n'est guère convaincante, étant donné que suivre le Christ n'est pas très facile – du reste Jésus n'avait jamais affirmé cela. Mais alors ?

Neusner nous montre qu'il ne s'agit pas d'une forme de moralisme, mais d'un texte hautement théologique ou, pour être plus précis, d'un texte christologique. Le thème du repos et le thème conjoint de la peine et du fardeau rattachent le texte à la question du sabbat. Le repos dont il s'agit a désormais un lien avec Jésus. L'enseignement de Jésus concernant le sabbat apparaît désormais dans l'harmonie ainsi établie entre le cri d'allégresse et les paroles qui font du Fils de l'homme le maître du sabbat. Voici la synthèse qu'en donne Neusner : « Mon joug est léger, je vous donne du repos. Le Fils de l'homme est vraiment maître du sabbat. Car le Fils de l'homme est désormais le sabbat d'Israël et c'est ainsi que nous agissons comme Dieu [19]. »

À présent, Neusner peut affirmer encore plus clairement qu'auparavant : « Il n'est donc pas surprenant que le Fils de l'homme devienne maître du sabbat ! Non parce qu'il fait une interprétation libérale des restrictions du sabbat... Jésus n'avait rien d'un réformateur rabbinique désireux de "faciliter" la vie aux hommes... Non, il ne s'agit nullement d'alléger un fardeau... C'est l'autorité de Jésus qui est en jeu [20]... » « Maintenant le Christ est sur la montagne, maintenant il prend la place de la Torah [21]. » L'entretien du Juif croyant avec Jésus touche ici le point décisif. Et d'interroger, avec cette timidité qui l'honore, non pas Jésus lui-même, mais le disciple de Jésus : « "Ton maître, le Fils de l'homme, est-il vraiment le maître du sabbat ?" Et je demande une nouvelle fois : "Ton maître est-il Dieu ?" [22] »

Voilà donc mis au jour le véritable nœud de la querelle. Jésus se conçoit lui-même comme la Torah, comme la

Parole de Dieu en personne. Le majestueux prologue de l'Évangile de Jean – « Au commencement était le Verbe, la Parole de Dieu, et le Verbe était auprès de Dieu, et le Verbe était Dieu » – ne dit rien d'autre que ce qu'affirme Jésus dans le Sermon sur la montagne et dans les Évangiles synoptiques. Le Jésus du quatrième Évangile et le Jésus des synoptiques sont une seule et même personne : le vrai Jésus « historique ».

Le cœur des divergences à propos du sabbat concerne la question du Fils de l'homme, la question de Jésus Christ lui-même. Nous voyons une fois encore à quel point Harnack, et à sa suite l'exégèse libérale, se trompait, quand il pensait que le Fils, que le Christ, n'avait pas sa place dans l'Évangile de Jésus : en réalité il en est toujours le centre.

Mais il nous faut maintenant considérer un autre aspect du problème, qui apparaîtra beaucoup plus nettement à propos du quatrième commandement : ce qui choque le rabbin Neusner dans le message de Jésus à propos du sabbat, ce n'est pas seulement le caractère central de Jésus lui-même. Il le souligne très clairement et, tout compte fait, ne le met pas en question. Ce qu'il met en question, c'est la conséquence qui en ressort pour la vie concrète d'Israël : le sabbat perd son importante fonction sociale. Le sabbat fait partie des éléments essentiels qui assurent la cohésion d'Israël en tant qu'Israël. Dès lors que Jésus est mis au centre, cette structure sacrée se brise, et un élément essentiel de la cohésion du peuple se trouve menacé.

La prétention de Jésus lui-même a pour conséquence que la communauté des disciples de Jésus est le nouvel Israël. Cela ne trouble-t-il pas forcément celui à qui l'« éternel Israël » tient à cœur ? La question de la prétention de Jésus à être lui-même la Torah et le Temple en personne a aussi un rapport avec le thème d'Israël – la question de la communauté vivante du peuple –, dans lequel la Parole de Dieu se réalise. Dans la majeure partie du livre de Neusner, c'est justement ce second aspect qui est souligné, comme nous allons le voir à présent.

La question qui se pose maintenant pour le chrétien est la suivante : était-il opportun de mettre en danger la grande fonction sociale du sabbat, de briser l'ordre sacré d'Israël, au profit d'une communauté de disciples que, pourrait-on dire, seule la figure de Jésus définit ? Cette question ne pourrait et ne peut se clarifier que dans le développement de la communauté des disciples, c'est-à-dire de l'Église. Mais ce n'est pas le moment de l'approfondir. La résurrection de Jésus eut lieu « le premier jour de la semaine », si bien que, pour les chrétiens, ce « premier jour » – le début de la Création – devint désormais le « jour du Seigneur », vers lequel se rassemblèrent les éléments essentiels du sabbat vétérotestamentaire, à travers la communion dans le repas avec Jésus.

Qu'à cette occasion l'Église ait aussi repris la fonction sociale du sabbat, toujours dans la perspective du « Fils de l'homme », trouva une confirmation éclatante lorsque Constantin, avec sa réforme juridique d'inspiration chrétienne, associa notamment à cette journée des libertés pour les esclaves et introduisit donc, dans le système juridique fondé sur les principes chrétiens, le jour du Seigneur comme jour de la liberté et du repos. Je trouve extrêmement inquiétant que des liturgistes modernes veuillent de nouveau écarter cette fonction sociale du dimanche, enracinée dans la continuité de la Torah d'Israël, en la qualifiant d'égarement constantinien. Mais là, on est naturellement confronté au problème du rapport entre foi et ordre social, entre foi et politique, qui va solliciter toute notre attention dans la prochaine section.

Le quatrième commandement – la famille, le peuple et la communauté des disciples de Jésus

« Honore ton père et ta mère, afin d'avoir longue vie sur la terre que te donne le Seigneur ton Dieu », dit le quatrième commandement dans la version du Livre de l'Exode (20, 12). S'adressant aux fils et parlant des parents, ce commandement érige donc les rapports entre générations et la communion au sein des familles comme un ordre voulu et protégé par Dieu. Il parle de la terre, du pays et de la stabilité de la vie dans le pays, établissant donc un lien entre le pays en tant qu'espace vital du peuple et l'ordre fondamental de la famille, reliant l'existence du peuple et du pays à la communion entre les générations qui se crée et qui se développe au sein de la structure familiale.

Le rabbin Neusner a parfaitement raison de voir dans ce commandement le centre de l'ordre social, ce qui assure la cohésion de « l'éternel Israël », la famille réelle, vivante et actuelle d'Abraham et de Sarah, d'Isaac et de Rébecca, de Jacob, de Léa et de Rachel[23]. Et c'est justement cette famille d'Israël que Neusner voit menacée par le message de Jésus et les fondements de son ordre social effacés par le primat de sa personne : « Nous adressons notre prière au Dieu que nous connaissons avant tout grâce au témoignage de notre famille, au Dieu d'Abraham, de Sarah, d'Isaac et de Rébecca, de Jacob, de Léa et de Rachel. Pour expliquer qui nous sommes, nous l'éternel Israël, les savants se réfèrent à la métaphore de notre généalogie, à des liens

135

charnels, à la solidarité familiale comme fondement logique de l'existence sociale d'Israël[24]. »

Or c'est justement ces liens que Jésus met en question. On lui dit que sa mère et ses frères sont dehors et qu'ils veulent lui parler. Et voilà sa réponse : « Qui est ma mère, et qui sont mes frères ? puis, tendant la main vers ses disciples, il dit : "Voici ma mère et mes frères. Celui qui fait la volonté de mon Père qui est aux cieux, celui-là est pour moi un frère, une sœur et une mère" » (*Mt* 12, 46-50).

Face à ce texte, Neusner s'interroge : « Jésus ne m'enseigne-t-il pas à violer un des deux commandements qui concernent l'ordre social[25] ? » Le reproche est double : Il s'agit en premier lieu de l'individualisme apparent du message de Jésus. Alors que la Torah présente un ordre social précis, qu'elle donne au peuple son régime juridique et social pour les temps de guerre et de paix, pour une politique juste et pour la vie quotidienne, on ne trouve rien de tel chez Jésus. Le fait de suivre Jésus ne fournit aucune structure sociale concrète politiquement réalisable. Le Sermon sur la montagne ne permet pas de construire un État ou un ordre social, dit-on à juste titre. Son message paraît se situer sur un autre plan. Les institutions qui ont assuré la stabilité d'Israël au cours des siècles et à travers tous les aléas de l'histoire, sont à présent mises de côté. Cette nouvelle interprétation du quatrième commandement ne concerne pas seulement le rapport parents-enfants, mais toute la sphère de la structure sociale du peuple d'Israël.

Ce renversement au niveau social trouve son fondement et sa légitimité dans la prétention de Jésus à être, avec sa communauté de disciples, l'origine et le centre d'un nouvel

Israël. Nous sommes de nouveau confrontés au je de Jésus qui parle au même niveau que la Torah, au niveau de Dieu. Les deux sphères – la modification de la structure sociale, à savoir la transformation de l'« éternel Israël » en une nouvelle communauté, et la prétention de Jésus d'être Dieu – sont intrinsèquement liées.

La critique de Neusner ne verse pas dans la facilité. Il rappelle que les disciples de la Torah étaient appelés par leurs maîtres à quitter maison et famille, voire obligés de tourner le dos à leur femme et à leurs enfants pour une longue période, afin de se consacrer totalement à l'étude de la Torah [26]. « Ainsi la Torah remplace la généalogie et le maître de la Torah acquiert un nouveau lignage [27]. » L'exigence que formule Jésus de fonder une nouvelle famille semble donc se situer résolument dans le cadre de ce qui est possible dans les écoles de la Torah – dans l'« éternel Israël ».

Il y a pourtant une différence fondamentale. Dans le cas de Jésus ce n'est pas par la fidélité unanime à la Torah que se constitue une nouvelle famille, mais par la fidélité à Jésus lui-même, par l'adhésion à sa Torah. Chez les rabbins, le lien entre tous repose sur la permanence des rapports qui fondent un ordre social durable, et la soumission à la Torah les unit tous sur un pied d'égalité dans la permanence d'Israël dans son ensemble. C'est ainsi que Neusner constate pour finir : « Je vois maintenant clairement que ce que Jésus m'ordonne, seul Dieu peut l'exiger de moi [28]. »

Il en ressort la même conclusion que précédemment, lorsque nous avons analysé le commandement concernant le sabbat. L'argument christologique (théologique) et l'argument social sont inextricablement liés l'un à l'autre. Si Jésus est Dieu, il est en mesure de traiter la Torah comme

il le fait et il en a le droit. C'est seulement s'il l'est effectivement qu'il est autorisé à donner de l'ordre mosaïque des
commandements de Dieu une interprétation d'une nouveauté radicale, comme seul le législateur, c'est-à-dire Dieu
lui-même, peut la donner.

Mais se pose à présent la question suivante : était-il bon
et opportun de créer une nouvelle communauté de disciples
de ce type, entièrement fondée sur sa personne ? Était-
il bon d'écarter l'ordre social de l'« éternel Israël »
d'Abraham, Isaac et Jacob, créé par des liens charnels assu-
rant son existence, de le qualifier (comme le fera Paul)
d'« Israël selon la chair » ? Quel sens pouvait-on reconnaître
à tout cela ?

Si nous lisons la Torah en même temps que la totalité du
canon de l'Ancien Testament, les Prophètes, les Psaumes et
les Livres sapientiaux, nous percevons alors très distinctement quelque chose qui s'annonce aussi thématiquement
dès la Torah : Israël n'existe pas seulement pour lui-même,
pour vivre selon les prescriptions « éternelles » de la Loi – il
est là pour devenir la lumière des nations. Dans les Psaumes
comme dans les Livres prophétiques, nous voyons de plus
en plus distinctement la promesse que le salut de Dieu
parviendra à toutes les nations. Nous voyons de plus en
plus nettement que le Dieu d'Israël, qui est bien le Dieu
unique lui-même, le vrai Dieu, le Créateur du ciel et de la
terre, le Dieu de tous les peuples et de tous les hommes,
qui a entre ses mains leur destin à tous, que ce Dieu ne
veut pas abandonner les peuples à eux-mêmes. Nous
comprenons que tous le reconnaîtront, que l'Égypte et
Babylone – les deux puissances mondiales opposées à
Israël – tendront la main à Israël et qu'elles adoreront avec
lui le Dieu unique. Nous comprenons que les frontières
tomberont et que le Dieu d'Israël sera reconnu et honoré

par tous les peuples et toutes les nations comme étant leur Dieu, le Dieu unique.

Du côté des Juifs, précisément, la question qui revient sans cesse, et c'est une question absolument légitime, est la suivante : mais Jésus, votre « Messie », qu'a-t-il donc apporté ? Il n'a pas apporté la paix universelle et il n'a pas vaincu la misère du monde. Alors comment pourrait-il être le vrai Messie, puisque c'est justement cela qu'on attend d'un vrai Messie. Et en effet, qu'est-ce que Jésus a apporté ? Nous avons déjà rencontré cette question et nous connaissons aussi la réponse : il a apporté le Dieu d'Israël à tous les peuples, si bien que désormais tous les peuples le prient et reconnaissent sa parole dans les Écritures d'Israël, la parole du Dieu vivant. Il a fait don de l'universalité, qui est une grande promesse, une promesse marquante pour Israël et pour le monde. L'universalité, la foi en l'unique Dieu d'Abraham, d'Isaac et de Jacob accueillie au sein de la nouvelle famille de Jésus, répandue dans tous les peuples et dépassant les liens charnels de la filiation – tel est le fruit de l'œuvre de Jésus. C'est cela qui l'authentifie en tant que « Messie » et qui donne de la promesse messianique une interprétation fondée sur Moïse et sur les prophètes, mais en même temps tout à fait nouvelle.

Le vecteur de cette universalisation est la nouvelle famille, dont le seul préalable est la communion avec Jésus, la communion dans la volonté de Dieu. Car le je de Jésus ne se présente justement pas comme un ego entêté, gravitant sur lui-même. « Celui qui fait la volonté de mon Père qui est aux cieux, celui-là est pour moi un frère, une sœur et une mère » (*Mc* 3, 34) : le je de Jésus incarne la communion de volonté du Fils avec le Père. C'est un je qui écoute et qui obéit. La communion avec lui est une communion filiale avec le Père – un oui au quatrième commandement sur un plan différent et absolument supérieur. C'est une entrée dans la famille de ceux qui disent Père à Dieu et qui peuvent le dire dans le nous de ceux qui sont unis à Jésus et qui, à travers l'écoute qu'ils lui donnent, sont unis à la volonté du Père, s'inscrivant ainsi au cœur de l'obéissance que prône la Torah.

Cette union à la volonté de Dieu le Père à travers la communion avec Jésus, dont la nourriture est de faire la volonté du Père (cf. *Jn* 4, 34), ouvre à présent de nouvelles perspectives sur les différentes prescriptions de la Torah. La Torah avait en effet pour tâche de fournir à Israël un régime juridique et social concret à ce peuple particulier, qui est d'une part un peuple bien déterminé, dont la cohésion interne est assurée par la filiation et la succession des générations, mais qui est, d'autre part, d'emblée et par nature, porteur d'une promesse universelle. Dans la nouvelle famille de Jésus, que l'on appellera plus tard « l'Église », ces différents dispositifs juridiques et sociaux ne peuvent avoir de validité générale dans leur littéralité historique : c'était bien là le problème au début de « l'Église des nations » et l'objet de la controverse entre Paul et ceux qu'on appelait les « judaïsants ». Reporter l'ordre social d'Israël tel quel sur tous les hommes de tous les peuples aurait constitué, de fait, la négation même de l'universalité de la communauté de Dieu en train de se constituer. C'est ce que Paul a parfaitement vu. C'est ce que la Torah du Messie ne pouvait être. Et c'est ce qu'elle n'est pas, comme le montrent le Sermon sur la montagne et tout l'entretien du croyant et auditeur attentif qu'est le rabbin Neusner.

Il se produit là un événement d'une extrême importance, dont la portée n'a pu être pleinement comprise qu'à l'époque moderne, qui s'est empressée d'en donner une version unilatérale, voire falsifiée. Les dispositions juridiques et sociales concrètes, les régimes politiques ne sont plus fixés comme un droit sacré dont la lettre vaut pour toutes les époques et pour tous les peuples. Ce qui est décisif, c'est la communion fondamentale de volonté avec Dieu, que Jésus a offerte. En partant d'elle, les hommes et les peuples sont désormais libres de discerner ce qui est conforme à cette communion de volonté en matière de régime politique et social, pour créer par eux-mêmes des ordres juridiques. L'absence de toute dimension sociale dans la prédication de Jésus, que Neusner critique avec beaucoup de discernement du point de vue juif, cache un événement d'une portée historique universelle, sans équivalent dans toute autre culture : les dispositifs politiques et sociaux concrets sont renvoyés de la sphère immédiate du sacré, de la législation du droit divin, à la liberté de l'homme, qui, à travers Jésus, est enraciné dans la volonté du Père et qui, partant de lui, apprend à discerner ce qui est juste et bon.

Nous voilà ainsi revenus à la Torah du Messie, à la Lettre aux Galates : « Vous avez été appelés à la liberté » (*Ga* 5, 13), non pas à une liberté aveugle et arbitraire, à une liberté « conçue pour la chair », dirait Paul, mais à une liberté visionnaire, ancrée dans la communion de volonté avec Jésus et ainsi avec Dieu lui-même, à une liberté, donc, qui puise dans une vision nouvelle pour bâtir justement ce dont il s'agit au plus profond de la Torah, qui l'universalise de l'intérieur avec Jésus et qui, par là, « l'accomplit » réellement.

Il est vrai qu'entre-temps cette liberté a été complètement arrachée à la perspective de Dieu et à la communion avec Jésus. La liberté pour l'universalité et donc pour la juste laïcité de l'État s'est transformée en quelque chose d'absolument profane, en « laïcisme », pour lequel l'oubli de Dieu et l'attachement exclusif au succès semblent être devenus des éléments constitutifs. Pour le chrétien croyant, les préceptes de la Torah restent une référence, sur laquelle il garde les yeux fixés. Pour lui, c'est surtout la recherche de la volonté de Dieu en communion avec Jésus qui reste une orientation pour la raison, faute de quoi celle-là court toujours le risque de s'aveugler ou d'être aveuglée.

Une dernière remarque importante. Cette universalisation de la foi et de l'espérance d'Israël, la libération qui s'ensuit de la lettre pour la nouvelle communion avec Jésus, sont en rapport avec l'autorité de Jésus et sa revendication de Fils. Cette libération perd son poids historique et sa base si l'on donne de Jésus une interprétation réductrice, en en faisant un rabbi réformateur libéral. Une interprétation libérale de la Torah serait une simple opinion de docteur de la Loi, mais n'aurait aucune importance historique. Au demeurant, la Torah, son origine dans la volonté de Dieu, se verraient elles aussi relativisées, et pour tout ce qui a été énoncé, ne resterait plus qu'une autorité humaine, celle d'un savant docteur. Cela ne crée pas de nouvelle communauté de foi. Le saut dans l'universalité, la liberté nouvelle qui lui est nécessaire, ne sont possibles qu'en vertu d'une obéissance plus grande. Cela ne peut avoir un impact historique que si l'autorité de cette nouvelle interprétation n'est pas moindre que celle du texte original lui-même : ce doit être une autorité divine. La nouvelle famille universelle est le but de la mission de Jésus, mais son autorité divine – la condition de Fils de Jésus dans la communion avec le Père – est le préalable pour que le départ vers un horizon neuf et plus vaste soit possible sans trahison ni arbitraire.

Nous avons entendu que Neusner demande à Jésus : veux-tu m'inciter à violer deux ou trois commandements de Dieu ? Si Jésus ne parle pas avec la pleine autorité du Fils, si son interprétation n'est pas le début d'une nouvelle communauté fondée sur une obéissance libre et renouvelée, alors il ne reste plus que ceci : Jésus incite à désobéir au commandement de Dieu.

Pour la chrétienté de tous les temps, il est fondamental de ne jamais perdre de vue le lien existant entre dépassement (*Überschreitung*), qui n'est pas « violation » (*Übertretung*), et accomplissement. Tout en respectant totalement Jésus, Neusner – nous l'avons vu – critique avec la plus grande énergie la dissolution de la famille, qu'il voit à l'œuvre dans l'incitation de Jésus à « violer » le quatrième commandement, de même que la menace contre le sabbat, qui constitue l'une des pierres angulaires de l'ordre social d'Israël. Or Jésus ne veut abolir ni la famille ni la finalité du sabbat selon la création, mais il doit créer pour les deux un nouvel espace plus vaste. Par son invitation à rejoindre avec lui une nouvelle famille universelle dans l'obéissance commune au Père, il commence, certes, par faire exploser l'ordre social d'Israël. Mais pour l'Église qui allait venir et celle qui est advenue, il a toujours été fondamental de défendre la famille considérée comme le noyau de tout ordre social, de s'engager en faveur du quatrième commandement dans toute sa signification : on sait le combat qu'elle mène aujourd'hui sur ce terrain. On comprend alors évidemment que le contenu essentiel du sabbat devait être de nouveau valorisé dans le jour du Seigneur. Le combat en faveur du dimanche fait également partie des préoccupations actuelles de l'Église, notre époque étant caractérisée par de nombreux cas de désagrégation du rythme du temps sur lequel se règle la communauté.

Une juste intrication de l'Ancien et du Nouveau Testament a toujours été et reste une composante essentielle de l'Église : les discours du Ressuscité insistent justement sur le fait que Jésus ne peut être compris que dans le contexte de « la Loi et des Prophètes », et que sa communauté ne peut vivre que dans ce contexte bien compris. En cette matière, deux dangers opposés ont menacé l'Église dès le début et la menaceront toujours : d'un côté, un légalisme erroné, que combat Paul et que l'on a malheureusement baptisé tout au long de l'histoire du nom de « judaïsme ». De l'autre, on trouve le rejet de Moïse et des Prophètes, donc de l'Ancien Testament, rejet que Marcion avait été le premier à formuler au IIᵉ siècle et qui est aussi l'une des grandes tentations de l'époque moderne. Ce n'est pas un hasard si Harnack, en tant que représentant éminent de la théologie libérale, a demandé que l'on assume enfin l'héritage de Marcion libérant la chrétienté du fardeau de l'Ancien Testament. Aujourd'hui très répandue, la tentation d'interpréter le Nouveau Testament de façon purement spirituelle et de le détacher de toute référence sociale et politique va dans la même direction.

À l'inverse, les théologies politiques de toute obédience reviennent à théologiser une voie politique particulière, ce qui contredit la nouveauté et l'ampleur du message de Jésus. Il serait néanmoins erroné de considérer de telles tendances comme une « judaïsation » du christianisme, du fait qu'Israël rapporte à la communauté de lignage de l'« éternel Israël » son obéissance aux différentes dispositions sociales concrètes de la Torah, au lieu d'en faire un remède politique universel. Globalement, la chrétienté ferait bien de considérer avec respect cette obéissance d'Israël et de prendre ainsi la mesure des grands impératifs du Décalogue, que la chrétienté doit retranscrire dans l'espace de la famille universelle de Dieu et que Jésus nous a offerts en tant que « nouveau Moïse ». C'est en lui que nous voyons s'accomplir la promesse faite à Moïse : « Au milieu de vous, parmi vos frères, le Seigneur votre Dieu fera se lever un prophète comme moi » (*Dt* 18, 15).

Compromis et radicalité prophétique

En participant au dialogue du rabbin juif avec Jésus par nos réflexions et notre argumentation, nous nous sommes faits leurs compagnons sur le chemin de Jésus vers Jérusalem bien au-delà du Sermon sur la montagne. Revenons maintenant une nouvelle fois aux antithèses du Sermon sur la montagne dans lesquelles Jésus reprend des questions issues de la deuxième table du Décalogue et oppose aux anciennes instructions de la Torah une nouvelle radicalité de la justice devant Dieu : ne pas se contenter de ne pas tuer, mais aller à la rencontre de son frère non réconcilié pour se réconcilier avec lui. Plus de divorce. Non seulement égalité juridique (œil pour œil, dent pour dent), mais se laisser frapper sans rendre les coups ; non seulement aimer son prochain, mais aussi son ennemi.

Le caractère sublime de l'*ethos* qui s'exprime ici ne cessera de bouleverser des hommes de toute origine et de les toucher comme un sommet de la grandeur morale (pensons simplement à l'attachement du Mahatma Gandhi pour Jésus, qui reposait justement sur ces textes). Mais ce qui est dit là est-il réaliste ? Doit-on agir ainsi, est-on même autorisé à le faire ? Certaines de ces injonctions ne ruinent-elles pas, comme l'objecte Neusner, tout ordre social concret ?

Est-ce une façon de construire une communauté, un peuple ?

Sur cette question, la recherche exégétique récente a dégagé des perspectives importantes, analysant minutieusement la structure interne de la Torah et de sa législation. Et pour la question que nous nous posons, c'est l'analyse du Code de l'Alliance (cf. *Ex* 20, 22-23, 19) qui est importante. Dans ce code de lois, on peut distinguer deux sortes de droit : le droit dit casuistique et le droit dit apodictique.

Le droit casuistique fournit des normes pour régler des questions juridiques tout à fait concrètes : les prescriptions concernant la détention d'esclaves et leur affranchissement, les blessures corporelles causées par des hommes ou des animaux, l'indemnisation après un vol, etc. Aucune motivation théologique n'est donnée, mais on instaure des sanctions concrètes, proportionnelles au tort commis. Ces normes juridiques constituent un droit qui s'est développé à partir de la pratique et qui se réfère à cette dernière, servant à la construction d'un ordre social réaliste et se référant aux possibilités concrètes d'une société, dans une situation historique et culturelle bien déterminée.

En ce sens, il s'agit aussi d'un droit conditionné historiquement, absolument susceptible d'être critiqué, voire méritant de l'être, en tout cas de notre point de vue éthique. Dans le cadre de la législation vétérotestamentaire, il s'est développé ultérieurement : des normes plus récentes contredisent des normes plus anciennes sur le même sujet. Le corpus ainsi constitué se situe certes dans le contexte fondamental de la foi dans le Dieu de la révélation qui a parlé au Sinaï, mais il n'est pas lui-même expression directe du droit divin, car c'est un droit élaboré à partir de la référence fondamentale qu'est le droit divin et qui est donc susceptible d'être développé et corrigé ultérieurement.

Il est en effet indispensable qu'un ordre social ait la capacité de se transformer. Il doit s'adapter à la diversité des situations historiques et se laisser guider par ce qui est possible, sans pour autant perdre de vue le critère éthique en tant que tel, celui qui confère au droit son caractère de droit. À certains égards, la critique prophétique d'un Isaïe, d'un Osée, d'un Amos ou d'un Michée concerne aussi, comme l'a montré par exemple Olivier Artus, le droit casuistique, qui est présent dans la Torah, mais qui est devenu, dans les faits, une source d'injustice et qui, dans certaines situations matérielles concrètes d'Israël, ne sert plus à protéger le pauvre, la veuve et l'orphelin, alors que les prophètes voyaient là l'intention suprême de la législation provenant de Dieu.

Certaines parties du Code de l'Alliance lui-même, que l'on considère comme du « droit apodictique » (cf. *Ex* 22, 20 ; 23, 9-12), sont proches de cette critique prophétique. Le « droit apodictique » est édicté au nom de Dieu lui-même, sans aucune mention de sanction concrète. « Tu ne maltraiteras point l'immigré qui réside chez toi, tu ne l'opprimeras point, car vous étiez vous-mêmes des immigrés en Égypte. Vous n'accablerez pas la veuve et l'orphelin » (*Ex* 22, 20-21). Dans ces grandes normes, la critique des Prophètes a trouvé son point d'appui et, à partir de ces normes, elle a constamment mis en discussion des habitudes juridiques concrètes, pour faire prévaloir le noyau essentiellement divin du droit comme critère et ligne d'orientation pour toute évolution du droit et pour tout ordre social. Frank Crüsemann, à qui nous devons des éclaircissements essentiels en la matière, a qualifié les dispositions du « droit apodictique » de « méta-normes », qui représentent une instance critique en regard des règles du droit casuistique. Pour définir le rapport entre droit casuistique et droit apodictique, il propose les deux concepts de « règles » et de « principes ».

Ainsi, il y a, dans la Torah elle-même, différents degrés d'autorité et, pour reprendre l'expression d'Olivier Artus, un dialogue constant entre normes historiquement déterminées et méta-normes, ces dernières formulant les exigences permanentes de l'Alliance. Le choix fondamental des « méta-normes » est l'engagement de Dieu en faveur des pauvres, qui perdent facilement leurs droits et qui ne peuvent obtenir justice eux-mêmes.

À cela est lié un autre aspect : la norme fondamentale qui apparaît en premier lieu dans la Torah, celle dont finalement tout dépend, est l'affirmation de la foi en un Dieu unique : Lui seul, YHWH, peut être adoré. Mais dans l'évolution prophétique, cet engagement en faveur du pauvre, de la veuve et de l'orphelin acquiert désormais le même statut que l'adoration exclusive du Dieu unique : elle se confond avec l'image de Dieu, qu'elle définit très concrètement. La perspective sociale est une perspective théologique et la perspective théologique a un caractère social : l'amour de Dieu et l'amour du prochain sont indissociables, et l'amour du prochain trouve ici sa définition très pratique, en tant que perception de la présence directe de Dieu dans le pauvre et le faible.

Tout cela est indispensable à la bonne compréhension du Sermon sur la montagne. Dans la Torah elle-même, puis dans le dialogue entre la Loi et les Prophètes, nous voyons déjà se dégager la distinction entre le droit casuistique changeant, qui forme d'une fois sur l'autre la structure sociale, et les principes essentiels du droit divin lui-même, qui servent de référence pour évaluer, développer et corriger sans discontinuer les normes pratiques.

Jésus ne fait donc rien d'inouï ni de tout à fait nouveau lorsqu'il oppose aux normes casuistiques et aux pratiques développées dans la Torah la pure volonté de Dieu, conçue comme une « justice supérieure » que doivent attendre les enfants de Dieu (cf. *Mt* 5, 20). Il reprend à son compte la dynamique intrinsèque à la Torah elle-même, déployée ultérieurement par les prophètes, et, en tant qu'Élu, en tant que prophète qui se tient en face à face avec Dieu (cf. *Dt* 18, 15), il lui donne sa forme radicale. Aussi va-t-il de soi que ces mots ne définissent pas un ordre social, mais qu'ils fournissent aux différents ordres sociaux leurs critères fondamentaux, étant entendu qu'ils ne pourront jamais être réalisés tels quels dans quelque ordre social que ce soit. La dynamisation des régimes juridiques et sociaux concrets ainsi opérée par Jésus, leur extrapolation du domaine immédiatement divin et le transfert de responsabilité au profit d'une raison désormais capable de discerner correspondent à la structure interne de la Torah elle-même.

Dans les antithèses du Sermon sur la montagne, Jésus ne se présente à nous ni comme un rebelle ni comme un libéral, mais comme l'interprète prophétique de la Torah, comme celui qui ne l'abolit pas mais qui l'accomplit, et qui l'accomplit justement en assignant à la raison qui agit dans l'histoire son domaine propre de responsabilité. Ainsi la chrétienté sera tenue d'innover en matière d'ordre social, redéfinissant et reformulant sans cesse une « doctrine sociale chrétienne ». À chaque nouvelle étape de l'évolution, elle corrigera ce qui a été précédemment établi. C'est dans la structure intrinsèque de la Torah, dans les transformations successives opérées grâce à la critique des Prophètes et dans le message de Jésus intégrant les deux qu'elle trouve à la fois l'espace qui permet les évolutions historiques nécessaires et l'assise qui garantit la dignité de l'homme procédant de la dignité de Dieu.

5

LA PRIÈRE DU SEIGNEUR

Le Sermon sur la montagne propose, comme nous l'avons vu, un cadre complet de l'humanité juste. Il veut nous montrer comment il est possible d'être homme. On pourrait résumer ces enseignements de la manière suivante : on ne peut comprendre l'homme qu'à partir de Dieu, et c'est seulement s'il vit en relation avec Dieu que sa vie devient juste. Mais Dieu n'est pas un inconnu lointain. En Jésus, il nous montre sa face. Dans son agir et dans sa volonté, nous apprenons à lire les pensées de Dieu et la volonté de Dieu lui-même.

Si être homme signifie essentiellement être en relation avec Dieu, il est évident que cela implique le dialogue avec Dieu et l'écoute de Dieu. C'est la raison pour laquelle le Sermon sur la montagne contient également un enseignement sur la prière. Le Seigneur nous dit comment nous devons prier.

Chez Matthieu, la prière du Seigneur est précédée d'une brève catéchèse sur la prière, destinée surtout à nous mettre en garde contre les fausses manières de prier. La prière ne doit pas être une façon de se donner en spectacle devant les hommes. Elle exige la discrétion, qui est essentielle pour

151

une relation d'amour. Dieu s'adresse à chacun, l'appelant par son nom, que personne d'autre ne connaît, nous dit l'Écriture (cf. *Ap* 2, 17). L'amour de Dieu pour chacun est entièrement personnel, il recèle le mystère de la singularité qui ne peut être étalée devant les hommes.

Cette discrétion essentielle de la prière n'exclut nullement la prière communautaire. Le *Notre Père* est une prière à la première personne du pluriel, et c'est seulement en entrant dans le « nous » des fils de Dieu que nous pouvons dépasser les limites de ce monde et nous élever jusqu'à Dieu. Mais ce « nous » réveille le for intérieur de ma personne. Dans la prière, la dimension la plus personnelle et la dimension communautaire doivent s'interpénétrer, comme nous le verrons plus en détail lors de l'explication du *Notre Père*. Dans la relation de l'homme et de la femme, il y a l'intimité qui nécessite l'espace protecteur de la discrétion, mais en même temps, la relation entre les deux dans le mariage et la famille inclut aussi, par définition, une responsabilité publique. Il en va de même pour la relation avec Dieu : le « nous » de la communauté de prière et le plus intime qu'on ne confie qu'à Dieu s'interpénètrent.

L'autre fausse manière de prier, contre laquelle le Seigneur nous met en garde, est le bavardage, le rabâchage, sous lequel l'esprit étouffe. Nous connaissons tous le danger qui consiste à réciter des formules routinières alors que l'esprit est ailleurs. Notre attention est la plus grande lorsque nous demandons quelque chose à Dieu du plus profond de notre détresse ou que nous le remercions, le cœur joyeux, d'un bien reçu. Mais au-delà de ces situations momentanées, l'essentiel est l'existence de la relation à Dieu dans le fond de notre âme. Pour que cela puisse se réaliser, la relation doit être réveillée sans cesse, et les éléments du quotidien doivent être continuellement reliés à elle. Nous prierons d'autant mieux que, dans la profondeur de notre âme, l'orientation vers Dieu sera présente. Plus elle devient l'assise de toute notre existence, plus nous serons des hommes de paix, et plus nous serons capables de supporter la souffrance, de comprendre les autres et de nous ouvrir à eux. L'orientation qui pénètre notre conscience tout entière, la présence silencieuse de Dieu dans le fond de notre pensée, de notre méditation, de notre être, nous l'appelons la « prière continuelle ». Elle est en fin de compte aussi ce que nous appelons l'amour de Dieu, qui est en même temps la condition de l'amour du prochain et son ressort intime.

Cette prière authentique, cette manière d'être intérieure et silencieuse avec Dieu, a besoin d'être nourrie, et elle trouve cette nourriture dans la prière concrète, que ce soit avec des mots ou des images ou des pensées. Plus Dieu est présent en nous, plus nous pourrons vraiment être auprès de lui dans les prières orales. Mais inversement, il est vrai aussi que la prière active réalise et approfondit notre présence devant Dieu. Cette prière peut et doit monter surtout de notre cœur, de nos misères, de nos espérances, de nos joies, de nos souffrances, de notre honte face au péché comme de notre gratitude pour le bien reçu ; ainsi, elle sera une prière toute personnelle. Mais nous avons également toujours besoin de nous appuyer sur des prières, avec lesquelles s'est concrétisée la rencontre de l'Église dans sa totalité et de chaque individu particulier avec Dieu. Car sans cette aide pour prier, notre prière personnelle et notre image de Dieu deviennent subjectives, reflétant davantage nous-mêmes que le Dieu vivant. Dans les formules de prière, montées d'abord de la foi d'Israël, puis de celle des hommes de prière de l'Église, nous apprenons à connaître

Dieu et à nous connaître nous-mêmes. Elles sont une école de la prière et, par là même, un ressort pour des changements et des ouvertures dans notre vie.

Dans sa *Règle*, saint Benoît a forgé la formule : *mens nostra concordet voci nostrae* – notre esprit doit être en harmonie avec notre voix[1]. Normalement, la pensée précède la parole, la cherchant et la formant. Mais pour la prière des psaumes, pour la prière liturgique en général, c'est l'inverse : la parole et la voix nous précèdent, et notre esprit doit se conformer à cette voix. Car par nous-mêmes, nous autres les hommes ne savons pas « prier comme il faut » (*Rm* 8, 26) – car nous sommes trop loin de Dieu, et il est trop mystérieux et trop grand pour nous. Aussi, Dieu nous est-il venu en aide. Il nous donne lui-même les paroles de la prière et il nous apprend à prier. Par les paroles de prière venant de lui, il nous offre le don de nous mettre en chemin vers lui et, en priant avec les frères et sœurs qu'il nous a donnés, il nous permet de le connaître peu à peu et de nous approcher de lui.

Chez saint Benoît, la phrase citée plus haut se réfère directement aux Psaumes, le grand livre de prières du peuple de Dieu dans l'Ancienne et dans la Nouvelle Alliance : ce sont des paroles que le Saint-Esprit a données aux hommes ; elles sont l'esprit de Dieu devenu Parole. Ainsi, nous prions « dans l'esprit », avec le Saint-Esprit. Naturellement, cela vaut plus encore pour le *Notre Père*. Lorsque nous disons le *Notre Père*, nous prions Dieu avec des mots donnés par Dieu, dit saint Cyprien. Et il ajoute : Quand nous disons le *Notre Père*, s'accomplit en nous la promesse de Jésus concernant les vrais adorateurs, qui adorent le Père « en esprit et vérité » (*Jn* 4, 23). Le Christ qui est la vérité nous a donné les mots, et en eux, il nous donne le Saint-Esprit[2]. Quelque chose de la spécificité de la mystique chrétienne se fait jour ici. Elle ne consiste pas d'abord à plonger en soi-même, mais à rencontrer l'Esprit de Dieu dans la parole qui nous précède ; elle est rencontre avec le Fils et le Saint-Esprit, et donc entrée en union avec le Dieu vivant, qui est toujours à la fois en nous et au-dessus de nous.

Alors qu'en Matthieu le *Notre Père* est introduit par une courte catéchèse sur la prière en général, en Luc nous le trouvons dans un autre contexte, lorsque Jésus est sur le chemin de Jérusalem. Luc introduit la prière du Seigneur par cette remarque : « Un jour, quelque part, Jésus était en prière. Quand il eut terminé, un de ses disciples lui demanda : "Seigneur, apprends-nous à prier" » (*Lc* 11, 1).

Le contexte est donc la rencontre avec Jésus en prière, qui éveille chez les disciples le désir qu'il leur enseigne à prier. C'est très caractéristique pour Luc, qui a accordé à Jésus en prière une place particulière dans son Évangile. L'agir de Jésus dans son ensemble procède de sa prière, il est porté par elle. Ainsi, des événements essentiels de son chemin, dans lesquels se révèle progressivement son mystère, se présentent comme des événements de prière. La confession de foi de Pierre, lorsque ce dernier reconnaît Jésus en tant que Dieu Saint, est placée dans le contexte de la rencontre avec Jésus en prière (*Lc* 9, 18-21). La transfiguration de Jésus est également un événement de prière (9, 28-36).

Il est donc significatif que Luc place le *Notre Père* dans le contexte de la prière personnelle de Jésus lui-même. Il nous fait ainsi participer à sa prière ; il nous conduit à l'intérieur du dialogue intime de l'amour trinitaire ; il hisse pour ainsi dire nos détresses humaines jusqu'au cœur de Dieu. Cependant, cela signifie aussi que les paroles du

Notre Père nous indiquent le chemin de la prière intérieure ; elles représentent des orientations fondamentales pour notre existence ; elles veulent nous conformer à l'image du Fils. La signification du *Notre Père* dépasse la simple communication de paroles de prière. Le *Notre Père* veut former notre être, il veut nous mettre dans les mêmes dispositions que Jésus (cf. *Ph* 2, 5).

Pour l'interprétation du *Notre Père*, cela signifie deux choses. D'abord, il est très important d'écouter aussi précisément que possible la parole de Jésus telle qu'elle nous est transmise dans l'Écriture. Nous devons, dans la mesure du possible, chercher vraiment à connaître les pensées que Jésus voulait nous transmettre par ces paroles. Mais nous ne devons pas perdre de vue que le *Notre Père* vient de sa propre prière, du dialogue du Fils avec son Père. Cela veut dire qu'il plonge dans une grande profondeur, au-delà des mots. Il englobe toute l'étendue de l'humanité de tous les temps, c'est la raison pour laquelle une interprétation purement historique, si nécessaire soit-elle, ne pourra pas le sonder.

Grâce à leur union intime avec le Seigneur, les grands priants de tous les siècles ont pu descendre dans les profondeurs au-delà des mots, ils peuvent donc continuer à nous faire accéder à la richesse cachée de la prière. Et chacun de nous, grâce à sa relation personnelle avec Dieu, peut se sentir accueilli et gardé dans cette prière. Avec sa *mens*, son propre esprit, il doit sans cesse aller à la rencontre de la *vox*, la parole venant du Fils vers nous ; il doit s'ouvrir à elle et se laisser guider par elle. Ainsi, le cœur de chacun s'ouvrira et il verra comment le Seigneur veut à ce moment prier avec lui.

Le *Notre Père* nous est transmis par Luc sous une forme plus brève, et par Matthieu dans la forme reçue par l'Église, qui continue à l'utiliser dans sa prière. La discussion sur l'antériorité de telle ou telle forme n'est pas superflue, mais elle n'est pas décisive. Dans l'une comme dans l'autre version, nous prions avec Jésus, et nous sommes reconnaissants **du** fait que la forme matthéenne des sept demandes **développe** clairement ce qui, **chez Luc**, semble suggéré en partie seulement.

Avant d'entrer dans l'interprétation détaillée, regardons maintenant brièvement la structure du *Notre Père* tel qu'il nous est transmis par Matthieu. Elle se compose d'abord d'une invocation initiale et de sept demandes. Trois d'entre elles sont formulées à la deuxième personne du singulier, quatre à la première personne du pluriel. Dans les trois premières demandes, il s'agit de Dieu lui-même dans ce monde ; dans les quatre demandes suivantes, il s'agit de nos espérances, de nos besoins et de nos difficultés. On pourrait comparer la relation entre les deux sortes de demandes du *Notre Père* avec la relation entre les deux tables du Décalogue, qui sont en fait des développements des deux parties du commandement principal – l'amour de Dieu et l'amour du prochain – nous conduisant à entrer dans le chemin de l'amour.

Ainsi, dans le *Notre Père* est affirmé d'abord le primat de Dieu, dont découle naturellement la question de la juste façon d'être homme. Ici, il s'agit également d'abord du chemin de l'amour, qui est en même temps le chemin de la conversion. Afin qu'il puisse demander de la bonne façon, l'homme doit se tenir dans la vérité. Et la vérité, c'est d'abord Dieu, le Royaume de Dieu (cf. *Mt* 6, 33). Avant tout, nous devons sortir de nous-mêmes et nous ouvrir à Dieu. Rien ne sera à sa place tant que nous ne serons pas

à notre juste place par rapport à Dieu. Le *Notre Père*
commence donc avec Dieu et il nous conduit, à partir de
lui, sur les voies de « l'être homme ». Pour finir, nous des-
cendons jusqu'à l'ultime menace pour l'homme guetté par
le Malin. Ici, peut surgir en nous l'image du dragon de
l'Apocalypse, qui mène la guerre contre les hommes « qui
observent les commandements de Dieu et qui gardent le
témoignage pour Jésus » (*Ap* 12, 17).

Mais le commencement reste toujours présent : nous
savons que notre Père est auprès de nous, qu'il nous tient
dans sa main, qu'il nous sauve. Le père Hans Peter
Kolvenbach parle dans son livre d'exercices spirituels d'un
starets orthodoxe qui ne pouvait s'empêcher « de faire réciter le *Notre Père* en commençant par le dernier mot, afin
qu'on devienne digne de clore la prière avec les paroles
initiales : "*Notre Père*". De cette manière, déclarait-il, on
prend le chemin pascal : "on commence dans le désert avec
la tentation, on retourne en Égypte, on parcourt à nouveau
le chemin de l'Exode, par les stations du Pardon et de la
manne de Dieu, pour arriver grâce à la volonté de Dieu
dans la Terre promise, le Royaume de Dieu, où il nous
communique le mystère de son Nom : '*Notre Père*'" [3] ».

Les deux chemins, l'ascendant et le descendant, peuvent
ensemble nous rappeler que le *Notre Père* est toujours une
prière de Jésus et qu'elle s'éclaire à partir de la communion
avec lui. Nous prions le Père qui est aux cieux, que nous
connaissons à travers son Fils. Jésus se tient toujours derrière les demandes, comme nous le verrons dans les explica-
tions détaillées. Et enfin, le *Notre Père* étant une prière de
Jésus, c'est une prière trinitaire. Nous prions le Père avec
Jésus et par le Saint-Esprit.

Notre Père qui es aux cieux

Nous commençons en nous adressant au Père. Dans son interprétation du *Notre Père*, Reinhold Schneider écrit : « Le *Notre Père* commence en nous apportant une grande consolation ; nous pouvons dire Père. Ce mot contient **toute** l'histoire de la Rédemption. Nous pouvons dire Père, car le Fils était notre frère et nous a révélé le Père ; parce que, par l'action du Christ, nous sommes redevenus des enfants de Dieu[4]. » Pour l'homme d'aujourd'hui cependant, la grande consolation contenue dans le mot « père » n'est pas aussi évidente, car l'expérience du père est souvent soit totalement absente soit obscurcie par la défaillance des pères.

Ainsi, nous devons avant tout apprendre à partir de Jésus ce que « père » signifie précisément. Quand Jésus parle, le père apparaît comme la source de tout bien, comme le critère de l'homme devenu juste (« parfait ») : « Eh bien, moi je vous dis : aimez vos ennemis et priez pour ceux qui vous persécutent, afin d'être vraiment les fils de votre Père qui est dans les cieux, car il fait lever son soleil sur les méchants et sur les bons » (*Mt* 5, 44). L'amour qui va « jusqu'au bout » (*Jn* 13, 1), que le Seigneur a accompli sur la croix en priant pour ses ennemis, nous montre la nature du Père. Il est cet Amour. Parce que Jésus accomplit cet amour, il est entièrement « Fils », et il nous invite — à partir de ce critère – à devenir à notre tour des « fils ».

Regardons maintenant un autre texte. Le Seigneur rappelle qu'aux enfants qui demandent du pain, les pères ne donnent pas une pierre, et il continue en disant : « Si donc, vous qui êtes mauvais, vous savez donner de bonnes choses à vos enfants, combien plus votre Père qui est aux cieux donnera-t-il de bonnes choses à ceux qui les lui demandent » (*Mt* 7, 11). Luc spécifie le « bien » que donne le Père, en disant : « ...combien plus le Père céleste donnera-t-il l'Esprit-Saint à ceux qui le lui demandent » (*Lc* 11, 13). Cela veut dire que le don de Dieu est Dieu lui-même, le « bien » qu'il nous donne, c'est lui-même. Ce passage manifeste de façon surprenante de quoi il s'agit dans la prière. Il ne s'agit pas de ceci ou de cela, il importe seulement que Dieu veuille vraiment se donner à nous : tel est le don de tous les dons, « la seule chose nécessaire » (cf. *Lc* 10, 42). La prière est un chemin qui nous conduit progressivement à purifier nos désirs, à les corriger et à découvrir peu à peu ce qui nous fait vraiment défaut : Dieu et son Esprit.

Quand le Seigneur enseigne qu'il faut découvrir la nature de Dieu le Père à partir de l'amour des ennemis et qu'il faut y trouver sa « perfection » afin de devenir soi-même « fils », alors la relation entre le Père et le Fils est évidente. Il est dès lors manifeste que, dans le reflet de la figure de Jésus, nous découvrons qui est Dieu et comment il est : Par le Fils, nous trouvons le Père. « Celui qui m'a vu, a vu le Père », dit Jésus lors de la Cène à Philippe, qui avait demandé : montre-nous le Père (*Jn* 14, 8-9). Seigneur, montre-nous le Père, répétons-nous sans cesse à Jésus, et la réponse est encore et toujours le Fils. Par lui, et seulement par lui, nous apprenons à connaître le Père. Ainsi se révèlent la mesure et le modèle de la vraie paternité. Le *Notre Père* ne projette pas une image humaine sur le ciel, mais il nous montre à partir du ciel – à partir de Jésus – comment nous devrions et comment nous pouvons devenir des hommes.

Cependant, en y regardant de plus près, nous pouvons maintenant constater que, d'après le message de Jésus, la paternité de Dieu comporte deux dimensions. Tout d'abord, Dieu est notre Père en tant qu'il est notre Créateur. Parce qu'il nous a créés, nous lui appartenons. L'être en tant que tel vient de lui, il est donc bon et il est participation de Dieu. Cela vaut tout particulièrement pour l'homme. Le verset 15 du Psaume 33 [32] dit, dans sa traduction latine : « lui qui leur a modelé un même cœur est attentif à toutes leurs œuvres ». L'idée que Dieu a créé chaque individu fait partie de l'image de l'homme contenue dans la Bible. Chaque homme est individuellement et comme tel voulu par Dieu. Il connaît chacun personnellement. En ce sens, déjà en vertu de la création, l'être humain est de manière spéciale « fils » de Dieu, et Dieu est son véritable Père. Dire que l'homme est à l'image de Dieu est une autre manière d'exprimer cette idée.

Nous en arrivons ainsi à la deuxième dimension de la paternité de Dieu. De façon singulière, le Christ est « image de Dieu » (*2 Co* 4, 4 ; *Col* 1, 15). À partir de là, les Pères de l'Église ont dit que Dieu, en créant l'homme « à son image », a d'emblée regardé vers Jésus et créé l'homme à l'image du « nouvel Adam », de l'Homme qui est le modèle de l'humanité. Mais surtout, Jésus est au sens propre « le Fils » – de la même substance que le Père. Il veut nous faire entrer tous dans son « être homme » et, par là, dans son « être fils », dans la pleine appartenance à Dieu.

Ainsi, la filiation est devenue un concept dynamique : nous ne sommes pas encore de manière achevée des fils de Dieu, mais nous devons le devenir et l'être de plus en plus à travers notre communion de plus en plus profonde avec Jésus. Être fils, c'est suivre le Christ. La parole qui qualifie Dieu comme Père devient alors pour nous un appel : vivre comme « fils » et « fille ». « Tout ce qui est à moi est à toi », dit Jésus au Père dans la prière sacerdotale (*Jn* 17, 10), et la même chose est dite par le père au frère aîné du fils prodigue (cf. *Lc* 15, 31). Le terme de « père » nous invite à vivre à partir de cette conscience. Dès lors est dépassée aussi la folie de la fausse émancipation qui se trouvait au début de l'histoire du péché de l'humanité. Car, en écoutant la parole du serpent, Adam veut devenir lui-même Dieu et se passer de Dieu. On voit qu'« être fils » ne signifie pas être dépendant, mais se tenir dans la relation d'amour qui porte l'existence humaine en lui donnant sa grandeur et son sens.

Reste, pour finir, une question : Dieu, n'est-il pas aussi mère ? L'amour de Dieu est comparé à l'amour d'une mère : « De même qu'une mère console son enfant, moi-même je vous consolerai » (*Is* 66, 13). « Est-ce qu'une femme peut oublier son petit enfant, ne pas chérir le fils de ses entrailles ? Même si elle pouvait l'oublier, moi, je ne t'oublierai pas » (*Is* 49, 15). Le mystère de l'amour maternel de Dieu ressort de façon particulièrement impressionnante du mot hébreu *rahamim*, qui signifie en fait le sein maternel, mais qui finit par désigner la compassion de Dieu pour l'homme, la miséricorde de Dieu. Dans l'Ancien Testament, des organes du corps humain servent à maintes reprises à désigner des attitudes fondamentales de l'homme, mais aussi les dispositions de Dieu, tout comme le cœur ou le cerveau disent aujourd'hui encore quelque chose de notre propre existence. Ainsi, l'Ancien Testament présente les attitudes fondamentales de l'existence non pas en termes abstraits, mais dans le langage métaphorique du corps. Le sein maternel est l'expression la plus concrète pour signifier le lien intime entre deux existences et l'attention portée à la créature faible et dépendante qui, dans son corps et dans son âme, est totalement protégée dans le sein de sa mère. Le langage métaphorique du corps nous permet donc de comprendre plus profondément les dispositions de Dieu vis-à-vis des hommes qu'un langage conceptuel quel qu'il soit.

Si dans le langage formé à partir de la corporéité de l'homme, l'amour de la mère semble inscrit dans l'image de Dieu, il n'en reste pas moins que Dieu n'est jamais qualifié de mère ni invoqué comme mère, que ce soit dans l'Ancien ou dans le Nouveau Testament. Dans la Bible, le mot « mère » n'est pas un titre de Dieu. Pourquoi ? Nous ne pouvons que tâtonner dans notre tentative de compréhension. Bien sûr, Dieu n'est ni homme ni femme, étant précisément le créateur de l'homme et de la femme. Les divinités mères, dont le peuple d'Israël tout comme l'Église du Nouveau Testament étaient entourées, montrent une image de la relation entre Dieu et le monde contraire à l'image de Dieu contenue la Bible. Elles englobent toujours, et sans doute nécessairement, des conceptions panthéistes qui font disparaître la différence entre le Créateur et la créature. L'existence des choses et des hommes apparaît nécessairement, à partir de ce point de départ, comme une émanation du sein maternel de l'Être qui, entrant dans le temps, se concrétise dans la diversité des réalités existantes.

À l'inverse, l'image du père était et reste toujours en mesure d'exprimer l'altérité du créateur et de la créature, la souveraineté de son acte créateur. C'est seulement en excluant les divinités mères que l'Ancien Testament a pu mûrir son image de Dieu, qui est pure transcendance. Même si nous ne pouvons pas fournir de justifications absolument convaincantes, la norme doit rester pour nous le langage de la prière de toute la Bible, et nous l'avons constaté, malgré les grandes images de l'amour maternel, le mot « mère » ne figure pas parmi les titres de Dieu ; ce n'est pas un nom avec lequel nous pouvons nous adresser à Dieu. Ainsi nous prions comme Jésus nous l'a enseigné sur la base de l'Écriture Sainte, et non pas sur la base de notre inspiration ou de notre caprice. C'est la seule façon de prier comme il faut.

Pour finir, nous devons réfléchir sur le mot « notre ». Seul Jésus pouvait dire de plein droit « mon Père », car lui seul est vraiment le Fils unique de Dieu, de la même substance que le Père. Nous tous, par contre, devons dire « notre Père ». Seul le « nous » des disciples nous permet de nommer Dieu Père, car c'est uniquement à travers la communion avec Jésus Christ que nous devenons vraiment « fils de Dieu ». Ainsi, ce mot « notre » nous interpelle : il exige que nous sortions de la clôture de notre « je ». Il exige que nous entrions dans la communauté des autres fils de Dieu. Il exige que nous nous départions de tout ce qui nous est propre et qui nous sépare des autres. Il exige de nous que nous acceptions autrui, les autres, et que nous leur ouvrions notre oreille et notre cœur. Avec le mot « notre », nous proclamons notre adhésion à l'Église vivante, dans laquelle le Seigneur voulait réunir sa nouvelle famille. Ainsi, le *Notre Père* est à la fois une prière très personnelle et pleinement ecclésiale. En disant le *Notre Père*, nous prions chacun de tout notre cœur, mais nous prions en même temps en communion avec la famille de Dieu, avec les vivants et les morts, avec les hommes de toutes conditions, de toutes les cultures et de toutes les races. Le *Notre Père* fait de nous une famille, au-delà de toutes les frontières.

À partir du « notre », nous comprenons aussi le deuxième ajout : « qui es aux cieux ». Par ces mots, nous ne plaçons pas Dieu, le Père, sur un quelconque astre lointain, mais nous énonçons que nous, tout en ayant des pères terrestres différents, nous provenons cependant tous d'un seul Père, qui est la mesure et l'origine de toute paternité. « Frères, je tombe à genoux devant le Père, qui est la source de toute paternité au ciel et sur la terre » dit saint Paul (*Ep* 3, 14). Et en arrière-fond, nous entendons la parole du Seigneur : « Ne donnez à personne sur terre le nom de père, car vous n'avez qu'un seul Père, celui qui est aux cieux » (*Mt* 23, 9).

La paternité de Dieu est plus réelle que la paternité humaine, parce qu'en dernière instance nous tirons de lui notre être ; parce que, éternellement, il nous a pensés et voulus ; parce qu'il nous fait don de la vraie maison paternelle, celle qui est éternelle. Et si la paternité terrestre sépare, la paternité céleste réunit. Le mot ciel signifie donc cette autre dimension de la majesté de Dieu, dont nous venons tous et vers laquelle nous devons tous aller. La paternité « aux cieux » nous renvoie à ce « nous » plus grand qui dépasse toutes les frontières, qui abat toutes les murailles et qui crée la paix.

Que ton nom soit sanctifié

La première demande du *Notre Père* nous rappelle le deuxième commandement du Décalogue : « Tu n'invoqueras pas le nom du Seigneur ton Dieu pour le mal » (*Ex* 20, 7 ; cf. *Dt* 5, 11). Mais qu'est-ce donc que « le nom de Dieu » ? Quand nous l'évoquons, nous avons devant nous l'image de Moïse, qui voit dans le désert un buisson qui était en feu sans se consumer. Poussé par la curiosité, il s'approche pour voir de plus près ce mystérieux événement, mais alors une voix l'appelle du milieu du buisson, et cette voix lui dit : « Je suis le Dieu de ton père, Dieu d'Abraham, Dieu d'Isaac, Dieu de Jacob » (*Ex* 3, 6). Ce Dieu le renvoie en Égypte avec la mission de faire sortir d'Égypte le peuple d'Israël et de le conduire vers la Terre promise. Au nom de Dieu, Moïse doit demander au pharaon la délivrance d'Israël.

Mais dans le monde de l'époque, il y avait beaucoup de dieux. Moïse demande donc à Dieu son nom, le nom par lequel ce Dieu pourra justifier de son autorité particulière vis-à-vis des autres dieux. L'idée du nom de Dieu fait donc d'abord partie du monde polythéiste, où ce Dieu doit aussi se donner un nom. Mais le Dieu qui appelle Moïse est vraiment Dieu. Dieu au sens strict et vrai n'existe pas au pluriel. Par nature, Dieu est unique. C'est pourquoi il ne peut pas entrer dans le monde des dieux comme un parmi d'autres, et il ne peut pas avoir un nom parmi d'autres.

Aussi, la réponse de Dieu est-elle à la fois refus et assentiment. Il dit simplement de lui-même « Je suis celui qui suis. » Il est, un point c'est tout. Cette réponse est à la fois un nom et une absence de nom. Il était donc tout à fait juste qu'en Israël, cette auto-désignation de Dieu, entendue sous le mot YHWH, n'ait pas été prononcée et qu'elle ne se soit pas dégradée pour devenir une sorte de nom idolâtrique. Il n'était donc pas juste que, dans les traductions récentes de la Bible, on écrive comme n'importe quel autre nom ce nom resté toujours mystérieux et imprononçable pour Israël, réduisant ainsi le mystère de Dieu, dont il n'y a ni images ni noms prononçables, et le ramenant dans la banalité d'une histoire générale des religions.

Il n'en reste pas moins que Dieu n'a pas purement et simplement rejeté la demande de Moïse, et, afin de comprendre l'imbrication étrange du nom et de l'absence de nom, nous devons comprendre ce qu'est un nom. Nous pourrions simplement dire : le nom crée la possibilité de l'invocation, de l'appel. Il crée une relation. Quand Adam nomme les animaux, cela ne signifie pas qu'il exprime leur nature, mais qu'il les intègre dans son univers humain et qu'il fait en sorte de pouvoir les appeler. Partant de là, nous comprenons l'aspect positif du nom de Dieu : Dieu crée une relation entre lui et nous. Il fait en sorte qu'on puisse l'invoquer. Il entre en relation avec nous et il nous permet d'être en relation avec lui. Mais cela signifie qu'il entre, d'une façon ou d'une autre, dans notre monde humain. Il est devenu accessible et par là aussi vulnérable. Il prend le risque de la relation, le risque d'être avec nous.

Ce qui parvient à son accomplissement dans son incarnation s'origine dans le don du nom. Lors de l'étude de la prière sacerdotale de Jésus, nous verrons qu'en effet Jésus se présente alors comme le nouveau Moïse : « J'ai fait connaître ton nom aux hommes » (*Jn* 17, 6). Ce qui a commencé avec le Buisson ardent dans le désert du Sinaï s'accomplit avec le Buisson ardent de la croix. En son fils devenu homme, on peut dire que Dieu est désormais devenu vraiment accessible. Il fait partie de notre monde, il s'est en quelque sorte remis entre nos mains.

Nous comprenons alors ce que signifie la demande de sanctifier le nom de Dieu. Désormais, on peut abuser du nom de Dieu et ainsi souiller Dieu lui-même. Le nom de Dieu peut être récupéré, et alors l'image de Dieu est déformée. Plus Dieu se remet entre nos mains, plus nous pouvons obscurcir sa lumière. Plus il est proche, plus notre abus de lui peut le rendre méconnaissable. Martin Buber disait qu'en voyant l'abus honteux qu'on faisait du nom de Dieu, on peut perdre tout courage de le nommer. Mais le taire serait plus encore un refus de son amour qui vient à notre rencontre. Buber affirmait que nous ne pourrions que ramasser, dans le plus grand respect, les lambeaux du nom sali et essayer de les purifier. Mais seuls, nous en sommes incapables. Nous ne pouvons que lui demander de ne pas laisser détruire dans ce monde la lumière de son nom.

Notre demande afin qu'il prenne en charge lui-même la sanctification de son nom, qu'il protège pour nous le merveilleux mystère du fait qu'il nous soit accessible et que ressorte toujours sa véritable identité de la déformation que nous lui causons, une telle demande est cependant toujours aussi pour nous un grand examen de conscience : comment est-ce que je traite le nom sacré de Dieu ? Est-ce je me tiens avec une crainte respectueuse devant le mystère du Buisson ardent, devant l'énigme insondable de sa proximité jusqu'à sa présence dans l'Eucharistie, dans laquelle il se met vraiment entre nos mains ? Est-ce que je veille à ce que Dieu avec nous, dans sa sainteté, ne soit pas traîné dans la boue, mais qu'il nous élève à la hauteur de sa pureté et de sa sainteté ?

Que ton règne vienne

Réfléchissant sur la demande relative au Règne de Dieu, nous nous rappellerons tout ce que nous avons pu dire plus haut à propos de l'expression « Royaume de Dieu ». Par cette demande, nous reconnaissons d'abord le primat de Dieu. Là où Dieu n'est pas, rien ne peut être bon. Là où l'on ne voit pas Dieu, l'homme déchoit, ainsi que le

monde. C'est dans ce sens que le Seigneur nous dit :
« Cherchez d'abord son Royaume et sa justice, et tout cela
vous sera donné par-dessus le marché » (*Mt* 6, 33). Ce mot
établit un ordre de priorités pour l'agir humain, pour nos
attitudes dans le quotidien.

On ne nous promet nullement un pays de cocagne, en
contrepartie de notre piété ou de notre vague désir du
Royaume de Dieu. On ne nous fait pas miroiter un monde
parfait comme dans l'utopie de la société sans classes, un
monde qui viendrait automatiquement et où tout irait bien
tout simplement parce qu'il n'y aurait plus de propriété
privée. Jésus ne nous fournit pas des recettes aussi simples.
Mais, il pose, nous l'avons déjà dit, une priorité capitale
pour tout : « Royaume de Dieu » veut dire « Seigneurie de
Dieu », et cela signifie qu'on accepte que sa volonté soit
prise comme critère. Cette volonté crée la justice, qui
implique que nous reconnaissions la légitimité du droit de
Dieu et que nous y trouvions le critère pour le juste droit
entre les hommes.

L'ordre des priorités que Jésus nous indique ici n'est pas
sans rappeler, dans l'Ancien Testament, le récit de la première prière de Salomon après sa montée sur le trône. On
y raconte que, la nuit, le Seigneur est apparu en songe au
jeune roi, lui offrant d'exaucer une de ses demandes. Un
rêve on ne peut plus classique de l'humanité ! Que
demande Salomon ? « Donne à ton serviteur un cœur
attentif pour qu'il sache gouverner ton peuple et discerner
le bien et le mal » (*1 R* 3, 9). Dieu le loue parce qu'il ne
demande pas – ce qui aurait été si facile – la richesse, la
fortune, l'honneur ou la mort de ses ennemis ou une
longue vie (cf. *2 Ch* 1, 11), mais ce qui est véritablement
essentiel : un cœur docile, la capacité de discerner le

bien du mal. Et c'est pourquoi le reste est aussi accordé à Salomon par surcroît.

Quand nous demandons la venue de « ton Règne » (et non pas du nôtre !), le Seigneur veut nous conduire exactement vers cette façon de prier et d'établir les priorités de notre agir. Il faut d'abord et essentiellement un cœur docile, afin que Dieu règne, et non pas nous. Le Règne de Dieu vient à travers un cœur docile. Tel est son chemin. Et c'est pourquoi nous devons prier sans cesse.

À partir de la rencontre avec le Christ, cette demande s'approfondit et se concrétise encore. Nous avons vu que Jésus était le Règne de Dieu en personne. Là où il est, est le « Règne de Dieu ». La demande du cœur docile est devenue la demande en vue de la communion avec Jésus Christ, la demande de pouvoir devenir toujours plus « un » avec lui (cf. *Ga* 3, 28). C'est la demande de le suivre véritablement, qui devient communion et qui nous réunit en un seul corps avec lui. Reinhold Schneider a exprimé cela de façon saisissante : « La vie de ce règne est la poursuite de la vie du Christ dans les siens ; lorsque le cœur n'est plus nourri par la force vitale du Christ, ce règne se termine ; lorsque le cœur est touché par elle et transformé par elle, il commence [...], les racines de l'arbre inexpugnable cherchent à pénétrer dans le cœur de chacun. Le règne est un. Il subsiste uniquement par le Seigneur, qui est sa vie, sa force, son centre [5]. » Demander le Règne de Dieu signifie dire à Jésus : fais-nous être à toi, Seigneur. Pénètre en nous, vis en nous. Réunis dans ton corps l'humanité dispersée, pour que tout en toi soit soumis à Dieu et que tu puisses remettre l'univers au Père, « et ainsi, Dieu sera tout en tous » (*1 Co* 15, 26-28).

Que ta volonté soit faite sur la terre comme au ciel

Deux aspects ressortent immédiatement des termes de cette demande. Il existe une volonté de Dieu avec nous et pour nous qui doit devenir le critère de notre vouloir et de notre être. Et la caractéristique même du « ciel » est que la volonté de Dieu y est faite indéfectiblement ou, en d'autres mots : là où la volonté de Dieu est faite, là est le ciel. L'essence du ciel est d'être une seule chose avec la volonté de Dieu, l'union entre volonté et vérité. La terre devient « ciel » seulement si et dans la mesure où la volonté de Dieu y est faite, tandis qu'elle n'est que « terre », pôle opposé au ciel, si et dans la mesure où elle se soustrait à la volonté de Dieu. C'est pourquoi nous demandons que sur la terre il en soit de même qu'au ciel, que la terre devienne « ciel ».

Mais qu'est-ce donc que la « volonté de Dieu » ? Comment la reconnaître ? Comment pouvons-nous la faire ? Les Écritures Saintes posent qu'au plus profond de lui-même, l'homme connaît la volonté de Dieu, qu'il existe une communion de savoir avec Dieu, profondément inscrite en nous, que nous appelons conscience (voir par exemple *Rm* 2, 15). Mais elles savent aussi que cette communion de savoir avec le Créateur, que ce savoir qu'il nous a donné en nous créant « selon sa ressemblance » a été enfoui dans l'histoire, qu'il n'est cependant jamais entièrement éteint, mais recouvert de multiples façons, qu'il existe une flamme doucement vacillante qui risque trop souvent d'être étouffée sous les cendres des préjugés gravés en nous. C'est pourquoi Dieu nous a de nouveau parlé avec des mots de l'histoire qui s'adressent à nous de l'extérieur et qui viennent en aide à notre savoir intérieur désormais trop voilé.

Au cœur de cet enseignement de l'histoire se trouve, dans la révélation biblique, le Décalogue du mont Sinaï qui, comme nous l'avons vu, n'a nullement été aboli ou présenté comme une « loi ancienne » par le Sermon sur la montagne, mais, au contraire, développé afin qu'il rayonne d'autant plus dans toute sa profondeur et dans toute sa grandeur. Cette parole, nous l'avons vu, n'est pas quelque chose qui a été imposé à l'homme de l'extérieur. Elle est, dans la mesure où nous sommes capables de la recevoir, révélation de la nature de Dieu lui-même et ainsi interprétation de la vérité de notre être : la partition de notre existence nous est déchiffrée, afin que nous puissions la lire et la mettre en pratique. La volonté de Dieu provient de l'être de Dieu ; elle nous conduit par conséquent vers la vérité de notre être en nous délivrant de l'autodestruction liée au mensonge.

Puisque notre être vient de Dieu, nous pouvons, en dépit de toutes les souillures qui nous retiennent, nous mettre en route vers la volonté de Dieu. Dans l'Ancien Testament, la notion de « juste » voulait dire précisément ceci : vivre de la Parole de Dieu et donc de la volonté de Dieu, et entrer progressivement en syntonie avec cette volonté.

Quand Jésus nous parle de la volonté de Dieu et du ciel où cette volonté s'accomplit, il nous conduit à nouveau au centre de sa propre mission personnelle. Près du puits de Jacob, Jésus dit à ses disciples qui lui apportent à manger : « Ma nourriture, c'est de faire la volonté de celui qui m'a envoyé » (*Jn* 4, 34). Cela signifie : l'union avec la volonté du Père est la source de sa vie. L'union de volonté avec le Père est au cœur même de son être. Dans la demande du *Notre Père*, nous percevons surtout un écho du dialogue tourmenté du mont des Oliviers : « Mon Père, s'il est possible, que cette coupe passe loin de moi ! Cependant, non pas comme je veux, mais comme tu veux. » « Mon Père, si cette coupe ne peut passer sans que je la boive, que ta volonté soit faite ! » (*Mt* 26, 39.42). Lorsque nous méditerons la passion de Jésus, nous aurons à revenir sur cette prière, dans laquelle il nous fait entrevoir son âme humaine et l'union de celle-ci avec la volonté de Dieu.

L'auteur de la Lettre aux Hébreux a vu dans la lutte intérieure au jardin des Oliviers la clé même du mystère de Jésus (cf. 5, 7), et c'est en partant de ce regard dans l'âme de Jésus qu'il a interprété ce mystère avec le Psaume 40 [39]. Il le lit ainsi : « Tu n'as pas voulu de sacrifices ni d'offrandes, mais tu m'as fait un corps... ; alors, je t'ai dit : Me voici, mon Dieu, je suis venu pour faire ta volonté, car c'est bien de moi que parle l'Écriture » (*He* 10, 5-7 ; cf. *Ps* 40 [39], 7-9). Toute l'existence de Jésus est résumée dans ces paroles « Je suis venu pour faire ta volonté ». C'est seulement ainsi que nous pouvons comprendre pleinement la phrase suivante : « Ma nourriture, c'est de faire la volonté de celui qui m'a envoyé. »

Dès lors, nous comprenons que Jésus lui-même, au sens le plus profond et le plus authentique, est « le ciel » – lui en qui et par qui la volonté de Dieu est entièrement faite. En regardant vers lui, nous découvrons que nous ne pouvons pas être entièrement « justes » par nos propres moyens : la force de gravité de notre propre volonté nous éloigne sans cesse de la volonté de Dieu et nous fait devenir simple « terre ». Mais lui nous accepte, nous tire vers le haut jusqu'à lui, en lui, et, dans la communion avec lui, nous apprenons, nous aussi, la volonté de Dieu. Dans cette troisième demande du *Notre Père*, nous demandons de pouvoir nous approcher de plus en plus de lui pour que la volonté de Dieu l'emporte sur la force de gravité de notre égoïsme et qu'il nous rende capables de la hauteur à laquelle nous sommes appelés.

Donne-nous aujourd'hui notre pain de ce jour

La quatrième demande du *Notre Père* nous apparaît comme la plus « humaine » de toutes. Le Seigneur, qui dirige notre regard vers l'essentiel, vers « l'unique nécessaire », tient aussi compte de nos besoins terrestres et les reconnaît. Lui qui dit à ses disciples : « Ne vous faites pas tant de souci pour votre vie, au sujet de la nourriture » (*Mt* 6, 25) nous invite cependant à prier pour notre nourriture et à transférer notre souci sur Dieu. Le pain est le « fruit de la terre et du travail des hommes », mais la terre ne porte pas de fruits si elle ne reçoit pas le soleil et la pluie d'en haut. Cette synergie des forces cosmiques, qui échappe à notre contrôle, s'oppose à la tentation de notre orgueil de nous donner à nous-mêmes la vie, et cela par nos seules capacités. Un tel orgueil rend violent et froid. Il finit par détruire la terre. Il ne peut pas en être autrement, car il s'oppose à la vérité qui est que nous, les hommes, nous sommes tenus au dépassement de nous-mêmes et que seule l'ouverture à Dieu nous permet de devenir grands et libres, de devenir nous-mêmes. Nous pouvons demander et nous devons demander. Nous le savons, même si les pères terrestres peuvent donner de bonnes choses à leurs fils lorsqu'ils le demandent, Dieu ne nous refusera pas les biens que lui seul peut donner (cf. *Lc* 11, 9-13).

Dans son interprétation de la prière du Seigneur, saint Cyprien signale deux aspects importants de la demande.

Comme il a déjà souligné toute l'ampleur de la signification du « notre » dans le *Notre Père*, il nous fait ici aussi remarquer qu'il est question de « notre » pain. Nous prions ici encore dans la communion des disciples, dans la communion des fils de Dieu, et nul ne doit penser seulement à soi-même. Il s'ensuit un nouvel élément : nous prions pour notre pain, donc nous demandons aussi le pain pour les autres. Celui qui a du pain en abondance est appelé à partager. Dans son explication de la première Épître aux Corinthiens à propos du scandale que les chrétiens donnaient à Corinthe, saint Jean Chrysostome souligne que « chaque bouchée de pain est en quelque sorte une bouchée du pain qui appartient à tous, du pain du monde ». Le père Kolvenbach ajoute : « En invoquant notre Père sur la table du Seigneur et lors de la célébration du repas du Seigneur dans son ensemble, comment peut-on se dispenser de manifester la volonté inébranlable de procurer à tous les hommes, à ses frères, le pain de ce jour[6] ? » Par la demande à la première personne du pluriel, le Seigneur nous dit : « Donnez-leur vous-mêmes à manger » (*Mc* 6, 37).

Une autre remarque de Cyprien est importante. Celui qui prie pour le pain de ce jour est pauvre. La prière présuppose la pauvreté des disciples. Elle présuppose des personnes qui, à cause de leur foi, ont renoncé au monde, à ses richesses et à sa gloire, et qui ne demandent désormais que le nécessaire pour vivre. « C'est donc avec raison que le disciple du Christ demande sa nourriture au jour le jour, puisqu'il lui est défendu de s'occuper du lendemain. Une conduite opposée serait absurde. Comment chercherions-nous à vivre longtemps dans ce monde, nous qui désirons la prompte arrivée du royaume de Dieu[7]. » Dans l'Église, il doit toujours y avoir des personnes qui abandonnent tout pour suivre le Seigneur ; des personnes qui s'en remettent radicalement à Dieu, à sa bonté qui nous nourrit, des personnes, donc qui, de cette manière, donnent un signe de foi qui nous secoue et qui nous tire de notre vacuité intellectuelle et de la faiblesse de notre foi.

Ces personnes, qui se confient à Dieu au point de ne chercher aucune autre sécurité, nous concernent aussi. Elles nous encouragent à nous confier à Dieu et à miser sur lui dans les grands défis de la vie. En même temps, cette pauvreté entièrement motivée par l'engagement pour Dieu et pour son Règne est aussi un acte de solidarité avec les pauvres du monde, un acte qui, tout au long de l'histoire, a créé de nouvelles appréciations et un nouvel esprit de service et d'engagement pour les autres.

La demande concernant le pain, le pain de ce jour seulement, réveille aussi le souvenir des quarante ans de marche d'Israël dans le désert, durant lesquels le peuple vivait de la manne, du pain que le Seigneur envoyait du ciel. Chacun avait le droit de recueillir seulement ce qui était nécessaire pour la journée. C'est seulement le sixième jour qu'on avait le droit de recueillir la ration nécessaire pour deux jours, afin de respecter le commandement du sabbat (cf. *Ex* 16, 16-22). La communauté des disciples, qui vit tous les jours à nouveau de la bonté de Dieu, renouvelle l'expérience du peuple de Dieu en marche, que Dieu a nourri même dans le désert.

Ainsi, la demande du pain uniquement pour aujourd'hui ouvre des perspectives qui dépassent l'horizon de la nourriture quotidienne indispensable. Elle présuppose de suivre radicalement la communauté des disciples la plus restreinte, qui renonce à la possession dans ce monde et qui rejoint le chemin de ceux qui considèrent « l'humiliation du Christ comme une richesse plus grande que les trésors de l'Égypte » (*He* 11, 26). L'horizon eschatologique apparaît : les réalités futures sont plus importantes et plus réelles que les réalités présentes.

Ainsi nous arrivons maintenant à un mot de cette demande qui, dans nos traductions habituelles, paraît anodin : donne-nous aujourd'hui notre pain « de ce jour ». Ce « de ce jour » rend le grec *epiousios*, dont le théologien Origène (mort vers 254), un des grands maîtres de la langue grecque, dit que, dans cette langue, ce terme n'existe pas à d'autres endroits et qu'il a été créé par les évangélistes. Entre-temps, on a certes trouvé une occurrence de ce terme dans un papyrus du ve siècle après Jésus Christ. Mais cette occurrence isolée ne peut pas nous renseigner avec certitude sur la signification de ce mot pour le moins inhabituel et rare. Il faut s'appuyer sur des étymologies et sur l'étude du contexte.

Aujourd'hui, nous avons principalement deux interprétations. L'une dit que le mot signifierait « [le pain] nécessaire à l'existence ». Le sens de la demande serait donc : donne-nous aujourd'hui le pain dont nous avons besoin pour pouvoir vivre. L'autre interprétation dit que la bonne traduction serait « [le pain] futur », celui pour le lendemain. Mais la demande de recevoir aujourd'hui le pain du lendemain ne paraît pas très fondée à lumière de la façon de vivre des disciples. La référence à l'avenir s'éclairerait un peu plus si l'on priait pour le véritable pain futur : pour la vraie manne de Dieu. Alors ce serait une demande eschatologique, la demande d'une anticipation du monde à venir, à savoir que le Seigneur veuille donner dès « aujourd'hui » le pain futur, le pain du monde nouveau, c'est-à-dire lui-même. Alors la demande prendrait un sens eschatologique.

Quelques traductions plus anciennes vont dans ce sens, ainsi la Vulgate de saint Jérôme, qui traduit le mot mystérieux par *supersubstantialis*, l'interprétant dans le sens de la nouvelle « substance », de la substance supérieure, que le Seigneur nous donne dans le Saint Sacrement en tant que véritable pain de notre vie.

De fait, les Pères de l'Église ont presque unanimement compris la quatrième demande du *Notre Père* comme une demande eucharistique. Dans ce sens, la prière du Seigneur est présente dans la liturgie de la messe en tant que prière eucharistique. Cela **ne** signifie nullement que le simple sens terrestre, que nous avions tout à l'heure dégagé comme la signification immédiate du texte, aurait été éliminé de la demande des disciples. Les Pères pensent aux différentes dimensions d'un mot qui commence par la demande de pain pour ce jour faite par les pauvres, mais précisément pour cela, alors que nous tournons le regard vers notre Père céleste qui nous nourrit, ce mot évoque aussi le peuple de Dieu en marche, qui a été nourri par Dieu lui-même. Pour les chrétiens, à la lumière du grand discours de Jésus sur le Pain de vie, le miracle de la manne renvoyait quasi automatiquement au-delà de lui-même, vers un monde nouveau, où le *Logos*, le Verbe éternel de Dieu, sera notre pain, la nourriture de l'éternel repas de noces.

A-t-on le droit de penser dans de telles dimensions ou s'agit-il ici d'une « théologisation » abusive d'un mot dont le sens est simplement terrestre ? Aujourd'hui il existe une peur de ces « théologisations » qui n'est pas tout à fait sans fondement, mais qu'il ne faut pas non plus exagérer. Je pense que, dans l'explication de la demande de pain, il faut garder à l'esprit le contexte plus vaste des paroles et des actions de Jésus, où des éléments essentiels de la vie humaine jouent un très grand rôle : l'eau, le pain, de même que la vigne et le vin, en tant que signes du caractère festif et de la beauté du monde. Le thème du pain prend une place importante dans le message de Jésus, de la tentation dans le désert jusqu'à la Cène, en passant par la multiplication des pains.

Le grand discours sur le Pain de vie dans le chapitre 6 de l'Évangile de Jean ouvre tout le champ de signification de ce thème. Tout au début, nous avons la faim des hommes qui ont écouté Jésus et qu'il ne laisse pas partir sans les avoir rassasiés, donc sans le « pain nécessaire » dont nous avons besoin pour vivre. Mais Jésus n'admet pas qu'on puisse s'arrêter là ni réduire les besoins de l'homme au pain, aux besoins biologiques et matériels. « Ce n'est pas seulement de pain que l'homme doit vivre, mais de toute parole qui sort de la bouche de Dieu » (*Mt* 4, 4 ; cf. *Dt* 8, 3). Le pain miraculeusement multiplié rappelle, en amont, le miracle de la manne dans le désert, mais de même il renvoie à un au-delà de lui-même. Il nous dit que la véritable nourriture de l'homme est le *Logos*, le Verbe éternel, le sens éternel dont nous venons et dans l'attente duquel nous vivons. Si ce premier dépassement du cadre physique ne dit d'abord que ce que la grande philosophie avait également trouvé et peut trouver, il est immédiatement suivi d'un autre dépassement. Le *Logos* éternel devient concrètement le pain pour l'homme seulement parce qu'« il a pris chair » et qu'il nous parle avec des mots humains.

S'ensuit le troisième dépassement essentiel qui, certes, fait scandale pour les gens de Capharnaüm : celui qui s'est fait homme se donne à nous dans le Sacrement, et c'est seulement ainsi que le Verbe éternel devient pleinement manne, don du pain futur dès aujourd'hui. C'est à ce moment que le Seigneur réunit encore une fois le tout : cette corporisation ultime est précisément la véritable spiritualisation : « C'est l'esprit qui fait vivre, la chair n'est capable de rien » (*Jn* 6, 63). Doit-on supposer que Jésus, dans la demande de pain, ait mis entre parenthèses tout ce qu'il nous dit sur le pain et ce qu'il voulait donner comme pain ? Si nous prenons le message de Jésus dans son ensemble, alors on ne peut effacer la dimension eucharistique de la quatrième demande du *Notre Père*. La demande du pain de ce jour pour tous est essentielle justement dans sa dimension concrète et terrestre. Mais de la même façon, elle nous aide à dépasser l'aspect purement matériel et à demander, dès maintenant, la réalité du « lendemain », le pain nouveau. En priant aujourd'hui pour la réalité « du lendemain », nous sommes exhortés à vivre dès maintenant du « lendemain », de l'amour de Dieu qui nous appelle tous à la responsabilité mutuelle.

Ici, je voudrais redonner la parole à Cyprien, qui souligne ce double sens. Il réfère le mot « notre », dont nous avons parlé plus haut, précisément à l'Eucharistie qui est, dans un sens très particulier, « notre » pain, le pain des disciples de Jésus Christ. Il dit : nous, qui pouvons recevoir l'Eucharistie comme notre pain, nous devons toujours à nouveau prier pour que personne ne soit coupé, séparé du corps du Christ. « Ainsi nous réclamons "notre pain" quotidien, c'est-à-dire le Christ, afin que nous, dont la vie est dans le Christ, nous demeurions toujours unis à sa grâce et à son corps sacré[8]. »

**Pardonne-nous nos offenses
comme nous pardonnons aussi
à ceux qui nous ont offensés**

La cinquième demande du *Notre Père* présuppose un monde où il y a des offenses – offenses des hommes les uns envers les autres, offenses envers Dieu. Toute faute entre des hommes comporte d'une façon ou d'une autre une violation de la vérité et de l'amour, et s'oppose ainsi à Dieu, qui est la Vérité et l'Amour. Le dépassement de la faute est une question centrale de toute existence humaine. L'histoire des religions gravite autour de cette question. La faute appelle la vengeance, et ainsi se crée une escalade de l'endettement où le mal de la faute ne cesse de croître et dont il devient de plus en plus difficile de sortir. Par cette demande, le Seigneur nous dit : la faute ne peut être dépassée que par le Pardon, et non par la vengeance. Dieu est un Dieu qui pardonne, parce qu'il aime ses créatures. Mais le Pardon ne peut entrer et agir que dans celui qui, lui-même, pardonne.

Le thème du Pardon traverse tout l'Évangile. Nous le rencontrons tout au début du Sermon sur la montagne, dans la nouvelle interprétation du cinquième commandement, où le Seigneur nous dit : « Donc, lorsque tu vas présenter ton offrande sur l'autel, si, là, tu te souviens que ton frère a quelque chose contre toi, laisse ton offrande là, devant l'autel, va d'abord te réconcilier avec ton frère, et ensuite viens présenter ton offrande » (*Mt* 5, 23-24). Celui qui n'est pas réconcilié avec son frère ne peut se présenter devant Dieu. Le devancer dans le geste du Pardon, aller vers lui, telle est la condition pour rendre un juste culte à Dieu. À ce sujet, on pense spontanément que Dieu lui-même, sachant que nous, les hommes, nous étions rebelles et en opposition avec lui, est sorti de sa divinité pour venir à notre rencontre et pour nous réconcilier. Nous nous souviendrons qu'avant le don de l'Eucharistie, Jésus s'est agenouillé devant ses disciples et il a lavé leurs pieds sales, il les a purifiés par son humble amour. Au centre de l'Évangile de Matthieu (cf. 18, 23-35), se trouve la parabole du serviteur sans pitié. À ce haut dignitaire royal a été remise la dette inimaginable de 10 000 talents (c'est-à-dire soixante millions de pièces d'argent) ; et lui-même n'est pas prêt à remettre la somme comparativement dérisoire de 100 pièces d'argent. Quel que soit ce que nous avons à nous pardonner, quoi que ce soit, c'est peu de chose par rapport à la bonté de Dieu qui nous pardonne. Et tout à la fin, nous entendons, venant de la croix, la prière de Jésus : « Père, pardonne-leur : ils ne savent pas ce qu'ils font » (*Lc* 23, 34).

Si nous voulons pleinement comprendre cette demande et la faire nôtre, nous devons faire un pas de plus et nous demander : qu'est véritablement le Pardon ? Qu'advient-il dans le Pardon ? La faute est une réalité, une réalité objective ; elle a causé une destruction qui doit être surmontée. C'est pourquoi le Pardon doit être plus qu'une volonté d'ignorer ou d'oublier. La faute doit être assumée, réparée et ainsi surmontée. Le Pardon a un coût, et d'abord pour celui qui pardonne. Le mal qui lui a été fait, il doit le surmonter intérieurement, le brûler au-dedans de lui et ainsi se renouveler, de sorte qu'il fasse entrer l'autre, le coupable, dans ce processus de transformation et de purification intérieures, que tous deux se renouvellent en souffrant le mal jusqu'au fond et en le surmontant. C'est là que nous butons sur le mystère de la croix du Christ. Mais tout d'abord, nous butons sur les limites de notre force à guérir et à surmonter le mal. Nous butons sur la supériorité du mal, que nous ne pouvons vaincre avec nos seules forces. Reinhold Schneider dit à ce sujet : « Le mal vit sous des milliers de formes ; il occupe les sommets du pouvoir... ; il sourd de l'abîme. L'amour n'a qu'une forme : celle de ton fils [9]. »

L'idée que, pour la remise de notre faute, la guérison des hommes à partir de l'intérieur, Dieu ait payé le prix de la mort de son Fils nous est devenue aujourd'hui très étrangère. Que le Seigneur ait « porté nos souffrances et supporté nos douleurs », qu'il ait été « transpercé à cause de nos fautes, [que] c'est par nos péchés qu'il a été broyé » et que c'est « par ses blessures que nous sommes guéris » (cf. Is 53, 4-5), cela n'est plus une évidence pour nous aujourd'hui. S'y oppose, d'une part, la banalisation du mal, dans laquelle nous nous réfugions, alors que nous utilisons, en même temps, les atrocités de l'histoire humaine, et notamment de la plus récente, comme un prétexte irréfutable pour nier un Dieu bon et pour blasphémer sa créature, l'homme. À la compréhension du grand mystère de l'expiation s'oppose, d'autre part, notre conception individualiste de l'homme. Nous ne pouvons plus comprendre la signification vicaire, parce que, selon nous, tout homme vit isolé en lui-même. Nous ne sommes plus capables de comprendre le profond enchevêtrement de toutes nos existences et leur enlacement par l'existence de l'Unique, du Fils incarné. Nous devrons revenir sur ces questions lorsque nous aborderons la crucifixion du Christ.

Pour l'instant, nous nous contenterons d'une remarque du Cardinal John Henry Newman disant un jour que Dieu, avec un seul mot, avait pu créer tout l'univers à partir de rien, mais que pour la faute et la souffrance des hommes, il ne pouvait les surmonter qu'en s'impliquant lui-même,

en connaissant lui-même la souffrance en son propre Fils,
qui a porté ce fardeau et l'a surmonté en se donnant lui-
même. Vaincre la faute exige la mobilisation de notre cœur,
plus encore, la mobilisation de toute notre existence. Et
même cette mobilisation reste insuffisante, elle ne peut agir
que dans la communion avec celui qui a porté notre fardeau à tous.

La demande de Pardon est plus qu'**un** appel moral, ce
qu'elle est aussi par ailleurs. Et en tant que telle, c'est un
défi quotidien qui nous est lancé. Mais elle est profondément, tout comme les autres demandes, une prière christologique. Elle nous rappelle celui qui, par le Pardon, a payé
le prix de la descente dans la misère de l'existence humaine
et de la mort sur la croix. Elle nous appelle à en être reconnaissants, mais aussi à résorber, avec lui, le mal par l'amour,
à le consumer par la souffrance. Et si nous devons reconnaître, jour après jour, à quel point nos forces sont insuffisantes, combien de fois nous-mêmes ne redevenons-nous
pas débiteurs ? Alors cette prière nous donne le grand
réconfort de savoir que notre prière est assumée par son
amour et, avec lui, par lui et en lui, elle peut malgré tout
devenir force de guérison.

Et ne nous soumets pas à la tentation

La formulation de cette demande semble choquante aux
yeux de beaucoup de gens. Dieu ne nous soumet quand
même pas à la tentation. Saint Jacques nous dit en effet :
« Dans l'épreuve de la tentation, que personne ne dise :
"Ma tentation vient de Dieu." Dieu en effet ne peut être

tenté de faire le mal, et lui-même ne tente personne »
(*Jc* 1, 13).

Nous pourrons avancer d'un pas si nous nous rappelons
le mot de l'Évangile : « Alors Jésus fut conduit au désert
par l'Esprit pour être tenté par le démon » (*Mt* 4, 1). La
tentation vient du diable, mais la mission messianique de
Jésus exige qu'il surmonte les grandes tentations qui ont
conduit et qui conduisent encore l'humanité loin de Dieu.
Il doit, nous l'avons vu, faire lui-même l'expérience de ces
tentations jusqu'à la mort sur la croix et ainsi ouvrir pour
nous le chemin du salut. Ce n'est pas seulement après la
mort, mais en elle et durant toute sa vie, qu'il doit d'une
certaine façon « descendre aux enfers », dans le lieu de nos
tentations et de nos défaites, pour nous prendre par la main
et nous tirer vers le haut. La Lettre aux Hébreux a particulièrement insisté sur cet aspect en y voyant une étape essentielle du chemin de Jésus : « Ayant souffert jusqu'au bout
l'épreuve de sa Passion, il peut porter secours à ceux qui
subissent l'épreuve » (*He* 2, 18). « En effet, le grand prêtre
que nous avons n'est pas incapable, lui, de partager nos
faiblesses ; en toutes choses, il a connu l'épreuve comme
nous, et il n'a pas péché » (*He* 4, 15).

Un regard sur le Livre de Job, où se dessine déjà à maints
égards le mystère du Christ, peut nous aider à y voir plus
clair. Satan se moque des hommes pour ainsi se moquer de
Dieu. La créature que Dieu a faite à son image est une
créature misérable. Tout ce qui semble bon en elle n'est que
façade. En réalité, l'homme, c'est-à-dire chacun de nous, ne
se soucie toujours que de son bien-être. Tel est le diagnostic
de Satan que l'Apocalypse désigne comme « l'accusateur de
nos frères », « lui qui les accusait jour et nuit devant notre
Dieu » (*Ap* 12, 10). Blasphémer l'homme et la créature

185

revient en dernière instance à blasphémer Dieu et à justifier le refus de lui.

Satan se sert de Job, le juste, afin de prouver sa thèse : si on lui prend tout, il va rapidement laisser tomber aussi sa piété. Ainsi, Dieu laisse Satan libre de procéder à cette expérimentation, mais, certes, dans des limites bien définies. Dieu ne laisse pas tomber l'homme, mais il permet qu'il soit mis à l'épreuve. Très discrètement, implicitement, apparaît ici déjà le mystère de la satisfaction vicaire qui prendra toute son ampleur en Isaïe 53. Les souffrances de Job servent à la justification de l'homme. À travers sa foi éprouvée par les souffrances, il rétablit l'honneur de l'homme. Ainsi, les souffrances de Job sont par avance des souffrances en communion avec le Christ, qui rétablit notre honneur à tous devant Dieu et qui nous montre le chemin, nous permettant, dans l'obscurité la plus profonde, de ne pas perdre la foi en Dieu.

Le Livre de Job peut aussi nous aider à distinguer entre mise à l'épreuve et tentation. Pour mûrir, pour passer vraiment de plus en plus d'une piété superficielle à une profonde union avec la volonté de Dieu, l'homme a besoin d'être mis à l'épreuve. Tout comme le jus du raisin doit fermenter pour devenir du bon vin, l'homme a besoin de purifications, de transformations, dangereuses pour lui, où il peut chuter, mais qui sont pourtant les chemins indispensables pour se rejoindre lui-même et pour rejoindre Dieu. L'amour est toujours un processus de purifications, de renoncements, de transformations douloureuses de nous-mêmes, et ainsi le chemin de la maturation. Si François Xavier a pu dire en prière à Dieu : « Je t'aime, non pas parce que tu as à donner le paradis ou l'enfer, mais simplement parce que tu es celui que tu es, mon Roi et mon

Dieu », il fallait certainement un long chemin de purifications intérieures pour arriver à cette ultime liberté – un chemin de maturation où la tentation et le danger de la chute guettaient – et pourtant un chemin nécessaire.

Dès lors, nous pouvons interpréter la sixième demande du *Notre Père* de façon un peu plus concrète. Par elle, nous disons à Dieu : « Je sais que j'ai besoin d'épreuves, afin que ma nature se purifie. Si tu décides de me soumettre à ces épreuves, si – comme pour Job – tu laisses un peu d'espace au mal, alors je t'en prie, n'oublie pas que ma force est limitée. Ne me crois pas capable de trop de choses. Ne trace pas trop larges les limites dans lesquelles je peux être tenté, et sois proche de moi avec ta main protectrice, lorsque l'épreuve devient trop dure pour moi. » C'est dans ce sens que saint Cyprien a interprété la demande. Il dit : lorsque nous demandons « Ne nous soumets pas à la tentation », nous exprimons notre conscience que « l'ennemi ne peut rien contre nous, si Dieu ne l'a pas d'abord permis. Ainsi nous devons mettre entre les mains de Dieu nos *craintes, nos espérances, nos résolutions*, puisque le démon ne peut nous tenter qu'autant que Dieu lui en donne le pouvoir[10] ».

En prenant la mesure de la forme psychologique de la tentation, il développe deux raisons différentes pour lesquelles Dieu accorde un pouvoir limité au mal. Tout d'abord pour nous punir de nos fautes, pour tempérer notre orgueil, afin que nous redécouvrions la pauvreté de notre foi, de notre espérance et de notre amour, et pour nous empêcher de nous imaginer que nous pourrions être grands par nos propres moyens. Pensons au pharisien qui parlait à Dieu de ses propres œuvres et qui croyait pouvoir se passer de la grâce. Malheureusement, Cyprien ne développe pas plus longuement ce que signifie l'autre forme d'épreuve, la tentation que Dieu nous impose *ad gloriam*, pour sa gloire. Mais ne devrions-nous pas considérer ici que Dieu a imposé une charge particulièrement lourde de tentations aux personnes qui lui sont les plus proches, aux grands saints, à commencer par Antoine dans le désert jusqu'à Thérèse de Lisieux dans l'univers pieux de son carmel ? Ils se tiennent en quelque sorte dans l'imitation de Job, comme une apologie de l'homme qui est en même temps une défense de Dieu. Plus encore, ils se tiennent d'une façon toute spéciale dans la communion avec Jésus Christ, qui a vécu nos tentations dans la souffrance. Ils sont appelés à surmonter, pour ainsi dire, dans leur corps, dans leur âme, les tentations d'une époque, de les porter pour nous, les âmes ordinaires, jusqu'au bout et de nous aider à aller vers celui qui a pris sur lui notre fardeau à tous.

Lorsque nous disons la sixième demande du *Notre Père*, nous devons nous montrer prêts à prendre sur nous le fardeau de l'épreuve, qui est à la mesure de nos forces. D'autre part, nous demandons aussi que Dieu ne nous impose pas plus que nous ne pouvons supporter, qu'il ne nous laisse pas sortir de ses mains. Nous formulons cette demande dans la certitude confiante, pour laquelle saint Paul nous a dit : « Et Dieu est fidèle : il ne permettra pas que vous soyez éprouvés au-delà de ce qui est possible pour vous. Mais, avec l'épreuve, il vous donnera le moyen d'en sortir et la possibilité de la supporter » (*1 Co* 10, 13).

Mais délivre-nous du mal

La dernière demande du *Notre Père* reprend l'avant-dernière, en lui donnant une tournure positive ; c'est pourquoi les deux demandes sont intimement liées. Si, dans l'avant-dernière demande, la négation dominait (ne pas donner de l'espace au mal au-delà de ce qui est supportable), dans la dernière demande nous venons au Père avec l'espérance centrale de notre foi : « Sauve-nous, rachète-nous, libère-nous ! » C'est enfin la demande de rédemption. De quoi voulons-nous être rachetés ? La nouvelle traduction du *Notre Père* dit « du mal », sans distinguer entre « le mal » et « le Malin », mais en fin de compte, les deux sont indissociables. Oui, nous voyons devant nous le dragon dont parle l'Apocalypse (chap. 12 et 13). Jean a dépeint « la bête qui monte de la mer », des sombres abîmes du mal, avec les attributs du pouvoir politique romain. Ainsi, il a donné un visage très concret à la menace à laquelle étaient confrontés les chrétiens de son temps : la mainmise totale sur l'homme, qu'instaure le culte impérial, érigeant et faisant culminer le pouvoir politique, militaire et économique dans une toute-puissance totale et exclusive. Voilà la forme même du mal qui risque de nous engloutir, allant de pair avec la décomposition de l'ordre moral par une forme cynique de scepticisme et de rationalisme. Face à cette menace, le chrétien du temps de la persécution fait appel au Seigneur comme à la seule puissance en mesure de le sauver : délivre-nous du mal.

L'Empire romain et ses idéologies ont beau avoir sombré, comme tout cela est pourtant actuel ! Aujourd'hui aussi il y a, d'une part, les puissances du marché, du trafic d'armes, du trafic de drogue, du trafic d'êtres humains,

189

puissances qui pèsent sur le monde et qui jettent l'humanité dans des contraintes auxquelles on ne peut résister. Aujourd'hui aussi, il y a, d'autre part, l'idéologie de la réussite, du bien-être, qui nous dit : Dieu n'est qu'une fiction, il ne fait que nous prendre du temps et il nous fait perdre l'appétit de vivre. Ne te soucie pas de lui ! Cherche seulement à jouir de la vie autant que tu peux. Ces tentations aussi paraissent irrésistibles. Le *Notre Père* dans son ensemble – et cette demande en particulier – veut nous dire : c'est uniquement quand tu auras perdu Dieu que tu te seras perdu toi-même ; alors, tu ne seras plus qu'un produit fortuit de l'évolution. Alors, le « dragon » aura vraiment vaincu. Aussi longtemps qu'il ne pourra t'arracher Dieu, malgré tous les malheurs qui te menacent, tu seras toujours resté foncièrement sain. Il est donc juste que la nouvelle traduction nous dise : délivre-nous du mal. Les malheurs peuvent être utiles à notre purification, mais le mal est destructeur. C'est pourquoi nous demandons profondément que nous ne soit pas arrachée la foi qui nous fait voir Dieu, qui nous unit au Christ. C'est pourquoi nous demandons que les biens ne nous fassent pas perdre le bien lui-même ; que, dans la perte des biens, nous ne perdions pas pour nous-mêmes le Bien, Dieu ; que nous ne nous perdions pas nous-mêmes. Délivre-nous du mal !

Là encore, Cyprien, l'évêque martyr qui avait lui-même à surmonter la situation de l'Apocalypse, a trouvé des paroles splendides : « Quand nous avons dit : délivrez-nous du mal, il ne reste plus rien à demander. Nous implorons la protection divine contre l'esprit du mal, et, après l'avoir obtenue, nous sommes en sûreté contre les assauts du démon et du monde. Car comment craindre le siècle, quand Dieu nous couvre de son égide[11] ? » Cette certitude a soutenu les martyrs en leur donnant la joie et la confiance dans un monde plein d'angoisse, en les « délivrant » en profondeur et en leur donnant la véritable liberté.

C'est la même confiance que saint Paul a si merveilleusement exprimée : « Si Dieu est pour nous, qui sera contre nous ?...Qui pourra nous séparer de l'amour du Christ ? la détresse ? l'angoisse ? la persécution ? la faim ? le dénuement ? le danger ? le supplice ?... Oui, en tout cela nous sommes les grands vainqueurs grâce à celui qui nous a aimés. J'en ai la certitude : ni la mort ni la vie, ni les esprits ni les puissances, ni le présent ni l'avenir, ni les astres, ni les cieux, ni les abîmes, ni aucune autre créature, rien ne pourra nous séparer de l'amour de Dieu qui est en Jésus Christ notre Seigneur » (*Rm* 8, 31-39).

En ce sens, la dernière demande nous ramène aux trois premières. En demandant d'être délivrés de la puissance du mal, nous demandons, en fin de compte, le Règne de Dieu, nous demandons de nous unir à sa volonté, de sanctifier son nom. Certes, les hommes de prière ont eu, de tout temps, une vision plus large de cette demande. Dans les tribulations du monde, ils demandaient aussi à Dieu de mettre fin aux « malheurs » qui dévastent le monde et notre vie.

Cette manière tout humaine d'interpréter la demande est entrée dans la liturgie. Dans toutes les liturgies, à l'exception de la liturgie byzantine, la dernière demande du *Notre Père* est développée par une prière particulière qui, dans la liturgie romaine ancienne, disait : « Délivre nous de tout mal, passé, présent et à venir. Par l'intercession... de tous les saints donne la paix à notre temps, afin que par ta miséricorde nous vivions toujours libres du péché et assurés dans toutes nos épreuves. » On sent l'écho des nécessités dans les temps troublés, on perçoit le cri qui réclame une rédemption complète. Cet « embolisme » par lequel on renforce dans les liturgies la dernière demande du *Notre Père* montre l'aspect humain de l'Église. Oui, nous pouvons, nous devons demander au Seigneur qu'il délivre le monde, nous-mêmes et les hommes, et les peuples qui souffrent en grand nombre des tribulations qui rendent la vie presque insupportable.

Nous pouvons et nous devons considérer cette extension de la dernière demande du *Notre Père* comme un examen de conscience qui nous est adressé, comme une exhortation à collaborer afin que la suprématie des « maux » soit brisée. Mais nous ne devons jamais perdre de vue la véritable hiérarchie des biens et le lien entre les maux et le Mal par excellence. Notre demande ne doit pas tomber dans la superficialité. Au centre de cette interprétation de la demande du *Notre Père* se trouve aussi le fait que « nous soyons délivrés des péchés », que nous discernions le « Mal » comme la véritable adversité et que jamais nous ne soyons empêchés de tourner notre regard vers le Dieu vivant.

6

LES DISCIPLES

Dans toutes les étapes de l'activité de Jésus évoquées
jusqu'ici, est apparue évidente l'étroite connexion
entre Jésus et le « nous » de la nouvelle famille
qu'il rassemble par sa prédication et son action. Il est aussi
évident que ce « nous », selon sa position fondamentale, est
conçu comme universel : il n'est plus fondé sur la généalogie de chacun, mais sur la communion avec Jésus qui est
lui même la Torah vivante de Dieu. Ce « nous » que constitue la nouvelle famille est structuré. Jésus appelle un noyau
d'intimes, tout particulièrement choisis par lui, qui doivent
poursuivre sa mission et donner à cette famille sa structure
et sa forme. C'est pour cela que Jésus a créé le groupe des
Douze. À l'origine, le titre d'apôtre concernait un groupe
plus large, mais ensuite, il a été de plus en plus étroitement
associé aux Douze : Luc parle toujours des douze Apôtres
et pour lui, les deux termes se confondent. Il est inutile
d'entrer ici dans le détail des questions si souvent débattues
que pose l'usage du mot « apôtre » et son évolution, écoutons simplement ce que disent les textes les plus importants
qui parlent de la façon dont s'est formée la communauté
la plus restreinte des disciples de Jésus.

Le texte fondamental auquel se référer se trouve dans l'Évangile de Marc (cf. 3, 13-19). Au verset 13, il est dit : « Jésus gravit la montagne, et il appela ceux qu'il voulait. Ils vinrent auprès de lui. » Les événements qui précèdent se sont déroulés au bord du lac, et voici que Jésus gravit « la montagne », le lieu de sa communion avec Dieu, sur les hauteurs, au-dessus des faits et gestes du quotidien. Dans le récit parallèle de Luc, cet aspect est encore renforcé : « En ces jours-là, Jésus s'en alla dans la montagne pour prier, et il passa la nuit à prier Dieu. Le jour venu, il appela ses disciples, en choisit douze, et leur donna le nom d'apôtres » (*Lc* 6, 12-13).

L'appel des disciples est un événement lié à la prière, ils sont pour ainsi dire engendrés dans la prière, dans la relation avec le Père. Loin de se réduire à l'aspect purement fonctionnel, le choix des Douze revêt ainsi un sens profondément théologique. Leur appel est issu du dialogue du Fils avec le Père, c'est là son point d'ancrage. C'est à partir de là qu'il faut comprendre la parole de Jésus : « Priez donc le maître de la moisson d'envoyer des ouvriers pour sa moisson » (*Mt* 9, 38). On ne peut choisir les ouvriers de la moisson de Dieu simplement comme un patron sélectionne sa main-d'œuvre, ils doivent toujours être demandés à Dieu et désignés par lui pour ce service. Ce caractère théologique est encore plus marqué dans le texte de Marc, qui dit que Jésus appelle ceux qu'il voulait. On ne peut pas s'instituer soi-même disciple, cet événement résulte d'une élection, d'une décision issue de la volonté du Seigneur, qui est elle-même ancrée dans son unité de volonté avec son Père.

On lit ensuite chez Marc : « Et il en institua [littéralement fit] douze pour qu'ils soient avec lui, et pour les envoyer » (3, 14). Il faut tout d'abord réfléchir à l'expression « il en institua douze », inhabituelle pour nous. En fait, l'évangéliste reprend ici la terminologie par laquelle, dans l'Ancien Testament, on désigne l'investiture des prêtres (cf. *1 R* 12, 31 ; 13, 33). Il caractérise donc l'apostolat comme un ministère sacerdotal. Chacun des élus est ensuite désigné nommément, ce qui établit un rapport entre eux et les prophètes d'Israël, que Dieu appelle par leur nom, de sorte que, dans le ministère apostolique, mission sacerdotale et mission prophétique se confondent[1]. « Il en institua douze » : douze était le chiffre symbolique d'Israël désignant le nombre des fils de Jacob. C'est d'eux que sont issues les douze tribus d'Israël qui toutefois, après l'exil, se réduisaient quasiment à la tribu de Juda. Le nombre douze est donc un retour aux origines d'Israël, mais aussi un symbole d'espérance : Israël est rétabli dans son intégrité, les douze tribus sont à nouveau rassemblées.

Douze : le nombre des tribus est aussi un nombre cosmique qui symbolise le caractère universel du peuple de Dieu en train de renaître. Les Douze sont présentés comme les pères de ce peuple universel fondé sur les apôtres. Dans l'Apocalypse, dans la vision de la Jérusalem nouvelle, le symbolisme des Douze est développé en une magnifique image (cf. *Ap* 21, 9-14) qui aide le peuple de Dieu en marche à comprendre son présent, partant de son avenir, et qui l'éclaire avec une perspective d'espérance : passé, présent et avenir s'interpénètrent à partir de la figure des Douze.

C'est dans ce même contexte qu'il faut placer la prophétie par laquelle Jésus laisse entrevoir à Nathanaël qui il est vraiment : « Vous verrez les cieux ouverts, avec les anges de Dieu qui montent et descendent au-dessus du Fils de l'homme » (*Jn* 1, 51). Jésus se révèle ici comme le nouveau

Jacob. Dans son rêve, le patriarche voyait, dressée à hauteur de sa tête et touchant le ciel, l'échelle sur laquelle des anges de Dieu montaient et descendaient, et ce songe est devenu réalité en Jésus. Il est lui-même « la porte du ciel » (cf. *Gn* 28, 10-22) ; il est le vrai Jacob, le « Fils de l'homme », le père de l'Israël définitif.

Revenons au texte de Marc. Jésus désigne les Douze en leur assignant la double mission « d'être avec lui et d'être envoyés ». Il faut qu'ils soient avec lui pour apprendre à le connaître, à connaître de lui ce que ne pouvaient comprendre « les gens » qui le voyaient seulement de l'extérieur et qui le considéraient comme un prophète, comme une grande figure de l'histoire des religions, sans pour autant être capables de percevoir son caractère unique (cf. *Mt* 16, 13-14). Il faut que les Douze soient avec Jésus, afin de reconnaître qu'il ne fait qu'un avec le Père et de porter témoignage de son mystère. Comme le dira Pierre avant le choix de Matthias, il faut qu'ils aient été là « durant tout le temps où le Seigneur Jésus a vécu parmi nous » (*Ac* 1, 21). Il faut qu'après avoir vécu extérieurement en communauté avec Jésus, ils finissent par entrer en communion intérieure avec lui, pourrait-on dire. Mais en même temps, leur vocation est d'être précisément des envoyés de Jésus, des « apôtres », à savoir ceux qui portent son message dans le monde, tout d'abord aux brebis égarées de la maison d'Israël, puis « jusqu'aux extrémités de la terre ». Accompagner et être envoyé, qui semblent s'exclure au premier abord, sont visiblement une seule et même chose. Les Douze doivent apprendre à être avec Jésus de façon que, même s'ils partent jusqu'aux extrémités de la terre, ils demeurent avec lui. Par nature, être avec Jésus porte en soi la dynamique de la mission puisque l'être tout entier de Jésus est en effet mission.

Quel est, d'après ce texte, le but assigné aux envoyés ? « Prêcher avec le pouvoir de chasser les esprits mauvais » (*Mc* 3, 14-15). Matthieu développe avec quelques particularités le contenu de la mission : « Et [il] leur donna le pouvoir d'expulser les esprits mauvais et de guérir toute maladie et toute infirmité » (*Mt* 10, 1). Le premier mandat qui leur est confié est de prêcher, c'est-à-dire de faire don aux hommes de la lumière de la Parole, du message de Jésus. Les apôtres sont avant tout des évangélistes ; comme Jésus, ils proclament le Royaume de Dieu et rassemblent ainsi les hommes qui constitueront la nouvelle famille de Dieu. Mais la prédication du Royaume de Dieu ne se réduit jamais à une simple parole, à un simple enseignement. Elle est événement, tout comme Jésus lui-même est événement ; elle est la Parole de Dieu en personne. En l'annonçant, les apôtres conduisent à la rencontre avec Jésus.

Parce que le monde est **dominé** par les puissances du Mal, cette prédication est aussi une lutte menée contre elles. « L'essentiel pour les envoyés de Jésus, c'est, à sa suite, d'exorciser le monde afin de fonder dans l'Esprit-Saint une nouvelle forme de vie qui sauve des possessions [2]. » Comme l'a bien montré Henri de Lubac, le monde antique a effectivement vécu l'irruption de la foi chrétienne comme une libération de la peur des démons, une peur qui, malgré le scepticisme et l'illuminisme, dominait tout : et la même chose se produit aussi aujourd'hui partout où le christianisme prend la place des anciennes religions tribales, dont il assimile les aspects positifs tout en les transformant. On sent toute la puissance de cette irruption lorsque Paul dit :

« Il n'y a pas de dieu sauf le Dieu unique. Bien qu'il y ait en effet, au ciel et sur la terre, des êtres qu'on appelle des dieux – et il y a une quantité de "dieux" et de "seigneurs" – pour nous, en tout cas, il n'y a qu'un seul Dieu, le Père, de qui tout vient et vers qui nous allons ; et il n'y a qu'un seul Seigneur, Jésus Christ, par qui tout existe et par qui nous existons » (*1 Co* 8, 4-6). Ces paroles recèlent un pouvoir libérateur, elles sont le grand exorcisme qui purifie le monde. Quel que soit le nombre des dieux qui ont pu se promener de par le monde, il n'y a qu'un seul Dieu et qu'un seul Seigneur. Si nous lui appartenons, le reste n'a plus aucun pouvoir et perd son aura divine.

Le monde se présente alors dans sa rationalité, il provient de la Raison éternelle, et seule cette Raison créatrice constitue le vrai pouvoir sur le monde et dans le monde. Seule la foi en un Dieu unique libère et « rationalise » réellement le monde. Quand la foi disparaît, la rationalité accrue du monde n'est qu'une apparence. En réalité, ce sont alors les forces du hasard qu'il faut reconnaître, et elles ne peuvent être déterminées. La « théorie du chaos » vient se greffer sur la connaissance de la structure rationnelle du monde et place l'homme devant des obscurités qu'il ne peut dissiper et qui assignent ses limites au côté rationnel du monde. « Exorciser », placer le monde dans la lumière de la *ratio* qui provient de l'éternelle Raison créatrice et de sa bonté qui guérit tout en renvoyant à elle, telle est la tâche permanente et fondamentale des messagers de Jésus Christ.

Dans sa Lettre aux Éphésiens, saint Paul a décrit sous un autre aspect le pouvoir d'exorciser qui est le propre du christianisme : « Puisez votre énergie dans le Seigneur et dans la vigueur de sa force. Revêtez l'équipement de Dieu pour le combat, afin de pouvoir tenir contre les manœuvres du démon. Car nous ne luttons pas contre des hommes de chair et de sang, mais contre les forces invisibles, les puissances des ténèbres qui dominent le monde, les esprits du mal qui sont au-dessus de nous » (*Ep* 6, 10-12). Voici comment Heinrich Schlier a expliqué cette représentation du combat des chrétiens que nous trouvons étonnante ou même déconcertante aujourd'hui : « Les ennemis ne sont pas un tel ou un tel, ils ne sont pas moi non plus, ils ne sont pas de chair et de sang [...]. L'affrontement va plus profond. On livre combat contre une armée d'adversaires qui attaquent sans répit, sont quasiment insaisissables, n'ont pas véritablement de nom, mais seulement des appellations collectives. Ils dominent aussi d'emblée les hommes puisqu'ils se situent "dans les cieux" de l'existence, ils les dominent aussi par le caractère impénétrable de cette position et par le fait qu'ils sont inattaquables puisqu'ils logent dans "l'atmosphère" existentielle qu'ils répandent eux-mêmes autour d'eux comme ils l'entendent, eux qui finalement sont tous foncièrement mauvais et mortifères[3]. »

Comment ne pas voir là justement une description de notre monde dans lequel le chrétien est menacé par une atmosphère anonyme, par « l'air du temps », qui lui fait apparaître la foi comme ridicule et absurde ? Et comment ne pas voir qu'existe dans le monde entier un climat spirituel vicié qui menace l'humanité dans sa dignité, voire dans sa survie ? L'individu, et même les communautés humaines, semblent livrés sans espoir à l'action de telles forces. Le chrétien sait que par lui-même, il ne pourra maîtriser cette menace. Mais dans la foi, dans la communion avec le seul véritable Seigneur du monde, lui est déjà donné « l'équipement de Dieu » grâce auquel, dans la communion avec le corps tout entier du Christ, il pourra s'opposer à ces forces. Car il sait que dans la foi, le Seigneur nous restitue le souffle pur, le souffle du Créateur, le souffle de l'Esprit Saint qui seul apporte au monde la guérison.

Au mandat d'exorciser, Matthieu ajoute la mission de guérir ; les Douze sont envoyés pour « guérir toute maladie et toute infirmité » (*Mt* 10, 1). Guérir est une dimension essentielle de la mission apostolique et de la foi chrétienne en général. Eugen Biser qualifie carrément le christianisme de « religion thérapeutique », de religion de la guérison. Si l'on conçoit cette formulation avec la profondeur nécessaire, on y trouve exprimé tout ce que contient le terme de « rédemption ». Le pouvoir de chasser les démons et de libérer le monde de leur sombre menace pour le tourner vers le Dieu unique et vrai, ce pouvoir-là exclut toute compréhension magique de la guérison, car la magie tente justement d'utiliser ces forces occultes. De plus, avoir recours à la magie pour guérir est toujours lié à l'art de retourner le mal contre le prochain et de mobiliser contre lui les « démons ». Seigneurie de Dieu, Royaume de Dieu, signifie justement que ces puissances sont privées de tout pouvoir par l'avènement du Dieu unique qui est bon, qui est en soi le Bien. Le pouvoir de guérir dont disposent les envoyés de Jésus Christ est le contraire de la magie, il exorcise le monde y compris dans le domaine de la médecine. Les guérisons miraculeuses accomplies par le Seigneur et par les Douze révèlent Dieu dans son pouvoir bienfaisant sur le monde. Elles sont par essence des « signes » qui renvoient à Dieu lui-même et qui sont destinés à mettre l'homme en mouvement vers Dieu. Seul le chemin d'union progressive avec lui constitue le vrai processus de guérison de l'homme.

Ainsi les guérisons miraculeuses opérées par Jésus lui-même et par les siens sont un élément second dans l'ensemble de leur activité, dans laquelle est en jeu la réalité la

plus profonde, le « Royaume de Dieu » précisément, c'est-
à-dire le fait que Dieu règne en nous et dans le monde. De
même que l'exorcisme chasse la peur des démons et lègue
à la raison humaine le monde qui provient de la raison de
Dieu, de même l'acte de guérir grâce au pouvoir divin est
un appel à croire en Dieu et à mettre les forces de la raison
au service de la guérison. Il s'agit toujours là d'une raison
très ouverte, qui perçoit Dieu et qui, de ce fait, reconnaît
l'homme en tant qu'unité de corps et d'âme. Pour réellement guérir l'homme, il faut le concevoir dans sa totalité
et savoir que sa guérison définitive ne peut venir que de
l'amour de Dieu.

Revenons au texte initial de Marc. Après l'indication de
leur mission, les Douze sont nommés un à un. Comme
nous l'avons déjà dit, c'est la dimension prophétique de
leur mission qui est suggérée par là. Dieu nous connaît par
notre nom, il nous appelle par notre nom. Il ne saurait être
question ici de dresser un portrait, inspiré par la Bible et
par la Tradition, de chacune des personnes qui composent
le groupe des Douze. L'important pour nous est de
connaître la composition du groupe, qui est extrêmement
hétérogène.

Deux d'entre eux sont issus du parti des zélotes : Simon,
que Luc appelle « le zélote » (6, 15), Matthieu et Marc
« le Cananéen », ce qui signifie la même chose ainsi que
l'ont montré des recherches récentes, et Judas dont le
nom « Iscariote » peut signifier simplement « l'homme
de Kériot », mais peut également le désigner comme
sicaire, une variante radicale des zélotes. « Le zèle (*zelos*)
pour la Loi », qui a donné son nom à ce mouvement, prenait modèle sur les grands « zélateurs » de l'histoire d'Israël :
de Pinhas qui tua devant la communauté tout entière un

201

Israélite idolâtre (cf. *Nb* 25, 6-13), en passant par Élie qui fit égorger les prêtres de Baal sur le mont Carmel (cf. *1 R* 18), jusqu'à Mattathias, l'ancêtre des Maccabées, qui, à l'époque hellénistique, donna le signal du soulèvement contre le roi Antiochus qui tentait d'anéantir la foi d'Israël, et qui tua un conformiste qui, obéissant au décret du roi, s'apprêtait à sacrifier sur l'autel des dieux (cf. *1 M* 2, 17-28). Les zélotes considéraient cette suite historique de grands « zélateurs » comme un héritage qui les engageait et qu'ils devaient appliquer maintenant aux Romains occupant le pays.

Dans une autre partie du groupe des Douze, nous trouvons Lévi-Matthieu, le publicain qui travaillait en étroite collaboration avec le pouvoir établi et que sa condition rangeait nécessairement dans la catégorie des pécheurs publics. Le groupe principal des Douze est constitué par des pêcheurs du lac de Génézareth : Simon, auquel le Seigneur allait donner le nom de Képhas-Pierre, dirigeait une coopérative de pêche (cf. *Lc* 5, 10) dans laquelle il travaillait avec son frère aîné André et les fils de Zébédée, Jean et Jacques, auxquels le Seigneur donna le nom de « Boanergès », c'est-à-dire fils du tonnerre, un nom que certains chercheurs ont voulu, sans doute à tort, rapprocher du mouvement des zélotes. Le Seigneur fait allusion par là à leur tempérament impétueux que l'Évangile de Jean vient d'ailleurs confirmer en tout point. Pour finir, il y a deux hommes qui portent des noms grecs, Philippe et André, à qui, le dimanche des Rameaux, quelques personnes venues assister à la Pâque juive et parlant grec s'adressèrent en demandant à voir Jésus (cf. *Jn* 12, 21-22).

On peut supposer que les Douze dans leur ensemble étaient des Juifs croyants et pratiquants, qui attendaient le salut d'Israël. Mais leur situation concrète et leur façon de concevoir le salut faisaient d'eux des hommes extrêmement différents. On peut donc imaginer à quel point il a été difficile de les guider peu à peu vers le chemin nouveau et mystérieux de Jésus, quelles tensions il a fallu surmonter et, par exemple, combien il aura fallu de purifications pour calmer l'ardeur des zélotes, afin qu'elle finisse par ne faire plus qu'un avec « le zèle » de Jésus dont nous parle l'Évangile de Jean (cf. 2, 17), un zèle qui trouve son accomplissement sur la croix. En raison précisément de la diversité de leurs origines, de leurs tempéraments et de leurs mentalités, les Douze incarnent l'Église de tous les temps et la difficulté de sa mission qui est de purifier les hommes et de les unir dans le zèle de Jésus Christ.

Seul Luc raconte que Jésus forma un second groupe de soixante-dix (ou soixante-douze) disciples qu'il envoya en les chargeant d'une mission semblable à celle des Douze (10, 1-12). Comme le chiffre douze, soixante-dix (ou soixante-douze, les manuscrits varient sur ce point) est aussi un chiffre symbolique. En combinant les éléments donnés par le Deutéronome (32, 8) et par l'Exode (1, 5), soixante-dix était considéré comme le nombre des peuples de la terre. Selon le Livre de l'Exode (1, 5), soixante-dix personnes accompagnaient Jacob lorsqu'il entra en Égypte : « Les descendants de Jacob étaient, en tout, soixante-dix personnes. » Dans la version du Deutéronome, plus récente, dont la réception fut générale, il est dit : « Quand le Très-Haut [...] répartit les fils d'Adam, il fixa les frontières des peuples suivant le nombre des fils d'Israël » (*Dt* 32, 8). On se référait là aux soixante-dix membres de la maison de Jacob lors de l'émigration vers l'Égypte. À côté des douze fils qui constituent Israël à l'origine, il y a les soixante-dix qui représentent le monde dans sa totalité et qui, d'une manière ou d'une autre, sont ainsi mis eux aussi en rapport avec Jacob, avec Israël.

Cette tradition constitue l'arrière-plan de la légende transmise par la *Lettre* d'Aristée à Philocrate[4], selon laquelle la traduction en grec de l'Ancien Testament, au IIIᵉ siècle av. J.-C., a été faite par soixante-dix érudits (ou soixante-douze, c'est-à-dire six membres de chacune des douze tribus d'Israël) sous l'influence d'une inspiration particulière de l'Esprit-Saint. Cette légende a permis qu'on interprète l'œuvre en question comme l'ouverture de la foi d'Israël aux autres peuples.

Et la Bible de la Septante a effectivement joué un rôle déterminant dans le fait qu'à la fin de l'Antiquité, un grand nombre d'hommes engagés dans une quête spirituelle se sont tournés vers le Dieu d'Israël. Les mythes de l'époque antique avaient perdu leur crédibilité, le monothéisme philosophique ne suffisait pas à guider les hommes vers une relation vivante à Dieu. Un grand nombre d'hommes cultivés trouvèrent alors une nouvelle approche de Dieu dans le monothéisme d'Israël, qui n'était pas une construction philosophique, mais un don reçu dans le cadre d'une histoire de la foi. Dans un grand nombre de villes se créa le cercle des « craignant Dieu », des « païens » pieux, qui ne pouvaient ni ne voulaient devenir des Juifs à part entière, mais qui participaient à la liturgie synagogale, et donc à la foi d'Israël. C'est dans ce cercle qu'au temps du christianisme primitif, l'évangélisation a trouvé ses premiers appuis et qu'elle s'est propagée. Dès lors, ces hommes pouvaient appartenir pleinement au Dieu d'Israël, car désormais, à travers Jésus tel que Paul le proclamait, ce Dieu était réellement devenu le Dieu de tous les hommes. Dès lors, par la foi en Jésus Fils de Dieu, ils pouvaient faire totalement partie du peuple de Dieu. Lorsque Luc évoque un groupe des soixante-dix à côté de la communauté des Douze, cela signifie clairement qu'en eux s'annonce le caractère universel de l'Évangile, qui est destiné à tous les peuples de la terre.

Sans doute convient-il d'évoquer ici une autre singularité de l'évangéliste Luc. En 8, 1-3, il rapporte que Jésus, qui allait prêchant en compagnie des Douze, était aussi accompagné de femmes. Luc cite trois noms et ajoute : « Et beaucoup d'autres qui les aidaient de leurs ressources » (8, 3). La différence qui existe entre les Douze et les femmes dans leur existence de disciple est évidente : leurs missions respectives sont de nature tout à fait différente. Mais Luc souligne pourtant un aspect qui apparaît d'ailleurs également dans les autres Évangiles sous de multiples formes. Un « grand nombre » de femmes faisait partie de la communauté des croyants plus restreinte ; elles accompagnaient Jésus de leur foi, ce qui est tout à fait essentiel dans la constitution de cette communauté, comme on le verrait de manière particulièrement frappante au pied de la croix et lors de la résurrection.

Peut-être est-il judicieux d'attirer ici l'attention sur quelques traits spécifiques de l'évangéliste Luc. De la même façon qu'il est particulièrement sensible à l'importance des femmes, il est l'évangéliste des pauvres et, chez lui, on doit reconnaître « l'option prioritaire pour les pauvres ».

À l'égard des Juifs aussi, il se montre particulièrement compréhensif, et les passions soulevées par la séparation qui se fait jour entre synagogue et Église naissante, si elles ont laissé des traces chez Matthieu et chez Jean, sont absentes des écrits de Luc. La façon dont il conclut l'histoire du vin nouveau et des outres vieilles ou neuves me semble tout à fait caractéristique. Marc dit : « Personne ne met du vin nouveau dans de vieilles outres ; autrement la fermentation fait éclater les outres, et l'on perd à la fois le vin et les outres. À vin nouveau, outres neuves » (*Mc* 2, 22). Le texte de Matthieu est similaire (cf. 9, 17). Luc nous transmet la même conversation, mais il ajoute en conclusion : « Jamais celui qui a bu du vieux ne désire du nouveau. Car il dit : "C'est le vieux qui est bon" » (*Lc* 5, 39). On est certainement en droit d'interpréter cet ajout comme une parole pleine de compréhension vis-à-vis de ceux qui veulent en rester « au vieux vin ».

Pour conclure tout en restant dans le domaine des spécificités de Luc, nous avons vu à maintes reprises que cet évangéliste accordait une attention particulière à la prière de Jésus, source de sa prédication et de son action. Il nous montre que tout ce que fait et dit Jésus vient du fait qu'il est intimement uni à son Père, du dialogue entre le Père et le Fils. Si nous pouvons être convaincus que les Saintes Écritures sont « inspirées », qu'elles ont mûri de façon particulière sous l'inspiration de l'Esprit-Saint, nous pouvons également être convaincus que, précisément dans les aspects spécifiques à la tradition lucanienne, nous est conservée une dimension essentielle de la figure originelle de Jésus.

7

LE MESSAGE DES PARABOLES

1. Nature et finalité des paraboles

Les paraboles constituent sans aucun doute le cœur de la prédication de Jésus. Par-delà les changements intervenus dans les civilisations, elles ne cessent de nous toucher par leur fraîcheur et leur humanité. Joachim Jeremias, à qui l'on doit un livre fondamental sur le sujet, a très justement souligné que « le tour très personnel des paraboles de Jésus, leur clarté et leur simplicité uniques, la maîtrise incomparable de leur construction[1] » apparaissent au grand jour lorsqu'on les compare au langage imagé de l'apôtre Paul ou aux paraboles rabbiniques. Les particularités du langage, où transparaît le texte araméen, nous font ressentir, elles aussi, de façon très immédiate, la proximité de Jésus, la façon dont il vivait et enseignait. Mais en même temps, nous sommes dans une situation comparable à celle des contemporains et des disciples de Jésus et nous sommes sans cesse obligés de lui demander ce qu'il veut nous dire dans chacune de ses paraboles (cf. *Mc* 4, 10). L'effort pour parvenir à une juste compréhension des paraboles traverse toute l'histoire de l'Église. L'exégèse historico-critique a dû se corriger elle-même à plusieurs reprises, et les informations qu'elle nous livre ne peuvent être définitives.

Dans son œuvre en deux tomes sur les paraboles de Jésus[2], Adolf Jülicher, l'un des grands maîtres de l'exégèse critique, avait inauguré une nouvelle phase de l'interprétation des paraboles qui fit penser qu'on détenait en quelque sorte la clé définitive pour en déchiffrer le sens. Jülicher fait tout d'abord ressortir la différence radicale entre allégorie et parabole. Dans la culture hellénistique, l'allégorie s'était développée en tant que forme d'interprétation de textes religieux anciens faisant autorité, mais qui n'étaient plus assimilables en l'état. On les expliquait donc en cherchant derrière le sens littéral des mots un contenu mystérieux voilé par la forme. Il était dès lors possible de comprendre le langage des textes comme un discours métaphorique que l'on interprétait ensuite pas à pas, point par point, en présentant comme son contenu réel la vision philosophique censée se trouver sous les images. À l'époque de Jésus, l'allégorie était la forme habituelle de l'expression imagée. Il était donc naturel que les paraboles construites sur ce modèle soient interprétées comme des allégories. Dans les Évangiles eux-mêmes, on trouve à plusieurs reprises des interprétations allégoriques de paraboles, mises dans la bouche même de Jésus, par exemple celle du semeur et de la semence tombée au bord du chemin, sur le sol pierreux, sous les ronces ou encore sur la bonne terre (cf. *Mc* 4, 1-20). Jülicher, lui, fait une distinction très nette entre l'allégorie et les paraboles de Jésus, montrant que justement il ne s'agit pas d'allégories, mais d'extraits de la vie réelle dans lesquels tout s'articule autour d'*une* seule idée, qui doit être formulée de la façon la plus générale possible, autour d'un « point saillant » unique. Aussi considère-t-il les interprétations de type allégorique mises dans la bouche de Jésus comme des ajouts ultérieurs résultant bel et bien d'un malentendu.

Cette distinction entre allégorie et parabole, qui constitue l'idée fondamentale de Jülicher, est juste en tant que telle et fut aussitôt adoptée par l'ensemble des exégètes. Mais au fil du temps, il apparut de plus en plus clairement que cette vision des choses avait ses limites. Car s'il est juste de distinguer entre parabole et allégorie, les séparer radicalement ne peut se justifier, ni historiquement, ni objectivement. Le judaïsme lui aussi, tout spécialement dans la littérature apocalyptique, avait recours au discours allégorique ; parabole et allégorie peuvent parfaitement être mêlées. Joachim Jeremias a montré que le mot hébreu *mashal* (parabole, énigme) englobe les genres les plus divers : « parabole, comparaison, allégorie, fable, proverbe, discours apocalyptique de Révélation, énigme, pseudonymes, symbole, personnification, exemple (modèle), thème, argumentation, excuse, objection, mot d'esprit[3] ». Antérieurement, l'école de l'histoire des formes (*Formgeschichte*) avait déjà tenté une avancée en classant les paraboles selon des catégories. « On distingua entre métaphore, comparaison, parabole, similitude, allégorie, exemple[4]. »

En figeant la parabole dans l'appartenance à un genre littéraire unique, on commettait déjà une erreur. À plus forte raison, on doit considérer comme caduc le « point saillant » que Jülicher a cru pouvoir ériger en unique centre de la parabole. Deux exemples suffiront. Selon lui, la parabole du riche insensé (cf. *Lc* 12, 16-21) signifierait que « l'homme, même le plus riche, est à chaque instant totalement dépendant de la grâce et du pouvoir divins ». Le point saillant de la parabole de l'administrateur infidèle (cf. *Lc* 16, 1-12) serait « la mise à profit résolue du présent, prémisse d'un avenir agréable ». Voici le commentaire qu'en fait, à juste titre, Jeremias : « Les paraboles, on le voit, prêchent la venue d'une humanité réellement religieuse ; mais de leur contenu eschatologique, il ne reste rien. Insensiblement on fait de Jésus un "apôtre du progrès[5]", un maître de sagesse qui, en se servant d'histoires et de métaphores faciles à retenir, inculque à ses auditeurs des maximes morales et une théologie simplifiée. Mais rien ne ressemble moins à Jésus[6] ! » Charles W. F. Smith est encore plus draconien : « On n'eût pas crucifié quelqu'un qui racontait des histoires agréables pour enseigner une morale de prudence. »

Si je m'étends de façon aussi circonstanciée, c'est que cela nous permet de découvrir les limites de l'exégèse libérale, considérée à son époque comme le *nec plus ultra* de la rigueur scientifique et de la fiabilité historique, à laquelle même les exégètes catholiques jetaient des regards jaloux et admiratifs. Nous avons déjà vu à propos du Sermon sur la montagne qu'en faisant de Jésus un moraliste, quelqu'un qui enseigne une morale éclairée et individualiste, ce type d'exégèse, en dépit de ses acquis historiques, est insuffisant du point de vue théologique et incapable de prendre la véritable mesure de la personne réelle de Jésus.

Alors que Jülicher avait formulé son « point saillant » en termes presque humanistes, bien dans l'esprit de son temps, on l'assimila ultérieurement aux tenants de l'imminence eschatologique en disant qu'en dernière instance, toutes les paraboles concourraient à annoncer l'avènement imminent de l'*eschaton*, du « Royaume de Dieu ». Mais il s'agit là d'une interprétation qui fait violence à la diversité des textes. Le plus souvent, greffer sur les paraboles une perspective eschatologique imminente relève purement et simplement du coup de force et de l'arbitraire. À l'inverse,

Jeremias a souligné à juste titre que chaque parabole a son contexte particulier, de même qu'un message spécifique. Il a donc dégagé dans son livre sur les paraboles neuf grands thèmes, tout en recherchant bien sûr le fil qui les relie, le centre même du message de Jésus. Ce faisant, Jeremias sait ce qu'il doit à l'exégète anglais Charles H. Dodd, mais il prend ses distances avec lui sur un point essentiel.

Dodd a fait de l'orientation des paraboles vers le thème du Royaume de Dieu, de la seigneurie de Dieu, le point central de son exégèse, mais il refuse l'imminence eschatologique telle qu'elle est formulée par les exégètes allemands, et il relie l'eschatologie à la christologie : le Royaume de Dieu arrive dans la personne du Christ. En se référant au Royaume de Dieu, les paraboles renvoient au Christ, qui est le vrai visage du royaume. Jeremias a estimé ne pas pouvoir accepter ce point de vue de « l'eschatologie réalisée », selon l'expression employée par Dodd ; il parle, lui, d'« eschatologie en train de se réaliser ». Ce faisant, il conserve malgré tout, même si c'est sous une forme atténuée, l'idée fondamentale de l'exégèse allemande selon laquelle Jésus proclame l'imminence (temporelle) de la venue du Royaume de Dieu et la présente sous différentes formes à ses auditeurs, dans les paraboles. Le lien entre christologie et eschatologie devient ainsi encore plus ténu. Reste à savoir ce que l'auditeur doit penser de tout cela deux mille ans après. En tout cas, il est bien obligé de considérer comme erroné l'horizon eschatologique imminent tel qu'il existait à l'époque, car le Royaume de Dieu au sens de transformation radicale du monde par Dieu n'est pas advenu, et il lui est également impossible de faire sienne cette idée pour l'époque actuelle. Toutes les réflexions menées jusqu'ici nous ont conduits à reconnaître que l'attente d'une fin des temps imminente est bien un aspect présent dans la réception du message de Jésus par le christianisme primitif. Mais elles ont montré aussi qu'on ne peut appliquer cette vision des choses à toutes les paroles de Jésus et qu'en aucun cas, on ne peut l'élever au rang de thème essentiel de son message. Sur ce point, Dodd était beaucoup plus proche de la démarche effective des textes.

Dans le cas précis du Sermon sur la montagne, mais aussi lors de l'interprétation du *Notre Père*, nous avons vu que le thème le plus profond de la prédication de Jésus était son propre mystère, le mystère du Fils, dans lequel Dieu est présent parmi nous et où il accomplit sa parole. Et nous avons vu que Jésus annonce le Royaume de Dieu dans sa personne comme étant à la fois à venir et déjà présent. En ce sens, il faut donner raison à Dodd sur le fond : oui, si l'on veut, le Sermon sur la montagne est « eschatologique », mais eschatologique au sens où le Royaume de Dieu se « réalise » dans la venue de Jésus. Il est donc tout à fait possible de parler d'« eschatologie en train de se réaliser » puisque Jésus, celui qui est venu, est bien aussi tout au long de l'histoire celui qui vient, et c'est de cette « venue » qu'en dernière instance, il nous parle. Nous pouvons donc être tout à fait d'accord avec les derniers mots du livre de Jeremias quand il dit : « L'année de grâce que Dieu avait promise est commencée. Car est apparu Celui dont la gloire cachée flamboie derrière chaque parole et chaque parabole : le Sauveur[7]. »

Mais au moment même où nous concevons l'ensemble des paraboles comme des invitations cachées et complexes à croire en Jésus et au fait qu'il est le « Royaume de Dieu en personne », voici que nous nous heurtons à un obstacle irritant : une parole du Christ. Les trois Évangiles synoptiques nous disent que, les disciples lui ayant demandé quel sens donner à la parabole du semeur, Jésus commence par faire une réponse générale sur le sens de la prédication en paraboles. Au cœur de cette réponse se trouve une parole du Livre d'Isaïe (6, 9), que les synoptiques restituent dans des variantes différentes. Voici ce que dit le texte de Marc dans la traduction soigneusement raisonnée de Jeremias[8] : « À vous (c'est-à-dire au cercle des disciples), Dieu a donné le mystère du Règne de Dieu ; mais pour ceux qui sont au-dehors, tout est énigmatique, afin que (comme il est écrit) "ils voient et cependant ne voient pas, entendent et cependant ne comprennent pas, à moins qu'ils ne se convertissent et que Dieu ne leur pardonne" » (*Mc* 4, 11-12). Que signifie cela ? Est-ce que par hasard les paraboles du Seigneur serviraient à rendre son message inaccessible pour mieux le réserver à un petit cercle d'élus à qui il les expliquerait lui-même ? Les paraboles sont-elles là non pour ouvrir, mais pour fermer ? Dieu prend-il le parti de ne vouloir qu'une élite, et non l'ensemble, la totalité de nous tous ?

Pour comprendre cette mystérieuse parole du Seigneur, il faut prendre pour point de départ sa citation d'Isaïe et la lire à partir de son propre chemin, dont lui connaît l'issue. En parlant ainsi, Jésus s'intègre à la lignée des prophètes, son destin est un destin de prophète. Prise dans son intégralité, la parole d'Isaïe est encore bien plus dure et bien plus effrayante que l'extrait cité par Jésus. Il est dit dans le Livre d'Isaïe : « Alourdis le cœur de ce peuple, rends-le dur d'oreille, bouche-lui les yeux ; il ne faut pas qu'il voie de ses yeux, qu'il entende de ses oreilles, que son cœur comprenne, qu'il se convertisse et qu'il soit guéri » (*Is* 6, 10). Le prophète échoue. Son message contredit trop fortement l'opinion dominante, les habitudes de vie bien ancrées. Seul son échec permet que sa parole soit agissante. Cet échec du prophète est une sombre question qui domine toute l'histoire d'Israël et, d'une certaine façon, il se renouvelle sans cesse dans l'histoire de l'humanité. Il se renouvelle tout d'abord dans le sort réservé à Jésus Christ, qui finit sur la croix. Mais c'est précisément de la croix que procède sa grande fécondité.

Et de manière inattendue, on voit surgir de nouveau ici le lien avec la parabole du semeur, qui est le contexte dans lequel les Évangiles synoptiques placent la parole de Jésus. Il est frappant de voir l'importance que prend l'image de la semence dans l'ensemble du message de Jésus. Le temps de Jésus, le temps des disciples, est le temps des semailles et de la semence. Le « Royaume de Dieu » est présent comme une semence. Vue de l'extérieur, la semence est une chose insignifiante que l'on peut ignorer. La graine de moutarde, qui est une image du Royaume de Dieu, est la plus petite de toutes les graines, et pourtant elle porte en elle un arbre tout entier. La semence est la présence de la réalité future. Dans la semence, ce qui est à venir est déjà présent de manière cachée. Elle est le présent de la promesse. Lors du dimanche des Rameaux, le Seigneur a résumé les multiples paraboles de semence en dévoilant pleinement leur sens : « Amen, amen, je vous le dis : si le grain de blé tombé en terre ne meurt pas, il reste seul ; mais s'il meurt, il donne beaucoup de fruit » (*Jn* 12, 24). Jésus lui-même est la semence. Son « échec » sur la croix est précisément le chemin qui mène du cercle restreint vers le grand nombre, vers tous : « Et moi, quand j'aurai été élevé de terre, j'attirerai à moi tous les hommes » (*Jn* 12, 32).

L'échec des prophètes, son propre échec, apparaissent maintenant sous un autre éclairage. Ils sont précisément le chemin qui aboutit à ce que les hommes « se convertissent et que Dieu leur pardonne ». C'est cet échec qui va faire que s'ouvrent les yeux et les oreilles de tous. La croix est la clé permettant de déchiffrer les paraboles. Dans son discours d'adieu à ses disciples, le Seigneur dit à ce propos : « J'ai employé des paraboles (un discours voilé) pour vous parler de tout cela. L'heure vient où, sans employer de paraboles, je vous annoncerai ouvertement tout ce qui concerne le Père » (*Jn* 16, 25). Ainsi les paraboles parlent de façon cachée du mystère de la croix ; mieux, elles en font intrinsèquement partie. Car, parce qu'elles laissent entrevoir le mystère divin de Jésus, elles aboutissent à une contradiction. C'est précisément là où elles atteignent le plus haut degré de clarté, comme dans la parabole des vignerons homicides (cf. *Mc* 12, 1-12), qu'elles marquent des étapes sur le chemin qui mène à la croix. Dans les paraboles, Jésus n'est pas seulement le semeur qui répand la semence de la parole de Dieu, il est lui-même la semence qui tombe en terre pour mourir et qui peut donner ainsi beaucoup de fruit.

Dans ces conditions, l'explication inquiétante que Jésus donne du sens de ses paraboles nous conduit à la compréhension de leur signification la plus profonde, pour peu que nous lisions la Bible et tout particulièrement les Évangiles comme unité et totalité – comme cela est requis de par la nature même de la parole écrite de Dieu –, qui, dans toutes ses strates historiques, est l'expression d'un message intrinsèquement cohérent. Mais peut-être est-il utile, après cette explication théologique tirée du cœur même de la Bible, de considérer l'aspect spécifiquement humain des paraboles. Qu'est-ce en fait qu'une parabole ? Et que cherche celui qui la dit ?

Eh bien, tout éducateur, tout enseignant désireux de transmettre à ses auditeurs des connaissances nouvelles aura recours en permanence à l'exemple, à la parabole. Par l'exemple, il met à la portée de ceux à qui il s'adresse une réalité qui jusque-là ne faisait pas partie de leur horizon. Il leur montre ainsi comment, dans une réalité appartenant à leur champ d'expérience, transparaît quelque chose qu'ils n'avaient pas perçu jusque-là. Par la parabole, il leur rend accessible une réalité très éloignée de leur pensée, si bien qu'elle est le pont qui leur permettra d'atteindre cette réalité jusque-là inconnue. Nous avons affaire ici à un double mouvement. D'une part, la parabole met à la portée de ceux qui écoutent et qui participent à la réflexion une réalité éloignée d'eux ; d'autre part, l'auditeur est lui-même mis en mouvement. La dynamique interne de la parabole, le fait que l'image choisie se transcende elle-même intérieurement, l'invitent à s'abandonner lui-même à cette dynamique, à dépasser son propre horizon, à apprendre à connaître et à comprendre ce qui lui était jusque-là inconnu. Mais cela signifie que la parabole requiert la participation active de celui qui apprend, car on ne se contente pas de mettre une réalité à sa portée ; il doit lui-même assimiler le mouvement de la parabole et l'accompagner. À ce point, on est confronté aussi au problème inhérent à toute parabole. Il se peut qu'on soit incapable de découvrir sa dynamique et de se laisser guider par elle. Et surtout, s'il s'agit de paraboles qui concernent et qui affectent notre propre existence, il se peut qu'on rechigne à accepter le mouvement qu'elle exige.

Ce qui nous ramène à la parole du Seigneur quand il parle de voir, mais sans voir, d'écouter, mais sans comprendre. La volonté de Jésus n'est pas de nous transmettre des connaissances abstraites quelconques qui ne nous concerneraient pas au plus profond de nous-mêmes. Il doit en premier lieu nous guider vers le mystère de Dieu,

216

vers la lumière que nos yeux ne peuvent supporter et que nous fuyons pour cette raison. Pour nous permettre d'y accéder, il nous montre la transparence de la lumière divine dans les choses de ce monde et dans les réalités qui constituent notre quotidien. À travers les réalités de chaque jour, il veut nous montrer le fond véritable de toutes choses, et donc la vraie direction que nous devons prendre au quotidien pour être dans le droit chemin. Il nous montre Dieu, non pas un Dieu abstrait, mais le Dieu agissant qui entre dans notre vie et qui désire nous prendre par la main. À travers le quotidien, il nous montre qui nous sommes et donc ce que nous devons faire. Il nous transmet une connaissance exigeante, qui ne se limite pas à un savoir nouveau, car tel n'est pas l'objectif essentiel, mais une connaissance qui transforme notre vie. C'est une connaissance qui est offerte en don et qui nous dit : Dieu est en chemin vers toi. Mais c'est également une connaissance qui pose une exigence : aie la foi et laisse-toi guider par la foi. Aussi la possibilité du refus est-elle de la plus haute actualité, car la parabole est dépourvue de l'évidence dont nous avons besoin.

Des milliers d'objections tout à fait sensées sont possibles, non seulement dans la génération de Jésus, mais encore à travers toutes les générations, et aujourd'hui probablement plus que jamais. Car nous nous sommes forgé un concept de réalité qui exclut que le réel puisse laisser transparaître Dieu. N'est considéré comme réel que ce qui est expérimentalement vérifiable. Or on ne peut mettre Dieu à l'épreuve. À la génération du désert, il reproche précisément ceci : « Vos pères m'ont tenté et provoqué (ont voulu me mettre à l'épreuve) et pourtant ils avaient vu mon exploit » (*Ps* 94 [95], 9). Il est impossible de voir transparaître Dieu, c'est ce que nous dit le concept moderne de réalité. À plus forte raison, il est impossible d'accepter ce qu'il exige de nous : croire qu'il est Dieu et vivre selon cette foi semble être une exigence tout à fait excessive. Dans cette situation, les paraboles conduisent effectivement à ne pas voir et à ne pas comprendre, à « endurcir nos cœurs ».

Les paraboles sont donc, en dernière instance, l'expression que, dans ce monde, Dieu est caché et que connaître Dieu exige de l'homme un engagement total. C'est une connaissance qui ne fait qu'un avec la vie, une connaissance qui ne peut advenir sans une « conversion ». Car dans ce monde marqué par le péché, ce qui caractérise l'axe, la force de gravitation de notre vie, c'est la sujétion au « je » et au « on ». Ce lien doit être brisé pour permettre l'ouverture à un amour nouveau qui nous transporte dans un univers régi par d'autres lois de la gravitation, où nous pourrons vivre une vie nouvelle. En ce sens, la connaissance de Dieu est impossible sans ce don de son amour, par lequel il devient alors visible. Mais ce don, encore faut-il l'accepter. En ce sens, les paraboles révèlent l'essence même du message de Jésus. En ce sens, le mystère de la croix est inscrit dans la nature profonde des paraboles.

2. Trois grands récits en paraboles chez Luc

Vouloir interpréter ne serait-ce qu'un nombre relativement important des paraboles de Jésus dépasserait le cadre de ce livre. Aussi me limiterai-je à trois grands récits en forme de paraboles, extraits de l'Évangile de saint Luc, dont la beauté et la profondeur touchent instinctivement même les non-croyants : l'histoire du bon Samaritain, la parabole du fils prodigue et celle de Lazare et du riche.

La parabole du bon Samaritain (*Lc* 10, 25-37)

L'histoire du bon Samaritain traite de la question fondamentale qui se pose à l'homme. Un scribe, c'est-à-dire un maître de l'exégèse, demande au Seigneur : « Maître, que dois-je faire pour avoir part à la vie éternelle ? » (10, 25). Luc ajoute que le Docteur de la Loi aurait posé cette question pour mettre Jésus à l'épreuve. Étant scribe, il connaît personnellement la réponse donnée par la Bible, mais il veut savoir ce que va répondre ce prophète qui ne l'a jamais étudiée. Le Seigneur le renvoie tout simplement à l'Écriture, puisqu'il la connaît, et il fait en sorte qu'il donne lui-même la réponse. Le Docteur de la Loi la donne de façon très pertinente, citant ensemble le Deutéronome (6, 5) et le Lévitique (19, 18) : « Tu aimeras le Seigneur ton Dieu de tout ton cœur, de toute ton âme et de toute ta force » et « Tu aimeras ton prochain comme toi-même » (*Lc* 10, 27). Sur cette question, Jésus n'enseigne rien d'autre que la Torah dont le sens est tout entier réuni dans ce double commandement. Mais le scribe, qui connaissait très exactement la réponse à sa propre question, doit alors se justifier. Car si la parole de l'Écriture est incontestée, la manière dont il faut l'appliquer pratiquement dans la vie soulève des questions qui étaient l'objet de controverses dans les écoles (et aussi dans la vie).

Concrètement, la question est de savoir qui est « le prochain ». La réponse habituelle, appuyée sur des textes de l'Écriture, était que par « prochain » il fallait entendre les membres du même peuple. Le peuple constitue une

219

communauté solidaire dans laquelle chacun est responsable
de tous et réciproquement. Chacun étant soutenu par la
collectivité, chacun devait considérer l'autre « comme soi-
même », comme une partie de cette collectivité dont procé-
dait l'espace où il vivait. Mais alors, les étrangers, les
hommes qui appartiennent à un autre peuple, ne sont-ils
pas le « prochain » ? Penser ainsi était contraire à l'Écriture
qui, se souvenant qu'en Égypte Israël avait lui-même vécu
une existence d'étranger, appelait aussi à l'amour envers les
étrangers. Mais ce qui restait en débat, c'était de savoir où
tracer les frontières internes. En règle générale, on considérait que seul l'étranger « établi » sur la terre d'Israël et partageant la vie du peuple élu faisait partie de la communauté
solidaire, et pouvait donc être considéré comme le « prochain ». D'autres restrictions au concept de « prochain »
avaient également cours. Une sentence rabbinique enseignait que l'on n'était pas obligé de considérer comme son
prochain les hérétiques, les délateurs et les renégats[9]. De
même, il était clairement établi que la notion de prochain
ne s'appliquait pas aux Samaritains, qui, quelque temps
auparavant, entre l'an 6 et 9, durant les fêtes de la Pâque
juive, avaient souillé le Temple de Jérusalem en y répan-
dant des ossements humains[10].

C'est à cette question concrète que Jésus répond par la
parabole de l'homme qui, sur la route de Jérusalem à Jéricho, tombe sur des bandits qui le dépouillent et le laissent
à moitié mort : une histoire tout à fait réaliste, car, sur
cette route, de telles attaques avaient lieu régulièrement.
Un prêtre et un lévite, c'est-à-dire des hommes qui connaissent la Loi, qui sont spécialistes de la question du salut et
voués à son service, arrivent sur ces entrefaites et passent
leur chemin. Il n'est pas du tout certain qu'il s'agisse
d'hommes sans cœur, peut-être avaient-ils peur eux-mêmes

et essayaient-ils d'atteindre la ville le plus vite possible, peut-être étaient-ils maladroits et ignoraient-ils ce qu'ils devaient faire pour aider, d'autant que, de toute façon, il n'y avait apparemment plus grand-chose à faire. Arrive alors un Samaritain, probablement un commerçant qui est obligé de faire souvent ce parcours et qui visiblement connaît le tenancier de l'auberge la plus proche. Un Samaritain, c'est-à-dire quelqu'un qui ne fait pas partie de la communauté solidaire d'Israël et que rien n'oblige à voir son « prochain » dans l'homme agressé.

Il faut rappeler ici que quelques paragraphes plus haut l'évangéliste avait raconté que Jésus, en route pour Jérusalem, avait envoyé en avant des messagers qui, arrivant dans un village samaritain, voulurent chercher un logis pour lui. « Mais on refusa de le recevoir, parce qu'il se dirigeait vers Jérusalem » (*Lc* 9, 52). Alors, les fils du tonnerre – Jacques et Jean – furieux, dirent au Seigneur : « Seigneur, veux-tu que nous ordonnions que le feu tombe du ciel pour les détruire ? » (*Lc* 9, 54). Jésus les réprimanda. Et ils trouvèrent à se loger dans un autre village.

Or, voici que le Samaritain entre en scène. Que va-t-il faire ? Il ne demande pas jusqu'où s'étendent ses devoirs de solidarité, ni quels mérites lui assureront la vie éternelle. Les choses se passent autrement : il a le cœur déchiré. L'Évangile emploie le mot hébreu qui désignait à l'origine le sein de la mère et l'attention maternelle. En voyant l'homme dans cet état, le Samaritain est touché au fond de ses « entrailles », au tréfonds de son âme. « Il fut saisi de pitié » traduit-on aujourd'hui, ce qui affaiblit la force originelle du texte. Grâce à l'éclair de miséricorde qui frappe son âme, c'est maintenant lui qui devient le prochain de l'autre, sans se poser la moindre question ni se soucier du moindre danger. Cela implique qu'il y a déplacement de la question : il ne s'agit plus de savoir quel autre est ou n'est pas mon prochain, il s'agit de moi-même. Je dois me faire le prochain des autres, et alors, l'autre comptera pour moi « comme moi-même ».

Si la question avait été : le Samaritain est-il lui aussi mon prochain ?, la réponse aurait été, dans la situation donnée, un « non » sans équivoque. Mais Jésus renverse les choses. Le Samaritain, l'étranger, se fait lui-même mon prochain et me montre que je dois apprendre par moi-même, de l'intérieur, à être le prochain de tous, et que la réponse se trouve déjà en moi. Il me faut devenir quelqu'un qui aime, une personne dont le cœur se laisse bouleverser par la détresse de l'autre. C'est alors que je trouverai mon prochain, ou plus exactement, c'est alors que je serai trouvé par lui.

Dans son interprétation de la parabole, Helmut Kuhn déborde certes du sens littéral du texte, mais il souligne très justement le caractère radical de l'énoncé lorsqu'il écrit : « Dans le domaine politique, l'amour-amitié est fondé sur l'égalité des partenaires. Par contre, la parabole symbolique du Samaritain souligne radicalement l'inégalité : le Samaritain, un étranger au peuple, se trouve face à l'anonymat de l'autre, celui qui accorde son aide se trouve face à la victime sans défense d'une attaque de bandits. Ce que veut nous faire comprendre cette parabole, c'est que l'*agapè* se fraie un chemin à travers tous les ordres politiques dans lesquels domine le principe du *do ut des*, les dépassant et prenant ainsi un caractère surnaturel. Dans son principe même, elle se situe bien sûr par-delà ces ordres politiques ; mais il y a plus, elle signifie leur inversion : les premiers seront les derniers (cf. *Mt* 19, 30). Et les doux posséderont la terre (cf. *Mt* 5, 4) [11]. » Une chose est claire : une nouvelle universalité se fait jour, fondée sur le fait que, de l'intérieur, je me fais déjà le frère de tous ceux que je rencontre et qui ont besoin de mon aide.

Cette parabole est d'une actualité patente. Si nous la transposons à l'échelle de la société internationale, nous voyons que nous sommes concernés par les peuples d'Afrique que l'on dépouille et que l'on pille. Nous voyons aussi à quel point ils sont notre « prochain » : notre mode de vie, notre histoire, dans lesquelles nous sommes nous aussi impliqués, ont concouru et concourent encore à leur pillage. Et surtout, nous avons par là même blessé leur âme. Au lieu de leur faire don de Dieu, du Dieu qui, en Jésus Christ, nous est proche, au lieu d'accepter et de parachever tout ce que leurs propres traditions ont de précieux et de grand, nous leur avons apporté le cynisme d'un monde sans Dieu, où la seule chose qui importe, c'est le pouvoir et le profit. Nous avons détruit l'échelle des valeurs morales de sorte que la corruption et la volonté de pouvoir sans scrupule finissent par s'imposer comme des évidences. Et l'Afrique n'est pas un cas isolé.

Bien sûr, il nous faut apporter une aide matérielle et réviser notre propre mode de vie. Mais nous donnerons toujours trop peu si nous ne donnons que des choses matérielles. Et tout autour de nous, ne voyons-nous pas aussi des hommes que l'on a dépouillés et brisés ? Les victimes de la drogue, du trafic d'êtres humains, du tourisme sexuel, ces êtres détruits intérieurement qui, au milieu de la richesse matérielle, sont totalement vides. Tout cela nous concerne et nous appelle à faire nôtres le regard et le cœur du prochain, et aussi à avoir le courage d'aimer notre prochain. Car, comme il a été dit, il se peut que le prêtre et le lévite aient passé leur chemin par crainte plus que par indifférence. Nous devons réapprendre, de l'intérieur, à prendre le risque de la bonté. Et nous ne pourrons le faire que si nous devenons nous-mêmes intérieurement « bons », si de l'intérieur nous nous faisons le « prochain » des autres et si nous cherchons alors à savoir quelle façon de servir nous est demandée, autour de nous et dans le cercle plus large de notre vie, quelle façon de servir nous est individuellement possible et, par là même, assignée.

Les Pères de l'Église ont lu cette parabole dans une perspective christologique. On pourrait dire que, s'agissant d'une lecture allégorique, ils se trompent dans leur interprétation. Mais si nous réfléchissons au fait que dans toutes les paraboles, de façon chaque fois différente, le Seigneur nous invite à croire au Royaume de Dieu en sa personne, une interprétation christologique ne peut jamais être totalement erronée. Elle correspond toujours, d'une manière ou d'une autre, à une potentialité intrinsèque du texte, comme un fruit qui croît à partir de sa semence. Les Pères interprètent la parabole à l'échelle de l'histoire universelle. Cet homme qu'on a dépouillé et qui gît à moitié mort au bord du chemin, n'est-il pas une image d'« Adam », de l'homme par excellence, qui en vérité « est tombé sur des bandits ». N'est-il pas vrai que l'homme, cette créature appelée homme, tout au long de son histoire, est aliéné, brutalisé, exploité ? L'humanité dans sa grande masse a presque toujours vécu sous l'oppression. Et inversement, les oppresseurs sont-ils la vraie image de l'homme, ou n'en donnent-ils pas plutôt une image dénaturée, avilissante ? Karl Marx a décrit de façon drastique « l'aliénation » de l'homme. Même s'il n'a pas réussi à atteindre la profondeur réelle de l'aliénation du fait que sa pensée était strictement matérialiste, il a livré une image très concrète de l'homme qui tombe aux mains de bandits.

Au Moyen Âge, les théologiens ont compris les deux indications que donne la parabole sur l'état de l'homme brutalisé comme l'expression d'une dimension anthropologique fondamentale. Il est dit de la victime de l'attaque qu'elle a été d'une part dépouillée, spoliée (*spoliatus*), d'autre part rouée de coups et laissée à moitié morte (*vulneratus* : cf. *Lc* 10, 30). Les scolastiques rapportaient cela à la double dimension de l'aliénation de l'homme. Il est *spoliatus supernaturalibus* et *vulneratus in naturalibus*, disaient-ils, c'est-à-dire spolié de la splendeur de la grâce surnaturelle qu'il avait reçue en don, et blessé dans sa nature. C'est bien une allégorie, et elle dépasse, c'est certain, le sens littéral des mots. Mais il s'agit tout de même d'une tentative pour préciser la nature de la double blessure qui pèse sur l'histoire de l'humanité.

La route de Jérusalem à Jéricho apparaît alors comme une image de l'histoire universelle, l'homme qui gît à moitié mort sur le bord comme une image de l'humanité. Le prêtre et le lévite passent leur chemin : l'histoire en elle-même, avec ses cultures et ses religions, ne constitue pas à elle seule la source du salut. Et si l'homme qui a été attaqué est par antonomase l'image de l'humanité, le Samaritain ne peut être que l'image de Jésus Christ. Dieu lui-même, qui est pour nous l'étranger lointain, s'est mis en route pour prendre soin de sa créature blessée. Dieu, si loin de nous, s'est fait notre prochain en Jésus Christ. Il verse de l'huile et du vin sur nos blessures, une image dans laquelle on a vu le don salvifique des sacrements, et il nous conduit jusqu'à l'auberge, c'est-à-dire l'Église, où il nous fait soigner en avançant même l'argent pour le coût des soins.

Dans le détail, les différents éléments de l'allégorie varient selon les Pères de l'Église, et nous pouvons sans crainte les laisser de côté. Mais la grande vision de l'homme aliéné et sans défense qui gît au bord de la route de l'histoire, et de Dieu lui-même qui, en Jésus Christ, est devenu son prochain, nous pouvons sans crainte la conserver, car c'est une dimension qui va au fond des choses et qui nous concerne tous. Le puissant impératif que recèle la parabole ne s'en trouve nullement affaibli, bien au contraire, c'est là qu'il prend sa dimension pleine et entière. Et c'est ce qui donne enfin toute sa portée au grand thème de l'amour, qui est le véritable point marquant du texte. Car nous nous apercevons à présent que nous sommes tous « aliénés », que nous avons tous besoin de la rédemption. Nous nous apercevons que nous avons tous besoin de l'amour salvifique dont Dieu nous fait don, afin d'être nous aussi capable d'aimer, et que nous avons besoin de Dieu, qui se fait notre prochain, pour parvenir à être le prochain de tous les autres.

Chaque homme est individuellement concerné par les deux personnages de la parabole. Car chacun de nous est « aliéné », aliéné aussi de l'amour (qui est l'essence de la « splendeur surnaturelle » dont nous avons été spoliés), chacun de nous doit nécessairement d'abord être guéri et recevoir l'offrande du don. Mais chacun d'entre nous devrait aussi se faire samaritain, suivre le Christ et devenir semblable à lui. Alors nous vivrons de manière juste. Nous aimerons comme il faut si nous devenons semblables à lui, qui nous a tous aimés le premier (cf. *1 Jn* 4, 19).

La parabole des deux frères (le fils prodigue et le fils aîné) et du père miséricordieux (*Lc* 15, 11-32)

Cette parabole, peut-être la plus belle de Jésus, est connue sous le nom de « parabole du fils prodigue ».

Effectivement, le fils prodigue est si impressionnant dans le portrait qui en est dressé, son sort, dans le bien comme dans le mal, nous va tellement droit au cœur, qu'il apparaît nécessairement comme le véritable centre du texte. Mais en réalité, il y a trois personnages principaux dans cette parabole. Joachim Jeremias et d'autres ont proposé de l'intituler plutôt « parabole du père miséricordieux », arguant que c'était lui le vrai centre de l'histoire.

De son côté, Pierre Grelot a porté son attention sur la figure du second frère comme tout à fait essentielle, et il est d'avis – très justement me semble-t-il – que le titre le plus exact serait « parabole des deux frères ». Cela résulte tout d'abord de la situation à laquelle la parabole répond. Dans l'Évangile de saint Luc, la situation est introduite de la manière suivante : « Les publicains et les pécheurs venaient tous à Jésus pour l'écouter. Les pharisiens et les scribes récriminaient contre lui : "Cet homme fait bon accueil aux pécheurs, et il mange avec eux !" » (*Lc* 15, 1). Nous voici face à deux groupes, à deux « frères » : publicains et pécheurs, pharisiens et scribes. Jésus répond alors en trois paraboles : celle de la brebis perdue et des quatre-vingt-dix-neuf brebis restées au bercail, celle de la pièce d'argent perdue, et finalement il commence un nouveau récit en disant : un homme avait deux fils (*Lc* 15, 11). Ils ont tous deux leur importance.

Le Seigneur reprend ici une tradition très ancienne : la thématique des deux frères traverse tout l'Ancien Testament, depuis Caïn et Abel, en passant par Ismaël et Isaac, jusqu'à Ésaü et Jacob, et elle se reflète une fois encore sous une forme modifiée dans le comportement des onze fils de Jacob à l'égard de Joseph. L'histoire des élections est dominée par une étrange dialectique entre deux frères, qui, dans l'Ancien Testament, reste une question en suspens. Jésus a repris cette thématique à un moment nouveau de l'agir de Dieu dans l'histoire, et il lui a imprimé une direction nouvelle. On trouve chez Matthieu un texte relatif à deux frères, assez proche de notre parabole : l'un déclare vouloir exécuter la volonté du père, mais ne l'accomplit pas, l'autre dit non à la volonté du père, puis, s'étant repenti, il exécute la mission dont on l'avait chargé (cf. *Mt* 21, 28-32). Ici aussi nous avons affaire à la relation entre pécheurs et pharisiens, ici aussi le texte invite en définitive à donner de manière renouvelée son assentiment à l'appel de Dieu.

Mais essayons à présent de suivre pas à pas la parabole. Il y a tout d'abord la figure du fils prodigue ; toutefois, la générosité du père est, elle aussi, visible d'emblée. Ce dernier satisfait à la requête du fils cadet qui demande la part d'héritage qui lui revient, et il fait le partage de ses biens. Il donne la liberté. Il peut imaginer ce que le plus jeune fils va faire de ses biens, mais il le laisse suivre sa route personnelle.

Le fils part « pour un pays lointain ». Les Pères de l'Église ont interprété cela principalement comme un éloignement intérieur du monde du père, du monde de Dieu, comme la rupture intime de la relation, le fait de partir très loin de ce qui vous est propre et véritablement essentiel. Le fils dilapide son héritage. Il veut simplement jouir de la vie, en profiter jusqu'à la dernière goutte et l'avoir, croit-il, « en abondance ». Il ne veut plus être soumis à aucun commandement, à aucune autorité. Il cherche la liberté radicale, il veut vivre seulement selon sa propre règle, sans se soumettre à une exigence extérieure. Il jouit de la vie, il se sent tout à fait autonome.

Est-il difficile pour nous de reconnaître là l'esprit de notre époque, cet esprit de rébellion contre Dieu et contre la Loi divine ? L'abandon de tout ce qui constituait jusqu'ici nos fondements, et le choix d'une liberté sans limites ? Le mot grec qui, dans la parabole, désigne la fortune dilapidée signifie dans le langage des philosophes grecs « substance », nature. Le fils prodigue dilapide « sa substance », lui-même.

À la fin, il a tout dépensé. Cet homme qui a été tout à fait libre devient alors réellement esclave, gardien de porcs, et il s'estimerait heureux si on lui donnait à manger ce que mangent les porcs. L'homme qui entend par liberté l'arbitraire absolu de sa volonté propre, de son chemin personnel et d'eux seuls, vit dans le mensonge, car, par nature, sa place est d'être dans la réciprocité, sa liberté est une liberté à partager avec autrui. Par nature, il porte inscrites en lui la discipline et la norme ; s'identifier profondément avec elles, telle serait la vraie liberté. Une fausse autonomie conduit à la servitude, l'histoire nous l'a montré entre-temps de façon éclatante. Pour les Juifs, le porc est un animal impur ; être gardien de porcs est donc l'expression de l'aliénation et de la paupérisation les plus extrêmes. L'homme totalement libre est devenu un pitoyable esclave.

C'est ici qu'advient le « retournement ». Le fils prodigue comprend qu'il est perdu, que c'est dans la maison paternelle qu'il était libre, et que les domestiques de son père sont plus libres que lui, qui s'était cru totalement libre. Il « rentre alors en lui-même », dit l'Évangile (*Lc* 15, 17) et, comme la parole sur le pays lointain, cette formule invite les Pères à la réflexion philosophique : cet homme qui vit loin de chez lui, coupé de son origine, s'est aussi beaucoup éloigné de lui-même. Il vivait coupé de la vérité de son existence.

Son retournement, sa « conversion », consiste à reconnaître cela, à comprendre sa propre aliénation d'homme parti réellement « à l'étranger » et devenu étranger à lui-même, et maintenant elle consiste à revenir à soi. En lui-même, il trouve inscrit le principe qui l'oriente vers le père, vers la vraie liberté de « fils ». Les paroles qu'il prépare pour son retour nous montrent l'étendue du cheminement intérieur qu'il accomplit maintenant. C'est l'expression d'une existence qui s'est mise en route et qui, traversant tous les déserts, retourne « chez elle », pour se retrouver elle-même et pour retrouver le père. Il se met en route vers la vérité de son existence, une route qui le mène « chez lui ». Par cette interprétation « existentielle » du retour au bercail, les Pères nous expliquent aussi ce qu'est la « conversion », quelles souffrances et quelles purifications intérieures elle implique, et nous pouvons dire sans crainte qu'en cela, ils ont compris très justement l'essence de cette parabole et qu'ils nous aident à en percevoir toute l'actualité.

« Comme il était encore loin, son père l'aperçut » et partit à sa rencontre. Il écoute la confession du fils et mesure le chemin intérieur qu'il a parcouru ; il voit qu'il a trouvé le chemin de la liberté réelle. Alors, il ne le laisse même pas terminer, il le prend dans ses bras, il l'embrasse et fait préparer un grand festin pour exprimer sa joie. La source de cette joie, c'est que le fils, qui « était mort » (15, 32) lorsqu'il était parti avec sa fortune, est maintenant revenu à la vie ; il est ressuscité. Il était perdu et il « est retrouvé ».

Les Pères ont mis tout leur amour dans l'interprétation de cette scène. Pour eux, le fils prodigue est l'image de l'homme par excellence, de l'« Adam » que nous sommes tous, cet Adam à la rencontre duquel Dieu est allé et qu'il a à nouveau accueilli dans sa maison. Dans la parabole, le père demande à ses domestiques de vite apporter « le plus beau vêtement ». Pour les Pères, ce « plus beau vêtement » se réfère à la grâce perdue dont l'homme était paré à l'origine et qu'il a perdue en péchant. À présent, on lui fait à nouveau don de ce « plus beau vêtement », le vêtement du fils. Dans la fête que l'on prépare, les Pères voient l'image de la fête de la foi, la célébration de l'Eucharistie qui anticipe le repas éternel. Si l'on s'en tient à la lettre du texte grec, le fils aîné, en rentrant chez lui, entend « une symphonie et des chœurs » : pour les Pères, c'est à nouveau une image de la symphonie de la foi, qui fait de l'existence chrétienne une joie et une fête.

Mais le point essentiel du texte ne se trouve bien sûr pas dans ces détails, l'essentiel est maintenant clairement la figure du père. Est-elle compréhensible ? Un père peut-il, doit-il agir ainsi ? Pierre Grelot a fait remarquer qu'ici, la parole de Jésus est entièrement fondée sur l'Ancien Testament : l'archétype de cette vision de Dieu, du Père, se trouve au Livre d'Osée (11, 1-9). Il y est d'abord question de l'élection d'Israël et de sa trahison : « Mais plus je les appelais, plus ils s'écartaient de moi ; aux Baals ils sacrifiaient, aux idoles ils brûlaient de l'encens » (*Os* 11, 2). Mais Dieu voit aussi dans quel état de désolation se trouve ce peuple, avec quelle violence l'épée sévit dans ses villes (cf. *Os* 11, 6). Et il se passe exactement ce qui est dépeint dans notre parabole : « Comment t'abandonnerais-je, Éphraïm, te livrerais-je, Israël [...] Mon cœur se retourne contre moi, et le regret me consume. Je n'agirai pas selon l'ardeur de ma colère, je ne détruirai plus Israël, car je suis Dieu, et non pas homme : au milieu de vous je suis le Dieu saint » (*Os* 11, 8-9). Parce que Dieu est Dieu, le Saint, il agit comme nul homme ne saurait agir. Dieu a un cœur, et ce cœur se retourne pour ainsi dire contre lui-même : chez le prophète comme dans l'Évangile, nous retrouvons ici le mot « compassion », qui renvoie à l'image du sein maternel. Le cœur de Dieu transforme sa colère ; au lieu de punir, il pardonne.

Le chrétien se pose alors la question suivante : où Jésus Christ a-t-il sa place ici ? Dans la parabole, seul le Père apparaît. Est-elle dépourvue de toute dimension christologique ? Augustin a tenté d'introduire l'aspect christologique là où il est dit que le père prend son fils dans ses bras (cf. *Lc* 15, 20). « Le bras du Père, c'est le Fils », dit-il. Il aurait pu trouver sa référence chez Irénée qui dit du Fils et de l'Esprit qu'ils sont les deux mains du Père. « Le bras du Père, c'est le Fils » : quand il pose ce bras sur notre épaule, comme « son joug facile à porter » (*Mt* 11, 30), ce n'est pas d'un fardeau qu'il nous charge, il s'agit au contraire d'un geste d'accueil affectueux. Le « joug » de ce bras n'est pas un fardeau que nous devons porter, c'est un don d'amour, qui nous porte et qui fait de nous des fils. C'est une interprétation très suggestive, mais cela reste une « allégorie » qui va nettement au-delà du texte.

Pierre Grelot a trouvé une interprétation qui s'en tient au texte et qui nous mène plus profond encore. Il fait remarquer que, dans cette parabole comme dans les précédentes, Jésus légitime sa propre bonté à l'égard des pécheurs, son accueil des pécheurs, par l'attitude du père. Jésus, « par sa propre attitude, devient lui même la révélation de celui qu'il appelait son Père ». Une « christologie implicite » apparaît d'elle-même dès lors que l'on considère le contexte historique de la parabole. « Sa passion et sa résurrection renforcent encore cet aspect : comment Dieu a-t-il montré aux pécheurs son amour miséricordieux ?

Parce que "le Christ est mort pour nous alors que nous étions encore pécheurs" (*Rm* 5, 8). Jésus ne peut aucunement entrer dans le cadre narratif de sa parabole, parce qu'il vit en s'identifiant au Père des cieux, en calquant son attitude sur celle du Père. Or, le Christ ressuscité reste actuellement, sur ce point, dans la situation de Jésus de Nazareth durant son ministère[12] ». Effectivement, dans cette parabole, Jésus légitime *son* attitude dans la mesure où il la rapporte à celle de son Père et où il l'identifie à elle. C'est donc à travers la figure du père, en tant qu'il réalise concrètement l'action paternelle, que le Christ est au centre de cette parabole.

Voici qu'intervient le frère aîné. Il rentre du travail des champs ; il entend la fête qui se donne chez lui ; il en apprend la raison et se met en colère. Il lui est tout simplement impossible de trouver juste qu'en l'honneur de ce bon à rien qui a dépensé toute sa fortune – les biens de son père – avec des prostituées, on donne aussitôt une fête splendide, sans mise à l'épreuve, sans temps de pénitence. Cela contredit son sens de la justice. Il a passé sa vie à travailler, et cela semble sans importance en regard du passé impur de l'autre. L'amertume monte en lui : « Il y a tant d'années que je suis à ton service sans avoir jamais désobéi à tes ordres », dit-il à son père, « et jamais tu ne m'as donné un chevreau pour festoyer avec mes amis » (*Lc* 15, 29). Le père est sorti à sa rencontre aussi, et il essaye de le calmer. Le fils aîné ne sait rien de l'itinéraire et des mutations intérieures de son frère, ni du fait qu'il est parti très loin, ni qu'il est tombé très bas avant de se retrouver lui-même. Il ne voit que l'injustice. Et cela montre sans doute que lui aussi avait secrètement rêvé d'une liberté sans limites, qu'au fond de lui, son obéissance l'a rendu amer, et qu'il ne sait rien de la grâce d'être au bercail, de la liberté réelle qui est la sienne en tant que fils. « Toi, mon enfant, tu es toujours avec moi », lui dit le père, « et tout ce qui est à moi est à toi » (*Lc* 15, 31). Il lui explique par là la grandeur d'être fils. Ce sont les mêmes mots que ceux par lesquels Jésus, dans sa prière sacerdotale, décrit sa relation au Père : « Tout ce qui est à moi est à toi comme tout ce qui est à toi est à moi » (*Jn* 17, 10).

La parabole s'interrompt ici sans rien nous dire de la réaction du frère aîné. Il ne peut d'ailleurs en être autrement car, à ce point, c'est la réalité qui fait irruption : à travers ces paroles du père, Jésus s'adresse au cœur des pharisiens et des scribes mécontents, qui s'indignaient de le voir témoigner de la bonté à l'égard des pécheurs (*Lc* 15, 2). On voit à présent très clairement que Jésus identifie sa bonté à l'égard des pécheurs à la bonté du père dans la parabole, et toutes les paroles qui sont mises dans la bouche du père sont celles qu'il adresse lui-même aux hommes pieux. La parabole ne raconte pas une quelconque histoire lointaine, elle traite de ce qui advient par lui ici et maintenant. Il veut gagner le cœur de ses adversaires. Il les invite à entrer dans sa maison et à partager la joie de tous en cette heure du retour au bercail et de la réconciliation. Paul reprend cette invitation et cette demande quand il écrit : « Au nom du Christ, nous vous le demandons, laissez-vous réconcilier avec Dieu » (*2 Co* 5, 20).

Ainsi, la parabole s'inscrit de manière très réaliste dans le contexte historique dans lequel le Christ l'a prononcée, mais en même temps, elle transcende le moment historique, car Dieu continue de nous lancer des appels afin de nous gagner à lui. Mais à qui s'adresse-t-il à présent ? En règle générale, les Pères ont rapporté le thème des deux frères aux relations entre Juifs et païens. Il ne leur a pas été difficile de reconnaître, dans le fils dépravé qui s'est éloigné de Dieu et de lui-même, le monde païen auquel Jésus a ouvert la porte qui mène à la communion avec Dieu dans la grâce et pour lequel il donne alors la fête de son amour. Et il n'était pas difficile non plus de voir dans le frère resté à la maison le peuple d'Israël, qui disait à juste titre : « Il y a tant d'années que je suis à ton service sans jamais avoir transgressé un seul de tes commandements. » C'est dans la fidélité à la Torah que se révèle la fidélité d'Israël, ainsi que son image de Dieu.

L'interprétation qui renvoie aux Juifs n'est pas infondée tant qu'on la prend telle qu'elle est apparue dans le texte : une délicate tentative de Dieu de persuader Israël, tentative qui se trouve totalement entre les mains de Dieu. Remarquons bien que, dans la parabole, le père ne remet pas en question la fidélité du fils aîné, et aussi qu'il le confirme de manière expresse dans son statut de fils : toi, mon enfant, tu es toujours avec moi, et tout ce qui est à moi est à toi. Mais cette même interprétation devient erronée dès lors qu'on en fait une condamnation des Juifs, dont il n'est nullement question dans le texte.

Si l'on peut appliquer la parabole des deux frères à Israël et aux païens comme étant une dimension implicite du texte, il n'en reste pas moins que d'autres dimensions sont présentes. Dans la bouche de Jésus, le discours du frère aîné ne vise pas simplement Israël (les pécheurs qui venaient à lui étaient eux aussi des Juifs), mais il vise la menace spécifique qui pèse sur les hommes pieux, sur ceux qui sont « en règle » avec Dieu, selon l'expression de Grelot (p. 229). Grelot met en évidence la petite phrase : « Jamais je n'ai transgressé un seul de tes commandements. » Pour les pieux, Dieu est avant tout la Loi ; ils se conçoivent dans une relation juridique à Dieu, et sur ce point ils sont à son égal. Mais Dieu est plus grand ; il leur faut se convertir et passer du Dieu-Loi au Dieu plus grand, le Dieu d'amour. Cela ne signifie pas qu'ils renoncent à l'obéissance, mais cette obéissance procédera d'une source plus profonde et elle gagnera donc en grandeur, en ouverture et en pureté, et surtout, elle gagnera en humilité.

En complément, revenons à une perspective déjà abordée. L'amertume ressentie par les hommes de bien à l'égard de Dieu révèle que l'obéissance dont ils font preuve suscite une amertume intérieure qui fait apparaître les limites de cette obéissance : dans leur for intérieur, ils auraient aimé, eux aussi, partir au loin, vers la grande liberté. Ils sont secrètement envieux de ce que l'autre a pu se permettre. Ils n'ont pas parcouru tout ce chemin qui a permis au plus jeune de se purifier et de comprendre ce que signifie la liberté, ce que signifie être fils. En réalité, ils portent leur liberté comme une servitude, sans être parvenus à la maturité de la véritable condition de fils. Eux aussi ont encore besoin de faire du chemin. Ce chemin, ils peuvent le trouver s'ils donnent tout simplement raison à Dieu, s'ils acceptent que sa fête soit aussi la leur. Par cette parabole, le Père nous parle à travers le Christ, à nous qui sommes restés au bercail, afin que, nous aussi, nous nous convertissions vraiment et que nous nous réjouissions de notre foi.

La parabole du riche et du pauvre Lazare (*Lc* 16, 19-31)

Nous trouvons une nouvelle fois dans ce récit l'opposition entre deux personnages : le riche qui fait bombance et mène grande vie, et le pauvre qui ne peut même pas attraper les reliefs que les riches jettent depuis la table du festin : selon la coutume de l'époque, ils se nettoyaient les doigts avec des morceaux de pain qu'ils jetaient ensuite. Certains des Pères de l'Église ont classé cette parabole dans la même catégorie que celle des deux frères et ils l'ont appliquée aux rapports entre Israël (le riche) et l'Église (le pauvre Lazare). Ce faisant, ils ont totalement méconnu le fait qu'il s'agit ici d'une tout autre typologie. On le voit déjà dans les conclusions différentes. Alors que les textes relatifs aux deux frères restent ouverts et qu'ils se terminent sur une question et une invitation, ici, la fin de chacune des deux figures est donnée comme irrévocable.

Pour mieux comprendre ce récit, il nous faut prendre pour arrière-plan la série de psaumes dans lesquels monte devant Dieu la plainte du pauvre : il vit dans la foi en Dieu et dans l'obéissance aux commandements, mais il ne connaît que le malheur, alors que les cyniques, qui méprisent Dieu, volent de succès en succès et jouissent de tous les bonheurs de la terre. Lazare fait partie des pauvres dont nous entendons la voix par exemple dans le Psaume 43 : « Tu fais de nous la fable des nations ; les étrangers haussent les épaules... C'est pour toi qu'on nous massacre sans arrêt, qu'on nous traite en bétail d'abattoir » (*Ps* 43 [44], 15, 23 ; cf. *Rm* 8, 36). À l'origine, la sagesse d'Israël se fondait sur le présupposé que Dieu récompensait le juste et punissait le pécheur, de sorte qu'au péché correspond le malheur et à la justice le bonheur. Au plus tard depuis l'exil, cette sagesse connaissait une crise. Non seulement les souffrances du peuple d'Israël dans son ensemble étaient pires que celles des peuples qui l'entouraient, qui l'avaient contraint à l'exil et qui l'opprimaient, mais, sur le plan privé aussi, il était de plus en plus manifeste que le cynisme payait et que, dans ce monde, le juste était voué à la souffrance. Dans les Psaumes et les Écrits sapientiels tardifs, nous assistons à la lutte pour résoudre cette contradiction, à une tentative nouvelle de devenir « sage », de comprendre la vie de manière juste, de trouver et de comprendre à nouveau Dieu, ce Dieu apparemment injuste ou tout simplement absent.

On peut considérer d'une certaine manière que l'un des textes qui montre cette lutte avec le plus d'insistance, le Psaume 72 [73], constitue l'arrière-plan culturel de notre parabole. Nous y voyons littéralement apparaître devant nous le personnage du riche dont l'homme en prière, Lazare, se plaint : « J'étais jaloux des superbes, je voyais le succès des impies. Jusqu'à leur mort, ils ne manquent de rien, ils jouissent d'une santé parfaite ; ils échappent aux souffrances des hommes, aux coups qui frappent les mortels. Ainsi, l'orgueil est leur collier... leurs yeux qui brillent de bien-être trahissent les envies de leur cœur... Leur bouche accapare le ciel, et leur langue parcourt la terre. Ainsi, le peuple se détourne vers la source d'une telle abondance. Ils disent : comment Dieu saurait-il ? le Très-Haut, que peut-il savoir ? » (*Ps* 72 [73], 3-11)

Le juste qui souffre et qui voit tout cela court le danger d'être désorienté dans sa foi. Dieu ne voit-il vraiment rien ? N'entend-il pas ? Ne se préoccupe-t-il pas du sort des hommes ? « Vraiment, c'est en vain que j'ai gardé mon cœur pur [...] Me voici frappé chaque jour, châtié dès le matin [...] Oui, mon cœur s'aigrissait » (*Ps* 73 [72], 13s). Le revirement s'opère lorsque, dans le sanctuaire, le juste qui souffre tourne son regard vers Dieu et que ce regard tourné vers Dieu lui permet d'élargir sa perspective. Il voit maintenant que l'apparente ingéniosité qui assure le succès des cyniques, quand on y regarde de près, s'avère être une stupidité. Ce genre de sagesse signifie être « stupide, comme une bête » (*Ps* 73 [72], 22). Ces hommes-là restent enfermés dans une perspective animale, ils ont perdu la perspective de l'homme, qui va au-delà de la sphère matérielle et qui mène à Dieu et à la vie éternelle.

Un autre Psaume nous vient à l'esprit, dans lequel un homme persécuté conclut ainsi : « Réserve-leur de quoi les rassasier : que leurs fils en soient saturés... Et moi, par ta justice, je verrai ta face : au réveil, je me rassasierai de ton visage » (*Ps* 16 [17], 14-15). Deux formes de rassasiement s'opposent ici : être rassasié de bien matériels et se rassasier du visage de Dieu, le rassasiement du cœur par la rencontre avec l'amour divin qui est infini. « Au réveil » renvoie à l'éveil qui mène au renouveau de vie éternelle, mais se réfère aussi à un « réveil » plus profond dans le monde d'ici-bas : l'éveil à la vérité, qui offre dès maintenant à l'homme une nouvelle façon de se rassasier.

Ce réveil qui a lieu dans la prière est le thème du Psaume 73 [72]. Car l'homme en prière voit que le bonheur des cyniques qu'il envie tant n'est qu'un « songe au sortir du sommeil » ; il voit que le Seigneur, quand il se réveille, chasse leur image (cf. *Ps* 73 [72], 20). Et il connaît maintenant ce qu'est le réel bonheur : « Moi, je suis toujours avec toi, avec toi qui as saisi ma main droite... Qui donc est pour moi dans le ciel si je n'ai, même avec toi, aucune joie sur la terre ?... Pour moi, il est bon d'être proche de Dieu » (*Ps* 73 [72], 23.25.28). Il ne s'agit pas d'une espérance consolatrice de l'au-delà, mais d'un éveil à la vraie grandeur de la condition humaine, dont bien sûr la vocation à la vie éternelle est partie intégrante.

En dépit des apparences, nous ne nous sommes pas éloignés de notre parabole. En réalité, par ce récit, le Seigneur veut précisément nous conduire sur le chemin de ce « réveil », qui s'exprime dans les Psaumes. Il ne s'agit pas d'une condamnation mesquine de la richesse des riches née de l'envie. Dans les Psaumes que nous venons brièvement de méditer, toute envie est surmontée : parce qu'il a reconnu le bien véritable, l'homme qui prie comprend justement qu'envier cette sorte de richesse est stupide. Après la crucifixion de Jésus, nous rencontrons deux hommes fortunés, Nicodème et Joseph d'Arimathie, qui ont trouvé le Seigneur et qui sont « sur le chemin du réveil ». Le Seigneur veut nous amener d'une ingéniosité stupide à la vraie sagesse, nous apprendre à reconnaître le bien véritable. Et même si notre texte ne le dit pas expressément, nous pouvons sans doute dire, en partant des Psaumes, que, dans ce monde-ci déjà, le riche était un homme au cœur vide qui, en faisant bombance, cherchait seulement à étouffer le vide qui était en lui : dans l'au-delà, la seule vérité qui se manifeste est celle qui présidait déjà ici-bas. Naturellement, cette parabole qui nous exhorte à nous réveiller est aussi un appel à la responsabilité et à l'amour que nous devons prodiguer maintenant à nos frères pauvres, tant à l'échelle de la société du monde entier que dans notre petite vie quotidienne.

Dans la description de l'au-delà qui suit, Jésus s'en tient aux représentations en vigueur dans le judaïsme de son époque. Dans cette mesure, il ne faut pas forcer cette partie du texte, car Jésus se sert d'éléments imagés déjà existants sans pour autant en faire formellement son enseignement sur l'au-delà. Par contre, il reprend très clairement à son compte la substance des images. Il n'est donc pas dénué d'importance que Jésus reprenne ici les idées qui s'étaient entre-temps généralisées dans la foi juive sur l'existence d'un état intermédiaire entre mort et résurrection. Le riche se trouve dans le séjour provisoire des morts, l'*hadès*, et non pas dans la « géhenne » (l'enfer), qui est le nom donné au séjour définitif[13]. « Ressusciter des morts » ne fait pas partie de la vision de Jésus. Mais comme nous l'avons dit, l'enseignement que veut nous dispenser le Seigneur par cette parabole est autre. Comme Jeremias l'a montré de façon convaincante, il s'agit plutôt, dans un second sommet de la parabole, de l'exigence d'un signe visible.

L'homme riche s'adresse des profondeurs de l'Hadès à Abraham, lui demandant ce que tant d'hommes, hier comme aujourd'hui, disent ou aimeraient dire à Dieu : si tu veux que nous croyions en toi et que nous organisions notre vie en fonction de la Révélation biblique, manifeste-toi de façon plus claire. Envoie-nous quelqu'un de l'au-delà pour nous dire ce qu'il en est vraiment. Ce problème de l'exigence d'un signe visible, de l'exigence d'une plus grande évidence dans la manifestation de la Révélation, traverse tout l'Évangile. La réponse d'Abraham est claire, tout comme celle que donne Jésus en dehors de cette parabole à l'exigence d'un signe visible formulée par ses contemporains : quiconque ne croit pas en la parole de l'Écriture ne croira pas non plus quelqu'un qui reviendrait de l'au-delà. Les vérités les plus élevées, on ne peut les faire entrer dans le moule de l'évidence empirique, propre aux seules choses matérielles.

Abraham ne peut envoyer Lazare dans la maison du père de l'homme riche. Mais ici, quelque chose nous frappe. Nous pensons à la résurrection de Lazare de Béthanie, dont parle l'Évangile selon saint Jean. Que se passe-t-il ? « Les nombreux Juifs qui étaient venus [...] crurent en lui », nous dit l'évangéliste. Ils vont trouver les pharisiens pour leur raconter ce qui s'est passé, sur quoi le grand sanhédrin se réunit pour délibérer. Là, on envisage l'affaire sous son angle politique. Un mouvement populaire qui naîtrait dans ces conditions risquerait de provoquer une intervention des Romains et d'entraîner une situation dangereuse. Il est donc décidé de tuer Jésus : le miracle ne conduit pas à la foi, mais à l'endurcissement (cf. *Jn* 11, 45-53).

Poursuivons notre réflexion. Derrière le personnage de Lazare, couché, couvert de plaies, devant la porte de l'homme riche, ne reconnaissons-nous pas le mystère de Jésus qui « a souffert sa Passion en dehors de l'enceinte de la ville » (*He* 13, 12) et qui, étendu nu sur la croix, était livré aux railleries et au mépris de la foule, le corps « couvert de sang et de blessures » : « Et moi, je suis un ver, pas un homme, raillé par les gens, rejeté par le peuple » (*Ps* 21 [22], 7).

Ce Lazare réel *est* ressuscité, il est venu pour nous le dire. Si donc nous considérons l'histoire de Lazare comme la réponse de Jésus à l'exigence de signes visibles formulée par ses contemporains, nous nous trouvons en harmonie avec la réponse centrale que Jésus donne à cette exigence. Voici ce qu'en dit Matthieu : « Cette génération mauvaise et adultère réclame un signe, mais, en fait de signe, il ne sera donné que celui du prophète Jonas. Car Jonas est resté dans le ventre du monstre marin trois jours et trois nuits ; de même le Fils de l'homme restera au cœur de la terre trois jours et trois nuits » (*Mt* 12, 39-40). Chez Luc, nous lisons : « Cette génération est une génération mauvaise : elle demande un signe, mais en fait de signe, il ne lui sera donné que celui de Jonas. Car Jonas a été un signe pour les habitants de Ninive ; il en sera de même avec le Fils de l'homme pour cette génération » (*Lc* 11, 29-30).

Il est inutile ici d'analyser les différences entre les deux versions. Une chose est claire : le signe de Dieu à l'intention des hommes est le Fils de l'homme, Jésus lui-même. Et il est ce signe, au sens le plus profond, dans son mystère pascal, dans le mystère de sa mort et de sa résurrection. Il est lui-même « le signe de Jonas ». Lui le crucifié et le Ressuscité, il est le vrai Lazare : croire en lui, en ce grand signe divin, et le suivre, voilà ce à quoi nous invite cette parabole, qui est plus qu'une parabole. Car elle parle de la réalité, de la réalité décisive de l'histoire par excellence.

8

LES GRANDES IMAGES
DE L'ÉVANGILE DE JEAN

1. *Introduction : la question johannique*

Jusqu'à présent, dans notre tentative d'écouter Jésus et d'apprendre ainsi à le connaître, nous nous en sommes largement tenu au témoignage des Évangiles synoptiques (Matthieu, Marc, Luc), en ne jetant qu'un regard épisodique sur Jean. Il est donc temps de porter notre attention sur l'image de Jésus que propose le quatrième évangéliste, à maints égards différente.

En écoutant le Jésus des Évangiles synoptiques, nous avons vu que le mystère de son union avec le Père était toujours présent et qu'il déterminait l'ensemble, tout en restant caché sous son humanité. D'une part, ses adversaires ont eu la vigilance de le constater. D'autre part, en dépit de tous les malentendus, les disciples qui ont pu voir Jésus en prière et qui ont pu l'approcher de l'intérieur ont commencé à discerner progressivement, et dans les grands moments de façon très immédiate, une chose inouïe. Chez Jean, la divinité de Jésus se manifeste au grand jour. Dans leur ensemble, les polémiques avec les instances juives du

Temple anticipent quasiment le procès de Jésus devant le sanhédrin, que Jean ne mentionne même plus expressément, contrairement aux Évangiles synoptiques.

Cette spécificité de l'Évangile de Jean, où nous ne trouvons plus de paraboles mais de grands discours imagés, et où le lieu principal de l'action de Jésus est transféré de Galilée à Jérusalem, a incité la recherche critique moderne à dénier à ce texte toute historicité, à l'exception du récit de la Passion et de quelques détails, et de le considérer par conséquent comme une reconstruction théologique tardive. Il nous transmettrait l'état d'une christologie fortement développée, sans pour autant pouvoir être une source de connaissances pour le Jésus historique. Les datations tardives radicales qu'on a tentées pour faire droit à cette hypothèse ont dû être abandonnées, parce que des papyrus trouvés en Égypte, qu'il faut dater du début du IIe siècle, ont fourni la preuve que cet Évangile a dû être rédigé au cours du Ier siècle, même si c'est à sa toute fin. Le refus de prendre en compte le caractère historique de cet Évangile n'en a pourtant pas été ébranlé.

Pour l'exégèse de l'Évangile de Jean, le commentaire de Rudolf Bultmann, paru pour la première fois en 1941, a eu une grande influence tout au long de la deuxième moitié du XXe siècle. Pour lui, il est évident que les tendances marquantes de l'Évangile de Jean ne proviennent ni de l'Ancien Testament, ni du judaïsme de l'époque de Jésus, mais de la gnose. Il le formule ainsi : « Cependant, l'idée d'une incarnation du rédempteur n'est pas passée du christianisme dans la gnose, elle est d'origine gnostique. Elle a été reprise très tôt par le christianisme qui l'a rendue féconde pour la christologie[1]. » Ou encore : « Le logos absolu ne peut provenir que de la gnose[2]. »

246

Le lecteur se demande d'où il tient tout cela. La réponse de Bultmann est étonnante : « Même s'il faut pour l'essentiel reconstituer l'ensemble de cette conception à partir de sources postérieures à Jean, il est indiscutable qu'elles remontent à une époque antérieure[3]. » C'est là que Bultmann se trompe. Dans sa conférence inaugurale à Tübingen, intitulée *Le Fils de Dieu,* publiée dans une édition augmentée en 1975, Martin Hengel a qualifié « le prétendu mythe de l'envoi du Fils de Dieu dans le monde » comme un « mythe pseudo-scientifique », disant : « En réalité, les sources ne fournissent aucune preuve d'un mythe gnostique sur le Rédempteur qui serait chronologiquement antérieur et donc préchrétien[4]. » « En tant que mouvement spirituel, la gnose apparaît, au plus tôt, à la fin du Ier siècle après Jésus Christ, et sous une forme développée seulement au IIe siècle[5]. »

Dans la génération après Bultmann, la recherche johannique a pris une orientation radicalement nouvelle, dont les résultats sont amplement discutés et présentés dans le livre de Martin Hengel, *Die johanneische Frage*[6] (*La Question johannique*). Si, à partir de l'état actuel de la recherche, nous jetons un regard en arrière sur l'interprétation de Jean faite par Bultmann, nous découvrons une fois de plus à quel point une haute scientificité est un faible rempart contre des erreurs profondes. Mais que nous dit la recherche actuelle ?

Elle a définitivement confirmé et développé ce que Bultmann, au fond, savait déjà. Le quatrième Évangile repose sur des connaissances extraordinairement précises des lieux et de l'époque. Il ne peut provenir que de quelqu'un qui avait une bonne connaissance de la Palestine au temps de Jésus. Par ailleurs, il s'est avéré que l'Évangile raisonne et argumente entièrement à partir de l'Ancien Testament, à partir de la Torah (Rudolf Pesch[7]) et qu'il est donc, par sa façon d'argumenter, profondément ancré dans le judaïsme de l'époque de Jésus. Le langage de l'Évangile, que Bultmann considérait comme « gnostique », montre clairement cet enracinement profond du livre. « L'œuvre est écrite dans un grec simple, non littéraire, celui de la *koinè*, saturé du langage de la piété juive, comme celui qui était parlé dans les couches moyenne et supérieure, par exemple à Jérusalem... mais où, en même temps, on priait, discutait et lisait l'Écriture dans la "langue sacrée"[8]. »

Hengel signale aussi que « s'était formée à l'époque d'Hérode, à Jérusalem, une couche supérieure juive, plus ou moins hellénisée et dotée d'une culture spécifique[9] » si bien qu'il situe l'origine de l'Évangile dans l'aristocratie sacerdotale de Jérusalem[10]. On peut en trouver la confirmation dans une petite remarque qu'on lit chez Jean (cf. 18, 15). On y raconte comment Jésus, après son arrestation, est conduit devant le grand prêtre et comment, entre-temps, Simon-Pierre « et un autre disciple » avaient suivi Jésus afin de savoir ce qui allait se passer. De « l'autre disciple », il est dit : « Comme ce disciple était connu du grand prêtre, il entra avec Jésus dans la cour de la maison du grand prêtre. » Ses relations dans la maison du grand prêtre étaient telles qu'il pouvait y faire aussi entrer Pierre, créant ainsi, il est vrai, la situation qui devait conduire ce dernier au reniement. Le cercle des disciples allait donc même jusqu'à inclure des membres de l'aristocratie sacerdotale, dont la langue était dans une large mesure celle de l'Évangile.

Cela nous conduit à deux questions fondamentales qui constituent en fin de compte tout l'enjeu de la question

« johannique ». Qui est l'auteur de cet Évangile ? Qu'en est-il de sa crédibilité historique ? Essayons d'aborder la première question. Dans le récit de la Passion, l'Évangile lui-même se prononce clairement là-dessus. Il est dit qu'un des soldats frappa Jésus au côté avec sa lance « et aussitôt il en sortit du sang et de l'eau ». Les paroles qui suivent ont un poids particulier : « Celui qui a vu rend témoignage, afin que vous croyiez vous aussi. Son témoignage est véridique et le Seigneur sait qu'il dit vrai » (*Jn* 19, 35). L'Évangile affirme se fonder sur un témoin oculaire, et il est évident que ce témoin est justement le disciple dont il est dit auparavant qu'il se tenait près de la croix et qu'il était le disciple que Jésus aimait (cf. *Jn* 19, 26). En Jean 21, 24, ce disciple est encore nommé comme l'auteur de l'Évangile. Par ailleurs, nous le rencontrons en Jean 13, 23 ; 20, 2-10 ; 21, 7 et sans doute aussi en Jean 1, 35.40 et 18, 15-16.

Dans le récit du lavement des pieds, ces énoncés concernant l'origine extérieure de l'Évangile s'approfondissent pour fournir une indication sur sa source interne. Il y est dit de ce disciple que lors de la Cène, il avait sa place à côté de Jésus et que lors de l'interrogation sur l'identité de celui qui trahira, il « se penche donc sur la poitrine de Jésus » (13, 25). Cette expression est formulée comme un parallèle voulu avec la fin du prologue de Jean où il est dit à propos de Jésus : « Dieu, personne ne l'a jamais vu ; le Fils unique, qui est dans le sein du Père, c'est lui qui a conduit à le connaître » (1, 18). Tout comme Jésus, le Fils, connaît le mystère du Père en étant dans son sein, l'évangéliste, du fait de se pencher sur sa poitrine, a pu tirer sa connaissance en quelque sorte du cœur de Jésus.

Mais qui est donc ce disciple ? L'Évangile ne l'identifie jamais directement par son nom. En liaison avec Pierre et avec d'autres vocations de disciples, le texte nous oriente vers la personne de Jean, fils de Zébédée, sans pour autant expliciter cette identification. Manifestement, il laisse consciemment planer un mystère. L'Apocalypse (cf. 1, 1-4), il est vrai, indique clairement Jean comme auteur, mais malgré la relation étroite entre l'Apocalypse, l'Évangile et les Lettres, il n'est pas sûr qu'il s'agisse d'un seul et même auteur.

Dans sa vaste théologie du Nouveau Testament, l'exégète évangélique Ulrich Wilckens a récemment encore défendu la thèse qu'il ne fallait pas considérer le « disciple bien-aimé » comme une figure historique, mais comme représentant fondamentalement une structure de la foi : « "L'Écriture seule" n'existe pas sans la "voix vivante" de l'Évangile, et celui-ci n'existe pas sans le témoignage individuel d'un chrétien doté de la fonction et de l'autorité du "disciple bien-aimé", en qui le ministère et l'esprit se conjuguent et se conditionnent mutuellement [11]. » Cette affirmation portant sur la structure a beau être juste, elle n'en reste pas moins insuffisante. Si, dans l'Évangile, le disciple bien-aimé prend expressément la fonction de témoin de la vérité – ce qui s'est produit –, il se présente comme une personne vivante. En tant que témoin, il veut se faire le garant d'événements historiques et il prétend ainsi lui-même au rang de personnage historique, car sinon, ces phrases qui déterminent l'objectif et la qualité de l'Évangile tout entier se vident de leur sens.

Depuis Irénée de Lyon († 202), la tradition de l'Église considère unanimement Jean, le fils de Zébédée, comme le disciple bien-aimé et comme l'auteur de l'Évangile. Cela est conforme aux éléments d'identification contenus dans l'Évangile, qui, de toute façon, nous renvoient à un apôtre et compagnon de Jésus, du Baptême dans le Jourdain à la dernière Cène, de la Croix à la Résurrection.

Il est vrai qu'à l'époque moderne, on a mis de plus en plus en doute cette identification. Est-il possible que lui, le pêcheur du lac de Génésareth, ait pu rédiger ce sublime Évangile qui, par ses visions, plonge au plus profond du mystère de Dieu ? Lui, ce pêcheur de Galilée, a-t-il pu être lié à l'aristocratie sacerdotale de Jérusalem, à sa langue et à sa façon de penser, comme le fut, en effet, l'évangéliste ? A-t-il pu être apparenté à la famille du grand prêtre, comme le suggère le texte (cf. *Jn* 18, 15) ?

Après les recherches de Jean Colson, de Jacques Winandy et de Marie-Émile Boismard, l'exégète français Henri Cazelles, en étudiant la sociologie du sacerdoce du Temple avant sa destruction, a montré qu'une telle identification était tout à fait plausible. Les classes sacerdotales officiaient par roulement deux fois par an, à raison d'une semaine chacune. Après avoir terminé son service, le prêtre retournait dans son pays : de manière courante, il exerçait aussi une profession lui permettant de gagner sa vie. D'ailleurs, il ressort de l'Évangile que Zébédée n'était pas un simple pêcheur, mais qu'il faisait travailler plusieurs journaliers. C'est pourquoi ses fils avaient la possibilité de s'en aller. « Zébédée peut tout à fait avoir été prêtre, tout en ayant son domaine en Galilée, où la pêche dans le lac l'aide à gagner sa subsistance. Il avait sans doute seulement un pied-à-terre à côté ou dans le quartier de Jérusalem habité par les esséniens [12]. » « Ce repas justement, pendant lequel un des disciples était penché sur la poitrine de Jésus, se produisit dans un lieu qui se trouvait, selon toute vraisemblance, dans un quartier de la ville habité par des esséniens » – dans le « pied-à-terre » du prêtre Zébédée, qui laissa « la pièce supérieure à Jésus et aux Douze »[13]. Dans la contribution de Cazelles, une autre remarque nous intéresse : selon la coutume juive, le maître de maison ou comme ici, en son absence, son fils aîné, « était assis à la droite de l'invité, la tête penchée contre la poitrine de celui-ci[14] ».

Si l'état actuel de la recherche nous permet tout à fait de voir en Jean, le fils de Zébédée, ce témoin qui répond solennellement de son témoignage oculaire (cf. 19, 35) en s'identifiant ainsi comme le véritable auteur de l'Évangile, il n'en reste pas moins que la complexité de la rédaction du texte soulève d'autres questions.

Dans ce contexte, nous devons considérer une information de l'historien de l'Église Eusèbe de Césarée (mort vers 338). Eusèbe nous parle d'un ouvrage en cinq volumes de l'évêque Papias d'Hiérapolis, mort vers 220, qui y aurait écrit que lui-même n'avait pas connu ou vu personnellement les saints apôtres, mais qu'il avait reçu la doctrine de la foi de personnes proches des apôtres. Il y mentionne d'autres personnes qui auraient également été des disciples du Seigneur, citant les noms d'Aristion et d'un prêtre Jean. Ce qui est important c'est qu'il distingue entre l'apôtre et l'évangéliste Jean d'une part, et le prêtre Jean d'autre part. Alors qu'il n'aurait pas connu personnellement le premier, il aurait personnellement rencontré le second[15].

Cette information est digne d'attention ; d'elle et d'autres indices proches, il ressort qu'il existait, à Éphèse, une sorte d'école johannique qui se réclamait du disciple bien-aimé de Jésus, mais où cependant un certain « prêtre Jean » était l'autorité déterminante. Ce « prêtre » Jean apparaît dans la deuxième (1, 1) et la troisième Lettre (1, 1) de saint Jean comme expéditeur et auteur de la Lettre, mais simplement sous le titre « le prêtre » (l'Ancien), sans indiquer le nom de Jean. Manifestement, il n'est pas identique à l'apôtre, et ainsi nous rencontrons ici, expressément dans le texte canonique, la figure mystérieuse du prêtre. Il a dû être très proche de l'apôtre et il a peut-être même connu Jésus lui-même. Après la mort de l'apôtre, il passait tout à fait pour le porteur de son héritage. Dans la mémoire, les deux figures ont fini par se confondre. En tout cas, nous pouvons attribuer au « prêtre Jean » une fonction essentielle dans la rédaction définitive de l'Évangile, lors de laquelle il se savait toujours le dépositaire fidèle de la tradition transmise par le fils de Zébédée.

Je peux adhérer avec conviction à la conclusion que Peter Stuhlmacher a tirée des éléments que je viens d'exposer. Il estime que « le contenu de l'Évangile remonte au disciple que Jésus aimait (particulièrement). Le prêtre s'est considéré comme son relais et son porte-parole [16] ». Dans une perspective similaire, Eugen Ruckstuhl et Peter Dschullnig disent : « L'auteur de l'Évangile selon Jean est en quelque sorte le légataire du disciple bien-aimé [17]. »

Constatant cela, nous avons déjà fait un pas décisif dans la question de la véracité historique du quatrième Évangile. Derrière lui, il y a finalement un témoin oculaire, et la rédaction concrète a été faite dans le cercle vivant de ses disciples, et de façon déterminante par un disciple qui lui était proche.

Toujours dans cette perspective, Stuhlmacher écrit que « dans l'école johannique on a continué à cultiver le style de pensée et d'enseignement qui, avant Pâques, a été déterminant pour les entretiens didactiques de Jésus avec Pierre, Jacques et Jean (ainsi qu'avec le groupe des Douze dans son ensemble)... La tradition synoptique fait entrevoir comment les apôtres et leurs disciples ont parlé de Jésus dans l'enseignement missionnaire et communautaire de l'Église, alors que dans le cercle de Jean, sur la base et dans le cadre de cet enseignement, on a poussé la réflexion "en s'expliquant" le mystère de la révélation du dévoilement de Dieu lui-même "dans le fils" [18] ». Ici, il faudrait tout de même remarquer que, selon le texte de l'Évangile lui-même, nous avons moins affaire à des entretiens didactiques internes de Jésus, qu'à son conflit avec l'aristocratie du Temple, dans lequel se déroule, d'avance, son procès. Sous des formes diverses, la question « Es-tu le Messie, le Fils du Dieu béni ? » (*Mc* 14, 61) occupe alors progressivement et nécessairement le centre de tout ce conflit, dans lequel se manifeste et ne cesse de se manifester, de façon toujours plus dramatique, la revendication de Jésus à être le Fils.

Il est surprenant que Hengel, qui nous a tant appris sur l'enracinement historique de l'Évangile dans l'aristocratie sacerdotale de Jérusalem et donc sur le contexte réel de la vie de Jésus, reste étonnamment négatif ou – pour ne pas dire plus – extrêmement prudent en ce qui concerne le diagnostic qu'il porte sur le caractère historique du texte. Il dit : « Le quatrième Évangile est largement, *mais pas entièrement,* une "œuvre poétique de Jésus" [...] Ici, le scepticisme radical nous induit autant en erreur que la confiance naïve. D'une part, tout ce qui n'est pas avéré historiquement n'est pas forcément de la fiction. D'autre part, pour l'évangéliste (et son école), le dernier mot n'appartient pas au souvenir "historique" banal d'un passé, mais au Paraclet, qui interprète et conduit à la vérité [19]. » Apparaît alors cette question : que signifie cette opposition ? Qu'est-ce qui rend le souvenir historique banal ? Est-ce que la vérité du souvenir importe ou non ? Et quelle est la vérité à laquelle le Paraclet peut conduire, s'il laisse la dimension historique derrière lui, la considérant comme banale ?

Le caractère problématique d'une telle opposition ressort de façon encore plus drastique de l'analyse de l'exégète catholique Ingo Broer : « L'Évangile de Jean se présente à nous comme une *œuvre littéraire*, qui témoigne de la foi et qui veut fortifier la foi, et non pas comme un témoignage historique [20]. » De quelle foi porte-t-il « témoignage », s'il laisse l'histoire, pour ainsi dire, derrière lui ? Comment fortifie-t-il la foi s'il se présente, et ceci avec insistance, comme un témoignage historique, sans faire pour autant un récit historique ? Je pense que nous nous trouvons ici devant une fausse conception de la dimension historique et devant une fausse conception de la foi et du Paraclet lui-même : une foi qui abandonne ainsi la dimension historique devient réellement de la « gnose ». Elle abandonne la chair, l'incarnation – la véritable histoire justement.

Si l'on entend par « historique » que les discours rapportés de Jésus doivent, pour ainsi dire, avoir le caractère d'un procès-verbal enregistré avec un magnétophone afin de pouvoir être reconnus comme « historiquement » authentiques, alors les discours de l'Évangile de Jean ne sont pas « historiques ». Mais le fait qu'ils ne prétendent pas à ce genre de littéralité ne signifie nullement qu'ils sont pour autant des œuvres poétiques sur Jésus, qu'on aurait progressivement élaborées dans le cercle de l'école johannique, en faisant valoir par la suite qu'on aurait été guidé par le Paraclet. La véritable prétention de l'Évangile est d'avoir rendu correctement les discours de Jésus, le témoignage de Jésus lui-même dans les grandes querelles de Jérusalem, de sorte que le lecteur rencontre vraiment le contenu décisif de ce message et, en lui, la figure authentique de Jésus.

Nous nous approchons du fond du problème et nous pouvons préciser de quel genre d'historicité il s'agit dans le quatrième Évangile si nous portons notre attention sur la corrélation des différents facteurs que Hengel considère comme déterminants pour la composition du texte. Pour lui, il y a d'abord dans cet Évangile « la volonté théologique créatrice, son souvenir personnel », « la tradition ecclésiastique et ainsi en même temps la réalité historique », dont Hengel dit de façon surprenante que l'évangéliste l'aurait « modifiée, voire, disons-le, violée ». Ce n'est pas, nous l'avons déjà vu, « le souvenir d'un passé, mais le Paraclet qui interprète et conduit à la vérité »... qui aurait « le dernier mot »[21].

La façon dont Hengel juxtapose et, à certains égards, oppose ces cinq éléments ne produit pas un ensemble doté d'une véritable cohérence. Car comment le Paraclet peut-il avoir le dernier mot, si l'évangéliste a commencé par violer la vérité historique ? Quelles sont les relations entre la volonté créatrice de l'évangéliste, sa prédication personnelle et la tradition de l'Église ? Est-ce que la volonté créatrice est plus déterminante que le souvenir, en sorte qu'on puisse violer en son nom la réalité ? Comment se légitime alors cette volonté créatrice ? Comment s'accorde-elle avec le Paraclet ?

Je pense que les cinq éléments décrits par Hengel sont effectivement les forces essentielles ayant déterminé la composition de l'Évangile, mais qu'il faut changer leur corrélation interne et modifier par conséquent le sens de chacune de ces forces.

Tout d'abord, les éléments 2 et 4, c'est-à-dire le souvenir personnel et la réalité historique, sont liés. Ils forment ce que les Pères ont qualifié de *factum historicum* déterminant le « sens littéral » d'un texte. C'est l'aspect extérieur de l'événement que l'évangéliste connaît en partie grâce à son souvenir personnel, en partie grâce à la tradition de l'Église – il connaissait bien sans aucun doute les Évangiles synoptiques dans une version ou dans une autre. Il veut parler en tant que « témoin » d'un événement. Personne n'a autant insisté sur cette dimension de l'événement, sur la « chair » de l'histoire, que Jean : « Ce que nous avons entendu, ce que nous avons contemplé de nos yeux, ce que nous avons vu et que nos mains ont touché, c'est le Verbe, la Parole de la vie. Oui, la vie s'est manifestée, nous l'avons contemplée, et nous portons témoignage : nous vous annonçons cette vie éternelle qui était auprès du Père et qui s'est manifestée à nous. Ce que nous avons contemplé, ce que nous avons entendu, nous vous l'annonçons à vous aussi » (*1 Jn* 1, 1-3).

Ces deux facteurs, la réalité historique et le souvenir, conduisent d'eux-mêmes vers le troisième et le cinquième élément que Hengel désigne ainsi : la tradition ecclésiale et le Paraclet comme guide. Car chez l'auteur de l'Évangile, le souvenir est d'une part fortement personnalisé, comme nous le montre l'expression à la fin de la scène de la Crucifixion (cf. *Jn* 19, 35), mais d'autre part ce n'est jamais un simple souvenir privé, mais un souvenir dans et avec le « nous » de l'Église : « Ce que *nous* avons entendu, ce que nous avons contemplé de nos yeux, ce que nous avons vu et que nos mains ont touché ». Chez Jean, le sujet du souvenir est toujours le « nous », il se souvient dans et avec la communauté des disciples, dans et avec l'Église. Autant l'auteur s'avance en tant qu'individu et témoin, autant le sujet du souvenir, qui prend la parole ici, est toujours le « nous » de la communauté des disciples, le « nous » de l'Église. Tout comme le souvenir qui constitue le fondement de l'Évangile se trouve purifié et approfondi par l'insertion dans la mémoire de l'Église, la mémoire purement banale des faits se trouve effectivement dépassée.

Dans trois passages importants de son Évangile, Jean a recours au mot « se rappeler », nous livrant ainsi la clé pour comprendre ce que signifie dans son texte la « mémoire ». Dans le récit où Jésus chasse les marchands du Temple, se trouve l'expression : « Ses disciples se rappelèrent cette parole de l'Écriture : "L'amour de ta maison fera mon tourment" (*Ps* 69 [68], 10) » (*Jn* 2, 17). L'événement réveille le souvenir d'une parole de l'Écriture, devenant ainsi intelligible au-delà de sa facticité. La mémoire met en lumière le sens du fait, le rendant ainsi signifiant. Il se manifeste comme un fait dans lequel se trouve du *logos*, qui vient du *logos* et qui nous introduit en lui. Le lien entre l'action et la passion de Jésus d'une part, et la parole de Dieu d'autre part se manifeste, et ainsi le mystère de Jésus lui-même devient intelligible.

Dans le récit de la purification du Temple, suit alors le moment où Jésus annonce qu'il relèvera, en trois jours, le Temple détruit. L'évangéliste commente ainsi : « Aussi, quand il ressuscita d'entre les morts, ses disciples se rappelèrent-ils qu'il avait dit cela ; ils crurent aux prophéties de l'Écriture et à la parole que Jésus avait dite » (*Jn* 2, 22). La résurrection réveille le souvenir, et le souvenir, éclairé par la lumière de la résurrection, fait apparaître le sens du mot resté incompris en le plaçant de nouveau dans le contexte de l'Écriture dans son ensemble. L'unité du *logos* et du *factum* est le point que vise l'Évangile.

Le dimanche des Rameaux, le mot revient encore une fois. On y raconte que Jésus avait trouvé un ânon sur lequel il était monté : « Il accomplissait ainsi l'Écriture : N'aie pas peur, fille de Sion. Voici ton roi qui vient, monté sur le petit d'une ânesse » (*Za* 9, 9) (*Jn* 12, 14-15). L'évangéliste remarque à ce propos : « Les disciples de Jésus ne comprirent pas sur le moment ; mais, quand il eut été glorifié, ils se rappelèrent que l'Écriture disait cela de lui, et que c'était bien ce qu'on avait fait pour lui » (*Jn* 12, 16). Une fois de plus, on rapporte un événement qui apparaît d'abord comme un simple fait. Et une fois de plus, l'évangéliste nous dit qu'après la résurrection, les disciples reçurent une lumière qui leur rendait le fait intelligible. Dès lors, ils se « rappellent ». Une parole de l'Écriture, auparavant sans signification pour eux, devient dès lors intelligible dans son sens prévu par Dieu, tout en donnant sa signification à l'événement extérieur.

La résurrection enseigne une nouvelle façon de voir. Elle dévoile le lien entre les paroles des prophètes et le destin de Jésus. Elle réveille le « souvenir », c'est-à-dire qu'elle permet d'entrer dans la face intérieure des événements, dans le lien entre la parole de Dieu et l'action de Dieu.

À travers ces passages, l'évangéliste nous fournit lui-même les indices déterminants quant à la composition de son Évangile et quant à la vision dont il est issu. Il repose sur le souvenir du disciple qui est alors un « se souvenir ensemble » dans le « nous » communautaire de l'Église. Ce souvenir est une compréhension guidée par le Saint-Esprit. En se souvenant, le croyant entre dans la dimension profonde de ce qui est advenu et il voit ce qui tout d'abord n'était pas visible de l'extérieur. Mais par là, il ne s'éloigne pas de la réalité, il la comprend plus profondément et il voit ainsi la vérité qui se cache dans le fait. Dans le souvenir de l'Église, advient ce que le Seigneur avait prédit aux siens au Cénacle : « Quand il viendra, lui, l'Esprit de vérité, il vous guidera vers la vérité tout entière » (*Jn* 16, 13).

Ce que Jean dit dans son Évangile concernant le fait de se souvenir, qui devient compréhension et chemin vers « la vérité tout entière », est très proche de ce que Luc rapporte à propos du souvenir de la mère de Jésus. En trois points du récit de l'enfance, Luc nous décrit le déroulement du « souvenir ». Tout d'abord dans le récit de l'annonciation, par l'archange Gabriel, de la conception de Jésus, Luc nous dit que Marie fut très troublée par la salutation et qu'elle engagea un « dialogue » intérieur, se demandant ce que cela pouvait signifier. Les passages les plus importants se trouvent dans le récit sur l'adoration des bergers, où l'évangéliste nous dit : « Marie, cependant, retenait tous ces événements et les méditait dans son cœur » (*Lc* 2, 19). À la fin du récit sur Jésus à l'âge de douze ans, on lit encore : « Sa mère gardait dans son cœur tous ces événements » (*Lc* 2, 51). La mémoire de Marie retient d'abord les événements dans le souvenir, mais elle est plus que cela. Elle est une fréquentation intérieure de l'événement. Ainsi, elle pénètre dans la dimension intérieure en voyant les choses dans leur contexte et en apprenant à les comprendre.

C'est justement sur ce type de « souvenir » que repose l'Évangile de Jean qui approfondit plus encore la notion de mémoire en tant que mémoire du « nous » des disciples, mémoire de l'Église. Ce souvenir n'est pas seulement un processus psychologique ou intellectuel, c'est un événement pneumatique. Le souvenir de l'Église n'est justement pas quelque chose d'uniquement privé, il transcende la sphère de l'intelligence et du savoir humains. On est guidé par le Saint-Esprit qui nous montre le contexte de l'Écriture, le lien entre la Parole et la réalité, nous conduisant dans « la vérité tout entière ».

Au fond, on trouve ici aussi des énoncés essentiels concernant la notion d'inspiration. L'Évangile provient de l'effort de remémoration humain et il présuppose la communauté de ceux qui se souviennent, dans ce cas très concrètement l'école johannique et auparavant la communauté des disciples. Mais comme l'auteur pense et écrit avec la mémoire de l'Église, le « nous » auquel il appartient est ouvert au-delà de l'individuel, il est, au plus profond, conduit par l'Esprit de Dieu qui est l'Esprit de Vérité. En ce sens, l'Évangile ouvre lui-même un chemin de compréhension, qui reste toujours lié à cette parole, mais qui peut et doit, de génération en génération, conduire toujours de nouveau dans les profondeurs de la vérité tout entière.

Cela signifie que l'Évangile de Jean, en tant qu'« Évangile pneumatique », ne fournit certainement pas une sorte de transcription sténographique des paroles et des activités de Jésus, mais que, en vertu de la compréhension née du souvenir, il nous accompagne, au-delà de l'aspect extérieur, jusque dans la profondeur des paroles et des événements, profondeur qui vient de Dieu et qui conduit vers Dieu. L'Évangile en tant que tel est une « remémoration » de ce genre, et cela signifie qu'il s'en tient à la réalité effective, et qu'il n'est pas une épopée sur Jésus, ni une violence faite aux événements historiques. Il nous montre plutôt réellement la personne de Jésus, comment il était et, précisément de cette manière, il nous montre Celui qui non seulement était, mais qui est ; Celui qui peut toujours dire au présent : « Je suis. » « Avant qu'Abraham ait existé, moi, *JE SUIS* » (*Jn* 8, 58). L'Évangile nous montre le vrai Jésus, et nous pouvons l'utiliser en toute confiance comme source sur Jésus.

Avant d'aborder maintenant les deux grands discours imagés de Jean, il est sans doute opportun de faire deux remarques d'ordre général sur la particularité de l'Évangile de Jean. Alors que Bultmann voyait l'Évangile enraciné dans la gnose et donc étranger à la source vétérotestamentaire et juive, la recherche la plus récente s'est de nouveau rendu compte que Jean repose entièrement sur l'Ancien Testament. « Si vous croyiez en Moïse, vous croiriez aussi en moi, car c'est de moi qu'il a parlé dans l'Écriture », dit Jésus à ses adversaires (*Jn* 5, 46). Dès le début, dans le récit de la vocation des disciples, Philippe a dit à Nathanaël : « Celui dont parlent la Loi de Moïse et les Prophètes, nous l'avons trouvé » (*Jn* 1, 45). Exposer et justifier cet énoncé, tel est le contenu ultime des discours de Jésus. Il ne rompt pas avec la Torah, mais il éclaire tout son sens en l'accomplissant entièrement. Le lien entre Jésus et Moïse se manifeste de façon programmatique à la fin du prologue. Ce passage nous fournit la clé intime de l'Évangile : « Tous, nous avons eu part à sa plénitude, nous avons reçu grâce après grâce : après la Loi communiquée par Moïse, la grâce et la vérité sont venues par Jésus Christ. Dieu, personne ne l'a jamais vu ; le Fils unique, qui est dans le sein du Père, c'est lui qui a conduit à le connaître » (*Jn* 1, 16-18).

Au début du présent livre, nous avions placé la prophétie suivante de Moïse : « Au milieu de vous, parmi vos frères, le Seigneur votre Dieu fera se lever un prophète comme moi, et vous l'écouterez » (*Dt* 18, 15). Nous avions vu que le Deutéronome, dans lequel se trouve cette prophétie, se clôt sur cette remarque : « Il ne s'est plus jamais levé en Israël un prophète comme Moïse, lui que le Seigneur rencontrait face à face » (*Dt* 34, 10). Jusqu'alors, la grande promesse n'avait pas été exaucée. Maintenant il est là, lui qui est dans le sein du Père, le seul qui l'ait vu et qui parle à partir de cette vision, celui dont il est dit : écoutez-le (cf. *Mc* 9, 7 ; *Dt* 18, 15). La promesse de Moïse est plus qu'exaucée, elle est tenue de la manière débordante dont Dieu a l'habitude de donner. Celui qui est venu est plus que Moïse, il est plus qu'un prophète. Il est le Fils. C'est pourquoi la grâce et la vérité se manifestent maintenant, non pas comme la destruction, mais comme l'accomplissement de la Loi.

La deuxième remarque porte sur le caractère liturgique de l'Évangile de Jean. Il est rythmé par le calendrier des fêtes d'Israël. Les grandes fêtes du peuple de Dieu fournissent l'articulation interne du chemin de Jésus, ouvrant, en même temps, les fondements d'où se lève le message de Jésus.

Tout au début de l'activité de Jésus, il y a la « Pâque des Juifs », qui conduit au thème du vrai Temple et par conséquent à celui de la croix et de la résurrection (cf. *Jn* 2, 13-25). La guérison du paralytique, qui est le motif du premier grand discours public de Jésus à Jérusalem, est encore liée à une « fête des Juifs » (*Jn* 5, 1), vraisemblablement la « fête des Semaines », c'est-à-dire la Pentecôte. La multiplication des pains et le discours explicatif sur le pain, qui est le grand discours eucharistique de l'Évangile de Jean, sont tous les deux liés à la Pâque juive (cf. *Jn* 6, 4). L'autre grand discours de Jésus avec la promesse « des fleuves d'eau vive » est situé dans le contexte de la fête des Tentes (cf. 7, 37-39). Finalement, nous rencontrons Jésus de nouveau à Jérusalem, en hiver, lors de la fête de la Dédicace (Hanoukka) (cf. *Jn* 10, 22). Le chemin de Jésus s'accomplit dans sa dernière Pâque (cf. *Jn* 12, 1), dans laquelle il versera lui-même son sang sur la croix en tant que véritable agneau pascal. Mais nous verrons que la prière sacerdotale de Jésus, qui contient une subtile théologie eucharistique comme théologie de son sacrifice sur la croix, se développe tout entière à partir du contenu théologique de la fête du Pardon, de sorte que cette fête, fondamentale pour Israël, entre de façon déterminante dans la formation de la parole et de l'œuvre de Jésus. Dans le prochain chapitre, nous verrons d'ailleurs que l'histoire de la Transfiguration de Jésus, qui figure dans les Évangiles synoptiques, se situe dans le cadre de la fête du Pardon et de celle des Tentes, renvoyant ainsi au même arrière-fond théologique. C'est seulement si nous ne perdons pas de vue cet enracinement liturgique des discours de Jésus, voire de toute la structure de l'Évangile de Jean, que nous pourrons comprendre sa vitalité et sa profondeur.

Toutes les fêtes juives, comme nous le verrons encore plus en détail, ont une triple raison. Tout au début, se trouvent des fêtes des religions de la nature, un lien est établi entre la création et l'humanité en quête de Dieu à travers la création. Elles se transforment alors en fêtes commémoratives, fêtes du souvenir et d'une nouvelle évocation des actions salvifiques de Dieu. Et pour finir, le souvenir se transforme de plus en plus en espérance de l'action salvifique achevée qui reste à venir. Il en ressort clairement que les discours de Jésus dans l'Évangile de Jean ne sont pas des controverses sur de prétendues questions métaphysiques, mais qu'ils portent tout le dynamisme de l'histoire du salut, tout en étant enracinés dans la création. Ils renvoient, en dernière instance, à celui qui peut dire de lui-même tout simplement : « Je suis. » On voit alors comment les discours de Jésus renvoient au culte et, dans cette mesure, au « sacrement », tout en intégrant le questionnement et la quête de tous les peuples.

Après ces réflexions liminaires, le moment est venu de considérer de plus près les quatre grands ensembles d'images que nous rencontrons dans le quatrième Évangile.

2. Les grandes images de l'Évangile de Jean

L'eau

L'eau est l'un des éléments originaires de la vie et par conséquent aussi l'un des symboles premiers de l'humanité. Elle se présente à l'homme sous différents aspects et donc aussi sous différentes acceptions.

Tout d'abord, nous avons la source, l'eau jaillissant toute fraîche du sein de la terre. La source est origine, commencement dans sa pureté ; elle est encore limpide et intacte. Ainsi, la source apparaît comme l'élément proprement créateur, mais aussi comme le symbole de fécondité, de maternité.

Ensuite, nous avons le fleuve. Les grands fleuves – le Nil, l'Euphrate, le Tigre – sont les grands dispensateurs de vie, quasi divins, dans les grands pays qui entourent Israël. En Israël, c'est le Jourdain qui donne vie à ce pays. Lors du baptême de Jésus cependant, nous avons vu que le symbolisme du fleuve présente également une autre face. Par sa profondeur, il représente aussi le danger. La descente dans la profondeur peut par conséquent signifier la descente dans la mort, et la remontée à la surface, la renaissance.

Pour finir, nous avons la mer comme puissance admirée et sidérante par sa majesté, mais surtout comme antipode, redouté de tous, de la terre, qui est l'espace vital de l'homme. Le créateur a assigné à la mer sa limite, qu'elle n'a pas le droit de dépasser. Elle n'a pas le droit d'engloutir la terre. La traversée de la mer Rouge est devenue pour Israël avant tout un symbole de salut, tout en renvoyant naturellement aussi à la menace qui fut fatale aux Égyptiens. Si les chrétiens considéraient la traversée de la mer Rouge comme une préfiguration du Baptême, c'est pourtant la mer comme symbole de mort qui domine. Elle devient l'image du mystère de la Croix. Pour renaître, l'homme doit d'abord entrer avec le Christ dans la « mer Rouge », descendre avec lui dans la mort, pour accéder de nouveau à la vie avec le Ressuscité.

Après ces remarques d'ordre général, nous abordons, dans la perspective de l'histoire des religions, le symbolisme de l'eau dans l'Évangile de Jean. Ce symbolisme de l'eau traverse l'Évangile de bout en bout. Nous le rencontrons d'abord dans l'entretien avec Nicodème au troisième chapitre. Pour pouvoir entrer dans le royaume de Dieu, l'homme doit devenir autre, il doit naître de nouveau d'eau et d'Esprit (cf. *Jn* 3, 5). Qu'est-ce que cela signifie ?

Le Baptême comme entrée dans la communauté du Christ est interprété comme une renaissance, qui, par analogie avec la naissance naturelle par fécondation de l'homme et conception de la femme, implique un double principe : l'esprit divin et « l'eau, comme "mère universelle de la vie naturelle – élevée dans le sacrement par la grâce, à la ressemblance de la *Theotokos* virginale" [22] ».

En d'autres termes, la renaissance implique le pouvoir créateur de l'Esprit de Dieu, mais par le sacrement, elle implique aussi le sein maternel de l'Église qui accueille et qui accepte. Photina Rech cite Tertullien : « Jamais le Christ n'est sans l'eau [23] », et interprète correctement cette expression un peu énigmatique de l'écrivain ecclésiastique.

« Jamais le Christ ne fut et n'est sans l'*ecclesia*[24] ». L'Esprit et l'eau, le ciel et la terre, le Christ et l'Église, forment un tout. Ainsi, la « renaissance » a lieu. Dans le sacrement, l'eau représente la terre maternelle, la sainte Église, qui reçoit la création en elle et qui la représente.

Immédiatement après, au chapitre 4, nous rencontrons Jésus au puits de Jacob. Le Seigneur promet à la Samaritaine l'eau qui deviendra une source, une source jaillissant en vie éternelle (cf. *Jn* 4, 14) en celui qui la boit, de sorte que celui qui en boit ne connaîtra plus la soif. Ici, le symbolisme du puits est lié à l'histoire du salut d'Israël. Lors de la vocation de Nathanaël, Jésus s'était déjà révélé comme le nouveau, le plus grand Jacob. Au-dessus de la pierre qui lui servait d'oreiller pendant son sommeil, Jacob avait vu, dans une vision nocturne, les anges de Dieu monter et descendre. Jésus prédit à Nathanaël que ses disciples verront le ciel ouvert au-dessus de lui, et qu'ils verront monter et descendre les anges de Dieu (cf. *Jn* 1, 51). Ici, près du puits de Jacob, nous rencontrons Jacob comme le grand ancêtre qui a donné le puits et, avec le puits, l'eau, l'élément fondamental de la vie. Mais l'homme ressent une soif plus grande, au-delà de l'eau du puits, parce qu'il est en quête d'une vie qui transcende la sphère biologique.

Nous allons rencontrer la même tension intrinsèque à l'être humain dans le chapitre sur le pain. Moïse a donné la manne, il a donné le pain venu du ciel. Mais c'était tout de même du « pain » terrestre. La manne est une promesse. Le nouveau Moïse donnera de nouveau du pain. Et il faudra donner plus, plus que ce que la manne a pu être. On voit de nouveau que l'homme est tendu vers l'infini, vers un autre « pain », qui sera vraiment le « pain venu du ciel ».

Ainsi, les promesses de l'eau nouvelle et du pain nouveau
se correspondent. Elles correspondent à l'autre dimension
de la vie, à laquelle l'homme aspire inévitablement. Jean
distingue entre *bios* et *zoè*, la vie biologique et la vie plus
vaste qui, étant elle-même source, n'est pas soumise à la
mort ni à la destinée qui marquent la création tout entière.
Dans l'entretien avec la Samaritaine, l'eau redevient, certes
sous une forme différente, le symbole du *Pneuma*, de la
véritable puissance de vie qui étanche la soif la plus profonde de l'homme en lui donnant la vie intégrale qu'il
attend sans la connaître.

Dans le chapitre suivant, le cinquième, l'eau apparaît
plutôt en passant. C'est l'histoire de l'homme, infirme
depuis trente-huit ans, qui attend la guérison de la descente
dans la piscine de Béthesda, mais qui ne trouve personne
pour l'aider à y entrer. Jésus le guérit par son pouvoir. Il
accomplit sur le malade ce que ce dernier attendait du
contact avec l'eau thérapeutique. Dans le septième chapitre,
qui selon une hypothèse convaincante des exégètes
modernes, suivait à l'origine sans doute directement le cinquième, nous trouvons Jésus à la fête des Tentes avec son
rituel solennel du don de l'eau ; nous allons y revenir en
détail.

Et puis, nous rencontrons de nouveau le symbolisme de
l'eau au chapitre 9. Jésus guérit un aveugle de naissance.
Le processus de guérison implique que l'aveugle, sur ordre
de Jésus, doit se laver dans la piscine de Siloé. Ainsi, il
recouvre la vue. Siloé, « ce nom signifie : Envoyé »,
commente l'évangéliste pour ses lecteurs qui ne connaissent
pas l'hébreu (*Jn* 9, 7). Mais c'est plus qu'une simple note
philologique. Cela nous indique la véritable raison du
miracle. Car « l'Envoyé », c'est Jésus. En fin de compte,

c'est Jésus par lequel et dans lequel il se laisse purifier pour recouvrer la vue. Le chapitre tout entier s'avère une explication du baptême qui nous rend la vue. Le Christ dispense la lumière et, par l'intermédiaire du sacrement, il nous ouvre les yeux.

Dans un sens analogue, mais tout de même différent, l'eau apparaît au chapitre 13, à l'heure de la dernière Cène, lors du lavement des pieds. Jésus se lève de table, dépose son vêtement et prend un linge dont il se ceint. Il verse ensuite de l'eau dans un bassin et commence à laver les pieds des disciples (cf. 13, 4-5). L'humilité de Jésus, qui se fait serviteur des siens, est le bain de pieds purificateur qui rend les hommes dignes de s'asseoir à la table de Dieu.

Et pour finir, l'eau apparaît à nos yeux encore une fois, grande et mystérieuse, à la fin de la Passion. Jésus mort, ses jambes ne furent pas brisées, mais un des soldats « avec sa lance lui perça le côté ; et aussitôt, il en sortit du sang et de l'eau » (*Jn* 19, 34). Indubitablement, Jean a voulu indiquer les deux sacrements principaux de l'Église, le Baptême et l'Eucharistie, qui jaillissent du cœur transpercé de Jésus et par lesquels, de cette manière, l'Église naît du côté de Jésus.

Dans sa première Lettre, Jean a encore repris le thème du sang et de l'eau en lui donnant une autre connotation : « C'est lui, Jésus Christ, qui est venu par l'eau et par le sang : pas seulement l'eau, mais l'eau et le sang... Et celui qui rend témoignage, c'est l'Esprit, car l'Esprit est la vérité. Ils sont trois qui rendent témoignage, l'Esprit, l'eau et le sang, et tous les trois se rejoignent en un seul témoignage » (*1 Jn* 5, 6-8). Ici, nous avons manifestement une tournure polémique contre un christianisme qui reconnaît, certes, le baptême de Jésus comme événement salvifique, mais pas sa mort sur la croix. Il s'agit d'un christianisme qui veut, pour ainsi dire, seulement le Verbe, mais pas la chair et le sang. Le corps de Jésus et sa mort sont, en dernière instance, sans importance. Du christianisme, il ne reste ainsi que « de l'eau » – le Verbe sans la corporéité de Jésus perd sa force. Le christianisme devient une simple doctrine, un simple moralisme et une affaire de l'intellect, mais il lui manque la chair et le sang. Le caractère rédempteur du sang de Jésus n'est plus accepté. Il perturbe l'harmonie intellectuelle.

Comment ne pas y voir des menaces pour notre christianisme actuel ? L'eau et le sang forment un tout. L'incarnation et la croix, le Baptême, le Verbe et le sacrement sont indissociables. Et le *Pneuma* doit se joindre à cette triade du témoignage. À ce sujet, Schnackenburg[25] signale à juste titre que le témoignage de l'Esprit dans l'Église et par l'Église est à comprendre à partir de Jean 15, 26 et de Jean 16, 10.

Penchons-nous maintenant sur les paroles de révélation que Jésus prononce dans le contexte de la fête des Tentes et que Jean nous transmet. C'était le jour solennel où se terminait la fête. « Jésus, debout, s'écria : "Si quelqu'un a soif, qu'il vienne à moi et qu'il boive, celui qui croit en moi ! Comme dit l'Écriture : *Des fleuves d'eau vive jailliront de son cœur*" » (*Jn* 7, 37-38). À l'arrière-plan, nous avons le rite de la fête consistant à puiser de l'eau dans la source de Siloé afin de pouvoir faire des libations dans le Temple durant les sept jours que durait la fête. Le septième jour, les prêtres tournaient sept fois autour de l'autel avec le récipient d'eau doré avant de procéder à la libation. Ces rites d'eau renvoient d'abord à l'origine de la fête dans les religions de la nature. La fête était à l'origine une prière pour demander la pluie dont un pays menacé de sécheresse avait cruellement besoin. Ensuite, le rite commémorait un épisode de l'histoire du salut, c'est-à-dire l'eau que Dieu a fait jaillir du rocher pour les Hébreux, pendant la marche dans le désert, malgré leurs doutes et leurs peurs (cf. *Nb* 20, 1-13).

Finalement, l'eau jaillissant du rocher était devenue progressivement un thème de l'espérance messianique. Durant la marche dans le désert, Moïse avait donné à Israël le pain du ciel et l'eau du rocher. Par conséquent, on attendait aussi du nouveau Moïse, du Messie, ces deux dons essentiels pour la vie. Cette interprétation messianique du don de l'eau se reflète aussi dans la première Lettre de Saint Paul aux Corinthiens : « Tous, ils ont mangé la même nourriture, qui était spirituelle ; tous, ils ont bu à la même source, qui était spirituelle ; car ils buvaient à un rocher qui les accompagnait, et ce rocher, c'était déjà le Christ » (*1 Co* 10, 3-4).

Par la parole que Jésus prononce durant le rite de l'eau, il répond à cette espérance. Il est le nouveau Moïse. Il est lui-même le rocher qui dispense la vie. Comme il se révèle comme le pain véritable venant du ciel dans le discours sur le Pain de vie, de même il se présente, de manière analogue à ce qu'il a déjà dit face à la Samaritaine, comme l'eau vive à laquelle l'homme aspire dans sa soif la plus profonde, la soif de vie, de « vie en abondance » (*Jn* 10, 10) ; d'une vie qui ne serait plus marquée par les besoins qu'il faut assouvir en permanence, mais d'une vie qui jaillirait d'elle-même de l'intérieur. Jésus répond aussi à cette question : comment boit-on cette eau de la vie ? Comment vient-on à la source, comment peut-on la puiser ? « Celui qui croit en moi... » Croire en Jésus, voilà la façon de boire l'eau vive, de boire la vie qui n'est plus menacée par la mort.

Maintenant, nous devons écouter le texte plus attentivement encore. Il poursuit ainsi : « Comme dit l'Écriture : *Des fleuves d'eau vive jailliront de son cœur* » (*Jn* 7, 38). De quel cœur ? À cette question, il y a depuis les premiers temps déjà deux types de réponse. La tradition alexandrine, inaugurée par Origène (mort vers 254), dans laquelle s'inscrivent aussi les éminents Pères latins que sont Jérôme et Augustin, lit ainsi la phrase « celui qui croit... de son cœur jailliront » : l'homme qui croit devient lui-même une source, une oasis dont jaillit l'eau fraîche et saine, la force dispensatrice de vie de l'Esprit Créateur. L'autre tradition, certes beaucoup moins répandue, celle d'Asie Mineure, par son origine plus proche de Jean et représentée par Justin († 165), Irénée, Hippolyte, Cyprien et Éphrem, modifie la ponctuation. Celui qui a soif, qu'il vienne vers moi ; celui qui croit en moi, qu'il boive. Comme dit l'Écriture : de son cœur jailliront des fleuves. Son « cœur » est maintenant référé au Christ. C'est lui qui est la source, le rocher vivant, dont jaillira l'eau nouvelle.

D'un point de vue purement linguistique, la première interprétation est plus convaincante, c'est pourquoi, à la suite des éminents Pères de l'Église, la plupart des exégètes modernes y souscrivent. Mais du point de vue du contenu, on penche plutôt pour la deuxième interprétation, celle d'« Asie Mineure », à laquelle adhère par exemple Schnackenburg, sans qu'il faille y voir une opposition de principe qui exclurait l'interprétation « alexandrine ». Une clé importante pour l'interprétation nous est fournie par la tournure « comme dit l'Écriture ». Jésus tient à s'inscrire dans la continuité de l'Écriture, dans la continuité de l'histoire de Dieu avec les hommes. Dans l'Évangile de Jean, mais également dans les Évangiles synoptiques et au-delà dans toute la littérature néotestamentaire, la croyance en

Jésus est légitimée par le fait qu'en lui se rejoignent tous les fleuves de l'Écriture. À partir de lui, le sens de l'Écriture se manifeste dans toute sa cohérence comme ce qui est attendu de tous et vers quoi tout se dirige.

Mais en quel endroit l'Écriture parle-t-elle de cette source vive ? Manifestement, Jean ne pense pas à un passage précis, mais bien plutôt à « l'Écriture », à la vision qui en traverse tous les textes. Plus haut, nous avions déjà mis en lumière un aspect central : l'histoire du rocher dispensateur de vie, devenu en Israël une image de l'espérance. Le deuxième grand aspect nous est proposée par Ézéchiel (cf. 47, 1-12) avec la vision du nouveau Temple : « Sous le seuil du Temple, de l'eau jaillissait en direction de l'orient » (*Ez* 47, 1). Plus de cinquante ans plus tard, Zacharie a repris cette image : « En ce jour-là, il y aura une source qui jaillira pour la maison de David et les habitants de Jérusalem : elle les lavera de leur péché et de leur souillure » (*Za* 13, 1). « En ce jour-là, des eaux vives sortiront de Jérusalem » (*Za* 14, 8). Le dernier chapitre de l'Écriture Sainte réinterprète ces images et c'est lui qui leur donne à présent toute leur grandeur : « Puis l'ange me montra l'eau de la vie : un fleuve resplendissant comme du cristal, qui jaillit du trône de Dieu et de l'Agneau » (*Ap* 22, 1).

Un bref regard sur la scène de la purification du Temple nous a déjà montré que Jean considère le Seigneur ressuscité, son corps, comme le nouveau Temple, attendu non seulement par l'Ancien Testament, mais par toutes les nations (cf. *Jn* 2, 21). Ainsi, nous sommes autorisés à entendre aussi dans ce qui est dit des fleuves d'eau vive une annonce du nouveau Temple : oui, ce Temple existe. Il existe, ce fleuve de vie promis qui épure la terre saline pour faire mûrir la vie et pour faire pousser les fruits en abondance. Il est celui qui est allé dans l'amour jusqu'au bout, celui qui est passé par la Croix pour vivre maintenant dans une vie que nulle mort ne pourra plus menacer. C'est lui, le Christ vivant. Ainsi, la phrase prononcée pendant la fête des Tentes préfigure non seulement la nouvelle Jérusalem dans laquelle Dieu lui-même demeure et dans laquelle il est source de vie, mais indique aussi par avance directement le corps du crucifié, duquel sortent du sang et de l'eau (cf. *Jn* 19, 34). Elle le révèle comme le vrai Temple, qui n'est pas fait de pierres ni de la main de l'homme. Pour cette raison précisément, parce qu'il est la demeure vivante de Dieu dans le monde, il est et restera source de vie aussi pour tous les temps.

Celui qui regarde l'histoire d'un œil attentif peut voir ce fleuve qui, à travers les temps, coule du Golgotha, du Jésus crucifié et ressuscité. Là où parvient ce fleuve, il peut voir comment la terre est purifiée, comment poussent les arbres fruitiers, comment jaillit la vie, la vie véritable, de la source d'amour qui s'est donnée et qui se donne.

Cette interprétation centrale qui se réfère au Christ ne peut nullement exclure, comme nous l'avons déjà dit, que cette phrase vaille aussi, de manière dérivée, pour les croyants. Une expression de l'évangile apocryphe de Thomas (10, 6) indique une direction qui est conforme à celle de l'Évangile de Jean : « Celui qui boit de ma bouche deviendra comme moi[26]. » Le croyant s'unit au Christ, il a part à sa fécondité. L'homme qui croit et qui aime avec le Christ devient un puits qui dispense la vie. Cela aussi, on peut très bien le voir dans l'histoire. On peut aussi constater cela dans l'histoire de manière merveilleuse : à savoir comment les saints sont des oasis autour desquelles la vie éclôt et où revient quelque chose du paradis perdu. Et la source qui se donne en abondance reste finalement toujours le Christ lui-même.

La vigne et le vin

Si l'eau est l'élément fondamental de la vie pour toutes les créatures sur la terre, le pain de froment, le vin et l'huile d'olive sont des présents typiques de la civilisation méditerranéenne. Dans son évocation de la création, le Psaume 104 [103] nomme d'abord l'herbe que Dieu a destinée au bétail, pour parler ensuite de ce que Dieu, à travers la terre, a donné à l'homme : le pain qu'il tire de la terre, le vin qui réjouit son cœur et enfin l'huile qui adoucit son visage. Il cite encore le pain qui soutient sa force (cf. *Ps* 104 [103], 14-15). Les trois grands présents de la terre sont devenus simultanément et à côté de l'eau les éléments fondamentaux des sacrements de l'Église, dans lesquels les fruits de la création deviennent des vecteurs de l'intervention de Dieu dans l'histoire, des « signes », par lesquels il nous fait don de sa proximité particulière.

Ces trois présents se différencient selon leurs caractéristiques ; par conséquent, ils ont chacun des fonctions symboliques spécifiques. Le pain, préparé sous sa forme la plus simple avec de l'eau et du froment moulu, et avec l'aide du feu et du travail de l'homme, est la nourriture de base qui appartient aux pauvres comme aux riches, mais tout particulièrement aux pauvres. Il exprime la bonté de la création et du Créateur, tout en symbolisant l'humilité de la simple vie quotidienne. Le vin par contre représente la fête. Il fait sentir aux humains la magnificence de la Création. C'est pourquoi il fait partie des rituels du sabbat, de la pâque et des noces. Et il nous fait pressentir quelque chose de la fête définitive de Dieu avec l'humanité, qui est l'objet des attentes d'Israël. « Ce jour-là, le Seigneur, Dieu de l'univers, préparera pour tous les peuples, sur sa montagne, un festin de viandes grasses et de vins capiteux, un festin de viandes succulentes et de vins décantés » (*Is* 25, 6). Pour finir, l'huile donne force et beauté à l'homme, elle a des vertus nutritives et curatives. Dans l'onction des prophètes, du roi et des prêtres, elle est le symbole d'une sollicitation plus grande.

D'après ce que je peux voir, l'huile d'olive n'apparaît pas dans l'Évangile de Jean. Le précieux « parfum de nard » avec lequel le Seigneur fut oint par Marie à Béthanie quelques jours avant sa passion (cf. *Jn* 12, 3) passe pour être d'origine orientale. Dans cette scène, il apparaît d'une part comme le symbole de la sainte profusion de l'Amour, d'autre part comme le renvoi à la mort et à la Résurrection. Nous rencontrons aussi le pain dans la scène de la multiplication des pains dont nous trouvons le témoignage circonstancié dans les Évangiles synoptiques, et ensuite dans le grand discours eucharistique de l'Évangile de Jean. Le don du vin nouveau est au centre des noces de Cana (cf. *Jn* 2, 1-12), tandis que, dans le discours d'adieu, Jésus se présente comme la vraie vigne (cf. *Jn* 15, 1-10).

Consacrons-nous à ces deux textes. Au premier abord, le miracle de Cana semble sortir un peu du cadre des autres signes accomplis par Jésus. Quel peut être le sens de ce signe où Jésus crée pour une fête privée une profusion de vin, environ 520 litres ? Il nous faut regarder de plus près pour découvrir qu'il ne s'agit nullement d'un luxe privé, mais de quelque chose de bien plus grand. Tout d'abord, la datation est importante. « Trois jours plus tard, il y avait un mariage à Cana en Galilée » (2, 1). On ne voit pas très bien à quelle date antérieure se rattache la mention du troisième jour. Il est d'autant plus évident que l'évangéliste attache de l'importance à cette indication chronologique symbolique qu'il nous livre, par elle, comme une clé qui permettra de comprendre l'événement.

Dans l'Ancien Testament, le troisième jour est le jour de la théophanie, comme par exemple dans le récit central de la rencontre entre Dieu et Israël au mont Sinaï : « Le troisième jour, dès le matin, il y eut des coups de tonnerre, des éclairs... le Seigneur y était descendu dans le feu » (*Ex* 19, 16-18). En même temps, on y entend une anticipation de la théophanie définitive et décisive de l'histoire : la Résurrection du Christ le troisième jour, par laquelle les premières rencontres avec Dieu se transforment en irruption définitive de Dieu sur terre. La terre est définitivement déchirée et englobée dans la vie propre de Dieu. On nous suggère donc ici qu'il s'agit d'une première manifestation de Dieu dans la continuité des événements vétérotestamentaires qui recèlent tous le caractère d'une promesse et qui tendent dès lors vers leur accomplissement. Les exégètes ont fait le décompte des jours qui ont précédé les jours de la désignation des disciples dans l'Évangile de Jean [27]. Il en résulte que ce « troisième jour » serait en même temps le sixième ou le septième jour depuis le début des désignations. En tant que septième jour, il serait en quelque sorte le jour de la fête de Dieu pour l'humanité, l'anticipation du sabbat définitif dont il est question dans la prophétie d'Isaïe citée plus haut.

Un autre élément fondamental du récit est lié à cette datation. Jésus dit à Marie que son « heure » n'est pas encore venue. Cela signifie dans un premier temps qu'il n'agit pas et ne décide pas selon sa propre volonté, mais toujours en harmonie avec la volonté du Père, toujours à partir du dessein du Père. L'« heure » indique plus précisément sa « glorification », qui réunit en un tout la Croix et la Résurrection, ainsi que sa présence universelle par la parole et le Sacrement. L'heure de Jésus, l'heure de sa « gloire », commence au moment de la Croix, et c'est là son lieu historique. Au moment où les agneaux de Pâques sont sacrifiés, Jésus verse son sang en tant qu'Agneau véritable. Son heure vient de Dieu, mais elle est très précisément ancrée dans le contexte de l'histoire, liée à une date liturgique, et elle est ainsi justement le début de la nouvelle liturgie en « esprit et vérité ». Si à cet instant Jésus évoque son heure devant Marie, il lie ainsi le moment présent au mystère de la Croix en tant qu'il est le moment de sa glorification. Cette heure n'est pas encore venue, et il fallait que ce soit tout d'abord précisé. Et pourtant, Jésus a le pouvoir d'anticiper cette « heure » par un signe mystérieux. Le miracle de Cana se caractérise ainsi comme une anticipation de l'heure ; il est donc intrinsèquement lié à celle-ci.

Comment pourrions-nous oublier que ce mystère émouvant de l'heure anticipée existe encore et toujours ? À la demande de sa mère, Jésus anticipe symboliquement son heure tout en renvoyant à celle-ci. La même chose se produit toujours à nouveau dans l'Eucharistie. Exauçant la prière de l'Église, le Seigneur anticipe en elle son retour ; il vient déjà maintenant ; il fête déjà ses noces avec nous en nous tirant en quelque sorte hors de notre temps, en avant, vers cette « heure ».

Ainsi nous commençons à comprendre le miracle de Cana. Le signe de Dieu est l'abondance. Nous le voyons lors de la multiplication des pains, nous ne cessons de le voir, mais nous le voyons surtout au centre de l'histoire du salut. Nous le voyons dans le fait qu'il se prodigue lui-même pour la pauvre créature qu'est l'homme. Cette abondance, c'est sa « gloire ». L'abondance de Cana est par conséquent un signe indiquant que la fête de Dieu avec l'humanité, le don de lui-même aux hommes, a commencé. Le cadre de l'événement, des noces, devient ainsi une image qui indique au-delà d'elle-même l'heure messianique. L'heure des noces de Dieu avec son peuple a commencé dans la venue de Jésus. La promesse eschatologique entre dans le moment présent.

Ici, l'histoire de Cana rejoint le récit de Marc au sujet de la question que les disciples de Jean et les pharisiens posent à Jésus : pourquoi tes disciples ne jeûnent-ils pas ? Et Jésus de leur répondre : les invités à la noce peuvent-ils jeûner pendant que l'époux est avec eux ? (cf. *Mc* 2, 18-20). Jésus se présente lui-même comme « l'époux » des noces promises de Dieu avec son peuple. Ainsi, il fait entrer mystérieusement sa propre existence et lui-même dans le mystère de Dieu. En lui, Dieu et l'homme s'unissent de façon inattendue, en lui adviennent les « noces », mais Jésus le signale dans sa réponse, les noces passeront par la Croix, par « l'enlèvement » de l'époux.

Il nous faudra encore méditer deux aspects du récit de Cana si nous voulons sonder un peu plus sa profondeur christologique : la façon dont Jésus se révèle lui-même, et sa « gloire » que nous rencontrons alors. L'eau qui sert aux ablutions rituelles se transforme en vin, elle devient le signe et le dispensateur de la joie nuptiale. Par là, se manifeste quelque chose de la réalisation de la Loi qui s'accomplit dans la personne et dans l'agir de Jésus.

La Loi n'est pas niée, elle n'est pas écartée, mais son attente intrinsèque se parachève. L'ablution rituelle reste en fin de compte un rituel ; elle reste un geste d'espérance. Elle reste « de l'eau », de même que l'action tout individuelle de l'homme reste « de l'eau » devant le Seigneur. Finalement, l'ablution rituelle n'est jamais suffisante pour rendre l'homme « capable » de Dieu, pour le rendre vraiment « pur » pour Dieu. L'eau devient du vin. Les efforts des hommes rencontrent dès lors le don de Dieu qui se donne lui-même en créant la fête de la joie, que seules peuvent fonder la présence de Dieu et la présence du don qu'il fait de lui-même.

La recherche en histoire des religions évoque volontiers, comme pendant préchrétien de l'histoire de Cana, le mythe de Dionysos, du dieu qui aurait découvert la vigne et qui passe également pour avoir transformé de l'eau en vin, un événement mythique qui a été célébré de façon liturgique. Le grand théologien juif Philon d'Alexandrie (vers 13 av. J.-C. à environ 45/50 ap. J.-C.) a réinterprété cette histoire en la démythologisant. Le vrai dispensateur du vin, dit-il, est le *Logos* divin. C'est lui qui nous dispense la joie, la douceur et l'allégresse du vin véritable. Par la suite cependant, Philon rattache sa théologie du *Logos* dans la perspective de l'histoire du salut à Melchisédech qui offrit du pain et du vin. En Melchisédech, c'est le *Logos* qui agit et qui nous offre les présents essentiels à l'humanité. Le *Logos* apparaît donc comme le prêtre d'une liturgie cosmique[28].

Il est plus que douteux que Jean ait eu à l'esprit ce genre d'éléments. Mais comme Jésus, dans l'interprétation de sa mission, renvoie au Psaume 110 [109] où apparaît le sacerdoce de Melchisédech (cf. *Mc* 12, 35-37) ; comme la Lettre aux Hébreux, qui est théologiquement proche de l'Évangile de

Jean, développe explicitement la théologie de Melchisédech ; comme Jean présente Jésus comme le *Logos* de Dieu et Dieu lui-même ; comme, pour finir, le Seigneur a donné le pain et le vin comme les supports de la Nouvelle Alliance, il n'est certes pas interdit de penser dans de tels contextes et de voir transparaître dans l'histoire de Cana le mystère du *Logos* et de sa liturgie cosmique, dans laquelle le mythe de Dionysos est complètement transformé tout en étant conduit à sa vérité cachée.

Si l'histoire de Cana parle du fruit de la vigne et de sa riche symbolique, Jésus reprend chez Jean au chapitre 15, dans le contexte du discours d'adieu, la très ancienne tradition de l'image de la vigne et porte à son accomplissement la vision qu'elle contient. Si nous voulons comprendre ce discours de Jésus, nous devons examiner au moins *un* des textes vétérotestamentaires traitant de la vigne et méditer brièvement une parabole apparentée des Évangiles synoptiques qui reprend et transforme le texte vétérotestamentaire.

En Isaïe 5, 1-7, nous rencontrons un chant de la vigne. Le prophète a dû le chanter dans le contexte de la fête des Tentes, dans une atmosphère joyeuse qui sied à une fête de huit jours (cf. *Dt* 16, 14). On peut s'imaginer comment, sur les places entre les cabanes de branchages et de feuillages, on a pu réciter et chanter, comment le prophète se joint aussi à la fête en annonçant un chant d'amour, le chant de son bien-aimé et de sa vigne. Tout le monde savait que la « vigne » était l'image représentant une fiancée [cf. *Ct* 2, 13 ; 4, 7-12 et plusieurs autres passages]. Ils s'attendaient donc à quelque chose de divertissant et conforme à l'atmosphère festive. Et en effet, le chant commence bien. Le bien-aimé avait sur un coteau plantureux une vigne où il installa des plants de choix qu'il cultivait avec beaucoup de soin. Mais l'atmosphère change de manière imprévue. La vigne déçoit, elle ne donne pas de beaux raisins, mais seulement de petits raisins sauvages, durs et immangeables. L'auditoire comprend ce que cela signifie : la fiancée a été infidèle, elle a déçu la confiance et l'espérance, elle a déçu l'amour que le bien-aimé attendait. Comment cette histoire va-t-elle se poursuivre ? Le bien-aimé livre sa vigne à l'abandon et au pillage, il rejette la fiancée dans le déshonneur, dont elle est seule responsable.

Maintenant, tout devient clair. La vigne, la fiancée, c'est Israël, ce sont les auditeurs eux-mêmes, auxquels Dieu a montré dans la Torah le chemin de la justice, qu'il a aimés et pour lesquels il a tout fait, et qui ont répondu par une violation du droit et un régime inique. Le chant d'amour se transforme en menace de jugement. Il se termine sur un horizon sombre, avec un regard sur l'abandon d'Israël par Dieu et la disparition de toute promesse. Ici est esquissée une situation qui, lorsqu'elle aura été réalisée, sera décrite au plus profond de la misère dans le Psaume 80 [79] dans la plainte devant Dieu : « La vigne que tu as prise à l'Égypte, tu la replantes en chassant des nations. Tu déblaies le sol devant elle... Pourquoi as-tu percé sa clôture ? Tous les passants y grappillent en chemin » (v. 9-15). Dans le Psaume, la plainte devient une demande : « Visite cette vigne, protège-la... celle qu'a plantée ta main puissante... Seigneur, Dieu de l'univers, fais-nous revenir ; que ton visage s'éclaire, et nous serons sauvés » (v. 15-20).

Après toutes les péripéties de l'histoire depuis l'exil, telle était au fond toujours et encore la situation dans laquelle Jésus vivait en Israël et parlait au cœur de son peuple. Dans une parabole tardive, à la veille de la passion, il reprend sous une forme modifiée le chant d'Isaïe (cf. *Mc* 12, 1-12). Cependant, ce n'est plus la vigne qui est l'image d'Israël dans son discours. Maintenant, Israël est représenté par les vignerons auxquels la vigne a été donnée en fermage. Le maître de la vigne, parti en voyage, réclame de loin sa part des fruits de la vigne. L'histoire de la lutte sans cesse recommencée de Dieu pour et avec Israël est représentée par une série de « serviteurs » envoyés par le maître pour venir chercher sa part des fruits. L'histoire des prophètes, leur souffrance et la vanité de leurs efforts transparaissent dans ce récit qui parle des serviteurs roués de coups, insultés, voire tués.

Finalement, le maître envoie en dernier son fils « bien-aimé », l'héritier qui, en tant que tel, peut faire aboutir le droit au fermage devant les tribunaux et qui peut donc s'attendre à être respecté. C'est le contraire qui se produit. Les fermiers tuent le fils justement parce qu'il est l'héritier. Ainsi, ils veulent s'approprier la vigne définitivement. Jésus poursuit ainsi la parabole : « Il viendra, fera périr les vignerons, et donnera la vigne à d'autres » (*Mc* 12, 9).

À cet endroit, la parabole passe, tout comme le chant d'Isaïe, de la narration apparente d'un passé à l'évocation de la situation concrète des auditeurs. Subitement, l'histoire devient réalité présente. Les auditeurs savent : c'est de nous qu'il parle (cf. v. 12). Vous voulez me tuer tout comme les prophètes ont été maltraités et tués. Je parle de vous et de moi.

L'exégèse moderne s'arrête à cet endroit et replace ainsi la parabole dans le passé. La parabole parlerait seulement de la situation d'antan, du rejet du message de Jésus par ses contemporains, de sa mort sur la croix. Mais le Seigneur parle toujours au présent et en vue de l'avenir. Il parle justement avec nous et de nous. Si nous ouvrons les yeux, alors ce qui est dit dans la parabole n'évoque-t-il pas le moment présent ? N'est-ce pas la logique des temps modernes, de notre temps ? Si nous déclarons que Dieu est mort, alors nous sommes nous-mêmes Dieu. Nous cessons enfin d'être la propriété d'un autre, nous sommes le propriétaire de nous-mêmes et les propriétaires du monde. Nous pouvons enfin faire ce qu'il nous plaît. Nous nous débarrassons de Dieu. Il n'y a pas de mesure et de modèle au-dessus de nous, nous sommes notre propre instrument de mesure. La « vigne » est à nous. Ce qui arrive alors aux hommes et au monde, nous commençons à l'entrevoir...

Revenons au texte de la parabole. Chez Isaïe, aucune promesse ne se faisait jour à ce moment-là. Dans le Psaume, la souffrance s'était transformée en prière, alors que la menace allait s'accomplir. Telle est sans cesse la situation d'Israël, de l'Église et de l'humanité. Nous nous trouvons toujours dans l'obscurité de l'épreuve, et nous ne pouvons qu'invoquer Dieu : relève-nous ! Mais la parole de Jésus contient une promesse, un début de réponse à la demande : prends soin de cette vigne ! Le royaume est remis à d'autres serviteurs, voilà un énoncé qui exprime à la fois la menace d'un jugement et une promesse. Il signifie que le Seigneur tient à sa vigne et qu'il n'est pas lié aux serviteurs actuels. Cette menace-promesse ne concerne pas que les cercles dirigeants dont parle Jésus et avec lesquels il parle. Elle vaut aussi au sein du nouveau peuple de Dieu. Certes, elle ne concerne pas l'Église dans sa totalité, mais certainement et toujours plus les Églises locales, comme en témoigne la parole du Ressuscité adressée à l'Église d'Éphèse : « Convertis-toi, reviens à ta conduite première. Sinon je vais venir à toi et je déplacerai ton chandelier » (*Ap* 2, 5).

Mais la menace et la promesse de confier la vigne à d'autres serviteurs sont encore suivies d'une promesse d'un tout autre ordre. Le Seigneur cite le Psaume 118 [117], 22 : « La pierre qu'ont rejetée les bâtisseurs est devenue la pierre d'angle. » La mort du fils n'est pas le dernier mot. Celui qui a été tué ne reste pas dans la mort, il ne reste pas « rejeté ». Il est un nouveau commencement. Jésus laisse entendre qu'il sera lui-même le fils tué. Il prédit sa croix et sa résurrection et il annonce qu'à partir de lui, de celui qui a été tué et qui est ressuscité, Dieu érige une nouvelle construction, un nouveau Temple dans le monde.

L'image de la vigne est abandonnée et relayée par l'image du Temple vivant de Dieu. La croix n'est pas la fin, mais le recommencement. Le chant de la vigne ne se termine pas par la mise à mort du fils. Elle ouvre l'horizon à une nouvelle intervention de Dieu. Le lien avec le chapitre 2 de Jean évoquant la destruction du Temple et sa reconstruction est on ne peut plus clair. Dieu n'échoue pas. Si nous sommes infidèles, lui demeure fidèle (cf. *2 Tm* 2, 13). Il trouve des chemins nouveaux, des chemins plus grands pour son amour. Ici, la christologie indirecte des premières paraboles est dépassée par une affirmation christologique particulièrement claire.

La parabole de la vigne dans le discours d'adieu de Jésus prolonge toute l'histoire de la pensée et du discours bibliques autour de la vigne et s'ouvre à une ultime profondeur : « Je suis la vraie vigne » (*Jn* 15, 1), dit le Seigneur. Ce qui importe d'abord dans ce mot, c'est l'adjectif « vraie ». Barrett dit très bien à ce sujet : « Des fragments de sens, indiqués implicitement par d'autres vignes, sont ramassés par lui et rendus explicites. Lui est la *vraie* vigne[29]. » Mais ce qui est au fond le plus important dans cette phrase, c'est la tournure « Je suis ». Le Fils lui-même s'identifie à la vigne, il est devenu lui-même la vigne. Il s'est laissé planter dans la terre. Il est entré dans la vigne. Le mystère de l'Incarnation, dont Jean a parlé dans le prologue, est repris de façon surprenante. Dès lors, la vigne n'est plus une créature que Dieu regarde avec amour, mais qu'il peut aussi arracher et rejeter. Dans le Fils, il est lui-même devenu la vigne, il s'est pour toujours et ontologiquement identifié à la vigne.

Cette vigne ne pourra plus jamais être arrachée, elle ne pourra plus jamais être livrée à l'abandon ni au pillage. Elle appartient définitivement à Dieu. Par le Fils, Dieu lui-même vit en elle. La promesse est irrévocable, l'unité est devenue indestructible. Voilà le grand et nouveau pas historique de Dieu qui constitue le sens le plus profond de la parabole : l'Incarnation, la Mort et la Résurrection se manifestent dans toute leur ampleur. « Le Fils de Dieu, le Christ Jésus... n'a pas été à la fois "oui" et "non" ; il n'a jamais été que "oui". Et toutes les promesses de Dieu ont trouvé leur "oui" dans sa personne » (*2 Co* 1, 19-20). C'est ainsi que l'exprime saint Paul.

Que par le Christ, la vigne soit le Fils lui-même, voilà une réalité qui est à la fois nouvelle et déjà annoncée par la tradition biblique. Le Psaume 80 [79], v. 18, avait déjà associé étroitement le « Fils de l'homme » à la vigne. Si, inversement, le Fils est devenu lui-même la vigne, il continue justement de cette façon à ne faire qu'un avec les siens, avec tous les enfants de Dieu dispersés qu'il est venu rassembler (cf. *Jn* 11, 52). La vigne en tant qu'élément christologique contient aussi toute une ecclésiologie, elle signifie l'union indissoluble de Jésus avec les siens qui, par lui et avec lui, sont tous la vigne et dont la vocation consiste à

« demeurer » dans la vigne. Jean ne connaît pas l'image paulinienne du « corps du Christ ». Mais la parabole de la vigne exprime de fait la même chose : le fait que Jésus est inséparable des siens, leur union avec lui et en lui. Ainsi, le discours de la vigne manifeste l'irrévocabilité du don offert par Dieu, qui ne sera pas repris. Dans l'Incarnation, Dieu s'est lié lui-même. Cependant, le discours évoque aussi l'exigence liée à ce don, une exigence qui nous met sans cesse de nouveau en cause.

La vigne ne peut plus être arrachée, elle ne peut plus être livrée au pillage, disions-nous. Mais elle a toujours à nouveau besoin d'être nettoyée, purifiée. Purification, fruit, demeurer, commandement, amour, unité – voilà les grands mots clés du drame d'être dans la vigne, dans le Fils et avec lui, drame que, par ses paroles, le Seigneur pose devant notre âme. Cette purification, l'Église, l'individu en ont sans cesse besoin. Les processus de purification, aussi douloureux que nécessaires, traversent toute l'histoire ; ils traversent la vie des hommes qui se sont donnés au Christ. Dans cette purification, le mystère de la Mort et de la Résurrection est toujours présent. L'exaltation propre à l'homme et aux institutions doit être émondée. Ce qui a trop poussé doit être à nouveau ramené à la simplicité et à la pauvreté du Seigneur lui-même. C'est seulement à travers ces processus de mort que la fécondité se préserve et se renouvelle.

La purification vise à obtenir des fruits, nous dit le Seigneur. Mais quel est le fruit qu'il attend ? Regardons d'abord le fruit qu'il a porté lui-même dans sa mort et sa résurrection. Isaïe et toute la tradition prophétique avaient dit que Dieu attendait de sa vigne des raisins et donc un vin délicieux. C'est une image de la justice, de la droiture qui se forme grâce à la vie dans la parole de Dieu, dans la volonté de Dieu. La même tradition dit qu'à la place, Dieu ne trouve que des raisins aigres et inutilisables qu'il ne peut que jeter. C'est une image de la vie qui s'éloigne de Dieu pour s'enfoncer dans l'injustice, dans la corruption et dans la violence. La vigne doit porter des raisins nobles, qui donneront un vin précieux grâce à la vendange, au pressurage et à la fermentation.

N'oublions pas que la parabole de la vigne est intégrée dans le contexte de la dernière Cène de Jésus. Après la multiplication des pains, Jésus a parlé du vrai pain du ciel, qu'il donnera. Ainsi, il a fourni d'avance une interprétation profonde du pain eucharistique. Il est difficilement concevable que, dans le discours de la vigne, il ne fasse que très discrètement allusion au nouveau vin, celui auquel renvoie déjà Cana et que désormais il donnera : le vin issu de sa passion, de son « amour qui va jusqu'au bout » (*Jn* 13, 1). Dans cette perspective, le fond de la parabole de la vigne est clairement eucharistique. Elle renvoie au fruit que Jésus apporte : son amour qui se donne sur la Croix. Cet amour est le nouveau vin délicieux qui fait partie des noces de Dieu avec les hommes. Ainsi, l'Eucharistie devient intelligible dans toute sa profondeur et toute sa grandeur, sans être mentionnée explicitement. Elle nous renvoie au fruit que nous pouvons et que nous devons porter en tant que sarments avec le Christ et en vertu du Christ. Le fruit que le Seigneur attend de nous est l'Amour qui accepte avec lui le mystère de la Croix, l'Amour qui nous fait participer à son don de soi pour devenir la vraie justice, celle que Dieu attend de nous et qui prépare le monde en l'orientant vers le règne de Dieu.

La purification et le fruit vont ensemble. C'est seulement parce que Dieu nous purifie que nous pouvons porter le fruit qui débouchera sur le mystère eucharistique pour conduire ainsi vers les noces qui sont le dessein de Dieu sur l'histoire. Le fruit et l'amour forment un tout. Le vrai fruit, c'est l'Amour qui est passé par la Croix, par les purifications pratiquées par Dieu. À tout cela s'ajoute le fait de « demeurer ». En Jean 15, 1-10, nous rencontrons dix fois le verbe grec *menein* (demeurer). Ce que les Pères nomment *perseverantia,* le fait de se tenir patiemment dans la communion avec le Seigneur au milieu des vicissitudes de l'existence, est ici clairement mis au centre. Au début, on est facilement enthousiaste, mais il faut ensuite marcher avec constance sur les chemins monotones du désert qu'on est appelé à parcourir dans la vie. Il faut avancer patiemment, laisser se briser l'élan romantique du départ pour ne laisser que l'adhésion profonde et pure à la foi. C'est justement ainsi que le vin se bonifie. Après les illuminations rayonnantes du début, après l'heure de la conversion, saint Augustin a profondément vécu le poids de cette patience. Et c'est précisément ainsi qu'il a appris l'amour du Seigneur et la joie profonde d'avoir trouvé celui qu'il avait cherché.

Si le fruit que nous devons porter est l'Amour, cela présuppose précisément de « demeurer », élément qui est profondément lié à la foi que nous laisse le Seigneur. Au verset 7, il est question de la prière comme d'un moment essentiel de ce « demeurer ». L'homme de prière est assuré d'obtenir ce qu'il demande. Cependant, prier au nom de Jésus, ce n'est pas demander n'importe quoi, mais demander le don essentiel que Jésus, dans le discours d'adieu, nommait « la joie » et que Luc nommait l'Esprit-Saint (cf. 11, 13), ce qui est fondamentalement la même chose. Les mots qui évoquent le fait de demeurer dans l'amour anticipent déjà le dernier verset de la prière sacerdotale de Jésus (cf. *Jn* 17, 26), tout en liant le discours de la vigne au grand thème de l'unité que le Seigneur pose comme une demande devant le Père.

Le pain

Le thème du pain, nous l'avons déjà largement rencontré avec les tentations de Jésus. Nous avons vu que toute la problématique de la mission du Messie était déjà contenue dans la tentation de transformer les pierres du désert en pains. Et dans la façon dont Satan déforme cette injonction transparaît déjà la réponse positive de Jésus, qui se manifeste clairement et définitivement, la veille de sa passion, dans le don de son corps comme pain pour la vie du monde. Nous avons encore rencontré la thématique du pain lors de l'interprétation de la quatrième demande du *Notre Père* où nous avons tenté d'embrasser du regard toutes les dimensions de cette demande, et ainsi toute l'ampleur de ce thème du pain. À la fin du ministère de Jésus en Galilée, la multiplication des pains devient, d'une part, le signe éminent de la mission messianique de Jésus, et, d'autre part aussi, la croisée des chemins de son ministère qui, dès lors, prend clairement la direction de la croix. Les trois Évangiles synoptiques rapportent comment cinq mille hommes ont été miraculeusement nourris (cf. *Mt* 14, 13-21 ; *Mc* 6, 32-44 ; *Lc* 9, 10-17). Matthieu et Marc évoquent, en outre, une seconde multiplication des pains pour quatre mille hommes (cf. *Mt* 15, 32-38 ; *Mc* 8, 1-9).

Ici, nous ne pouvons pas aborder les richesses théologiques contenues dans ces deux récits. Je me limiterai donc au récit de la multiplication des pains racontée par Jean (6,

1-15). Il est vrai qu'elle non plus ne fera pas l'objet d'un examen plus approfondi, car notre regard se portera tout de suite sur l'interprétation de cet événement que Jésus, dans son grand discours du pain, propose le lendemain dans la synagogue sur l'autre rive du lac. Et là encore, nous devrons nous limiter. Ce grand discours, si souvent médité et si souvent décortiqué par les exégètes, nous ne pouvons pas l'examiner en détail. Je voudrais seulement tenter de dégager ses grandes lignes et surtout le replacer dans l'ensemble de la tradition dans laquelle il s'insère et à partir de laquelle il doit être compris.

Le contexte déterminant dans lequel tout le chapitre s'inscrit est la comparaison de Jésus et de Moïse. Jésus est le Moïse définitif, le plus grand Moïse, le « prophète » que Moïse avait annoncé dans son discours au seuil de la Terre sainte et dont Dieu avait dit : « Je mettrai dans sa bouche mes paroles, et il leur dira tout ce que je lui prescrirai » (*Dt* 18, 18). Ce n'est donc pas un hasard si, à la fin de la multiplication des pains et avant la tentative d'instaurer Jésus comme roi, on trouve ceci : « C'est vraiment lui le grand Prophète, celui qui vient dans le monde » (*Jn* 6, 14). Pareillement, les gens disent après l'annonce de l'eau vive lors de la fête des Tentes : « C'est vraiment lui, le grand Prophète ! » (*Jn* 7, 40). Sur l'arrière-fond de Moïse, se dessine l'exigence que Jésus doit manifester. Dans le désert, Moïse a fait jaillir l'eau du rocher. Jésus promet l'eau vive, nous l'avons vu. Le grand don cependant qui était présent dans les esprits, c'était la manne. Moïse avait donné le pain du ciel. Dieu lui-même avait nourri Israël en marche avec le pain céleste. Pour un peuple dont un grand nombre souffrait de la faim et de la fatigue du labeur quotidien, ce fut la promesse des promesses, qui condensait d'une certaine façon tous les espoirs : la fin de toute misère, un don qui calmerait la faim pour tous et pour toujours.

Avant de revenir sur cette conception qui nous permet de comprendre le sixième chapitre de l'Évangile de Jean, nous devons compléter l'image de Moïse, car c'est le seul moyen de faire apparaître également l'image de Jésus que Jean avait à l'esprit. Le point central de notre réflexion, d'où nous étions partis pour ce livre et auquel nous revenons sans cesse, consiste à dire que Moïse a parlé face à face avec Dieu lui-même, « comme on s'entretient d'homme à homme » (*Ex* 33, 11 ; cf. *Dt* 34, 10). C'est seulement parce qu'il a parlé avec Dieu lui-même qu'il a pu apporter aux hommes la parole de Dieu. Mais cette présence immédiate de Dieu qui constitue le cœur même de la mission de Moïse comme sa raison intime est néanmoins assombrie. Car au moment où l'on évoque son amitié, son rapport direct avec Dieu, la demande de Moïse qui dit « laisse-moi contempler ta gloire » reçoit immédiatement la réponse suivante : « Quand passera ma gloire, je te mettrai dans le creux du rocher et je t'abriterai de ma main jusqu'à ce que j'aie passé. Puis je retirerai ma main, et tu me verras de dos, mais mon visage, personne ne peut le voir » (*Ex* 33, 18-23). Même Moïse n'aperçoit que le dos de Dieu, car son visage, « personne ne peut le voir ». La limite imposée à Moïse est claire.

La clé déterminante pour l'image de Jésus transmise par l'Évangile de Jean se trouve dans l'énoncé à la fin du prologue : « Dieu, personne ne l'a jamais vu ; le Fils unique, qui est dans le sein du Père, c'est lui qui a conduit à le connaître » (*Jn* 1, 18). Seul celui qui est Dieu voit Dieu – donc Jésus. Il parle véritablement à partir de la vision du Père, il parle à partir du dialogue perpétuel avec le Père, un dialogue qui constitue sa vie. Si Moïse n'a montré, n'a seulement pu nous montrer que le dos de Dieu, alors Jésus, par contre, est la Parole qui vient de Dieu, à partir de la contemplation vivante et de l'union avec lui. Ici entrent en jeu deux autres dons de Moïse, qui trouveront leur aboutissement dans le Christ. Dieu a communiqué son nom à Moïse, créant ainsi la possibilité de la relation entre lui et les hommes. En transmettant ce nom qui lui a été révélé, Moïse devient le médiateur de la véritable relation que les hommes entretiennent avec le Dieu vivant. Nous avons déjà médité ce point lorsque nous avons examiné la première demande du *Notre Père*. Dans sa prière sacerdotale, Jésus souligne qu'il révèle le nom de Dieu ; il parachève donc, à cet égard aussi, l'œuvre commencée par Moïse. Lors de notre examen de la prière sacerdotale, nous devrons regarder cet énoncé plus en détail. Dans quelle mesure Jésus est-il allé au-delà de Moïse en révélant le « nom » de Dieu ?

L'autre don de Moïse par lequel Israël devient ce qu'il est, c'est-à-dire le peuple de Dieu, est étroitement lié à la vision de Dieu, à la manifestation de son nom et à la manne. C'est la Torah, la Parole de Dieu indiquant le chemin et conduisant à la vie. Israël a pris de plus en plus clairement conscience du fait que c'était vraiment là le don fondamental et durable de Moïse, et que le signe distinctif d'Israël consistait à connaître la volonté de Dieu et ainsi le juste chemin de la vie. Le grand Psaume 119 [118] laisse éclater la joie et la gratitude pour ce don. Une conception réductrice de la Loi, résultat d'une exégèse réductrice de la théologie paulinienne, nous empêche de voir cette joie d'Israël, la joie de connaître la volonté de Dieu et ainsi de pouvoir, de devoir vivre cette volonté.

Ce développement nous ramène au discours sur le Pain de vie, même si cela semble inattendu. Car la pensée juive, dans son évolution interne, est arrivée progressivement à la conclusion que le vrai pain du ciel qui nourrissait et qui nourrit encore Israël est précisément la Loi, la parole de Dieu. Dans la littérature sapientielle, la sagesse, qui est accessible et présente dans la Loi, apparaît comme du « pain » (*Pr* 9, 5). La littérature rabbinique a développé ultérieurement cette idée[30]. C'est dans cette perspective que nous devons lire l'opposition entre Jésus et les Juifs réunis dans la synagogue de Capharnaüm. Jésus leur fait d'abord remarquer qu'ils n'avaient pas vu la multiplication des pains comme un « signe », ce qu'elle était. Tout ce qui les intéressait, c'était de manger et d'être rassasiés (cf. *Jn* 6, 26). Ils voyaient le salut comme quelque chose de purement matériel, à savoir du bien-être en général, réduisant ainsi l'homme et oubliant Dieu. S'ils voient la manne seulement comme quelque chose qui les rassasie, on est obligé de constater que la manne n'était pas du pain céleste, mais du pain terrestre. Elle avait beau venir du « ciel », elle n'était qu'une nourriture terrestre, voire une nourriture de substitution, qui devait cesser dès qu'on avait quitté le désert pour des contrées habitées.

Mais l'homme a une faim plus grande, il a besoin de plus. Le don qui nourrit l'homme en tant qu'homme doit être plus grand, il doit se situer sur un autre plan. La Torah est-elle cette autre nourriture ? En elle, par elle, l'homme peut, d'une façon ou d'une autre, faire en sorte que la volonté de Dieu devienne sa nourriture (cf. *Jn* 4, 34). Oui, la Torah est du « pain » venu de Dieu, mais elle nous montre, pour ainsi dire, seulement le dos de Dieu, elle est « ombre ». « Le pain de Dieu, c'est celui qui descend du ciel et qui donne la vie au monde » (*Jn* 6, 33). Lorsque les auditeurs ne comprennent toujours pas, Jésus répète, encore plus clairement : « Moi, je suis le pain de la vie. Celui qui vient à moi n'aura plus jamais faim ; celui qui croit en moi n'aura plus jamais soif » (6, 35).

La Loi est devenue Personne. Dans la rencontre avec Jésus, nous nous nourrissons pour ainsi dire du Dieu vivant lui-même, nous mangeons vraiment le « pain venu du ciel ». En conséquence, Jésus avait déjà d'emblée clarifié que la seule œuvre que Dieu demande consiste à croire en lui. Les auditeurs avaient demandé à Jésus : « Que faut-il faire pour travailler aux œuvres de Dieu ? » (*Jn* 6, 28). Le mot grec *ergazesthai* que nous trouvons ici, signifie « gagner en travaillant[31] ». Les auditeurs sont prêts à travailler, à œuvrer, à accomplir des « œuvres » afin de recevoir ce pain. Mais on ne peut pas le « gagner » par le travail humain, par nos propres efforts. Il ne peut venir à nous que comme un don de Dieu, comme une *œuvre de Dieu*. Dans ce dialogue, nous trouvons toute la théologie paulinienne. Le bien suprême et véritable, nous ne pouvons l'acquérir par nos efforts. Nous devons accepter le don, et nous devons entrer dans la dynamique de ce qui nous est donné. Cela se fait dans la foi en Jésus, qui est dialogue, relation vivante avec le Père, et qui veut redevenir en nous parole et amour.

Comment pouvons-nous nous « nourrir » de Dieu, comment pouvons-nous vivre de lui, en sorte qu'il devienne notre pain ? Cette question n'a pas encore trouvé de réponse complète. Dieu devient du « pain » pour nous, tout d'abord dans l'incarnation du *Logos*. Le Verbe se fait chair. Le *Logos* devient l'un de nous ; il se met ainsi à notre niveau, dans ce qui nous est accessible. Mais un autre pas est nécessaire au-delà de l'incarnation du Verbe, et Jésus l'exprime ainsi à la fin de son discours : « Le pain que je donnerai, c'est ma chair, donnée pour que le monde ait la vie » (*Jn* 6, 51). Au-delà de l'acte de l'incarnation, ce mot suggère son but profond et sa dernière réalisation : le fait que Jésus se donne jusque dans la mort et dans le mystère de la Croix.

Cela se manifeste encore plus clairement dans le verset 53 où le Seigneur précise qu'il nous donne aussi son sang à « boire ». Ce mot nous renvoie clairement à l'Eucharistie, mais ici apparaît surtout le sacrifice qui la fonde, le sacrifice de Jésus. Pour nous, Jésus verse son sang ; sortant pour ainsi dire de lui-même, il « s'écoule », il se donne à nous.

Dans ce chapitre, la théologie de l'Incarnation et celle de la Croix s'entremêlent donc, elles sont indissociables. On ne peut pas établir d'opposition entre la théologie pascale des Évangiles synoptiques et de saint Paul, et une prétendue pure théologie de l'Incarnation chez saint Jean. L'incarnation du Verbe dont parle le prologue vise justement le don du corps sur la Croix qui devient accessible pour nous dans le Sacrement. Ici, Jean suit la même ligne que celle qui est développée par la Lettre aux Hébreux en partant du Psaume 40 [39], 6-8 : « Tu n'as pas voulu de sacrifices ni d'offrandes, mais tu m'as fait un corps » (*He* 10, 5). Jésus se fait homme pour se donner et se substituer aux sacrifices d'animaux, qui ne pouvaient être que la manifestation d'une attente, mais pas une réponse.

Le discours sur le Pain de vie oriente le grand élan de l'Incarnation et du chemin pascal vers le Sacrement dans lequel coexistent à la fois l'Incarnation et la Pâque. À l'inverse, le Sacrement, l'Eucharistie, est ainsi replacé dans le grand contexte de la descente de Dieu vers nous et pour nous. Ainsi, l'Eucharistie est distinctement placée au cœur de l'existence chrétienne. Ici Dieu nous donne vraiment la manne que l'humanité attendait, le véritable « pain venu du ciel », celui dont nous pouvons vivre en profondeur, en tant qu'humains. Mais en même temps, l'Eucharistie apparaît comme la grande et permanente rencontre de l'homme avec Dieu, dans laquelle le Seigneur se donne comme « chair », afin qu'en lui et en participant à son chemin, nous puissions devenir « esprit ». Tout comme il a été transformé par la croix pour entrer dans un nouveau mode d'humanité et de corporéité, mode qui s'associe à la nature de Dieu, de même cette nourriture doit être pour nous une ouverture de l'existence, un passage par la croix et une anticipation de la nouvelle existence de la vie en Dieu et avec Dieu.

C'est pourquoi nous trouvons à la fin du discours la phrase suivante où l'incarnation de Jésus et le fait de manger et de boire « le corps et le sang du Seigneur » sont fortement soulignés : « C'est l'esprit qui fait vivre, la chair n'est capable de rien » (*Jn* 6, 63). On peut se souvenir ici des mots de saint Paul : « *Le premier Adam était un être humain qui avait reçu la vie* ; le dernier Adam – le Christ – est devenu l'être spirituel qui donne la vie » (*1 Co* 15, 45). Ici, on ne revient nullement sur le réalisme de l'Incarnation. Mais la perspective pascale du sacrement est soulignée. C'est seulement par la croix et par la transformation opérée par elle que cette chair devient accessible pour nous et qu'elle nous entraîne nous-mêmes dans le processus de transformation. La piété eucharistique doit sans cesse s'inspirer de cette grande dynamique christologique, voire cosmique.

Afin de comprendre dans toute sa profondeur le discours de Jésus sur le Pain de vie, nous devons, pour finir, considérer encore brièvement une phrase clé de l'Évangile de Jean, prononcée par Jésus le dimanche des Rameaux, en anticipant l'Église universelle, qui est à venir et qui comprendra les Juifs et les Grecs et toutes les nations du monde : « Si le grain de blé tombé en terre ne meurt pas, il reste seul ; mais s'il meurt, il donne beaucoup de fruit » (*Jn* 12, 24). Ce que nous nommons « pain » contient le mystère de la Passion. Le pain présuppose que la semence, le grain de blé, a été placé dans la terre, qu'il est « mort » et que, de cette mort, sortira le nouvel épi. Le pain terrestre peut devenir le support de la présence du Christ parce qu'il porte en lui le mystère de la Passion, qu'il unit en lui la mort et la résurrection. Ainsi, dans les religions du monde, le pain est devenu le point de départ des mythes de la mort et de la résurrection de la divinité, dans lesquels l'homme exprimait son espérance d'une vie qui sortirait de la mort.

Le cardinal Christoph Schönborn rappelle dans ce contexte le processus de conversion du grand écrivain anglais Clive Staples Lewis qui, après avoir lu un ouvrage en douze volumes sur les mythes en question, était arrivé à la conclusion que ce Jésus, qui avait pris du pain dans ses mains en disant « Ceci est mon corps », n'était qu'une divinité du blé de plus, un de ces rois du blé qui donnaient leur vie pour la vie du monde. Un jour pourtant, au cours d'une conversation, il entendit dire par un athée invétéré que les preuves attestant l'historicité des Évangiles étaient étonnamment bonnes. Et il lui vint cette idée : « Étrange. Tout ce truc du Dieu mourant, on dirait qu'il a eu lieu *une fois*[32]. »

Oui, il a vraiment eu lieu. Jésus n'est pas un mythe, il est un homme de chair et de sang, une présence toute réelle dans l'histoire. Nous pouvons suivre les chemins qu'il a empruntés. Nous pouvons entendre ses paroles grâce aux témoins. Il est mort et il est ressuscité. Le mystère de la passion du pain l'a pour ainsi dire attendu, s'est tourné vers lui, et les mythes l'ont attendu, lui en qui l'espérance est devenue réalité. Ceci vaut également pour le vin. Il porte aussi en lui la passion, il a été pressé, et ainsi le raisin est devenu du vin. Les Pères ont développé ensuite ce langage caché des dons eucharistiques. Je voudrais donner un seul exemple : dans ce qu'on appelle la *Didachè* (sans doute vers 100), on prie sur le pain destiné à l'Eucharistie : « Comme ce pain rompu, d'abord dispersé sur les montagnes, a été recueilli pour devenir un. Qu'ainsi ton Église soit rassemblée des extrémités de la terre dans ton royaume[33]. »

Le pasteur

L'image du pasteur, par laquelle Jésus présente sa mission aussi bien dans les Évangiles synoptiques que dans celui de Jean, recèle une longue histoire. Dans l'Orient ancien, dans les inscriptions royales sumériennes tout comme dans les milieux assyro-babyloniens, le roi se définit comme le pasteur intronisé par Dieu. « Paître » est une image qui représente la charge de gouverner. Partant de cette image, le souci des faibles fait partie des tâches du souverain juste. On pourrait donc dire qu'en raison de ses origines, l'image du Christ comme le bon pasteur est un Évangile du Christ en tant que roi, faisant apparaître la royauté du Christ.

La référence immédiate du discours imagé de Jésus se trouve cependant dans l'Ancien Testament, où Dieu lui-même apparaît comme le pasteur d'Israël. Cette image a profondément marqué la piété d'Israël, elle est devenue un message de consolation et de confiance, surtout dans les moments de détresse. La plus belle formulation de cette piété confiante, nous la trouvons dans le Psaume 23 [22], le Seigneur est mon berger : « Si je traverse les ravins de la mort, je ne crains aucun mal, car tu es avec moi » (v. 4). Cette image de Dieu comme pasteur est dépeinte plus en détail chez Ézéchiel, dans les chapitres 34-37, dont la vision est concrètement actualisée en tant que prophétie du ministère de Jésus dans les paraboles du pasteur des Évangiles synoptiques et dans le discours johannique du pasteur. Face aux pasteurs égoïstes qu'Ézéchiel trouve et dénonce à son époque, il proclame la promesse que Dieu lui-même chercherait ses brebis pour en prendre soin. « Je les ferai sortir des pays étrangers, je les rassemblerai, et je les ramènerai chez elles… C'est moi qui ferai paître mon troupeau, et c'est moi qui le ferai reposer. La brebis perdue, je la chercherai ; l'égarée, je la ramènerai. Celle qui est blessée, je la soignerai. Celle qui est faible, je lui rendrai des forces. Celle qui est grasse et vigoureuse, je la garderai » (*Ez* 34, 13.15-16).

Face au mécontentement des pharisiens et des scribes provoqué par le repas pris avec les pécheurs, le Seigneur raconte la parabole des quatre-vingt-dix-neuf brebis restées à la maison et de celle qui était perdue et que le pasteur va chercher pour la prendre avec grande joie sur ses épaules pour la ramener. Par cette parabole, Jésus dit à ses adversaires : n'avez-vous pas lu la parole de Dieu chez Ézéchiel ? Je ne fais que ce que Dieu a annoncé en tant que vrai pasteur : j'irai à la recherche des brebis perdues, et je reconduirai les égarées au bercail.

À un moment tardif de la prophétie vétérotestamentaire, se produit encore une fois une transformation surprenante et profonde dans la représentation de l'image du pasteur, transformation qui nous fait entrer directement dans le mystère de Jésus Christ. Matthieu nous raconte que, après la dernière Cène, sur le chemin du mont des Oliviers, Jésus annonce aux disciples qu'allait se produire maintenant ce qui avait été annoncé en Zacharie 13, 7 : « Je frapperai le berger, et les brebis du troupeau seront dispersées » (*Mt* 26, 31). En effet, apparaît ici chez Zacharie la vision d'un pasteur qui « selon la volonté de Dieu subit la mort en introduisant ainsi le dernier tournant [34] ».

Cette vision surprenante du pasteur tué, qui par la mort devient le sauveur, est étroitement liée à une autre image du Livre de Zacharie : « Je répandrai sur la maison de David et sur les habitants de Jérusalem un esprit qui fera naître en eux bonté et supplication. Ils lèveront les yeux vers celui qu'ils ont transpercé ; ils feront une lamentation sur lui comme sur un fils unique ; ils pleureront sur lui amèrement comme sur un premier-né. En ce jour-là, il y aura grande lamentation dans Jérusalem comme la lamentation de Hadad Rimmôn dans la plaine de Megiddôn... En ce jour-là, il y aura une source qui jaillira pour la maison de David et les habitants de Jérusalem : elle les lavera de leur péché et de leur souillure » (*Za* 12, 10-11 ; 13, 1). Hadad Rimmôn était une des divinités de la végétation mourant et ressuscitant, que nous avons rencontrées tout à l'heure dans le contexte du pain qui, lui, présuppose la mort et la résurrection du grain de blé. Sa mort suivie de la résurrection était célébrée par des lamentations rituelles effrénées. Ceux qui y ont assisté, et le prophète et ses lecteurs en font apparemment partie, y voyaient pour ainsi dire l'archétype du deuil et de la lamentation. Pour Zacharie, Hadad Rimmôn est une des divinités pitoyables qu'Israël méprise et dénonce comme des chimères mythiques. Et pourtant, par le rite de la lamentation, il devient une préfiguration mystérieuse de Celui qui existe vraiment.

Un lien intrinsèque avec le serviteur de Dieu du Deutéro-Isaïe se fait jour. La prophétie tardive d'Israël voit le rédempteur souffrant et mourant, le pasteur qui devient l'agneau, sans pouvoir expliquer cette figure plus en détail. K. Elliger dit à ce propos : « Mais d'autre part, son regard [celui de Zacharie] se porte au loin, avec une précision étrange, dans une nouvelle direction et tourne autour de la figure de celui qui est transpercé sur la croix du Golgotha, il est vrai, sans pouvoir discerner clairement la figure du Christ, bien qu'avec l'évocation de Hadad Rimmôn, on effleure étrangement le mystère de la résurrection, mais on ne fait que l'effleurer [...] surtout sans apercevoir claire-ment le lien profond entre la croix et la source contre tout péché et toute souillure[35]. » Si chez Matthieu, au début du récit de la Passion, Jésus évoque lui-même Zacharie 13, 7 et l'image du pasteur tué, Jean clôt le récit de la crucifixion en se référant à Zacharie 12, 10 : « Ils lèveront les yeux vers celui qu'ils ont transpercé » (*Jn* 19, 37). Dès lors, tout est clair : celui qui est tué et qui sauve, c'est Jésus Christ, le crucifié.

Jean établit le lien avec la vision de la source purifiant tout péché et toute souillure qui est annoncée en Zacharie. Du côté ouvert de Jésus sortent du sang et de l'eau (cf. *Jn* 19, 34). Jésus lui-même, qui a été transpercé sur la croix, est la source de la purification et de la guérison pour le monde entier. Jean établit, en outre, le lien avec l'image de l'agneau pascal, dont le sang a des vertus purifi-catrices : « Aucun de ses os ne sera brisé » (*Jn* 19, 36 ; cf. *Ex* 12, 46). Ainsi, la boucle est bouclée avec le début de l'Évangile, lorsque le Baptiste, voyant Jésus, avait dit : « Voici l'Agneau de Dieu, qui enlève le péché du monde » (*Jn* 1, 29). Ainsi, l'image de l'agneau, que nous trouvons

dans une fonction différente mais tout aussi déterminante dans l'Apocalypse, englobe tout l'Évangile en four-
nissant également l'interprétation profonde du discours
du pasteur, dont le cœur même est constitué par le fait
que Jésus fait don de sa vie.

À notre surprise, le discours du pasteur ne commence
pas par l'énoncé « Je suis le bon pasteur », mais par une
autre image : « Amen, amen, je vous le dis : je suis la porte
des brebis » (*Jn* 10, 7). Auparavant, Jésus avait déjà dit :
« Celui qui entre dans la bergerie sans passer par la porte,
mais qui escalade par un autre endroit, celui-là est un
voleur et un bandit. Celui qui entre par la porte, c'est lui
le pasteur, le berger des brebis » (*Jn* 10, 1-2). Il faut sans
doute entendre par là que Jésus fixe ici le critère pour les
pasteurs de son troupeau après son ascension vers le Père.
Si quelqu'un est un vrai pasteur, cela se manifeste par le
fait qu'il passe par la porte qu'est Jésus. Car de cette façon
Jésus reste en fin de compte le pasteur, le troupeau « appartient » à lui seul.

De quelle manière cela se fait-il concrètement, passer par
la porte qu'est Jésus, nous le voyons dans l'épilogue de
l'Évangile, au chapitre 21, quand Jésus demande à Simon-
Pierre d'être le pasteur de ses brebis. Trois fois, il dit à
Simon-Pierre : sois le berger de mes agneaux (ou mes brebis, cf. *Jn* 21, 15-17). Simon-Pierre est désigné clairement
comme le berger des brebis de Jésus, il est instauré dans la
fonction pastorale de Jésus. Mais pour pouvoir l'être, il doit
entrer par la « porte ». Cette entrée, ou plus précisément
cette façon d'être autorisé à entrer par la porte (cf. *Jn* 10,
3), se retrouve dans la question trois fois répétée : « Simon,
fils de Jean, m'aimes-tu ? » Il y a d'abord la dimension toute
personnelle de l'appel. Simon est appelé par son nom, son

nom tout à fait personnel « Simon », et par son origine. Il est interrogé sur l'amour qui le fait devenir un avec Jésus. Ainsi, c'est « par Jésus » qu'il vient aux brebis. Il ne les prend pas comme son troupeau à lui, Simon-Pierre, mais comme « troupeau » de Jésus. Parce qu'il entre par la « porte » qui est Jésus, parce qu'il est uni dans l'amour avec Jésus, les brebis écouteront sa voix, la voix de Jésus lui-même, elles ne suivent pas Simon, mais Jésus, duquel et par lequel il vient vers elles, si bien que, menées par lui, elles sont menées par Jésus.

Toute la scène de l'investiture se clôt sur le mot de Jésus à Simon-Pierre : « Suis-moi » (*Jn* 21, 19). Elle fait penser à la scène qui suit la confession de foi de Pierre, où Pierre essayait de détourner le Seigneur du chemin de la croix et où le Seigneur lui avait dit : « Passe derrière moi » pour ensuite appeler les autres à prendre chacun sa croix et à le suivre (cf. *Mc* 8, 33). Même le disciple qui maintenant en tant que pasteur précède les autres, doit « suivre » Jésus. Et cela comporte, comme le Seigneur l'a annoncé à Pierre après lui avoir confié le mandat pastoral, l'acceptation de la croix, la disponibilité à donner sa vie. C'est justement ainsi que les mots « Je suis la porte » se concrétisent. C'est ainsi que Jésus reste lui-même le pasteur.

Revenons au discours du pasteur au chapitre 10. C'est seulement dans un deuxième temps que vient l'énoncé « Je suis le bon pasteur » (*Jn* 10, 11). Toute la charge historique de l'image du pasteur est reprise, purifiée et conduite à sa pleine signification. Quatre aspects essentiels sont particulièrement mis en lumière. Le voleur vient « pour voler, égorger et détruire » (*Jn* 10, 10). Il voit les brebis comme quelque chose qui lui appartient, qu'il possède et qu'il exploite pour lui. Seule lui importe sa personne, tout n'existe que pour lui. C'est l'inverse pour le bon pasteur. Il ne prend pas la vie, il la donne : « Moi je suis venu pour que les hommes aient la vie, pour qu'ils l'aient en abondance » (10, 10).

Ceci est la grande promesse de Jésus : donner la vie en abondance. La vie en abondance, voilà ce que chacun désire. Mais qu'est-ce que c'est ? Où la trouvons-nous ? Quand et comment avons-nous « la vie en abondance » ? Quand nous vivons comme le fils prodigue, quand nous dilapidons toute la dot de Dieu ? Quand nous vivons comme le voleur et le brigand, quand nous nous accaparons tout ? Jésus promet qu'il montrera le « pâturage » aux brebis, ce dont elles vivent. Il leur promet de les mener vraiment aux sources de la vie. Nous pouvons entendre aussi l'écho du Psaume 23 [22] : « Sur des prés d'herbe fraîche, il me fait reposer. Il me mène vers les eaux tranquilles... tu prépares la table pour moi... Grâce et bonheur m'accompagnent tous les jours de ma vie » (v. 2-5). Ou de façon encore plus évidente celui du discours du pasteur chez Ézéchiel : « Je les ferai paître dans un bon pâturage, et leurs prairies seront sur les hauteurs d'Israël... » (*Ez* 34, 14).

Mais que signifie tout cela ? Nous savons de quoi vivent les brebis. Mais de quoi vit l'homme ? Les Pères ont vu dans les hauteurs d'Israël et dans les pâturages sur ses hauteurs, où l'on trouve de l'eau et de l'ombre, une image des hauteurs de l'Écriture Sainte, de la nourriture de la parole de Dieu, dispensatrice de vie. Et même si tel n'est pas le sens historique du texte, en fin de compte ils ont bien vu et surtout bien compris Jésus lui-même. L'homme vit de la vérité et du fait d'être aimé, d'être aimé par la vérité. Il a besoin de Dieu, du Dieu qui lui devient proche, qui interprète pour lui le sens de la vie en lui indiquant ainsi le chemin de la vie. Certes, l'homme a besoin de pain, il a besoin de la nourriture pour le corps, mais plus profondément il a besoin de la parole, de l'amour, de Dieu lui-même. Celui qui lui donne cela lui donne la « vie en abondance ». Et dès lors, il libère les forces grâce auxquelles il pourra aménager la terre de façon sensée et ainsi trouver pour lui et pour les autres les biens qu'on ne peut avoir que dans le partage.

En ce sens, il y a une relation intrinsèque entre le discours sur le Pain de vie dans le chapitre 6 et le discours du pasteur. De quoi vit l'homme ?, telle est toujours la question. Philon, le grand philosophe juif, contemporain de Jésus, avait dit que Dieu, le vrai pasteur de son peuple, avait installé son « fils aîné », le *Logos*, comme pasteur [36]. Le discours du pasteur chez Jean n'entretient aucune relation directe avec la conception de Jésus comme *Logos*. Telle est pourtant sa signification précisément dans le contexte de l'Évangile de Jean lui-même. Jésus, le Verbe de Dieu incarné, n'est pas seulement le pasteur, mais il est aussi la nourriture, le vrai « pâturage ». Il donne la vie en se donnant lui-même, lui qui est la vie (cf. *Jn* 1, 4 ; 3, 36 ; 11, 25).

Nous voilà donc arrivé au deuxième thème du discours du pasteur dans lequel apparaît la nouveauté qui conduit au-delà de Philon, et cela non grâce à des idées nouvelles, mais en vertu d'un événement nouveau : l'Incarnation et la Passion du Fils. « Le vrai berger donne sa vie pour ses brebis » (*Jn* 10, 11). Tout comme le discours sur le Pain de vie ne s'est pas contenté de renvoyer à la Parole, mais parle du Verbe devenu chair et don « pour que le monde ait la vie » (*Jn* 6, 51), le don de la vie pour les « brebis » est absolument central dans le discours du pasteur. La croix constitue le centre du discours du pasteur, mais non pas comme un acte de violence qui s'abattrait sur lui de façon inattendue et qui lui serait infligé de l'extérieur, mais comme le libre don de soi-même : « Je donne ma vie pour la reprendre ensuite. Personne n'a pu me l'enlever : je la donne de moi-même » (10, 17-18). Ici, nous avons l'interprétation de ce qui se passe dans l'institution de l'Eucharistie. Jésus transforme l'acte violent et extérieur de la crucifixion en un acte du libre don de soi-même pour les autres. Jésus ne donne pas *quelque chose*, il se donne lui-même. C'est ainsi qu'il donne la vie. Nous devrons reprendre et approfondir cette idée lorsque nous aborderons l'Eucharistie et l'événement pascal.

Un troisième thème essentiel du discours du pasteur est la connaissance qu'ont l'un de l'autre le pasteur et le troupeau : « Ses brebis à lui, il les appelle chacune par son nom, et il les fait sortir. Quand il a conduit dehors toutes ses brebis... et elles le suivent, car elles connaissent sa voix » (*Jn* 10, 3-4). « Moi, je suis le bon pasteur ; je connais mes brebis, et mes brebis me connaissent, comme le Père me connaît, et que je connais le Père ; et je donne ma vie pour mes brebis » (*Jn* 10, 14-15). Dans ces deux versets, on est frappé par deux articulations intellectuelles qu'il nous faudra méditer si nous voulons comprendre ce que signifie cette « connaissance ». Tout d'abord, connaître et appartenir sont imbriqués. Le pasteur connaît les brebis, parce qu'elles lui appartiennent, et elles le connaissent parce qu'elles sont les siennes. Connaître et appartenir (le texte grec dit *ta idia*, être propre à) sont au fond une seule et même chose. Le vrai pasteur ne possède pas les brebis comme n'importe quel objet qu'on utilise en l'usant. Elles lui « appartiennent » par cette connaissance mutuelle, et cette « connaissance » est une acceptation intérieure. Elle signifie une appartenance intérieure qui plonge beaucoup plus en profondeur que le fait de posséder des objets.

Essayons d'y voir plus clair grâce à un exemple tiré de la vie. Aucun homme n'appartient à un autre homme comme un objet peut lui appartenir. Les enfants ne sont pas la « propriété » des parents. Les époux ne sont pas « propriété » l'un de l'autre. Mais ils s'appartiennent l'un à l'autre de façon beaucoup plus profonde que par exemple un bout de bois ou un terrain ou n'importe quelle autre chose qu'on nomme « propriété ». Les enfants « appartiennent » aux parents tout en étant de libres créatures de Dieu, chacune avec sa vocation, avec sa nouveauté et sa singularité devant Dieu. Ils ne s'appartiennent pas en tant que propriété, mais en tant que responsabilité. Ils s'appartiennent justement par le fait qu'ils acceptent la liberté de l'autre, qu'ils se portent l'un l'autre dans l'amour comme dans la connaissance, et qu'ils sont dans cette réciprocité à la fois libres et un pour l'éternité.

Ainsi, « les brebis », qui sont des personnes créées par Dieu et donc à son image, n'appartiennent pas au pasteur comme des objets, car c'est le brigand et le voleur qui se les approprient ainsi. Telle est précisément la différence entre le propriétaire, le vrai pasteur et le brigand. Pour le brigand, pour les idéologues et les dictateurs, les hommes ne sont que des choses qu'ils possèdent. Pour le vrai pasteur par contre, ils sont des êtres libres, car orientés vers la vérité et l'amour. Le pasteur se manifeste comme le propriétaire des brebis justement dans la mesure où il les connaît, où il les aime et où il les veut dans la liberté de la vérité. Elles lui appartiennent, parce qu'elles sont unies par la « connaissance » et dans la communion de la vérité qu'il est lui-même. C'est pourquoi il ne les utilise pas, mais il donne sa vie pour elles. Tout comme le *Logos* et l'Incarnation, le *Logos* et la

Passion sont indissociables, la connaissance et le don de soi ne font qu'un.

Écoutons encore une fois la phrase décisive : « Moi, je suis le bon pasteur ; je connais mes brebis, et mes brebis me connaissent, comme le Père me connaît, et que je connais le Père ; et je donne ma vie pour mes brebis » (*Jn* 10, 14-15). Cette phrase contient une seconde interdépendance dont nous devons tenir compte. La connaissance mutuelle entre le Père et le Fils est étroitement imbriquée avec la connaissance mutuelle entre le pasteur et les brebis. La connaissance qui lie Jésus aux siens est placée à l'intérieur de son identité connaissante avec le Père. Les siens sont tissés dans le dialogue trinitaire. Nous le verrons encore lorsque nous méditerons la prière sacerdotale de Jésus. Et nous verrons alors que l'Église et la Trinité sont également imbriquées. Cette imbrication de deux niveaux de la connaissance est de la plus grande importance si l'on veut comprendre la nature de la « connaissance » dont parle l'Évangile de Jean.

En transposant tout cela dans notre horizon de vie, nous pouvons dire : c'est seulement en Dieu et à partir de Dieu que nous avons une connaissance juste de l'homme. Une connaissance de soi qui enferme l'homme dans la dimension empirique et pragmatique n'arrive pas à rencontrer la véritable profondeur de l'homme. L'homme se connaît seulement dans la mesure où il apprend à se comprendre à partir de Dieu, et il connaît l'autre seulement dans la mesure où il voit en lui le mystère de Dieu. Pour le pasteur au service de Jésus, cela signifie qu'il n'a pas le droit de lier les hommes à lui-même, à son petit ego. La connaissance de soi qui le lie aux « brebis » dont il a la charge doit viser à s'aider les uns les autres à entrer en Dieu, à orienter vers lui, ce qui doit conduire à se trouver soi-même dans l'identité de la connaissance et de l'amour de Dieu. Le pasteur au service de Jésus doit toujours conduire au-delà de lui-même, afin que l'autre trouve toute sa liberté. C'est pourquoi il doit toujours se dépasser lui-même pour entrer dans l'union avec Jésus et avec le Dieu trinitaire.

Le moi propre de Jésus est toujours ouvert au Père, à l'intime communion avec lui. Il n'est jamais seul, mais toujours dans la réceptivité de soi et dans le don de soi adressé au Père. « Ma doctrine n'est pas mienne », son moi est un moi ouvert à la Trinité. Celui qui apprend à le connaître « voit » le Père ; il entre dans la communion avec le Père. C'est justement ce dépassement dialogique opéré par la rencontre avec Jésus qui nous montre à nouveau le vrai pasteur, celui qui ne prend pas possession de nous, mais qui nous conduit vers la liberté de notre être en nous faisant entrer dans la communion avec Dieu et en nous faisant don de sa vie.

Venons en maintenant au dernier grand thème du discours du pasteur, celui de l'unité. Il apparaît avec insistance dans le discours du pasteur chez Ézéchiel. « La parole du Seigneur me fut adressée : "Fils d'homme, prends un morceau de bois, et écris dessus : 'Juda et les fils d'Israël qui lui sont attachés'. Prends un autre morceau de bois et écris dessus : 'Joseph et les tribus d'Israël qui lui sont attachées'. Rapproche ces deux morceaux de bois pour en faire un seul ; qu'ils n'en fassent plus qu'un seul dans ta main... Ainsi parle le Seigneur Dieu : 'J'irai prendre les fils d'Israël parmi les nations où ils sont allés. Je vais les rassembler de partout... J'en ferai une seule nation dans le pays, sur les montagnes d'Israël... Ils ne formeront plus deux nations ; ils ne seront plus divisés en deux royaumes'" »

(*Ez* 37, 15-17. 21-22). Dieu rassemble l'Israël divisé et dispersé pour en faire un seul peuple.

Le discours de Jésus sur le pasteur reprend cette vision tout en amplifiant de façon décisive le rayon de la promesse : « J'ai encore d'autres brebis, qui ne sont pas de cette bergerie : celles-là aussi, il faut que je les conduise. Elles écouteront ma voix : il y aura un seul troupeau et un seul pasteur » (*Jn* 10, 16). La mission du pasteur qui est Jésus ne vise pas seulement à rassembler les brebis égarées de la maison d'Israël, elle vise à rassembler dans l'unité « les enfants de Dieu dispersés » (*Jn* 11, 52). Ainsi, la promesse d'un seul pasteur et d'un seul troupeau coïncide avec l'ordre de mission du Ressuscité que nous trouvons chez Matthieu : « De toutes les nations faites des disciples » (28, 19). Une parole du Ressuscité dans les Actes des apôtres l'exprime ainsi : « Alors vous serez mes témoins à Jérusalem, dans toute la Judée et la Samarie, et jusqu'aux extrémités de la terre » (*Ac* 1, 8).

C'est ici que se manifeste la raison intrinsèque de cette mission universelle. Il n'y a qu'un pasteur. Le *Logos* qui se fit homme en Jésus est le pasteur de tous les hommes, car ils ont tous été créés par l'unique Verbe. Dans toutes leurs dispersions, ils sont un à partir de lui et en direction de lui. Au-delà de toutes ses dispersions, l'humanité peut devenir une à partir du vrai pasteur, à partir du *Logos*, qui se fit homme pour faire don de sa vie et pour donner ainsi la vie en abondance (cf. *Jn* 10, 10).

Dans les premiers siècles, et de façon attestée depuis le IIIe siècle, la vision du pasteur est devenue une image marquante de la chrétienté primitive. Elle avait rencontré la figure bucolique du porteur de la brebis qui apparut et qui fut aimée dans la société urbaine stressée comme l'emblème et l'idéal de la vie simple. Mais la chrétienté pouvait immédiatement réinterpréter cette figure à partir de l'Écriture, et tout d'abord par exemple à partir du Psaume 23 [22] : « Le Seigneur est mon berger : je ne manque de rien. Sur des prés d'herbe fraîche, il me fait reposer... Si je traverse les ravins de la mort, je ne crains aucun mal... Grâce et bonheur m'accompagnent tous les jours de ma vie ; j'habiterai la maison du Seigneur pour la durée de mes jours. » Dans le Christ, ils ont reconnu le bon pasteur qui conduit à travers les ravins de la mort. Le pasteur qui **est** passé lui-même par le ravin de la mort. Le pasteur qui **connaît** aussi le chemin qui passe par la nuit de la mort, et qui ne m'abandonne pas dans cette ultime solitude, celui qui me fait sortir de ce ravin pour me mener vers les prés d'herbe fraîche de la vie, « dans la joie, la paix et la lumière » (Canon romain). Clément d'Alexandrie a formulé cette confiance dans le pasteur qui guide avec des vers qui font percevoir quelque chose de l'espérance et de la confiance de l'Église primitive, si souvent souffrante et persécutée : « Guide, saint pasteur, tes brebis spirituelles : Guide, roi, tes enfants purs. La trace des pas du Christ est le chemin qui mène au ciel[37]. »

Mais les chrétiens y entendaient aussi, bien sûr, l'écho de la parabole du pasteur qui va chercher la brebis égarée pour la prendre sur ses épaules et la ramener à la maison, tout comme l'écho du discours du pasteur de l'Évangile de Jean. Pour les Pères, tout cela a fini par former un tout. Le pasteur qui se met en route pour trouver la brebis égarée est le Verbe éternel lui-même, et la brebis qu'il porte sur ses épaules pour la ramener affectueusement à la maison, c'est l'humanité, c'est la nature humaine qu'il a assumée. Dans son incarnation et dans sa croix, il ramène la brebis égarée – l'humanité – à la maison, et il me porte, moi aussi. Le *Logos* devenu homme est le véritable « porteur de la brebis », le pasteur qui va nous chercher à travers les épines et les déserts de notre vie. Portés par lui, nous arrivons à la maison. Il a donné sa vie pour nous. Il est lui-même la vie.

9

DEUX ÉVÉNEMENTS MARQUANTS DE L'ITINÉRAIRE DE JÉSUS :

La confession de foi de pierre et la transfiguration

1. La confession de foi de Pierre

Les trois Évangiles synoptiques font apparaître comme un événement marquant de l'itinéraire de Jésus le moment où il demande aux disciples ce que les gens pensent de lui et comment eux-mêmes le considèrent (cf. *Mc* 8, 27-30 ; *Mt* 16, 13-20 ; *Lc* 9, 18-21). Dans ces trois Évangiles, c'est Pierre qui répond au nom des Douze par une confession de foi qui se distingue nettement de l'opinion des « gens ». Dans les trois Évangiles, Jésus annonce à la suite sa Passion et sa Résurrection, et il assortit l'annonce de son destin personnel d'un enseignement sur ce que signifie devenir son disciple et le suivre, lui, le Crucifié. Mais dans les trois Évangiles, il interprète aussi cette suite de la croix dans un sens fondamentalement anthropologique, comme le chemin qui conduit nécessairement l'homme à se perdre, sans quoi il sera impossible à l'homme de se trouver (cf. *Mc* 8, 31 - 9, 1 ; *Mt* 16, 21-28 ; *Lc* 9, 22-27). Enfin, dans les trois Évangiles, ce passage est suivi du récit de la Transfiguration de

Jésus, qui donne à nouveau une interprétation approfondie de la confession de foi de Pierre, tout en la reliant au mystère de la mort et de la résurrection du Christ (cf. *Mc* 9, 2-13 ; *Mt* 17, 1-13 ; *Lc* 9, 28-36).

Seul Matthieu fait suivre la confession de foi de la remise d'un pouvoir que Jésus confère à Pierre, le pouvoir des clés, le pouvoir de lier et de délier, assorti de la promesse suivante : c'est sur lui, Pierre, sur cette pierre, que Jésus bâtira son Église. On trouve des propos similaires concernant cette mission et cette promesse chez Luc dans le contexte de la dernière Cène (cf. *Lc* 22, 31-32), et chez Jean après la résurrection de Jésus (cf. *Jn* 21, 15-19).

On trouve d'ailleurs chez Jean une confession de foi de Pierre qui intervient là aussi à un moment décisif du parcours de Jésus et à partir de laquelle le cercle des Douze va prendre le poids et le visage qui lui appartiennent en propre (cf. 6, 68-69). Lorsque nous considérerons la confession de foi de Pierre dans les synoptiques, il faudra également prendre en compte ce texte qui, par-delà les différences, présente des similitudes fondamentales avec la tradition synoptique.

Ce bref exposé devrait avoir suffi à montrer que la confession de foi de Pierre ne peut être comprise correctement que dans le contexte qui la relie à l'annonce de la Passion et aux paroles relatives à ceux qui suivent Jésus. Ces trois éléments, c'est-à-dire les paroles de Pierre et la double réponse de Jésus, sont indissociables. Et de la même façon, dans la scène de la Transfiguration, la confirmation par le Père lui-même et à travers la Loi et les Prophètes est indispensable pour comprendre la confession de foi. Marc fait précéder la Transfiguration d'une – apparente – promesse de parousie, qui se rattache aux paroles concernant ceux qui suivent Jésus, mais qui conduit en même temps à la Transfiguration, donnant ainsi à sa manière une interprétation tant de ce que signifie suivre Jésus que de la promesse de parousie. Selon Marc et Luc, les paroles concernant ce que signifie le suivre sont adressées à tous, contrairement à l'annonce de la Passion qui est faite aux seuls témoins : elles introduisent donc la dimension ecclésiologique dans le contexte général. Au-delà de la marche vers Jérusalem que Jésus vient d'entamer, elles ouvrent à tous l'horizon dans sa totalité (cf. *Lc* 9, 23), de même que l'interprétation qu'elles livrent de ce que signifie suivre le Crucifié vise le fondement même de l'existence humaine en général.

Jean a placé ces paroles dans le contexte du dimanche des Rameaux en liaison avec la demande que font les Grecs de rencontrer Jésus, mettant ainsi très clairement en évidence l'universalité du message. Ce dernier se rattache aussi au destin de Jésus sur la croix ; ainsi ce destin est soustrait à toute causalité et apparaît dans sa nécessité intrinsèque (cf. *Jn* 12, 24s). De plus, la parole sur le grain de blé qui meurt relie l'invitation à se perdre pour se trouver au mystère de l'Eucharistie qui, chez Jean, est évoqué à la fin du récit de la multiplication des pains et de son interprétation par Jésus dans son discours sur le pain de vie, déterminant ainsi en même temps le contexte de la confession de foi de Pierre.

Voyons maintenant chaque élément de ce grand ensemble où sont intimement mêlés événement et parole. Matthieu et Marc situent l'événement dans la région de Césarée de Philippe (aujourd'hui Banyas), aux sources du Jourdain, où Hérode le Grand avait fondé un sanctuaire du dieu Pan. Hérode Philippe fit ensuite de ce lieu la capitale de son royaume et lui donna son nom combiné à celui de César Auguste.

La tradition a fixé la scène à l'endroit où une paroi rocheuse surplombe les eaux du Jourdain, illustrant de façon saisissante la parole « Tu es Pierre et sur cette pierre... ». Chacun à sa manière, Marc et Luc nous font pénétrer pour ainsi dire dans le lieu intérieur de l'événement. Marc dit que Jésus pose sa question « chemin faisant », et il est clair que le chemin dont il parle est celui de Jérusalem. Aller « vers les villages situés dans la région de Césarée de Philippe » (*Mc* 8, 27) correspond au début de la montée vers Jérusalem, vers le centre de l'histoire du salut, vers le lieu où la destinée de Jésus doit s'accomplir par la croix et par la résurrection, mais aussi le lieu où, à l'issue de tous ces événements, l'Église est née. La confession de foi de Pierre et les paroles de Jésus se situent au début de ce chemin.

Après la grande époque de la prédication en Galilée, il s'agit d'un moment déterminant : celui du départ vers la croix et de l'appel à prendre la décision par laquelle, désormais, les disciples se distingueront nettement de ceux qui viennent écouter Jésus, mais sans l'accompagner. Un moment qui marque clairement que, dès lors, les disciples forment le noyau de la nouvelle famille de Jésus, de la future Église. La caractéristique de cette communauté est d'être « en chemin » avec Jésus, et c'est précisément dans ce contexte que l'on va apprendre de quel chemin il s'agit. Par ailleurs, il est caractéristique pour cette communauté que sa décision d'accompagner le Seigneur repose sur une connaissance, une façon de « connaître » Jésus, qui fait don aux disciples d'une connaissance nouvelle de Dieu, du Dieu unique dans lequel ils croient en tant qu'Israélites.

Luc lie la confession de foi de Pierre à un événement de prière, ce qui va tout à fait dans le sens de l'image qu'il donne de la figure de Jésus. Il commence le récit de cet épisode en énonçant un paradoxe voulu : « Un jour, Jésus priait à l'écart. Comme ses disciples étaient là... » (9, 18). Les disciples sont intégrés dans son aparté, cette façon réservée à lui seul d'être avec le Père. Ainsi que nous l'avons évoqué au début de ce livre, il leur est permis de voir Jésus comme celui qui parle face à face avec le Père, en toute familiarité. Il leur est permis de le voir dans ce qu'il a en propre, dans son être filial, ce point d'où procèdent toutes ses paroles, tous ses actes et toute son autorité. Il leur est permis de voir ce que les « gens » ne voient pas, et c'est parce qu'ils voient qu'ils ont une connaissance qui dépasse « l'opinion » que se font les « gens ». C'est de là que procède leur foi, la confession de leur foi, et c'est là-dessus que l'Église peut alors se fonder.

La question redoublée de Jésus trouve là son lieu intérieur. Cette double question sur l'opinion des gens et sur la conviction intime des disciples suppose d'une part qu'existe une connaissance extérieure de Jésus qui, sans être nécessairement fausse, n'en reste pas moins insuffisante, et que, d'autre part, on lui oppose une connaissance plus profonde, qui est liée au fait d'être disciple, de suivre le chemin de Jésus en communion avec lui, et qui ne peut se développer qu'au sein de cette communauté-là. Les Évangiles synoptiques s'accordent tous trois pour dire que dans l'opinion des gens, Jésus est Jean le Baptiste ou Élie ou un autre des prophètes qui serait ressuscité. Auparavant Luc avait raconté qu'ayant entendu parler en ces termes de la personne et de l'action de Jésus, Hérode cherchait à le voir. En variante, Matthieu ajoute que quelques-uns pensent que Jésus serait Jérémie.

Tous ces avis ont en commun de placer Jésus dans la catégorie des prophètes, car telle était la clé d'interprétation présente dans la tradition d'Israël. Dans tous les noms mentionnés pour dire qui était Jésus, on sent vibrer d'une façon ou d'une autre la dimension eschatologique, l'attente d'un tournant qui comporte tout à la fois l'espérance et la peur. Si Élie incarne surtout l'espoir de la restauration d'Israël, Jérémie est une figure de la Passion, il est celui qui annonce l'échec de la forme que revêtaient à l'époque l'Alliance et le sanctuaire qui en constituait pour ainsi dire la garantie concrète. Il est bien sûr aussi porteur de la promesse d'une Nouvelle Alliance qui surgira du déclin. Par sa souffrance, par sa disparition dans la nuit de la contradiction, Jérémie est l'incarnation vivante du double processus de la chute et du renouveau.

On ne peut dire simplement de ces opinions qu'elles sont fausses, car, à des degrés divers, elles constituent des approches du mystère de Jésus qui peuvent permettre de trouver le chemin de la vérité. Mais elles n'accèdent pas à ce qui fait la spécificité, la nouveauté de Jésus. Elles l'interprètent à partir du passé, de ce qui advient et de ce qui est possible d'un point de vue général, et non pas à partir de lui-même, dans ce qu'il a d'unique et qui n'entre dans aucune autre catégorie. En ce sens, l'opinion des « gens » existe bel et bien aujourd'hui encore : les gens ont fait la connaissance du Christ d'une façon ou d'une autre, peut-être même l'ont-ils étudié scientifiquement, mais ils ne l'ont pas rencontré dans ce qu'il a de spécifique et de tout à fait autre. Karl Jaspers a présenté Jésus comme l'une des quatre personnalités déterminantes de l'humanité avec Socrate, Bouddha et Confucius, lui reconnaissant ainsi une importance fondamentale dans la quête de la juste façon d'être homme. Mais il fait de Jésus un individu parmi d'autres au sein d'une catégorie générale commune qui permet d'expliquer cette importance, mais aussi de la limiter.

Il est courant aujourd'hui de considérer Jésus comme l'un des grands fondateurs de religion dans le monde, auxquels a été donnée une profonde expérience de Dieu. C'est la raison pour laquelle ces grandes figures peuvent parler de Dieu à d'autres hommes qui n'ont pas reçu cette « disposition religieuse », et en quelque sorte les entraîner avec eux au cœur de leur expérience de Dieu. Il n'en reste pas moins qu'il s'agit d'une expérience humaine de Dieu, qui reflète la réalité infinie de Dieu dans la dimension finie et limitée d'un esprit humain. Il s'agit donc d'une traduction du divin qui n'est toujours que partielle et déterminée par le contexte spatial et temporel. Le terme d'« expérience » indique bien un contact réel avec le divin, mais il exprime aussi la limitation du sujet qui en est le réceptacle. Le sujet humain ne peut capter qu'un fragment déterminé de la réalité perceptible qui, de surcroît, doit être ensuite interprété. Donc, quelqu'un qui a cette opinion peut tout à fait aimer Jésus, et même le choisir comme le guide de sa vie. Mais « l'expérience de Dieu » vécue par Jésus, si l'on s'y rattache de cette manière, reste finalement relative et devra être complétée par les fragments de réalité que d'autres grands hommes auront perçus. En dernière analyse, c'est donc l'homme, l'individu sujet, qui reste lui-même la mesure : l'individu décide de ce qu'il va reprendre à son compte parmi les diverses « expériences », de ce qui lui est utile ou étranger. Il n'existe alors plus d'engagement ultime.

À l'opinion des gens s'oppose la connaissance des disciples, qui s'exprime dans la confession de foi. Que dit-elle ? Chacun des synoptiques en donne une formulation différente, et Jean de son côté en donne encore une autre.

Selon Marc, Pierre dit simplement : « Tu es le Messie » (le Christ, *Mc* 8, 29). Selon Luc, Pierre l'appelle « le Messie (l'Oint) de Dieu » (*Lc* 9, 20), et selon Matthieu, il dit : « Tu es le Messie (le Christ), le Fils du Dieu vivant » (*Mt* 16, 16). Et pour finir, chez Jean, la confession de foi de Pierre est la suivante : « Tu es le Saint, le Saint de Dieu » (*Jn* 6, 69).

On peut être tenté de reconstituer à partir de ces différentes versions une histoire de l'évolution de la confession de foi chrétienne. Sans aucun doute les différences entre les textes reflètent-elles une évolution au cours de laquelle, peu à peu, s'épanouit pleinement ce qui, au départ, n'était encore inscrit que de manière confuse dans les balbutiements des premières formulations. Du côté de l'exégèse catholique récente, l'interprétation la plus radicale issue de cette confrontation entre les textes est celle de Pierre Grelot. Pour lui, il ne s'agit pas d'une évolution, mais d'une contradiction. En disant simplement « tu es le Messie » comme le rapporte Marc, la confession de foi de Pierre refléterait incontestablement l'instant historique, car il s'agirait d'une profession de foi « juive » au sens strict, où Jésus, conformément aux idées de l'époque, est considéré comme le Messie politique. Seul le récit de Marc serait logique et cohérent, car seul le messianisme politique expliquerait que Pierre proteste contre l'annonce de la Passion, ce qui suscite une vive réaction de la part de Jésus, comme lorsque Satan lui avait offert le pouvoir : « Passe derrière moi, Satan ! Tes pensées ne sont pas celles de Dieu, mais celles des hommes » (*Mc* 8, 33). Selon Grelot, cette réprimande brutale n'est cohérente que si elle est également dirigée contre la confession de foi qui la précède et que Jésus écarterait elle aussi comme erronée. Par contre, venant après la confession de foi dans la version de Matthieu, qui est d'une grande maturité sur le plan théologique, la réaction de Jésus serait dépourvue de toute logique.

Les conclusions qu'en tire Grelot concordent avec celles des exégètes qui ne partagent pas son interprétation très négative du texte de Marc : la confession de foi transmise par Matthieu serait une parole postpascale, car – et c'est l'opinion d'un grand nombre d'exégètes – formuler sa foi en ces termes ne sera possible qu'après la Résurrection. En outre, Grelot relie tout cela à une théorie spéciale mentionnant une apparition pascale particulière du Christ ressuscité à Pierre, et il compare cette apparition à la rencontre de Paul avec le Ressuscité qui, selon Paul, fut à la base de son apostolat. Grelot établit un parallèle entre la parole de Jésus « Heureux es-tu, Simon fils de Yonas : ce n'est pas *la chair et le sang* qui t'ont *révélé* cela, mais mon père qui est aux cieux » (*Mt* 16, 17), et la Lettre aux Galates : « Lorsque Celui qui m'avait mis à part dès le sein de ma mère et appelé par sa grâce se plut à *révéler* son Fils en moi pour que je l'annonce parmi les nations, d'emblée, je ne consultai pas *chair et sang,...* » (*Ga* 1, 15-16, cité d'après P. Grelot[1] ; cf. aussi 1, 11-12 : « L'Évangile que je proclame n'est pas une invention humaine. Ce n'est pas non plus un homme qui me l'a transmis ou enseigné : mon Évangile vient d'une révélation de Jésus-Christ »). Le texte de Paul et la louange adressée à Pierre par Jésus auraient donc en commun l'allusion à la Révélation et l'affirmation que l'origine de cette reconnaissance n'est pas « de chair et sang ».

Grelot en déduit que Jésus ressuscité a gratifié Pierre comme Paul d'une apparition particulière (ce dont parlent effectivement plusieurs textes du Nouveau Testament), et que, comme dans le cas de Paul, c'est lors de cette apparition qu'a été révélée à Pierre sa mission spécifique. La mission de Pierre concernait l'Église des Juifs, celle de Paul l'Église des païens (cf. *Ga* 2, 7). La promesse faite à Pierre aurait été prononcée lors de cette apparition du Ressuscité à l'apôtre et elle serait strictement parallèle à la mission confiée à Paul par le Seigneur ressuscité. Il est inutile ici de débattre en détail de cette théorie, d'autant que ce livre est un livre sur Jésus, consacré avant tout au Seigneur, et qu'il ne traite de l'Église que dans la mesure où cela est nécessaire à la juste compréhension de la figure de Jésus.

Si on lit attentivement les versets 11 à 17 du premier chapitre de la Lettre aux Galates, on constate aisément les parallèles, mais aussi les différences entre les deux textes. Il est clair que Paul veut faire ressortir l'autonomie de sa mission apostolique, qui ne dérive pas de l'autorité d'autres hommes, mais qui lui est conférée par le Seigneur lui-même. L'important pour lui est justement l'universalité de sa mission et la particularité de son chemin : construire une Église à partir des païens. Mais Paul sait aussi que pour que son ministère soit valable il a besoin de la *communio* (*koinonia*) avec ceux qui étaient apôtres avant lui (cf. *Ga* 2, 9), et que sans cette communion, il risquerait de « courir pour rien » (cf. *Ga* 2, 2). C'est pourquoi, trois ans après sa conversion – trois ans qu'il passe en Arabie et à Damas – il vient à Jérusalem pour rencontrer Pierre (Képhas) et là, il rencontre aussi Jacques, le frère du Seigneur (cf. *Ga* 1, 18-19). C'est pourquoi aussi, quatorze ans plus tard, il revint à Jérusalem, cette fois en compagnie de Barnabé et de Tite, et il reçut des « colonnes » de l'Église, Jacques, Képhas et Jean, le signe de la *communio* par une poignée de main (cf. *Ga* 2, 9). Ainsi, Pierre en premier lieu, puis les trois colonnes, apparaissent comme les garants de la *communio*, comme les points de référence indispensables qui garantissent l'authenticité et l'unité de l'Évangile, et donc de l'Église naissante.

Mais cela révèle aussi l'importance primordiale du Jésus historique, de sa prédication et de ses décisions. Le Ressuscité a appelé Paul et lui a conféré sa propre autorité et sa propre mission. Mais le Ressuscité est celui qui, auparavant, avait choisi les Douze, qui avait confié à Pierre une mission particulière, qui était allé avec eux à Jérusalem, qui y était mort sur la croix et ressuscité le troisième jour. Les premiers apôtres sont les témoins de tout cela (*Ac* 1, 21-22), et c'est ce contexte qui fait la différence fondamentale entre la mission confiée à Pierre et celle confiée à Paul.

La spécificité de la mission de Pierre n'apparaît pas seulement chez Matthieu, elle est aussi présente, avec des variantes mais un contenu identique, chez Luc, chez Jean et même chez Paul lui-même. Dans la Lettre aux Galates justement, apologétique et passionnée, Paul pose très clairement en préalable la spécificité de la mission de Pierre, et sa primauté est réellement confirmée par la tradition dans son ensemble sous ses aspects les plus divers. Lui donner pour origine une apparition pascale personnelle et établir ainsi un parallèle exact avec la mission de Paul est, du point de vue même de l'acquis du Nouveau Testament, purement et simplement irrecevable.

Mais il est temps de revenir à notre vrai sujet : la confession de foi dans le Christ formulée par Pierre. Nous avons vu que Grelot considère que cette confession, telle qu'elle est transmise par Marc, est tout à fait « juive » et que Jésus la refuse pour cette raison. Mais il n'y a pas trace de ce refus dans le texte. Jésus se contente d'interdire qu'on la répande publiquement, car elle aurait été effectivement mal interprétée en Israël : elle aurait immanquablement conduit d'une part à susciter de faux espoirs en lui, et d'autre part à engager un procès politique contre lui. C'est seulement

325

après cette interdiction que vient l'interprétation de ce que signifie réellement « Messie ». Le véritable Messie, c'est le « Fils de l'homme », qui est condamné à mort et qui de ce fait ne peut entrer dans sa gloire que comme Ressuscité trois jours après.

La recherche distingue deux types de formulation des confessions de foi en se référant au christianisme des origines : l'un repose sur des « substantifs » et l'autre sur des « formes verbales ». On pourrait peut-être parler de manière plus intelligible de confessions orientées « ontologiquement » et d'autres orientées vers l'histoire du salut. Les trois formulations de la confession de foi de Pierre transmises par les Évangiles synoptiques relèvent de la catégorie des « substantifs » : tu *es* le Christ, le Christ de Dieu, le Christ, le Fils du Dieu vivant. À ces affirmations sous forme de substantifs, le Seigneur associe toujours la confession « verbale » : l'annonce du mystère pascal de la croix et de la Résurrection. Ces deux formes de confession de foi sont indissociables et, prises séparément, elles restent incomplètes et finalement incompréhensibles. Sans l'histoire concrète du salut, les titres demeurent équivoques, non seulement le nom de Messie, mais aussi l'expression « Fils du Dieu vivant ». Car ce titre lui aussi peut parfaitement être compris comme en opposition avec le mystère de la Croix. Et à l'inverse, l'énoncé en termes stricts d'histoire du salut reste dépourvu de sa profondeur ontologique s'il n'est pas clairement dit que celui qui a souffert, le Fils du Dieu vivant, est semblable à Dieu (cf. *Ph* 2, 6), qu'il s'est lui même dépouillé de tout et s'est fait serviteur, qu'il s'est abaissé jusqu'à la mort, jusqu'à la mort sur la croix (cf. *Ph* 2, 7-8). Seule l'imbrication entre la confession de foi de Pierre et l'enseignement de Jésus aux disciples nous restitue l'intégralité et l'essence de la foi chrétienne. C'est pourquoi les grands symboles de foi de l'Église les ont toujours liés l'une à l'autre.

Et nous savons bien qu'au fil des siècles et aujourd'hui encore, les chrétiens, tout en possédant la juste confession de foi, ont sans cesse besoin que le Seigneur leur enseigne à nouveau que, dans toutes les générations, son chemin n'est pas celui du pouvoir et de la gloire terrestres, mais celui de la croix. Nous savons et nous voyons qu'aujourd'hui encore, les chrétiens, nous-mêmes, prenons le Seigneur à part pour lui dire : « Dieu t'en garde, Seigneur ! cela ne t'arrivera pas » (*Mt* 16, 22). Et parce que nous ne sommes pas sûrs que Dieu l'en garde, nous essayons nous-mêmes, avec tous nos artifices, de faire que cela n'arrive pas. Et c'est pourquoi le Seigneur est sans cesse obligé de nous redire : « Passe derrière moi, Satan ! » (*Mc* 8, 33). Toute la scène reste donc d'une actualité inquiétante. Car en définitive, nous ne cessons de penser à partir de la « chair » et du « sang », et non selon la Révélation qu'il nous est donné de recevoir dans la foi.

Revenons une fois encore aux titres donnés au Christ dans les confessions de foi. En premier lieu, il est important de lire chaque formulation du titre à la lumière de l'ensemble des différents Évangiles et de la forme particulière sous laquelle ils ont été transmis. Ici, il faut toujours avoir présent à l'esprit le contexte du procès de Jésus, où la confession de foi des disciples est reprise sous forme de question et d'accusation. Chez Marc, la question posée par le grand prêtre reprend le titre de Christ (Messie) et l'élargit : « Es-tu le Messie, le Fils du Dieu béni ? » (*Mc* 14, 61). Cette question suppose que, partie des cercles de disciples, une telle interprétation de la personne de Jésus était devenue publique. Le lien entre le titre de Christ (Messie) et celui de Fils était conforme à la tradition biblique (cf. *Ps* 2, 7 ; *Ps* 109 [110]) – ce qui relativise la différence entre les versions de la confession de foi données par Marc et par Luc et la rend beaucoup moins profonde que ne le disent Grelot et d'autres exégètes. Chez Luc, nous l'avons vu, Pierre reconnaît Jésus comme « le Messie (l'Oint, le Christ) de Dieu ». On retrouve ici ce que le vieux Syméon avait dit de l'enfant Jésus en proclamant qu'il était le Messie (l'Oint) du Seigneur (cf. *Lc* 2, 26). À l'opposé, sous la croix, « les chefs » du peuple raillaient Jésus en disant : « Il en a sauvé d'autres : qu'il se sauve lui-même, s'il est le Messie de Dieu, l'Élu ! » (*Lc* 23, 35). Ainsi, tel un arc tendu depuis l'enfance de Jésus jusqu'à la croix en passant par la confession de foi faite à Césarée de Philippe, les trois textes montrent cette appartenance unique de « l'Oint » à Dieu.

Mais l'Évangile de Luc évoque aussi une autre circonstance importante pour la foi des disciples en Jésus : l'histoire de la pêche miraculeuse qui se clôt par l'appel de Jésus à Simon Pierre et à ses compagnons à devenir ses disciples. Pendant une nuit entière, les pêcheurs expérimentés n'avaient pris aucun poisson, et voici que Jésus leur demande de sortir au large en plein jour et de jeter les filets. La connaissance pratique qu'ont ces hommes leur fait penser que ce n'est guère sensé, mais Simon répond malgré tout : « Maître..., sur ton ordre, je vais jeter les filets » (*Lc* 5, 5). Et ils prennent une telle quantité de poisson que Pierre est saisi d'effroi. Il tombe aux pieds de Jésus en adoration et dit : « Seigneur, éloigne-toi de moi, car je suis un homme pécheur » (5, 8). Dans ce qui est arrivé, il a reconnu le pouvoir de Dieu lui-même agissant à travers la parole de Jésus, et cette rencontre directe avec le Dieu vivant en la personne de Jésus le bouleverse au plus profond de lui-même. À la lumière et sous le pouvoir de cette présence, l'homme reconnaît sa condition pitoyable. Le *tremendum* divin lui est insupportable, il est trop violent pour lui. Du point de vue de l'histoire des religions, ce texte est l'un de ceux qui montrent avec le plus de force ce qui se produit lorsque l'homme se trouve brusquement et directement confronté à la proximité de Dieu. Il ne peut alors qu'être saisi d'effroi par rapport à lui-même et supplier d'être délivré de la violence de cette présence. Témoin de cette irruption directe de la proximité de Dieu lui-même en Jésus, Pierre l'exprime dans le titre qu'il utilise pour s'adresser à Jésus : *Kyrios* – Seigneur. C'est là l'appellation par laquelle, dans l'Ancien Testament, on remplace le nom imprononçable de Dieu révélé dans le Buisson ardent. Alors qu'avant le départ en barque Pierre appelait Jésus *Epistata*, c'est-à-dire Maître, Rabbi, il reconnaît maintenant en lui le *Kyrios*.

Nous trouvons une situation analogue dans l'épisode où Jésus marche sur les eaux du lac soulevées par la tempête, pour rejoindre la barque des disciples. Pierre demande alors à pouvoir lui aussi marcher sur l'eau pour aller au-devant de Jésus. Comme il menace de couler, Jésus étend la main pour le sauver, et il monte dans la barque. À cet instant, le vent tombe. Et il se passe la même chose que lors de la pêche miraculeuse : les disciples dans la barque se prosternent devant Jésus, en signe d'effroi et d'adoration à la fois. Et ils disent : « Vraiment, tu es le Fils de Dieu » (cf. *Mt* 14, 22-33). Des expériences de ce genre se retrouvent tout au long des Évangiles, et c'est en elles que la confession de foi de Pierre telle que Matthieu la formule (16, 16) trouve clairement son fondement. En Jésus, les disciples avaient perçu à maintes reprises et sous des aspects différents la présence du Dieu vivant lui-même.

Et avant de tenter de reconstituer une image d'ensemble à partir de toutes les petites pièces de cette mosaïque, il nous faut revenir brièvement sur la confession de foi de Pierre transmise par Jean. Le discours de Jésus sur le pain eucharistique, qui suit la multiplication des pains, reprend en quelque sorte publiquement le « non » que Jésus avait opposé au Tentateur quand celui-ci l'avait invité à changer les pierres en pain, c'est-à-dire à concevoir sa mission comme étant de dispenser le bien-être matériel. Au lieu de cela, Jésus renvoie à la relation avec le Dieu vivant et à l'amour qui vient de lui, cet amour qui est le pouvoir vraiment fécond, celui qui donne du sens, et par là même du pain. Il interprète ainsi son propre mystère ; par le don de soi, il se désigne lui-même comme le pain de vie. Ce discours ne plaît pas aux hommes, beaucoup d'entre eux s'en vont. « Alors Jésus demande aux Douze : "voulez-vous partir, vous aussi ?" Pierre répond : "Seigneur, vers qui pourrions-nous aller ? Tu as les paroles de la vie éternelle. Quant à nous, nous croyons, et nous savons que tu es le Saint, le Saint de Dieu" » (*Jn* 6, 67-69).

Il nous faudra méditer plus avant cette version de la confession de foi de Pierre dans le contexte de la dernière Cène. On y voit apparaître le mystère sacerdotal de Jésus : dans le Psaume 105 [106], au verset 16, Aaron est appelé « le prêtre du Seigneur », le Saint de Dieu. Ce titre renvoie au discours eucharistique et par anticipation au mystère de la croix de Jésus. Il est donc ancré dans le mystère de Pâques, au cœur de la mission de Jésus, et il indique en quoi la personne de Jésus est radicalement autre en comparaison des formes habituelles de l'espérance messianique. Le Saint de Dieu, cela rappelle aussi le contexte de la pêche miraculeuse, lorsque face au Saint tout proche, Pierre faisait l'expérience dramatique de sa misérable existence de pécheur. Nous sommes donc bien au centre de l'expérience que les disciples ont de Jésus, un contexte que nous avons tenté de percevoir et de dégager à partir de quelques moments clés de leur chemin commun avec Jésus.

Quel bilan pouvons-nous tirer à présent ? Il faut dire tout d'abord qu'on fait fausse route si l'on tente de faire une reconstitution historique des paroles originelles de Pierre en attribuant tout le reste à des développements ultérieurs, éventuellement à la foi postpascale. D'où pourrait donc bien provenir une foi postpascale dont Jésus n'aurait pas posé les fondements avant Pâques ? Avec de telles reconstructions, l'exégèse scientifique présume trop d'elle-même.

Le procès de Jésus devant le sanhédrin montre ce qui scandalisait vraiment chez lui. Ce n'était pas de l'ordre du messianisme politique – qui existait chez Barabbas et plus tard chez Bar Kochba. Tous deux ont trouvé des partisans pour les suivre, et leurs mouvements furent l'un et l'autre réprimés par les Romains. Mais ce qui scandalisait chez Jésus, c'est ce que nous avons évoqué lors du dialogue du rabbin Neusner avec le Jésus du Sermon sur la montagne : c'est qu'il semble se placer sur un pied d'égalité avec le Dieu vivant. C'est cela que la foi strictement monothéiste des Juifs ne pouvait admettre, et c'est cela que Jésus lui-même n'est parvenu à faire comprendre que lentement et progressivement. Et c'est cela aussi qui, sans rompre l'unité de la foi en un Dieu unique, imprègne son message tout entier et en constitue la nouveauté, la particularité et l'unicité. On doit au pragmatisme des sadducéens d'avoir fait du procès des Romains un procès contre le messianisme politique. Mais même Pilate sentait bien qu'en réalité, c'était tout autre chose qui était en jeu, et que s'il s'était agi d'un vrai « roi » porteur de promesses sur le plan politique, on ne le lui aurait pas livré pour qu'il le condamne.

Mais n'anticipons pas et revenons aux professions de foi des disciples. Que voyons-nous une fois la mosaïque des textes complétée ? Eh bien, les disciples ont reconnu que Jésus n'entrait dans aucune des catégories habituelles, qu'il était davantage et autre que « l'un des prophètes ». Le Sermon sur la montagne, les actes où se révèle son pouvoir, l'autorité dont il est investi pour pardonner les péchés, le caractère souverain de sa prédication tout comme sa façon d'aborder les traditions de la Loi, tout cela leur a permis de reconnaître qu'il était plus que l'un des prophètes. Il était le « prophète » qui, comme Moïse, parlait avec Dieu face à face, en ami. Il était le Messie, mais pas au sens de simple envoyé de Dieu.

En lui, de façon stupéfiante et inattendue, les grandes paroles messianiques devenaient vérité : « Tu es mon fils ; moi, aujourd'hui, je t'ai engendré » (*Ps* 2, 7). À certains grands moments, les disciples, bouleversés, ont senti qu'il était Dieu lui même. Tout cela, ils ne pouvaient l'assembler pour en faire une réponse définitive. Ils utilisaient, à juste titre, les paroles de promesse de l'Ancienne Alliance : Christ, l'Oint, Fils de Dieu, Seigneur. Ce sont les mots essentiels dans lesquels se concentre leur confession de foi encore balbutiante, qui ne trouvera sa pleine expression que lorsque Thomas, touchant les plaies du Ressuscité, s'exclamera dans son saisissement : « Mon Seigneur et mon Dieu ! » (*Jn* 20, 28). Mais en définitive, jamais nous n'en aurons fini avec cette parole. Elle est si grande que jamais nous ne l'aurons saisie dans son intégralité, elle nous devancera toujours. Tout au long de son histoire, l'Église n'a cessé d'aller en pèlerinage au cœur de cette parole, qui ne devient intelligible que lorsqu'on touche les plaies de Jésus et qu'on est confronté à sa Résurrection : alors, elle devient pour nous mission.

2. La Transfiguration

La confession de foi de Pierre et le récit de la Transfiguration de Jésus sont reliés par une indication temporelle dans les trois synoptiques. Matthieu et Marc disent : « Six jours après, Jésus prend avec lui Pierre, Jacques et Jean, et les emmène, eux seuls, à l'écart » (*Mc* 9, 2 ; *Mt* 17, 1). Luc écrit : « Et voici qu'environ huit jours après avoir prononcé ces paroles, Jésus prit avec lui Pierre, Jean et Jacques » (*Lc* 9, 28). Cela signifie d'abord qu'il y a un lien entre les deux événements, dans lesquels Pierre joue un rôle essentiel. Nous pourrions dire dans un premier temps qu'il s'agit, les deux fois, de la divinité de Jésus, le Fils, mais que, les deux fois, la manifestation de sa gloire est également liée au thème de la Passion. La divinité de Jésus et la croix sont indissociables, et seule cette relation permet de bien comprendre Jésus. Jean a su exprimer cette intrication entre la croix et la gloire, quand il dit que la croix est « l'exaltation » de Jésus et que son « exaltation » ne peut s'accomplir autrement que par la croix. Mais il est temps d'examiner d'un peu plus près cette datation étrange. Il y a deux interprétations divergentes, étant entendu que celles-ci ne s'excluent pas obligatoirement l'une l'autre.

Jean-Marie van Cangh et Michel van Esbroek, en particulier, ont étudié le rapport avec le calendrier des fêtes juives. Ils attirent notre attention sur le fait que cinq jours seulement séparent deux grandes fêtes juives de l'automne. Il y a d'abord Yom Kippour, la fête du Grand Pardon, et, six jours après, on célèbre, une semaine durant, la fête des Tentes (Soukkhot). Cela signifierait que la confession de foi de Pierre coïncidait avec le jour du Grand Pardon et que du point de vue théologique, il faudrait l'interpréter aussi sur l'arrière-plan de cette fête qui est le seul jour de l'année où le grand prêtre prononce solennellement le nom de YHWH dans le Saint des Saints du Temple. La confession de foi de Pierre en Jésus Fils du Dieu vivant acquerrait, dans ce contexte, une nouvelle profondeur. À l'inverse, Jean Daniélou rapporte, lui, la datation des évangélistes exclusivement à la fête des Tentes qui, nous l'avons vu, dure une semaine entière. Ainsi les indications de temps données par Matthieu, Marc et Luc seraient en fin de compte convergentes. Les six à huit journées désigneraient alors la semaine de Soukkhot, la fête des Tentes. La Transfiguration de Jésus aurait donc eu lieu le dernier jour de cette fête, qui en constituait en même temps le sommet et la synthèse profonde.

Ce que les deux interprétations ont en commun, c'est que la Transfiguration de Jésus a un rapport avec la fête des Tentes. Nous verrons que ce rapport apparaît effectivement dans le texte lui-même et qu'il nous permet de mieux comprendre cet épisode dans son ensemble. Au-delà de leurs particularités, ces récits montrent un trait fondamental de la vie de Jésus, que Jean a particulièrement fait ressortir, comme nous l'avons vu au chapitre précédent. Les événements majeurs de la vie de Jésus ont un rapport intrinsèque avec le calendrier des fêtes juives. Ce sont, pourrait-on dire, des événements liturgiques dans lesquels la liturgie avec ses commémorations et ses attentes devient réalité, devient vie qui conduit à son tour à la liturgie et, de là, aspire à redevenir vie.

C'est justement en analysant les rapports entre l'histoire de la Transfiguration et la fête des Tentes que nous nous apercevrons clairement, une fois encore, que toutes les fêtes juives recèlent trois dimensions. Elles proviennent de célébrations de la religion de la nature et elles parlent donc du créateur et de la création. Elles se transforment ensuite en souvenirs de l'agir de Dieu dans l'histoire et enfin, de là, en fêtes de l'espérance qui vont au-devant du Seigneur qui vient. En lui, s'accomplit l'action salvifique de Dieu dans l'histoire, qui devient en même temps la réconciliation de la création entière. Nous verrons comment ces trois dimensions des fêtes s'approfondissent et se régénèrent par leur réalisation dans la vie et la passion de Jésus.

Face à cette interprétation liturgique de la date, on en trouve une autre, défendue avec insistance par Hartmut Gese. Estimant que l'allusion à la fête des Tentes n'est pas suffisamment fondée, cette interprétation lit tout le texte en se référant à la montée de Moïse sur le mont Sinaï au chapitre 24 du Livre de l'Exode. Et en effet, ce chapitre qui raconte la conclusion par Dieu de l'alliance avec Israël, est une clé essentielle pour interpréter l'histoire de la Transfiguration. On peut y lire : « La gloire du Seigneur demeura sur la montagne du Sinaï, que la nuée recouvrit pendant six jours. Le septième jour, le Seigneur appela Moïse du milieu de la nuée » (*Ex* 24, 16). Qu'il soit ici question du septième jour, à la différence de ce qui est dit dans les Évangiles, n'invalide pas obligatoirement le rapport entre le chapitre 24 de l'Exode et l'histoire de la Transfiguration, mais la datation à partir du calendrier des fêtes juives me paraît plus convaincante. Pour le reste, il n'y a, il est vrai, rien d'inhabituel dans le fait que des connexions typologiques différentes se trouvent réunies dans certains épisodes de la vie de Jésus, ce qui montre clairement que, globalement, Moïse et les prophètes parlent tous de Jésus.

Venons-en à présent au texte même de la Transfiguration. On peut y lire que Jésus prit avec lui Pierre, Jacques et Jean, et qu'il les emmena seuls sur une haute montagne (cf. *Mc* 9, 2). Nous retrouverons ces trois disciples sur le mont des Oliviers (cf. *Mc* 14, 33), à l'heure de l'ultime angoisse de Jésus. Cette scène contraste avec celle de la Transfiguration, mais toutes deux, néanmoins, sont indissociablement liées. C'est ici qu'on ne peut ignorer le rapport avec le chapitre 24 du Livre de l'Exode, où Moïse, dans sa montée, prend avec lui Aaron, Nadab et Abihu, mais aussi soixante-dix des anciens d'Israël.

Comme c'était déjà le cas pour le Sermon sur la montagne et dans les nuits de prière, nous rencontrons à nouveau la montagne comme lieu de la proximité de Dieu. Rassemblons donc encore une fois les différentes montagnes de la vie de Jésus : la montagne de la tentation, la montagne de sa grande prédication, la montagne de la prière, la montagne de la Transfiguration, la montagne de l'angoisse, la montagne de la crucifixion et pour finir la montagne de l'Ascension, sur laquelle le Seigneur, en opposition avec l'offre de domination sur le monde par le pouvoir du diable, déclare : « Tout pouvoir m'a été donné au ciel et sur la terre » (*Mt* 28, 18). Mais en arrière-plan, on voit aussi se profiler le Sinaï, l'Horeb, le mont Moriah – monts de la révélation de l'Ancien Testament, qui sont tout à la fois des monts de la passion et des monts de la révélation, et qui renvoient aussi au mont du Temple, sur lequel la révélation devient liturgie.

Si nous cherchons une interprétation, il y a d'abord en arrière-fond le symbolisme général de la montagne : la montagne comme lieu d'élévation, non seulement d'ascension extérieure, mais aussi d'élévation intérieure. La montagne comme libération du fardeau de la vie quotidienne, comme respiration de l'air pur de la création, la montagne du haut de laquelle on embrasse l'étendue de la création et sa beauté, la montagne qui me donne une élévation intérieure et qui me fait pressentir le Créateur. À partir de l'histoire, s'ajoutent à tout cela l'expérience du Dieu qui parle et l'expérience de la passion, avec son apogée dans le sacrifice d'Isaac, dans le sacrifice de l'agneau, préfiguration de l'Agneau définitif sacrifié sur la montagne du Golgotha. Sur la montagne, Moïse et Élie avaient pu recevoir la révélation de Dieu ; et ils s'entretiennent maintenant avec celui qui est la Révélation de Dieu en personne.

« Et il fut transfiguré devant eux », dit alors Marc avec une grande simplicité, ajoutant avec une certaine maladresse, quasi balbutiant devant le mystère : « Ses vêtements devinrent resplendissants, d'une blancheur telle que personne sur terre ne peut obtenir une blancheur pareille » (*Mc* 9, 3). En cette circonstance, les mots dont dispose Matthieu sont déjà bien plus grandioses : « Son visage devint brillant comme le soleil, et ses vêtements, blancs comme la lumière » (*Mt* 17, 2). Luc est le seul à avoir évoqué le but de l'ascension, « il alla sur la montagne pour prier », avant de relater ensuite l'événement dont les trois disciples sont témoins : « Pendant qu'il priait, son visage

apparut tout autre, ses vêtements devinrent d'une blancheur éclatante » (*Lc* 9, 29). La Transfiguration est un événement de prière. Ce qui devient visible, c'est ce qui se
passe quand Jésus parle avec le Père, l'intime unité de son
être avec Dieu, qui devient pure lumière. Dans son union
avec le Père, Jésus est lui-même lumière de lumière. Ce
qu'il est au plus intime de lui-même et ce que Pierre avait
tenté de dire dans sa confession de foi, tout cela devient
même, à cet instant, perceptible par les sens : l'être de Jésus
dans la lumière de Dieu, son propre être-lumière en tant
que Fils.

C'est ici que se manifestent tout à la fois le rapport et la
différence avec la figure de Moïse : « Lorsque Moïse descendit de la montagne du Sinaï, ayant en mains les deux tables
de la charte de l'Alliance, il ne savait pas que son visage
rayonnait de lumière depuis son entretien avec le Seigneur »
(*Ex* 34, 29). Du fait qu'il parle avec Dieu, la lumière de
Dieu rayonne sur lui et le fait rayonner lui-même. Mais il
s'agit d'un rayon qui arrive sur lui de l'extérieur, et qui le
fait resplendir ensuite. Jésus, lui, resplendit de l'intérieur, il
ne fait pas que recevoir la lumière, il est lui-même lumière
de lumière.

Et pourtant le vêtement blanc de lumière que porte Jésus
lors de la Transfiguration parle aussi de notre avenir. Dans
la littérature apocalyptique, les vêtements blancs sont
l'expression des êtres célestes – les vêtements des anges et
des élus. Ainsi l'Apocalypse de Jean parle des vêtements
blancs que porteront ceux qui seront sauvés (cf. en particulier *Ap* 7, 9.13 ; 19, 14). Mais nous est aussi communiqué
quelque chose de nouveau : les vêtements des élus sont
blancs parce qu'ils les ont lavés et blanchis dans le sang de
l'agneau (cf. *Ap* 7, 14), ce qui signifie que, par le Baptême,
ils sont liés à la Passion de Jésus, et que sa Passion est la

purification qui nous rend le vêtement d'origine que nous avons perdu par le péché (cf. *Lc* 15, 22). Par le Baptême, nous avons été revêtus de lumière avec Jésus et nous sommes devenus nous-mêmes lumière.

C'est alors qu'apparaissent Moïse et Élie qui parlent avec Jésus. Ce que le Ressuscité déclarera plus tard aux disciples sur la route d'Emmaüs est ici de l'ordre du phénomène visible. La Loi et les Prophètes parlent avec Jésus, parlent de Jésus. Luc est le seul à raconter – au moins sous forme de brève allusion – de quoi parlent les deux grands témoins de Dieu avec Jésus : « Apparus dans la gloire : ils parlaient de son départ qui allait se réaliser à Jérusalem » (*Lc* 9, 31). Le sujet de leur dialogue est la croix, mais il faut la comprendre dans toute son extension en tant qu'« exode de Jésus », qui devait avoir lieu à Jérusalem. La croix de Jésus est un exode, une sortie hors de cette vie, une traversée de la « mer Rouge » de la Passion et un passage vers la gloire, qui porte néanmoins toujours les stigmates de la Passion.

Ce qui indique clairement que le sujet principal de la Loi et des Prophètes est « l'espérance d'Israël », l'exode qui libère définitivement, et que le contenu de cette espérance est le Fils de l'homme souffrant, le serviteur de Dieu, dont la souffrance permet d'ouvrir la porte sur la liberté et la nouveauté. Moïse et Élie sont eux-mêmes des figures et des témoins de la Passion. Avec le Transfiguré, ils parlent de ce qu'ils ont dit sur terre, ils parlent de la Passion de Jésus, mais ce dialogue avec le Transfiguré fait apparaître que cette Passion apporte le salut, qu'elle est envahie par la gloire de Dieu, que la Passion devient lumière, liberté et joie.

À ce point, il nous faut anticiper l'entretien que les trois disciples ont eu avec Jésus en descendant de la « haute montagne ». Jésus parle avec eux de sa future résurrection d'entre les morts, ce qui implique évidemment le préalable de la crucifixion. Les disciples, eux, l'interrogent sur le retour d'Élie annoncé par les scribes. Sur quoi Jésus leur dit : « Certes, Élie viendra d'abord pour remettre tout en place. Mais alors, pourquoi l'Écriture dit-elle, au sujet du Fils de l'homme, qu'il souffrira beaucoup et sera méprisé ? Eh bien ! je vous le déclare : Élie est déjà venu, et ils lui ont fait tout ce qu'ils ont voulu, comme l'Écriture le dit à son sujet » (*Mc* 9, 12-13). Ainsi Jésus confirme, d'un côté, l'attente du retour d'Élie, mais il complète et corrige, de l'autre, l'idée qu'on s'en fait. Sans le dire expressément, il identifie l'Élie qui revient à Jean le Baptiste : c'est dans l'activité du Baptiste que s'est produit le retour d'Élie.

Jean était venu pour rassembler à nouveau Israël, pour le préparer à la venue du Messie. Mais si le Messie est lui-même le Fils de l'homme souffrant, et si lui seul ouvre la voie du salut par cette souffrance, alors l'activité préparatoire d'Élie doit nécessairement se placer, d'une façon ou d'une autre, sous le signe de la Passion. Et en effet : « Ils lui ont fait tout ce qu'ils ont voulu, comme l'Écriture le dit à son sujet » (*Mc* 9, 13). Jésus rappelle alors ce qu'a réellement été le destin du Baptiste, mais en citant l'Écriture, il fait également allusion à l'existence de traditions qui prévoyaient le martyre d'Élie : Élie passait « pour le seul qui avait échappé au martyre, bien qu'il fût aussi poursuivi. Lors de son retour... il devra lui aussi subir la mort[2] ».

Attente du salut et Passion sont donc constamment liées, si bien qu'est élaborée une conception de la Rédemption qui est profondément conforme à l'Écriture, tout en étant d'une nouveauté bouleversante par rapport aux attentes existantes. L'Écriture devait nécessairement être relue avec le Christ souffrant et elle doit continuer à l'être. Sans relâche nous devons laisser le Seigneur nous introduire dans son dialogue avec Moïse et Élie, sans relâche nous devons apprendre de lui, le Ressuscité, comment renouveler notre compréhension de l'Écriture.

Revenons maintenant au récit proprement dit de la Transfiguration. Les trois disciples sont bouleversés par la grandeur de l'apparition : la « crainte de Dieu » les saisit, comme nous l'avons vu à d'autres moments où ils ont éprouvé la présence de Dieu en Jésus, où ils ont ressenti du même coup à quel point ils étaient pitoyables et ils ont été réellement paralysés par la peur. « Tant était grande leur frayeur », nous dit Marc (9, 6). Ce qui n'empêche pas Pierre de parler, même si « de fait, il ne savait que dire » (9, 6) : « Rabbi, il est heureux que nous soyons ici ! Dressons donc trois tentes : une pour toi, une pour Moïse et une pour Élie » (*Mc* 9, 5).

Ces paroles prononcées sur un mode quasi extatique, dans la crainte et en même temps dans la joie causées par la proche présence de Dieu, ont fait l'objet d'innombrables discussions. Ont-elles un rapport avec la fête des Tentes, au dernier jour de laquelle l'apparition eut lieu ? Hartmut Gese le conteste et pense que la véritable référence dans l'Ancien Testament se trouve dans les versets 7 à 11 du chapitre 33 de l'Exode, dans lesquels se trouve décrite la « ritualisation de l'événement du Sinaï » : selon ce texte, Moïse plante « hors du camp » la tente de la Révélation sur laquelle descend la colonne de nuée qui se tient ensuite à l'entrée. Dans cette tente, le Seigneur et Moïse parlaient « face à face, comme on s'entretient d'homme à homme » (33, 11). Ainsi Pierre voulait pérenniser l'événement en dressant des tentes de la Révélation. La nuée qui recouvre les disciples de son ombre pourrait confirmer l'hypothèse de Gese. Ces textes pourraient donc se faire écho, car l'exégèse juive et l'exégèse du christianisme primitif connaissent l'une et l'autre une imbrication de références à la Révélation, qui les fait se rejoindre et se compléter. Qu'il soit question de trois tentes à dresser contredit un tel rapport ou montre, tout au moins, qu'il est secondaire.

Le rapport avec la fête des Tentes devient pertinent quand on considère la signification messianique de cette fête dans le judaïsme de l'époque de Jésus. Jean Daniélou a fait ressortir cet aspect dans une étude convaincante et il l'a relié au témoignage des Pères, qui connaissaient encore très bien les traditions juives et les interprétaient à la lumière du contexte chrétien. La fête des Tentes présente le caractère tridimensionnel que l'on retrouve généralement dans les grandes fêtes juives : une fête provenant à l'origine de la religion de la nature devient en même temps une fête de commémoration historique des actions salvifiques de Dieu, et le souvenir devient l'espérance du salut définitif. La création, l'histoire et l'espérance sont reliées les unes aux autres. Si la fête des Tentes avec son sacrifice de l'eau permettait d'implorer la pluie indispensable pour une terre desséchée, la fête se transforme aussitôt en commémoration de la traversée du désert par Israël, au cours de laquelle les Juifs habitaient dans des tentes (des cabanes, *soukkhot*) (cf. *Lv* 23, 43). Daniélou cite Riesenfeld : « Les cabanes furent conçues non seulement comme une réminiscence de la protection divine dans le désert, mais aussi comme une préfiguration des *soukhhot* dans lesquels les justes habiteraient dans le siècle à venir. Ainsi il apparaît qu'une signification eschatologique très précise était attachée au rite le plus caractéristique de la fête des tabernacles, telle qu'elle était célébrée au temps du judaïsme[3]. » Dans le Nouveau Testament, c'est chez Luc qu'il est fait mention des tentes éternelles habitées par les justes dans la vie future (cf. 16, 9). « La manifestation de la gloire de Jésus apparaît à Pierre comme le signe que les temps messianiques sont arrivés. Or l'un des caractères des temps messianiques était l'habitation des justes dans les cabanes qui figuraient les huttes de la fête des Tabernacles[4] ». L'expérience de la Transfiguration vécue par Pierre pendant la fête des Tentes lui a permis de comprendre dans son extase que « les réalités préfigurées par les rites de la fête étaient accomplies... Ainsi la scène de la Transfiguration marque que les temps messianiques sont arrivés[5] ». C'est seulement en descendant de la montagne que Pierre devra s'ouvrir à une nouvelle évidence : l'époque messianique est tout d'abord l'époque de la croix, et la Transfiguration – devenir lumière en vertu du Seigneur et avec lui – implique que notre être soit transformé par la lumière de la Passion.

C'est à partir de ce contexte qu'une nouvelle signification peut être donnée à la parole fondamentale du prologue de Jean, par laquelle l'évangéliste résume le mystère de Jésus : « Le Verbe s'est fait chair et il a habité [littéralement, il a campé] parmi nous » (*Jn* 1, 14). Oui, le Seigneur a « campé », dressé la tente de son corps parmi nous, inaugurant ainsi l'époque messianique. Dans ce sillage, Grégoire de Nysse a médité ensuite, dans un texte magnifique, le rapport entre la fête des Tentes et l'Incarnation. Il dit que la fête des Tentes a certes toujours été célébrée, mais qu'elle n'a pas été accomplie : « Le véritable constructeur des tabernacles n'était pas encore là. C'est pour accomplir cette fête, conformément à la parole prophétique [allusion au *Ps* 118, 27], que le Dieu et Seigneur de tout s'est manifesté à nous pour accomplir la reconstruction de la tente détruite de la nature humaine[6]. »

Ces perspectives nous font revenir au récit de la Transfiguration. « Survint une nuée qui les couvrit de son ombre, et de la nuée une voix se fit entendre : "Celui-ci est mon Fils bien-aimé. Écoutez-le" » (*Mc* 9, 7). La nuée sacrée, la *shekhinah*, est le signe de la présence de Dieu lui-même. La nuée au-dessus de la tente de la Révélation indiquait la présence de Dieu. Jésus est la tente sacrée au-dessus de laquelle se trouve la nuée de la présence de Dieu, et à partir de laquelle cette nuée « couvre de son ombre » les autres aussi. Voici que se reproduit la scène du baptême de Jésus, dans laquelle, depuis la nuée, le Père lui-même avait proclamé Jésus Fils : « C'est toi mon Fils bien-aimé ; en toi j'ai mis tout mon amour » (*Mc* 1, 11).

Cette proclamation solennelle de Jésus comme Fils est immédiatement suivie de l'injonction : « Écoutez-le. » Ici, la relation avec la montée de Moïse sur le Sinaï apparaît de nouveau clairement, relation dont nous avons dit au début qu'elle constituait l'arrière-plan de l'histoire de la Transfiguration. Sur la montagne, Moïse a reçu la Torah, la parole d'enseignement de Dieu. À présent, il nous est dit de Jésus : « Écoutez-le. » Voici le commentaire pertinent qu'en donne Hartmut Gese : « Jésus est devenu Parole de la Révélation divine elle-même. Il était difficile aux évangélistes de le dire plus clairement, plus énergiquement : Jésus est la Torah elle-même[7]. » C'est aussi la fin de l'apparition dont cette parole résume le sens profond. Les disciples doivent redescendre avec Jésus et s'imprégner sans cesse de cette parole : « Écoutez-le. »

Si nous comprenons ainsi le contenu du récit de la Transfiguration – irruption et aube de l'époque messianique –, nous sommes aussi en mesure de comprendre les paroles obscures que Marc intercale entre la confession de Pierre et l'enseignement aux disciples d'une part, et le récit de la Transfiguration d'autre part : « Et il leur disait : "Amen, je vous le dis : parmi ceux qui sont ici, certains ne connaîtront pas la mort avant d'avoir vu le règne de Dieu venir avec puissance" » (*Mc* 9, 1). Qu'est-ce que cela peut bien signifier ? Jésus prédit-il que quelques-uns de ceux qui l'entourent seront encore en vie au moment de sa Parousie, à l'avènement définitif du Royaume de Dieu ? Ou quoi d'autre ?

Rudolf Pesch [8] a montré de façon convaincante que ce passage, placé immédiatement avant à la Transfiguration, signifie on ne peut plus clairement qu'il a un rapport avec cet événement. Certains des présents, en tout cas les trois disciples qui accompagnent ensuite Jésus dans son ascension de la montagne, reçoivent l'assurance qu'ils vivront la venue du Royaume de Dieu « avec puissance ». Sur la montagne, les trois disciples voient Jésus illuminé par la gloire du Royaume de Dieu. Sur la montagne, la nuée sacrée de Dieu les couvre de son ombre. Sur la montagne, dans l'entretien de Jésus transfiguré avec la Loi et les Prophètes, ils comprennent que l'heure de la vraie fête des Tentes est venue. Sur la montagne, ils apprennent que Jésus est lui-même la Torah vivante, la Parole complète de Dieu. Sur la montagne, ils voient la « puissance » (*dýnamis*) du Royaume, qui vient dans le Christ.

Mais également, dans la rencontre effrayante avec la gloire de Dieu en Jésus, ils doivent apprendre ce que Paul déclare aux disciples de tous les temps dans sa première Lettre aux Corinthiens : « Nous, nous proclamons un

Messie crucifié, scandale pour les Juifs, folie pour les peuples païens. Mais pour ceux que Dieu appelle, qu'ils soient Juifs ou Grecs, ce Messie est puissance (*dýnamis*) de Dieu et sagesse de Dieu » (*1 Co* 1, 23-24.). Cette puissance (*dýnamis*) du Royaume à venir leur apparaît dans le Jésus transfiguré qui parle avec les témoins de l'Ancienne Alliance de la « nécessité » de sa passion comme chemin vers la gloire (cf. *Lc* 24, 26-27). Ainsi ils voient l'anticipation de la Parousie, ainsi ils entrent progressivement dans la profondeur du mystère de Jésus.

10

LES AFFIRMATIONS DE JÉSUS
SUR LUI-MÊME

Du vivant de Jésus, certains cherchaient déjà à interpréter le mystère de sa personne en lui appliquant des catégories qui leur étaient familières et qui étaient donc supposées décrypter son mystère : on considère qu'il est un prophète qui est revenu, Élie ou Jérémie, ou bien encore Jean le Baptiste (cf. *Mc* 8, 28 ; *Mt* 16, 14 ; *Lc* 9, 19). Dans sa confession de foi, Pierre utilise, nous l'avons vu, d'autres titres plus nobles : Messie, Fils du Dieu vivant. Les efforts pour résumer le mystère de Jésus en lui donnant des titres qui interprétaient sa mission et sa nature se poursuivirent après Pâques. À partir de là, trois titres fondamentaux ressortent : Christ (Messie), *Kyrios* (Seigneur), Fils de Dieu.

En tant que tel, le premier titre était à peine compréhensible hors de la sphère sémitique. Il n'a pas tardé à être abandonné comme tel en se fondant avec le nom de Jésus : Jésus Christ. Le terme interprétatif est devenu un nom et ce passage au nom recèle aussi un message plus profond : il ne fait qu'un avec son ministère, sa mission et sa personne ne peuvent être dissociées. Sa mission est ainsi devenue une partie de son nom, et ce à juste titre.

Restaient alors les deux titres *Kyrios* et Fils, qui allaient tous les deux dans la même direction. Au fil du développement de l'Ancien Testament et du judaïsme primitif, le mot « Seigneur » était devenu une désignation de Dieu, faisant ainsi passer Jésus dans la communion ontologique avec Dieu lui-même, l'authentifiant comme le Dieu vivant désormais présent pour nous. De même, l'expression « Fils de Dieu » le reliait à l'être de Dieu lui-même. De quelle nature allait être ce lien ontologique ? Ce problème devait nécessairement donner lieu à des débats laborieux dès lors que la foi voulait aussi faire la preuve de sa raison et qu'elle aspirait à une connaissance claire. Est-il fils en un sens dérivé, celui d'une proximité particulière avec Dieu ? Ou bien l'expression indique-t-elle qu'en Dieu lui-même il y a le Père et le Fils ? Qu'il est vraiment « l'égal de Dieu », vrai Dieu né du vrai Dieu ? Le premier concile de Nicée (325) a exprimé le résultat de cette recherche laborieuse par le mot *homoousios* (« consubstantiel » « de même substance »), le seul terme philosophique passé dans le *Credo*. Et ce terme philosophique sert à conforter la pertinence de la parole biblique. Il veut nous dire que si les témoins de Jésus proclament que Jésus est « le Fils », ils ne le font pas dans le sens mythologique ou politique, les deux interprétations suggérées par le contexte de l'époque. Il faut le comprendre au pied de la lettre : oui, en Dieu lui-même a éternellement lieu le dialogue du Père et du Fils, qui sont vraiment le même et unique Dieu dans le Saint-Esprit.

Les titres christologiques de majesté que nous rencontrons dans le Nouveau Testament ont donné lieu à une abondante littérature. Mais la discussion sur ce sujet n'entre pas dans le cadre de ce livre. Celui-ci cherche à comprendre le chemin de Jésus sur terre et sa prédication et non pas l'élaboration théologique dont il a fait l'objet dans la foi et la pensée de l'Église primitive. En revanche, nous devons regarder d'un peu plus près les termes utilisés par Jésus pour se désigner lui-même dans les Évangiles. Il y en a deux. D'un côté il se nomme avec prédilection « Fils de l'homme », de l'autre on trouve des textes, en particulier dans l'Évangile de Jean, dans lesquels il parle simplement de lui comme le « Fils ». Quant au titre de « Messie », Jésus ne se l'est jamais appliqué, et celui de « Fils de Dieu » se trouve dans sa bouche dans quelques passages de l'Évangile de Jean. Quand on lui donne des titres messianiques ou qu'on utilise des formules apparentées – comme, d'un côté, dans l'épisode de l'expulsion des démons, ou de l'autre dans la confession de foi de Pierre –, il enjoint à ses disciples de se taire. Il est vrai qu'au-dessus de la croix est ensuite inscrit – cette fois publiquement pour le monde entier – le titre du Messie : *Roi des Juifs*. Et s'il peut figurer dans les trois langues du monde de l'époque (cf. *Jn* 19, 19-20), c'est que les malentendus qu'il pouvait susciter sont désormais écartés. La croix en tant que trône donne au titre sa bonne interprétation. *Regnavit a ligno Deus* – Dieu règne par le « bois », c'est ainsi que l'Église antique a chanté cette nouvelle royauté.

Consacrons-nous maintenant aux deux « titres » que Jésus a utilisés pour lui-même d'après les Évangiles.

1. Le Fils de l'homme

« Fils de l'homme » – cette expression énigmatique est le titre que Jésus utilise le plus fréquemment, quand il parle de lui-même. Dans le seul Évangile de Marc,

« Fils de l'homme » apparaît 14 fois dans la bouche de Jésus. Et si l'on prend la totalité du Nouveau Testament, cette expression ne se trouve que dans la bouche de Jésus, à la seule exception de la vision d'Étienne mourant, à qui il est donné de voir les cieux ouverts : « Voici que je contemple les cieux ouverts : le Fils de l'homme est debout à la droite de Dieu » (*Ac* 7, 56). À l'instant de sa mort, Étienne voit ce que Jésus avait annoncé lors de son procès devant le sanhédrin : « Vous verrez le Fils de l'homme siéger à la droite du Tout-Puissant, et venir parmi les nuées du ciel » (*Mc* 14, 62). Ici, Étienne « cite » des paroles de Jésus, dont il a pu voir la réalité à l'heure de son martyre.

Ce constat est essentiel. La christologie des auteurs du Nouveau Testament comme des évangélistes eux-mêmes n'est pas fondée sur le titre de Fils de l'homme, mais sur les titres en usage dès le début de la vie de Jésus : « Messie » (*Christ*), *Kyrios* (« Seigneur »), « Fils de Dieu ». L'emploi du prédicat « Fils de l'homme » est caractéristique des propres paroles de Jésus. Son contenu est transféré **sur** les autres titres dans la prédication apostolique, sans que le titre lui-même soit repris. Il s'agit vraiment d'un constat parfaitement clair. Or il a donné lieu à un énorme débat dans l'exégèse moderne. Quiconque s'aventure sur ce terrain tombe sur un cimetière d'hypothèses contradictoires. Les discuter n'entre pas dans les intentions de ce livre. Il est néanmoins indispensable que nous considérions leurs lignes maîtresses.

Les utilisations de l'expression « Fils de l'homme » sont généralement subdivisées en trois groupes. Le premier regrouperait les occurrences de l'expression désignant le Fils de l'homme à venir, que Jésus utiliserait non pour se qualifier lui-même, mais pour distinguer de lui-même cette figure à venir. Le deuxième groupe serait constitué d'affirmations sur l'activité terrestre du Fils de l'homme, tandis que le troisième parlerait de sa Passion et de sa Résurrection. La tendance exégétique dominante est de considérer que seul le premier groupe, si toutefois il y en a un, est celui des paroles authentiques de Jésus. Ce point de vue correspond à l'interprétation de la prédication de Jésus en termes d'imminence eschatologique. Le deuxième groupe, dont fait partie ce qui est dit de la toute-puissance du Fils de l'homme en matière de pardon des péchés, du fait qu'il est le maître du sabbat et qu'il n'a ni bien ni patrie, se serait constitué au sein de la tradition palestinienne, si on en croit une des lignes directrices de ces théories. En ce sens, il serait d'origine très ancienne, mais on ne saurait l'attribuer à Jésus lui-même. Le plus récent regrouperait les affirmations sur la Passion et la Résurrection du Fils de l'homme, qui rythment justement la montée de Jésus à Jérusalem dans l'Évangile de Marc et qui pourraient donc avoir été créées – peut-être même par l'évangéliste Marc en personne – après les événements eux-mêmes.

Ce découpage des occurrences de l'expression « Fils de l'homme » procède d'une logique distribuant très soigneusement les diverses acceptions d'un prédicat, et cette logique correspond au modèle rigoureux d'une pensée professorale, qui n'a rien à voir avec la diversité du vivant dans lequel une totalité complexe se fait entendre. Or le critère fondamental pour ce type d'exégèse est de savoir de quoi on estime Jésus capable, compte tenu de ses conditions de vie et de son horizon culturel. Apparemment son crédit est mince ! De vraies réflexions sur la gloire et la Passion ne s'accordent pas avec lui. Une sorte d'attente apocalyptique tiède, comme elle circulait à l'époque, peut être mise à son « crédit » – apparemment pas plus. Mais ce n'est pas ainsi qu'on peut rendre justice à la puissance de l'événement Jésus. Dans nos réflexions sur l'exégèse des paraboles que propose Jülicher, nous avions été obligé de dire que personne ne saurait être condamné à la croix pour des formulations moralisantes aussi modestes.

Pour qu'on en vienne à ce choc radical, pour qu'on recoure à l'extrémité qui consistait à livrer Jésus aux Romains, il avait bien fallu que se produise et que se dise quelque chose de dramatique. Ce qu'il y a de scandaleux et de grand se situe justement au commencement, et l'Église naissante a dû faire un long chemin pour en mesurer toute la grandeur, pour la saisir progressivement dans un processus de « remémoration » réflexive. On crédite la communauté anonyme d'un génie théologique surprenant. Mais quelles furent donc les grandes figures capables d'une telle inventivité ? Non, ce qu'il y a de grand, de nouveau et de scandaleux est justement le fait de Jésus. Tout cela se développe dans la foi et la vie de la communauté, mais ce n'est pas là que cela est créé. Oui, la « communauté » ne se serait pas d'abord constituée et n'aurait pas survécu, si une réalité extraordinaire ne l'avait pas précédée.

L'expression « Fils de l'homme », utilisée par Jésus pour cacher son mystère et en même temps le livrer progressivement, était nouvelle et surprenante. Ce n'était pas un titre courant de l'espérance messianique. Elle convient parfaitement au style de prédication de Jésus, qui parle par énigmes et paraboles, essayant ainsi de rapprocher petit à petit ses auditeurs du mystère qui ne peut être réellement déchiffré qu'après, quand on le suit. En gros, l'expression « Fils de l'homme » signifie d'abord simplement « homme » dans l'usage linguistique hébreu et araméen. Le glissement entre le simple mot « homme » et l'énigmatique évocation d'une nouvelle conscience missionnaire dans l'expression « Fils de l'homme » apparaît dans une réflexion sur le sabbat que nous rencontrons dans les synoptiques. Voici la version de Marc : « Le sabbat a été fait pour l'homme, et non pas l'homme pour le sabbat. Voilà pourquoi le Fils de l'homme est maître, même du sabbat » (*Mc* 2, 27-28). Chez Matthieu et chez Luc, la première phrase manque. Chez eux, Jésus dit simplement : « Le Fils de l'homme est maître du sabbat » (*Mt* 12, 8 ; *Lc* 6, 5). Peut-être peut-on ajouter que Matthieu et Luc ont écarté la première phrase parce qu'ils craignaient qu'elle soit détournée de son sens. Quoi qu'il en soit, il est évident que chez Matthieu et chez Luc les deux phrases vont ensemble et s'interprètent l'une par l'autre.

Que le sabbat soit fait pour l'homme et non pas l'homme pour le sabbat, n'est pas simplement l'expression d'une position moderne et libérale, comme nous le pensons spontanément à première lecture. En réfléchissant sur le Sermon sur la montagne, nous avons vu que ce n'était sûrement pas la bonne façon de comprendre l'enseignement de Jésus. Dans le « Fils de l'homme », l'homme se révèle comme il devrait être en réalité. À l'aune du « Fils de l'homme », à l'aune de Jésus, l'homme est libre et sait faire un bon usage du sabbat en tant que jour de la liberté venant de Dieu et pour Dieu. « Le Fils de l'homme est maître du sabbat » – toute la grandeur de l'ambition de Jésus, qui interprète la Loi de sa pleine autorité parce qu'il est lui-même le Verbe originel de Dieu, cette grandeur transparaît ici. Ce qui révèle aussi quel genre de liberté nouvelle est octroyée à l'homme en général, une liberté qui n'a rien à voir avec la simple gratuité. L'essentiel de ce commentaire du sabbat est l'interpénétration des deux, « homme » et « Fils de l'homme ». Nous voyons comment le terme en soi générique devient désormais l'expression de la dignité particulière de Jésus.

Le titre de « Fils de l'homme » n'existait pas en tant que titre à l'époque de Jésus. Mais on peut sans doute en voir l'esquisse dans la vision de l'histoire universelle relatée par le Livre de Daniel avec les quatre bêtes et le « Fils d'homme ». Le visionnaire voit la succession des grands empires du monde dans l'image de quatre bêtes énormes sortant de la mer, venues « d'en bas », elles représentent un pouvoir reposant avant tout sur la violence, un pouvoir de nature « bestiale ». Daniel dresse donc un tableau sombre et extrêmement inquiétant de l'histoire du monde. Certes, la vision n'est pas seulement négative. La première bête est un lion avec des ailes d'aigle, à qui l'on arrache les ailes. Puis « elle fut soulevée de terre et dressée sur ses pieds, comme un homme, et un cœur d'homme lui fut donné » (*Dn* 7, 4). L'humanisation du pouvoir est possible, même en notre temps. Le pouvoir peut avoir un visage humain. Ce salut, pourtant, est relatif, l'histoire, pour le reste, continue et elle deviendra par la suite plus sombre encore.

Mais après ce pic extrême, qui voit culminer le pouvoir du mal, se produit quelque chose de tout à fait différent. Le visionnaire aperçoit, comme de loin, le vrai maître du monde sous la forme d'un vieillard qui met fin à l'apparition : « Et je voyais venir, avec les nuées du ciel, comme un Fils d'homme ; il parvint jusqu'au Vieillard, et on le fit avancer devant lui.

« Et il lui fut donné domination, gloire et royauté ; tous les peuples, toutes les nations et toutes les langues le servirent. Sa domination est une domination éternelle, qui ne passera pas, et sa royauté, une royauté qui ne sera pas détruite » (*Dn* 7, 13-14). Face aux bêtes venues des profondeurs se dresse l'homme venu d'en haut. De même que les bêtes des profondeurs incarnent les empires qui se sont succédé dans le monde, de même l'image du « Fils d'homme » qui arrive « sur les nuées du ciel » annonce un royaume absolument nouveau, un royaume d'« humanité », du pouvoir véritable venant de Dieu lui-même. Par ce royaume se manifeste la véritable universalité, la figure ultime de l'histoire, sa figure positive, qui a toujours été désirée en secret. Le « Fils d'homme », qui vient d'en haut, est ainsi celui qui se dresse en face des bêtes venues des profondeurs de la mer. En tant que tel, il ne symbolise pas une figure individuelle, mais il est la représentation du « royaume » dans lequel le monde parviendra à son but.

Beaucoup d'exégètes supposent qu'il pourrait y avoir derrière ce texte une version où le « Fils d'homme » était aussi une figure individuelle, mais, quoi qu'il en soit, nous ne connaissons pas cette version et elle demeure une hypothèse. Les textes souvent cités de IV Esdras 13 et de l'Éthiopien Hénoch, dans lesquels le Fils de l'homme est représenté comme une figure individuelle, sont plus récents que le Nouveau Testament et ne peuvent donc être considérés comme une de ses sources. Il était naturellement facile de relier la vision du Fils de l'homme avec l'espérance messianique et la figure du Messie, mais nous ne disposons pas, pour ce faire, de texte antérieur à l'activité de Jésus. En tout cas, c'est le futur royaume du salut qui est représenté par cette image du Fils de l'homme, vision que Jésus pouvait reprendre, mais à laquelle il a donné une nouvelle forme en reliant cette attente à lui-même et à son activité.

Tournons-nous à présent vers les paroles de Jésus. Nous avons vu qu'un premier groupe d'affirmations sur le Fils de l'homme se rapporte à sa venue future. La majeure partie de ces affirmations se trouve dans le discours de Jésus sur la fin du monde (cf. *Mc* 13, 24-27) et dans son procès devant le sanhédrin (cf. *Mc* 14, 62). Elles seront donc abordées dans le tome 2 de ce livre. Il y a juste un point important sur lequel je voudrais d'ores et déjà attirer l'attention : ce sont des paroles consacrées à la future gloire de Jésus, à sa venue pour le jugement, et pour le rassemblement des justes, des « élus ». Mais il ne faut pas oublier qu'elles sont prononcées par celui qui comparaît devant ses juges en tant qu'accusé soumis aux railleries, et qu'ainsi la gloire et la passion sont inextricablement mêlées dans ces paroles.

Certes, il n'est pas question de la Passion, mais c'est la réalité dans laquelle Jésus se trouve et parle. Tout cela se retrouve particulièrement concentré dans la parabole du Jugement dernier rapportée chez Matthieu (cf. 25, 31-46). Le « Fils de l'homme » qui juge s'identifie avec ceux qui ont faim et soif, avec les étrangers, avec ceux qui sont nus, malades ou prisonniers, bref avec tous ceux qui souffrent dans le monde, et qualifie le comportement à leur égard de comportement à son égard à lui. Ce n'est pas une fiction du juge universel inventée après coup. En devenant homme, il a opéré cette identification jusqu'au détail le plus concret. Il est celui qui n'a ni bien ni patrie, celui qui n'a pas où reposer sa tête (cf. *Mt* 8, 20 ; *Lc* 9, 58). Il est le prisonnier, l'accusé, et il meurt nu sur la croix. L'identification du Fils de l'homme jugeant les nations avec les malheureux de toutes sortes présuppose l'identification du Juge avec le Jésus terrestre et montre l'unité interne entre la croix et la gloire, de l'existence terrestre dans l'humilité et du pouvoir futur de juger le monde. Il n'y a qu'un seul Fils de l'homme et c'est Jésus. Cette identité nous montre le chemin, nous montre la norme à l'aune de laquelle notre vie, un jour, sera jugée.

Bien entendu, toutes ces paroles au sujet du futur Fils de l'homme ne sont pas considérées par la critique comme d'authentiques paroles de Jésus. Seuls deux textes de ce groupe, dans la version qu'en donne Luc, sont classés, tout du moins par une partie de l'exégèse critique, parmi les paroles authentiques de Jésus, celles dont on « l'estime capable ». Voici tout d'abord le premier texte (*Lc* 12, 8-9) : « Je vous le déclare : celui qui se sera prononcé pour moi devant les hommes, le Fils de l'homme se prononcera aussi pour lui devant les anges de Dieu. Mais celui qui m'aura renié en face des hommes sera renié en face des anges de Dieu. » Le second texte se trouve dans le chapitre 17, versets 24 et 25 : « Comme l'éclair qui jaillit illumine l'horizon d'un bout à l'autre, ainsi le Fils de l'homme, quand son jour sera là. Mais auparavant, il faut qu'il souffre beaucoup et qu'il soit rejeté par cette génération. » Si ces textes trouvent grâce auprès de la critique, c'est qu'ils paraissent faire une distinction entre le Fils de l'homme et Jésus. En particulier dans le premier, le Fils de l'homme ne serait visiblement pas identique au Jésus qui s'exprime.

Sur ce point, il faut d'abord dire qu'en tout cas ce n'est pas comme cela que l'a compris la tradition la plus ancienne. Dans le texte parallèle de Marc 8, 38 (« Si quelqu'un a honte de moi et de mes paroles dans cette génération adultère et pécheresse, le Fils de l'homme aussi aura honte de lui quand il viendra dans la gloire de son Père avec les anges »), l'identification n'est pas explicitement énoncée, mais la construction de la phrase ne permet pas de la rejeter. Même si l'expression « Fils de l'homme » est absente dans la version du même texte chez Matthieu, l'identité entre le

Jésus terrestre et le Juge futur n'en est que plus manifeste :
« Mais celui qui me reniera devant les hommes, moi aussi
je le renierai devant mon Père qui est aux cieux » (*Mt* 10,
33). Mais même dans le texte de Luc, l'identité est parfaitement claire si l'on part de l'orientation générale du
contenu. Certes, Jésus parle en recourant à la forme énigmatique qui lui est propre et qui laisse à l'auditeur le soin
de faire le dernier pas pour comprendre. Mais l'identification fonctionnelle résultant du parallélisme entre profession
de foi et reniement, maintenant et pendant le jugement,
devant Jésus et devant le Fils de l'homme, n'a de sens que
sur la base de l'identité ontologique.

Les juges du sanhédrin ont parfaitement compris Jésus,
et Jésus ne les a pas non plus corrigés, alors qu'il aurait pu
dire par exemple : mais vous me comprenez mal, le Fils de
l'homme à venir est quelqu'un d'autre. L'unité interne
entre la Kénose vécue de Jésus (cf. *Ph* 2, 5-11) et sa venue
dans la gloire est le thème constant de l'action et de la
parole de Jésus, sa vraie nouveauté, ce qui est « authentiquement de Jésus », ce qui n'a pas été inventé et qui constitue donc la particularité propre à sa figure et à ses paroles.
Les différents textes font bien partie de ce contexte, et on
ne les comprend pas mieux si on les en extrait. Encore plus
que dans les versets 8 et 9 du chapitre 12 de Luc, qui
fournissent sans doute le meilleur point de départ pour une
telle opération, c'est dans le second texte (*Lc* 17, 24ss) que
le lien est le plus clairement établi. Le Fils de l'homme ne
viendra pas ici ou là, mais, comme l'éclair qui jaillit, il
illuminera pour tous l'horizon d'un bout à l'autre, de sorte
que tous auront les yeux fixés sur lui, lui qui a été transpercé (cf. *Ap* 1, 7). Mais auparavant, lui justement, puisqu'il est le Fils de l'homme, est obligé d'endurer de
multiples souffrances et de multiples rejets. Prophétie de la

passion et annonce de la gloire ne sauraient être dissociées. Il est évident que les deux sont le fait d'une seule et même personne, celle qui est précisément déjà en route vers sa Passion lorsqu'il prononce ces mots.

Quand Jésus parle de son activité présente, ses paroles ont également ces deux aspects. Nous avons déjà brièvement commenté la formule selon laquelle le Fils de l'homme est maître même du sabbat (cf. *Mc* 2, 28). Ce passage montre exactement ce que Marc relate ainsi à un autre endroit : « On était frappé par son enseignement, car il enseignait en homme qui a autorité et non pas comme les scribes » (*Mc* 1, 22). Il se place lui-même du côté du Législateur, de Dieu. Il n'est pas un interprète, il est Maître et Seigneur.

Cela est encore plus patent dans l'histoire du paralytique que ses amis ont allongé sur un brancard qu'ils ont descendu du toit pour le déposer aux pieds du Seigneur. Au lieu de prononcer une parole de guérison comme l'attendaient le paralytique et ses amis, Jésus commence par dire au malade : « Mon fils, tes péchés sont pardonnés » (*Mc* 2, 5). Mais remettre les péchés est uniquement l'affaire de Dieu, objectent les scribes avec raison. Quand Jésus attribue cette autorité et ce pouvoir au « Fils de l'homme », il revendique pour lui-même une dignité égale à celle de Dieu et le pouvoir d'agir en fonction d'elle. C'est uniquement après la remise des péchés que vient la parole espérée : « Eh bien ! Pour que vous sachiez que le Fils de l'homme a le pouvoir de pardonner les péchés sur la terre, je te l'ordonne, dit-il au paralysé : Lève-toi, prends ton brancard et rentre chez toi » (*Mc* 2, 10-11). C'est précisément cette prétention divine qui mène à la Passion. En ce sens, les paroles d'autorité de Jésus sont orientées vers la Passion.

Venons-en au troisième groupe de paroles sur le Fils de l'homme : celles qui prédisent la Passion. Nous avons déjà vu que, dans l'Évangile de Marc, les trois prédictions sur la Passion, qui rythment le texte aussi bien que le chemin de Jésus, annoncent avec une précision croissante son destin à venir et la nécessité inhérente à ce destin. Elles trouvent leur centre de gravité interne et leur apogée dans la phrase qui suit la troisième annonce de la Passion et le discours sur les chefs et les serviteurs qui en fait partie : « Car le Fils de l'homme n'est pas venu pour être servi, mais pour servir, et donner sa vie en rançon pour la multitude » (*Mc* 10, 45).

Avec la reprise d'un mot tiré des chants du Serviteur souffrant (cf. *Is* 53), c'est un autre aspect de la tradition de l'Ancien Testament qui est intégré ici dans l'image du Fils de l'homme. Jésus, qui s'identifie, d'un côté, avec le juge du Jugement dernier, s'identifie ici avec le Serviteur souffrant et mourant, que le prophète avait entrevu dans ses chants. C'est ainsi qu'apparaît l'unité de la passion et de « l'exaltation », de l'abaissement et de la gloire. Servir est la vraie façon de régner et nous fait pressentir quelque chose de la façon qu'a Dieu d'être Seigneur, de la « Seigneurie de Dieu ». Dans la passion et dans la mort, la vie du Fils de l'homme devient pleinement « existence pour », il devient le libérateur et le sauveur pour « la multitude », non seulement pour les enfants dispersés d'Israël, mais plus généralement pour les enfants de Dieu dispersés (cf. *Jn* 11, 52), pour l'humanité. Par sa mort « pour la multitude », il franchit les limites de l'espace et du temps, et l'universalité de sa mission s'accomplit.

L'exégèse la plus ancienne a eu tout à fait raison de considérer la fusion entre la vision qu'a Daniel du Fils d'homme à venir et les images que transmet Isaïe du

Serviteur souffrant comme la nouveauté proprement dite et comme la particularité de la conception du Fils de l'homme propre à Jésus, voire le cœur de la conscience qu'il a de lui-même. Il nous faut néanmoins ajouter que la synthèse des traditions de l'Ancien Testament opérée par Jésus dans l'image du Fils de l'homme est encore plus ample et qu'elle réunit bien d'autres veines de ces traditions.

La réponse de Jésus quand on lui demande s'il est le Messie, le fils du Dieu béni, fusionne le chapitre 7 du Livre de Daniel et le Psaume 110 [109] : Jésus se considère comme celui qui siège « à la droite de Dieu », ainsi que l'annonce le Psaume du futur Roi Prêtre. Ensuite, la troisième annonce de la Passion par les paroles indiquant le rejet du Fils de l'homme par les scribes, les anciens et les grands prêtres (cf. *Mc* 8, 31) intègre le Psaume 117 [118] : la parole de la pierre rejetée par les bâtisseurs et devenue la pierre d'angle (117, 22). Ainsi s'établit un rapport avec la parabole des vignerons homicides, dans laquelle le Seigneur utilise ces mots pour prédire son rejet et sa résurrection, de même que la future communauté nouvelle. Le lien avec la parabole fait également apparaître l'identité entre le « Fils de l'homme » et le « Fils bien-aimé » (cf. *Mc* 12, 1-12). Et pour finir, le courant de la littérature sapientielle est également présent : le chapitre 2 du Livre de la Sagesse relate l'hostilité des « impies » à l'égard du juste : « Il se vante d'avoir Dieu pour père... Si ce juste est fils de Dieu, Dieu l'assistera... Condamnons-le à une mort infâme » (*Sg* 2, 16-20). Volker Hampel pense que la parole de Jésus sur la rançon ne provient pas du chapitre 53 versets 10-12 du Livre d'Isaïe, mais du chapitre 21 verset 18 des Proverbes et du chapitre 43 verset 3 d'Isaïe, ce qui me paraît tout à fait improbable[1]. La véritable référence est et reste le chapitre 53 d'Isaïe, alors que d'autres textes montrent simplement qu'il y a un large champ de références pour cette vision fondamentale.

Jésus a vécu en se basant sur la Loi et les Prophètes dans leur totalité, comme il ne cessait de le répéter à ses disciples. Il a considéré sa nature et son activité comme l'union et l'interprétation de cet ensemble. Jean exprimera cette idée dans son prologue : Jésus lui-même est « le Verbe ». « Toutes les promesses de Dieu ont trouvé leur "oui" dans sa personne », commente Paul (*2 Co* 1, 20). Ce qui nous est donné dans l'expression énigmatique de Fils de l'homme, c'est l'originalité première de la figure de Jésus, de sa mission et de son être. Il vient de Dieu, il est Dieu. Mais c'est ainsi, en assumant la nature humaine, qu'il apporte la véritable humanité.

« Tu m'as fait un corps » dit-il à son Père selon la Lettre aux Hébreux (10, 5), variation sur le verset d'un Psaume dans lequel était écrit : « Tu as ouvert mes oreilles » (*Ps* 39 [40], 7). Dans le Psaume, cela signifie que c'est l'obéissance, le oui à la Parole de Dieu, qui est source de vie, non les holocaustes et les sacrifices pour le péché. Et voici que celui qui est le Verbe prend lui-même corps, vient de Dieu en tant qu'homme et attire à lui toute la condition humaine, la transporte dans la Parole de Dieu, la transforme en « oreille » pour écouter Dieu et ainsi en « obéissance », en réconciliation entre Dieu et l'homme (cf. *2 Co* 5, 20). Lui-même devient le vrai « sacrifice » en tant qu'il s'est donné, entrant totalement dans l'obéissance et dans l'amour, aimant « jusqu'au bout » (*Jn* 13, 1). Il vient de Dieu et instaure ainsi la véritable condition d'homme. Comme le dit Paul, par rapport au premier homme qui était et est terrestre, il est le second, l'homme définitif (le dernier), qui vient « du ciel », « esprit vivifiant » (cf. *1 Co* 15, 45-49). Il vient, et il est en même temps le nouveau « royaume ». Il n'est pas simplement un, mais de nous tous avec lui-même il ne fait « plus qu'un » (*Ga* 3, 28) : il nous transforme en une humanité nouvelle.

Le cortège entrevu de loin par Daniel (« comme un Fils d'homme ») devient une personne, mais étant là « pour la multitude », cette personne dépasse les limites de l'individu, embrasse une « multitude », et devient avec la multitude un seul corps et « un seul esprit » (*1 Co* 6, 17). Telle est la « manière de suivre » à laquelle Jésus nous appelle : se laisser attirer dans sa nouvelle humanité et ainsi dans la communion avec Dieu. Pour citer encore une fois Paul : « Puisque Adam est pétri de terre, comme lui les hommes appartiennent à la terre ; puisque le Christ est venu du ciel, comme lui les hommes appartiennent au ciel » (*1 Co* 15, 48). L'expression « Fils de l'homme » demeure réservée à Jésus lui-même, mais la vision nouvelle de l'union entre Dieu et l'homme qui s'y exprime traverse la totalité du Nouveau Testament et le marque de son empreinte. C'est de cette nouvelle humanité venant de Dieu qu'il s'agit dans la vie à la suite de Jésus Christ.

2. *Le Fils*

Au début de ce chapitre, nous avons déjà vu rapidement qu'il ne faut pas confondre le titre de « Fils de Dieu » et celui de « Fils » (sans ajout). Ils n'ont pas du tout la même origine ni la même signification, même si les deux significations s'interpénètrent et finissent par se confondre à mesure que la foi chrétienne prend forme. Comme j'ai déjà traité abondamment toute cette question dans *Foi chrétienne hier et aujourd'hui*[2], je peux rester bref dans mon analyse du terme « Fils de Dieu ».

L'expression « Fils de Dieu » provient de la théologie politique de l'Orient ancien. En Égypte comme à Babylone, on donnait au roi le titre de « fils de dieu ». Le rituel de l'accession au trône est considéré comme un « engendrement » qui le fait fils de dieu. En Égypte, cet engendrement était sans doute compris au sens d'une mystérieuse origine divine, tandis qu'à Babylone, à ce qu'il semble, on le comprenait déjà de façon beaucoup plus sobre comme un acte juridique, une adoption divine. Ces représentations ont été adoptées en Israël d'une double façon, tout en étant transformées par la foi d'Israël. Dieu lui-même charge Moïse de dire au pharaon : « Ainsi parle Yahvé : mon fils premier-né, c'est Israël. Je t'avais dit : Laisse aller mon fils, qu'il me serve ! » (*Ex* 4, 22-23). Les nations sont la grande famille de Dieu, Israël est le « fils premier-né », en tant que tel lié à Dieu de façon particulière, avec tout ce que « premier-né » signifie dans l'Orient ancien. À mesure que le royaume de David se renforce, c'est l'idéologie royale de l'Orient ancien que l'on reporte à présent sur le roi de la montagne de Sion.

Dans le discours de Dieu, dans lequel Nathan prédit à David la stabilité éternelle pour sa maison, on trouve ces mots : « Je te donnerai un successeur dans ta descendance, qui sera né de toi, et je rendrai stable sa royauté... Je serai pour lui un père, il sera pour moi un fils. S'il fait le mal, je le corrigerai... Mais mon amour ne lui sera pas retiré » (*2 S* 7, 12.14-15 ; cf. *Ps* 89 [88], 27s, 37s). C'est là-dessus que sera fondé le rite d'intronisation des rois d'Israël, que nous rencontrons dans le Psaume 2, 7-8 : « Je proclame le décret du Seigneur ! Il m'a dit : "Tu es mon fils ; moi, aujourd'hui, je t'ai engendré. Demande, et je te donne en héritage les nations, pour domaine la terre tout entière." »

Trois points sont particulièrement évidents ici. Le privilège qu'a Israël d'être le fils premier-né de Dieu se voit concrétisé dans la figure du roi, et ce dernier personnifie la dignité d'Israël. Cela signifie, deuxièmement, que l'antique idéologie royale, l'engendrement mythique à partir de Dieu, se voit écartée au profit d'une théologie de l'élection. L'« engendrement » devient élection. Dans l'aujourd'hui de l'acte d'intronisation se concentre l'action élective de Dieu, dans laquelle il fait d'Israël et du roi qui le personnifie son « fils ». Mais ce qui apparaît en troisième lieu, c'est que la promesse de la domination sur tous les peuples, empruntée aux grands rois de l'Orient, est totalement disproportionnée par rapport à la situation réelle du roi du mont Sion. Ce n'est qu'un très modeste souverain disposant d'un pouvoir instable qui finit en exil et n'a pu être rétabli par la suite que pour une période assez brève et dans un état de dépendance par rapport aux grandes puissances. Ainsi l'oracle royal de Sion devait d'emblée devenir une parole d'espérance dans le roi à venir, qui allait bien au-delà de l'instant et de l'« aujourd'hui », du maintenant du roi intronisé.

Le christianisme primitif a adopté ce mot très tôt et en a vu la réalisation dans la Résurrection de Jésus. Selon les Actes des apôtres (13, 32-33), Paul explique aux Juifs rassemblés à la synagogue d'Antioche de Pisidie, dans sa grandiose présentation de l'histoire du salut qui aboutit au Christ : « La promesse que Dieu avait faite à nos pères, il l'a entièrement accomplie pour nous, leurs enfants, en ressuscitant Jésus ; c'est ce qui est écrit au psaume deuxième : *Tu es mon fils, aujourd'hui je t'ai engendré.* » Nous sommes certainement fondés à considérer le discours que nous transmettent ici les Actes des apôtres comme un modèle de la première prédication missionnaire adressée aux Juifs, dans laquelle nous rencontrons la lecture christologique de l'Ancien Testament que fait l'Église naissante. Nous avons affaire ici à la troisième étape de la transformation de la théologie politique de l'Orient ancien : si, en Israël et dans le royaume de David, cette théologie politique avait fusionné avec la théologie de l'élection de l'Ancienne Alliance et si, au cours de l'évolution du royaume davidique, elle était devenue de plus en plus l'expression de l'espérance du roi futur, c'est à présent la Résurrection de Jésus que l'on croit être l'aujourd'hui espéré du Psaume. Maintenant Dieu a constitué son roi, à qui il a en effet remis les peuples en héritage.

Mais cette « seigneurie » sur les peuples de la terre n'a plus aucun caractère politique. Ce roi ne brise plus les peuples avec son sceptre de fer (cf. *Ps* 2, 9), il règne désormais à partir de la croix, sur un mode tout à fait nouveau. L'universalité s'accomplit sur le mode humble de la communion dans la foi, ce roi règne par l'intermédiaire de la foi et de l'amour, pas autrement. Et l'on peut ainsi comprendre d'une façon tout à fait nouvelle et définitive la parole de Dieu : Tu es mon fils, aujourd'hui je t'ai engendré. Le titre « Fils de Dieu » se détache de la sphère du pouvoir politique et devient l'expression d'une union particulière avec Dieu, qui se manifeste dans la crucifixion et la Résurrection. Quelle profondeur atteint cette unité, cette condition de Fils de Dieu, cela ne peut évidemment s'expliquer à partir de ce contexte vétérotestamentaire. D'autres courants de la foi biblique et du propre témoignage de Jésus doivent s'associer pour donner à l'expression toute sa signification.

Mais avant de passer au simple titre de « Fils » que Jésus se donne à lui-même, désignation qui confère au titre de « Fils de Dieu » provenant de la sphère politique sa signification ultime, qui est chrétienne, il nous reste encore à mener jusqu'au bout l'histoire même du terme. En fait partie le fait que l'empereur Auguste, sous le règne duquel Jésus était né, avait transposé à Rome l'antique théologie royale orientale en se proclamant lui-même « Fils du divin » (César), fils de Dieu[3]. Si Auguste procède encore avec beaucoup de prudence, le culte impérial romain, qui commence peu de temps après, signifie que la prétention à une filiation divine et donc à l'adoration divine de l'empereur est désormais adoptée par Rome et qu'elle devient la règle dans la totalité de l'Empire.

C'est ainsi qu'à ce moment de l'histoire on voit se rencontrer la prétention à la royauté divine de la part de l'empereur romain et la foi chrétienne selon laquelle le Christ ressuscité est le véritable Fils de Dieu, à qui sont soumis les peuples de la terre et qui a seul le droit de recevoir l'adoration divine dans l'unité du Père, du Fils et du Saint-Esprit. La foi chrétienne, en elle-même apolitique, ne revendique pas le pouvoir politique, mais elle reconnaît l'autorité légitime (cf. *Rm* 13, 1-7). Dans le titre de « Fils de Dieu », elle se heurte inévitablement à la revendication du caractère totalitaire du pouvoir politique impérial et elle se heurtera toujours à toutes les puissances politiques totalitaires ; elle poussera alors au martyre en raison de la situation, en communion avec le Crucifié, qui règne, lui, uniquement « par le bois ».

Il faut, encore une fois, opérer une stricte distinction entre le titre de « Fils de Dieu », dont la genèse est complexe, et le simple titre « le Fils » que nous rencontrons pour l'essentiel dans la bouche de Jésus. En dehors de l'Évangile, il apparaît cinq fois dans la Lettre aux Hébreux (cf. 1, 2. 8 ; 3, 6 ; 5, 8 ; 7, 28), qui est très proche de l'Évangile de Jean, et une fois chez Paul (cf. *1 Co* 15, 28). Rattaché au témoignage de Jésus sur lui-même chez Jean, on le trouve cinq fois dans la première Lettre de saint Jean et une fois dans la seconde. Décisif est le témoignage de l'Évangile de Jean (nous l'y trouvons 18 fois) et le cri d'allégresse messianique rapporté par Matthieu (cf. 11, 27) et par Luc (cf. 10, 22), que l'on considère volontiers – et à bon droit – comme un texte johannique dans le cadre de la tradition synoptique. Examinons d'abord cette jubilation messianique : « En ce temps-là, Jésus prit la parole : "Père, Seigneur du ciel et de la terre, je proclame ta louange : ce que tu as caché aux sages et aux savants tu l'as révélé aux tout-petits. Oui, Père, tu l'as voulu ainsi dans ta bonté. Tout m'a été confié par mon Père ; personne ne connaît le Fils, sinon le Père, et personne ne connaît le Père, sinon le Fils, et celui à qui le Fils veut le révéler" » (*Mt* 11, 25-27 ; cf. *Lc* 10, 21-22).

Commençons par cette dernière phrase qui est la clé de tout. Seul le Fils « connaît » réellement le Père : la connaissance présuppose toujours plus ou moins quelque chose comme l'égalité. On connaît la formulation de Goethe dans le contexte d'une citation de Plotin : « Si l'œil n'était pas solaire, il ne pourrait pas connaître le soleil. » Tout processus de connaissance inclut toujours, sous une forme ou sous une autre, un processus d'assimilation, une sorte d'unification interne entre celui qui cherche à connaître et l'objet de sa recherche, qui varie en fonction du niveau ontologique du sujet connaissant et de l'objet à connaître. Connaître réellement Dieu présuppose la communion avec Dieu, voire l'union ontologique avec Dieu. Dans sa **prière** de louange, le

Seigneur nous dit exactement la même chose que ce qui figure à la fin du prologue de Jean que nous avons déjà médité à plusieurs reprises : « Dieu, personne ne l'a jamais vu ; le Fils unique, qui est dans le sein du Père, c'est lui qui a conduit à le connaître » (*Jn* 1, 18). Cette parole fondamentale est, comme nous le voyons maintenant, l'explication de ce qui apparaît dans la prière de Jésus, dans son dialogue filial. En même temps, apparaît ici distinctement qui est « le Fils », ce que ce terme signifie : l'accomplissement d'une communion de connaissance qui est en même temps communion ontologique. L'unité de la connaissance n'est possible que parce qu'elle est unité de l'être.

Seul le « Fils » connaît réellement le Père, et connaître réellement le Père, c'est toujours participer à la connaissance du Fils, c'est la révélation qu'il nous donne (« c'est lui qui l'a fait connaître », dit Jean). Connaît le Père seulement celui à qui le Fils « veut le révéler ». Mais à qui le Fils veut-il donc le révéler ? La volonté du Fils n'est pas arbitraire. Les paroles témoignant de la volonté de révélation du Fils en Matthieu 11 (25-27) renvoient au verset 25, où le Seigneur dit au Père : tu l'as révélé aux tout-petits. Si c'est la communion de connaissance entre le Père et le Fils que nous avons d'abord rencontrée, c'est leur unité de vouloir qui se manifeste dans le contexte des versets 25 et 27.

La volonté du Fils ne fait qu'un avec la volonté du Père. Il s'agit d'ailleurs là d'un thème récurrent dans les Évangiles. L'Évangile de Jean souligne avec une insistance particulière que Jésus adhère sans réserve à la volonté du Père. Une représentation particulièrement dramatique de l'adhésion et de la fusion des deux volontés nous est donnée dans l'épisode du mont des Oliviers, où Jésus attire jusqu'à lui la volonté humaine, où il la fait entrer dans sa propre volonté de Fils et ainsi dans l'unité de volonté avec le Père. C'est sur ce terrain qu'il faut situer la deuxième demande du *Notre Père* : avec elle nous demandons que le drame du mont des Oliviers, du combat de toute la vie de Jésus et de tout son ministère s'accomplisse en nous, qu'avec lui, le Fils, nous adhérions à la volonté du Père et qu'ainsi nous devenions nous-mêmes des fils – dans une unité de volonté, qui devient unité de connaissance.

Cela nous éclaire maintenant sur le début du cri d'allégresse, qui peut choquer au premier abord. Le Fils veut attirer dans sa connaissance filiale tous ceux que le Père veut y rendre participants : « Personne ne peut venir à moi, si le Père qui m'a envoyé ne l'attire vers moi », dit Jésus en ce sens dans son discours sur le pain à la synagogue de Capharnaüm (*Jn* 6, 44). Mais qui le Père désigne-t-il ? « Ni les sages ni les savants », nous dit le Seigneur, mais les simples.

C'est de prime abord l'expression pure et simple de l'expérience concrète faite par Jésus : ce ne sont pas les scribes, ceux qui font profession de s'occuper de Dieu, ce ne sont pas ceux-là qui le connaissent, car ils sont empêtrés dans le maquis des détails de leurs connaissances. Regarder simplement le tout, regarder la réalité de Dieu lui-même telle qu'elle se révèle, cela leur est interdit par toute leur science qui leur obstrue la vue – cela peut justement paraître trop simple pour celui qui connaît si bien la complexité des problèmes. Paul a témoigné de la même expérience sur laquelle il a continué à réfléchir : « Car le langage de la croix est folie pour ceux qui vont vers leur perte, mais pour ceux qui vont vers leur salut, pour nous, il est puissance de Dieu. L'Écriture dit en effet : *La sagesse des sages, je la mènerai à sa perte, et je rejetterai l'intelligence des intelligents* [cf. *Is* 29, 14]... Frères, vous qui avez été appelés par Dieu, regardez bien : parmi vous, il n'y a pas beaucoup de sages aux yeux des hommes, ni de gens puissants ou de haute naissance. Au contraire, ce qu'il y a de fou dans le monde, voilà ce que Dieu a choisi pour couvrir de confusion les sages ; ce qu'il y a de faible dans le monde, voilà ce que Dieu a choisi pour couvrir de confusion ce qui est fort... afin que personne ne puisse s'enorgueillir devant Dieu » (*1 Co* 1, 18-29). « Que personne ne s'y trompe : si quelqu'un parmi vous pense être un sage à la manière d'ici-bas, qu'il devienne fou pour devenir sage » (*1 Co* 3, 18). Mais qu'en est-il de cette « folie », de cette simplicité des « tout-petits » qui ouvre l'homme à l'accueil de la volonté et ainsi à la connaissance de Dieu ?

Le Sermon sur la montagne nous donne la clé qui permet d'accéder au fondement interne de cette expérience singulière et de suivre le chemin de la conversion, de l'ouverture à l'intégration dans la connaissance filiale : « Heureux les cœurs purs, ils verront Dieu » (*Mt* 5, 8). C'est la pureté du cœur qui permet de voir. Voilà l'ultime simplicité qui ouvre notre vie pour qu'elle accueille la volonté de révélation de Jésus. On pourrait également dire : notre volonté doit devenir volonté du Fils. Alors nous sommes capables de voir. Mais être fils signifie être en relation, c'est en effet une notion de relation. Cela signifie qu'on abandonne l'autonomie qui s'enferme en elle-même. Cela implique ce que dit Jésus en parlant de devenir enfant. Ainsi nous comprenons également le paradoxe que l'Évangile de Jean amplifie : d'un côté, Jésus se subordonne totalement au Père en tant que Fils, de l'autre, c'est justement pour cela qu'il est dans un rapport d'égalité totale avec le Père, qu'il est vraiment son égal, qu'il ne fait qu'un avec lui.

Revenons au cri d'allégresse. Cette égalité que nous avons trouvée formulée en Matthieu (11, 25-27) en tant qu'union dans la volonté et la connaissance, la première moitié du verset 27 la relie à la mission universelle de Jésus et la rapporte ainsi à l'histoire universelle : « Tout m'a été confié par mon Père. » Si nous considérons le cri d'allégresse des synoptiques dans toute sa profondeur, il apparaît qu'en effet il contient déjà toute la théologie johannique du Fils. Là aussi la condition de Fils est une connaissance réciproque et l'unité dans la volonté. Là aussi le Père est celui qui donne, et qui a « tout » remis au Fils et qui a ainsi fait le Fils égal à lui-même : « Et tout ce qui est à moi est à toi, comme tout ce qui est à toi est à moi » (*Jn* 17, 10). Et là aussi ce « don » fait par le Père rejoint sa création, le « monde » : « Car Dieu a tant aimé le monde qu'il a donné son Fils unique » (3, 16). Le mot « unique » renvoie d'un côté au prologue, où le *Logos* est dit « le fils unique – *monogenes theos* » (1, 18). Mais d'autre part, il rappelle aussi Abraham, qui n'a pas refusé son fils, le fils « unique », à Dieu (cf. *Gn* 22, 2.12). Le « don » du Père se parachève dans l'amour du fils jusqu'au bout (cf. *Jn* 13, 1), c'est-à-dire jusqu'à la croix. Le mystère trinitaire de l'amour, qui apparaît dans le titre « le Fils », ne fait qu'un avec le mystère d'amour dans l'histoire, qui s'accomplit dans la Pâque de Jésus.

Enfin, dans l'Évangile de Jean aussi, le titre « le Fils » trouve sa place dans la prière de Jésus qui est, bien entendu, différente de la prière de la créature : c'est le dialogue de l'amour en Dieu lui-même – le dialogue, qui *est* Dieu. Ainsi au titre de « fils » correspond la simple formule d'interpellation « Père », dont l'évangéliste Marc a conservé la version originelle araméenne « *Abba* » dans la scène du mont des Oliviers.

Joachim Jeremias a consacré des études détaillées montrant la singularité de cette façon qu'a Jésus de s'adresser à Dieu, car elle dénote une familiarité qui était impensable dans le monde de Jésus. Ce qui s'exprime en elle, c'est « l'unicité » du « Fils ». Paul nous fait savoir que les chrétiens, en raison de leur participation à l'Esprit du Fils qui leur est donné par Jésus, sont autorisés à dire : « *Abba*, Père » (cf. *Rm* 8, 15 ; *Ga* 4, 6). Cela montre clairement que cette nouvelle façon de prier des chrétiens n'est justement possible qu'à partir de Jésus, à partir de lui – l'Unique.

Le titre *Fils* avec son pendant *Père-Abba* nous fait vraiment entrevoir l'intimité de Jésus, et plus encore l'intimité de Dieu lui-même. La prière de Jésus est la véritable origine de ce titre « le Fils ». Elle n'a aucun précédent dans l'histoire, de même que le Fils lui-même « est nouveau », bien que Moïse et les prophètes se réunissent en lui. La tentative de construire des antécédents préchrétiens, « gnostiques », pour cette expression à partir de la littérature postbiblique, par exemple les *Odes de Salomon* (IIᵉ siècle ap. J.-C.), et d'établir une dépendance de Jean par rapport à elle, est privée de sens, quand on respecte un tant soit peu les possibilités et les limites de la méthode historique. Telle est l'originalité de Jésus. Lui seul est « le Fils ».

3. « *Je suis* »

Dans les paroles de Jésus transmises par les Évangiles, il y a – majoritairement chez Jean, mais aussi chez les synoptiques, même s'il s'agit de formulations moins précises et moins nombreuses – le groupe des expressions « Je suis », et sous deux formes. Dans un cas, Jésus dit simplement, sans aucun ajout : « Moi, Je Suis », ou « que Je Suis ». Dans le second groupe, le contenu du « Je suis » est précisé sous forme d'images : Je suis la lumière du monde, la vraie vigne, le bon pasteur, etc. Si ce second groupe ne pose de prime abord aucun problème de compréhension, le premier groupe apparaît d'autant plus énigmatique.

Je me contenterai de traiter trois passages de ce groupe tirés de Jean, dans lesquels la formule apparaît sous sa forme tout à fait simple et rigoureuse, pour passer ensuite à une expression des synoptiques qui a un parallèle évident chez Jean.

Les deux passages les plus importants à cet égard se trouvent dans la discussion de Jésus à la suite des paroles qu'il prononce à la fête des Tentes, où il s'est présenté lui-même comme une source d'eau vive (cf. *Jn* 7, 37-39). Ceci provoque des dissensions au sein de la foule, certains se demandant s'il n'était pas finalement le prophète tant attendu, d'autres objectant qu'aucun prophète ne pouvait venir de Galilée (cf. *Jn* 7, 40.52). Sur quoi Jésus leur dit : « Vous, vous ne savez ni d'où je viens, ni où je m'en vais... Vous ne connaissez ni moi ni mon Père » (*Jn* 8, 14. 19). Il précise encore en ajoutant : « Vous, vous êtes d'en bas ; moi, je suis d'en haut. Vous êtes de ce monde ; moi, je ne suis pas de ce monde » (*Jn* 8, 23). Puis vient la phrase décisive : « Si vous ne croyez pas que moi, JE SUIS, vous mourrez dans vos péchés » (*Jn* 8, 24).

Que veut dire cela ? Nous aimerions demander : mais qu'est-ce que tu es ? Qui es-tu ? Et en effet, voici la question des Juifs : « Qui es-tu ? » (8, 25). Qu'est-ce que cela peut bien vouloir dire – « que moi, JE SUIS » ? L'exégèse s'est naturellement mise à rechercher les origines de cette expression, afin de pouvoir la comprendre, et nous sommes obligés de faire de même dans notre quête de sens. Plusieurs sources ont été évoquées : les discours de révélation typiques de l'Orient (E. Norden), les écrits des mandéens (E. Schweizer), mais tous sont beaucoup plus récents que les livres du Nouveau Testament.

Entre-temps, l'idée s'est largement imposée que nous ne devrions pas chercher le terreau spirituel de ce langage ailleurs que dans le monde familier de Jésus : l'Ancien Testament et le judaïsme dans lequel il vivait. Nous n'avons pas besoin de recourir au vaste arrière-plan des textes de l'Ancien Testament, que les chercheurs ont reconstitué dans l'intervalle. Je me contenterai de citer les deux textes essentiels, ceux qui importent avant tout.

Commençons par Exode 3, 14, l'épisode du Buisson ardent, d'où Dieu appelle Moïse, qui demande à son tour à ce Dieu qui l'appelle : comment t'appelles-tu ? En fait de réponse, c'est le nom énigmatique de « YHWH » qui est livré à Moïse, un nom dont la signification est interprétée par Dieu lui-même avec cette phrase non moins énigmatique : « Je suis celui qui suis. » Laissons de côté les nombreuses et diverses interprétations dont cette phrase a fait l'objet. Il n'en demeure pas moins que ce Dieu se désigne lui-même simplement comme « Je suis ». Il est purement et simplement. Et cela signifie bien entendu aussi qu'il est *toujours* présent pour les hommes, hier, aujourd'hui, demain.

À l'heure solennelle de l'espérance d'un nouvel exode à la fin de l'exil babylonien, le Deutéro-Isaïe a repris et développé le message du Buisson ardent. « C'est vous qui êtes mes témoins, oracle de Yahvé, vous êtes le serviteur que je me suis choisi, afin que vous le sachiez, que vous croyiez en moi et que vous compreniez que c'est moi : avant moi aucun Dieu n'a été formé et après moi il n'y en aura pas.

Moi, c'est moi Yahvé, et en dehors de moi il n'y a pas de sauveur » (*Is* 43, 10-12). « Afin que vous le sachiez, que vous croyiez en moi et que vous compreniez que c'est moi » l'antique formulation « *"ani" Yahvé* » est maintenant raccourcie en « *"ani" hu* » – moi lui, Je suis. Le « Je suis » est devenu plus ferme, et bien que le mystère demeure, plus clair.

À l'époque où Israël n'avait plus ni terre ni Temple, Dieu, selon la conception traditionnelle, s'était retiré de la concurrence entre les divinités, car un dieu qui n'avait pas de terre, et qui ne pouvait donc pas être honoré, ne pouvait être un dieu. À cette époque, Israël avait appris à comprendre pleinement la différence et la nouveauté de son Dieu : précisément qu'il n'était pas seulement « son » Dieu, le Dieu d'un peuple et d'un pays, mais le Dieu par excellence, le Dieu de l'univers, à qui appartiennent tous les pays, le ciel et la terre, le Dieu qui dispose de tous, le Dieu qui n'a pas besoin qu'on l'honore en lui sacrifiant des boucs et des taureaux, mais simplement en agissant comme il convient.

Encore une fois : Israël avait compris que son Dieu était « Dieu » par excellence. C'est ainsi que le « JE SUIS » du Buisson ardent avait trouvé une signification nouvelle : ce Dieu *est*, tout simplement. Étant celui qui est, il se présente justement dans son unicité dans la formule « Je suis ». C'est certainement une façon de se démarquer des nombreuses divinités qui existaient à l'époque, mais c'est surtout, de façon tout à fait positive, la manifestation de son unicité et de sa singularité indescriptibles.

Quand Jésus dit « Je suis », il adopte cette histoire et la rapporte à lui-même. Il manifeste son unicité. En lui, c'est le mystère du Dieu unique qui est personnellement présent.

« Moi et le Père sommes un. » Heinrich Zimmermann souligne à juste titre qu'avec ce « Je suis », Jésus ne se situe pas *à côté* du Je du Père, mais qu'il renvoie au Père[4]. Or c'est justement comme cela qu'il parle aussi de lui-même. Il s'agit précisément du fait que le Père et le Fils sont indissociables. Parce qu'il est le Fils, il peut reprendre à son compte la présentation que le Père fait de lui-même : « Celui qui m'a vu a vu le Père » (*Jn* 14, 9). Parce qu'il en est ainsi, il peut reprendre à son compte en tant que Fils la parole de révélation du Père.

Toute la discussion dans laquelle s'insère ce verset tourne justement autour de l'unité du Père et du Fils. Pour bien comprendre, nous devons avant tout nous souvenir de ce que nous avons observé à propos du titre « le Fils », de son ancrage dans le dialogue entre le Père et le Fils. Nous avions vu que Jésus est entièrement « relationnel », qu'il n'est, dans tout son être, que relation au Père. C'est à partir de cette nature relationnelle qu'il faut comprendre la formulation du Buisson ardent et d'Isaïe. Le « Je suis » se situe totalement dans la nature relationnelle entre le Père et le Fils.

À la suite de la question des Juifs, qui est aussi la nôtre, « Qui es-tu ? », Jésus commence par se référer à celui qui l'a envoyé et au nom duquel il s'adresse au monde. Il répète une fois encore la formule de la Révélation, le « Je suis », qu'il étend maintenant à l'histoire future. « Quand vous aurez élevé le Fils de l'homme, alors vous comprendrez que moi, JE SUIS » (*Jn* 8, 28). Sur la croix, on peut reconnaître sa condition de Fils, et son unité avec le Père. La croix est le vrai « sommet ». C'est le sommet de l'amour « jusqu'au bout » (*Jn* 13, 1). Sur la croix, Jésus est « au sommet », à la même hauteur que Dieu qui est amour. C'est là qu'on peut le « connaître », qu'on peut comprendre le « Je Suis ».

Le Buisson ardent, c'est la croix. La plus haute prétention de révélation, le « Je Suis » et la croix de Jésus sont indissociables. Il ne s'agit pas ici de spéculation métaphysique, car ce qui se manifeste, c'est la réalité de Dieu au cœur de l'histoire, pour nous. « Alors vous comprendrez que moi, Je Suis » – quand cet « alors » sera-t-il réalisé ? Il ne cesse de se réaliser dans l'histoire, et pour commencer au jour de la Pentecôte, où les Juifs furent bouleversés en entendant le discours de Pierre (cf. *Ac* 2, 37), si bien que, selon le récit des Actes, trois mille personnes se firent baptiser et rejoignirent la communauté (cf. *Ac* 2, 41). Ce dont parle le voyant de l'Apocalypse se réalisera pleinement à la fin de l'histoire : « Et tous les hommes le verront, même ceux qui l'ont transpercé » (*Ap* 1, 7).

À la fin de la discussion du chapitre 8, apparaît encore une fois le « Je suis » de Jésus, élargi et interprété cette fois dans une autre direction. On est toujours en présence de la question « Qui es-tu ? », qui implique en même temps la question « D'où viens-tu ? ». Du coup, on en vient à parler de la descendance des Juifs à partir d'Abraham, et pour finir de la paternité de Dieu lui-même : « Notre père c'est Abraham... Nous ne sommes pas des enfants illégitimes ! Nous n'avons qu'un seul Père, qui est Dieu » (*Jn* 8, 39. 41).

Le renvoi des interlocuteurs de Jésus au-delà d'Abraham, jusqu'à la paternité de Dieu, donne l'occasion au Seigneur d'éclairer une fois encore sa propre origine avec la plus grande netteté. En effet, dans cette origine s'accomplit pleinement le mystère d'Israël, auquel les Juifs eux-mêmes ont fait allusion en allant au-delà de la descendance d'Abraham en direction de la descendance de Dieu lui-même.

Abraham, nous indique Jésus, ne renvoie pas seulement au-delà de lui-même en direction de Dieu le Père, il renvoie surtout vers l'avenir, vers Jésus, le Fils : « Abraham votre père a tressailli d'allégresse dans l'espoir de voir mon Jour. Il l'a vu, et il a été dans la joie » (*Jn* 8, 56). L'objection des Juifs disant que Jésus n'a certainement pas pu voir Abraham s'attire la réponse suivante : « Avant qu'Abraham ait existé, moi, JE SUIS » (*Jn* 8, 58). « Je suis », tel est de nouveau mis en valeur mystérieusement le simple « Je suis », mais il est maintenant défini par l'opposition au « ait existé » d'Abraham. Au monde des choses qui adviennent et qui disparaissent, qui surviennent et qui déclinent, s'oppose le « Je suis » de Jésus. Schnackenburg fait remarquer à juste titre qu'il ne s'agit pas seulement d'une catégorie temporelle, mais d'une « différence ontologique fondamentale ». « La prétention de Jésus à une façon d'être absolument unique, dépassant toute catégorie humaine[5] », est clairement formulée.

Venons-en à présent au récit, relaté par Marc, de Jésus marchant sur les eaux à la suite de la première multiplication des pains (*Mc* 6, 45-52). Ce récit a un parallèle largement concordant dans l'Évangile de Jean (6, 16-21). Zimmermann a soigneusement analysé le texte[6]. Nous le suivrons pour l'essentiel.

Après la multiplication des pains, Jésus oblige ses disciples à monter dans la barque pour aller vers Bethsaïde. Lui-même se retire « sur la montagne » pour prier. Arrivés au milieu du lac avec leur barque, les disciples ne parviennent plus à progresser, victimes d'un violent vent contraire. Le Seigneur qui était en train de prier les aperçoit et vient à leur rencontre en marchant sur les eaux. On comprend l'effroi des disciples lorsqu'ils le voient marcher sur les eaux. Ils poussent des cris et sont « bouleversés ». Mais Jésus s'adresse à eux avec bonté : « Confiance ! c'est moi ; n'ayez pas peur » (*Mc* 6, 50).

À première vue, on comprend ce « c'est moi » comme une simple formule permettant aux siens de l'identifier, ce qui leur enlève leur peur. Pourtant cette lecture n'est pas totalement satisfaisante. Car voici que Jésus monte dans la barque, et le vent tombe. Jean ajoute qu'à partir de là leur bateau touche très vite terre. Ce qui est remarquable, c'est qu'à ce moment-là ils sont effrayés pour de bon : « Ils étaient complètement bouleversés de stupeur », note Marc d'une expression vigoureuse (6, 51). Pourquoi donc ? La peur initiale des disciples de voir un fantôme s'avère sans objet, mais leur crainte n'est pas apaisée pour autant, elle augmente, au contraire, à l'instant même où Jésus monte dans la barque et où le vent tombe brusquement.

Il s'agit à l'évidence d'une crainte typiquement « théophanique », celle qui s'abat sur l'homme quand il se voit immédiatement confronté à la présence de Dieu lui-même. Nous l'avons déjà rencontrée à la fin de la pêche miraculeuse, où Pierre, bien loin de témoigner une joyeuse reconnaissance, est saisi de crainte jusqu'au fond de l'âme ; il se jette aux pieds de Jésus et il dit : « Éloigne-toi de moi, car je suis un homme pécheur » (*Lc* 5, 8). C'est la « crainte de Dieu » qui envahit les disciples. Car marcher sur l'eau est le fait de Dieu : « À lui seul il déploie les cieux, il marche sur la crête des vagues », peut-on lire dans le Livre de Job au sujet de Dieu (9, 8 ; cf. *Ps* 76, 20 LXX ; *Is* 43, 16). Le Jésus qui marche sur les eaux n'est pas simplement le Jésus familier ; en lui les disciples reconnaissent soudain la présence de Dieu lui-même.

Il en va de même pour l'apaisement de la tempête, acte qui va bien au-delà de ce que peut un homme et renvoie donc au pouvoir proprement divin. Si bien que dans l'épisode classique de la tempête apaisée les disciples se disent entre eux : « Qui est-il donc, pour que même le vent et la mer lui obéissent ? » (*Mc* 4, 41). Dans ce contexte, le « Je suis » a également une autre tonalité : il exprime davantage que la simple volonté qu'a Jésus de s'identifier lui-même, comme si le mystérieux « Je Suis » des écrits johanniques semblait trouver un écho ici aussi. Nul doute, en tout cas, que tout cet épisode soit une théophanie, une rencontre du mystère de Dieu, raison pour laquelle elle se termine logiquement, chez Matthieu, par l'adoration (*proskýnesis*) et par ces mots des disciples : « Vraiment, tu es le Fils de Dieu ! » (*Mt* 14, 33).

Venons-en maintenant aux passages dans lesquels le contenu du « Je suis » est concrétisé par une image. On en trouve sept chez Jean et ce n'est sans doute pas un hasard s'il y en a justement sept : Je suis le pain de vie – la lumière du monde – la porte – le bon pasteur – la résurrection et la vie – le chemin, la vérité et la vie – la vraie vigne. Schnackenburg a raison d'indiquer qu'à ces grandes images on peut parfaitement ajouter celle de la source, de l'eau vive ou jaillissante, même s'il n'y a pas expressément de « Je suis » dans ces passages, car Jésus s'y présente néanmoins lui-même comme étant cette source (cf. *Jn* 4, 14 ; 6, 35 ; 7, 38 ; et aussi 19, 34). Comme nous avons déjà largement commenté ces images dans le chapitre sur Jean, il suffira de résumer brièvement la signification commune à ces paroles de Jésus chez Jean.

Schnackenburg attire l'attention sur le fait que toutes ces images sont « une variation sur un thème unique, à savoir que Jésus est venu dans le monde pour que les hommes aient la vie et l'aient en abondance (cf. *Jn* 10, 10). Il fait simplement le don unique de la vie et il peut le faire parce qu'en lui la vie divine est présente avec une abondance originelle et inépuisable[7] ». L'homme n'a besoin que d'une chose, il ne désire en fin de compte qu'une seule et unique chose : la vie, la plénitude de la vie, le « bonheur ». Il y a un passage chez Jean dans lequel Jésus donne un nom à cette chose simple que nous espérons, le « comble de la joie » (cf. 16, 24).

Cette chose unique autour de laquelle tournent bien des désirs et bien des espérances de l'homme, est également exprimée dans la deuxième demande du *Notre Père* : « Que ton règne vienne ». Le « règne de Dieu » est la plénitude de la vie, justement parce qu'elle n'est pas seulement un « bonheur » privé, une joie individuelle, mais aussi le monde parvenu à sa forme juste, l'unité entre Dieu et le monde.

L'homme n'a finalement besoin que d'une seule chose qui les contient toutes, mais il lui faut faire le tour de ses souhaits et de ses désirs superficiels pour apprendre à discerner ce dont il a vraiment besoin et ce qu'il veut vraiment. Il a besoin de Dieu. Et c'est maintenant que nous pouvons voir ce qu'il y a en fin de compte derrière toutes ces formules imagées : Jésus nous donne la « vie » parce qu'il nous donne Dieu. Il peut nous le donner parce qu'il est lui-même un avec Dieu. Parce qu'il est le Fils. Il est lui-même le don, il *est* « la vie ». C'est pour cela qu'il est, en raison de sa nature même, communication, « existence pour ». Et c'est cela qui apparaît sur la croix comme sa véritable exaltation.

Jetons un regard en arrière. Nous avons trouvé trois expressions dans lesquelles Jésus à la fois voile et dévoile son propre mystère : *Fils de l'homme, Fils, Je suis*. Ces trois expressions manifestent son profond enracinement dans la Parole de Dieu, la Bible d'Israël, l'Ancien Testament. Mais c'est en lui seulement que ces trois expressions prennent tout leur sens, comme si elles l'avaient pour ainsi dire attendu.

Ces trois expressions révèlent l'originalité de Jésus, sa nouveauté, sa caractéristique exclusive, à laquelle il n'y a pas de dérivé ultérieur. Aussi ces trois expressions ne sont-elles possibles que dans sa bouche. Au centre, on trouve le mot de la prière, le mot « Fils », auquel correspond le mot de l'interpellation *Abba-Père*. Aucune des trois expressions ne pouvait donc devenir, en l'état, un langage de profession de foi de la « communauté », de l'Église naissante.

L'Église naissante a placé le contenu de ces trois expressions centrées sur « le Fils » dans la locution « Fils de Dieu », la détachant ainsi définitivement de ses origines mythologiques et politiques. Sur la base de la théologie de l'élection d'Israël elle acquiert maintenant une signification tout à fait nouvelle, qui avait été préfigurée dans les discours où Jésus parlait en tant que Fils et « Je suis ».

Il a fallu bien des processus complexes et laborieux de distinction et de lutte pour clarifier complètement cette nouvelle signification et la préserver des interprétations mythologiques et polythéistes aussi bien que politiques. Pour ce faire, le premier concile de Nicée (325) a recouru à l'adjectif « consubstantiel » (*homoousios*). Loin d'helléniser la foi, de la charger du poids d'une philosophie qui lui serait étrangère, ce mot a justement retenu l'incomparable nouveauté, l'incomparable différence apparue dans les dialogues de Jésus avec son Père. Dans le symbole de Nicée, l'Église ne cesse d'affirmer ce que Pierre disait à Jésus : « Tu es le Messie, le Fils du Dieu vivant » (*Mt* 16, 16).

NOTES

Avant-propos

1. R. Schnackenburg, *Die Person Jesu Christi im Spiegel der vier Evangelien*, voir bibliographie, p. 396.
2. *Ibid.*, p. 6.
3. *Ibid.*, p. 348.
4. *Ibid.*, p. 349.
5. *Ibid.*, p. 353.
6. *Ibid.*, p. 354.
7. *Ibid.*
8. *Ibid.*, p. 5.
9. *La Documentation catholique*, 91 (1994), p. 13-44.
10. Cité du Vatican, 2001, les documents du Saint-Siège sont aussi consultables sur le site : www.vatican.va.

1. Le baptême de Jésus

1. J. Gnilka, *Das Matthäusevangelium*, I, p. 68, voir bibliographie, p. 397.
2. P. Evdokimov, *L'Art de l'icône*, p. 246, voir bibliographie, p. 397.
3. ThWNT I, p. 343.
4. *Ibid.*
5. J. Gnilka, *Das Matthäusevangelium*, *op. cit.*, I, p. 78.

6. R. Guardini, *Das Wesen des Christentums*, voir bibliographie, p. 397.

7. Cf. *Confessions* III, 6, 11, Paris, Gallimard, « Bibliothèque de la Pléiade », 1998, p. 825.

2. LES TENTATIONS DE JÉSUS

1. Voir à ce sujet plus en détail J. Gnilka, *Das Matthäusevangelium*, *op. cit.*, p. 88.

2. Voir à ce sujet l'important ouvrage de Vittorio Messori, *Patì sotto Ponzio Pilato*, Turin (1922), p. 52-56.

3. L'ÉVANGILE DU ROYAUME DE DIEU

1. PG XI, n. 25, col. 495-499 ; *La Prière*, Paris, DDB, coll. « Les Pères dans la foi », 1977, n. 25, p. 80-82.

2. Cf. par exemple K.L. Schmidt, in ThWNT I, 587f.

3. P. Stuhlmacher, *Biblische Theologie des Neuen Testaments*, I, p. 67, voir bibliographie, p. 398.

4. LE SERMON SUR LA MONTAGNE

1. Joachim Gnilka, *Jesus von Nazareth. Botschaft und Geschichte*, *op. cit.*, I, p. 189.

2. K. Elliger, *Das Buch der zwölf Kleinen Propheten, Altes Testament Deutsch* 24/25, p. 151, voir bibliographie, p. 398.

3. Bernard de Clairvaux, *Sermon* 26, n. 5 in *Sämtliche Werke lateinisch-deutsch*, voir bibliographie, p. 398.

4. Platon, *La République*, II 361e-362a.

5. Du grec *macarios* qui signifie « heureux, béni ». C'est ainsi qu'en terme technique, on nomme les Béatitudes.

6. *Ad Autolycum* : PG VI, 1025 ; 1028 ; trad. fr. *Trois livres à Autolycus*, I, 2, 7, Paris, Le Cerf, 1968.

7. F. Nietzsche, *Ainsi parlait Zarathoustra*, Quatrième partie, « La fête de l'Âne », GF-Flammarion, 1996, p. 372.

8. J. Neusner, *A Rabbi Talks with Jesus,* Doubleday, 1993.
9. *Ibid.*, p. 143.
10. *Ibid.*, p. 95s.
11. *Ibid.*, p. 113s.
12. *Ibid.*, p. 114.
13. *Ibid.*, p. 87.
14. *Ibid.*, p. 86s.
15. *Ibid.*, p. 77.
16. *Ibid.*, p. 78.
17. *Ibid.*, p. 84.
18. *Ibid.*, p. 77.
19. *Ibid.*, p. 90.
20. *Ibid.*, p. 89.
21. *Ibid.*, p. 91.
22. *Ibid.*, p. 92.
23. *Ibid.*, p. 59s, 73.
24. *Ibid.*, p. 59s.
25. *Ibid.*, p. 60.
26. *Ibid.*, p. 62.
27. *Ibid.*, p. 65.
28. *Ibid.*, p. 70.

5. La prière du Seigneur

1. Saint Benoît, *Règle* 19, 7, SCh, n° 182, p. 536.
2. Saint Cyprien, *Dom. orat.*, n. 2.
3. H.P. Kolvenbach, *Der österliche Weg. Exerzitien zur Lebenserneuerung*, p. 65s, voir bibliographie, p. 399.
4. R. Schneider, *Das Vaterunser*, p. 10, voir bibliographie, p. 398.
5. *Ibid.*, p. 31s.
6. H.P. Kolvenbach, *Der österliche Weg, op. cit.*, p. 98.
7. Saint Cyprien, *Dom. orat.*, n. 19.
8. *Ibid.*, n. 18.
9. R. Schneider, *Das Vaterunser, op. cit.*, p. 68.
10. Saint Cyprien, *Dom. orat.*, n. 25.
11. *Ibid.*, n. 27.

6. LES DISCIPLES

1. A. Feuillet, *Études d'exégèse et de théologie biblique*, p. 178, voir bibliographie, p. 400.
2. R. Pesch, *Das Markusevangelium*, I, p. 205, voir bibliographie, p. 400.
3. H. Schlier, *Der Brief an die Ephesen*, p. 291, voir bibliographie, p. 398.
4. SCh, n. 89.

7. LE MESSAGE DES PARABOLES

1. J. Joachim, *Die Gleichnisse Jesu*, p. 18, voir bibliographie, p. 400.
2. A. Jülicher, *Die Gleichnisreden Jesu*, voir bibliographie, p. 400.
3. J. Jeremias, *Die Gleichnisse Jesu*, *op. cit.*, p. 29.
4. *Ibid.*, p. 28.
5. A. Jülicher, *Die Gleichnisreden Jesu*, *op. cit.*, II, p. 483.
6. J. Jeremias, *Die Gleichnisse Jesu*, *op. cit.*, p. 28.
7. *Ibid.*, p. 309.
8. *Ibid.*, p. 25.
9. *Ibid.*, p. 274.
10. *Ibid.*, p. 276.
11. H. Kuhn, « *Liebe* ». *Geschichte eines Begriffs*, p. 88s, voir bibliographie, p. 400.
12. P. Grelot, *Les Paroles de Jésus-Christ*, p. 228-229, voir bibliographie, p. 400.
13. J. Jeremias, *Die Gleichnisse Jesu*, *op. cit.*, p. 245.

8. LES GRANDES IMAGES DE L'ÉVANGILE DE JEAN

1. R. Bultmann, *Das Evangelium des Johannes*, p. 10s, voir bibliographie, p. 400.
2. RGG, vol. III, p. 846, voir bibliographie, p. 394.
3. R. Bultmann, *Das Evangelium des Johannes*, *op. cit.*, p. 11.

4. M. Hengel, *Der Sohn Gottes. Die Entstehung der Christologie und die jüdisch-christliche Religionsgeschichte,* p. 53s, voir bibliographie, p. 400.

5. *Ibid.*, p. 54s.

6. M. Hengel, *Die johanneische Frage,* 1993, voir bibliographie, p. 401.

7. R. Pesch, *Antisemitismus in der Bibel ? Das Johannesevangelium auf dem Prüfstand,* voir bibliographie, p. 401.

8. M. Hengel, *Die johanneische Frage, op. cit.,* p. 286.

9. *Ibid.*, p. 287.

10. *Ibid.*, p. 306-313.

11. U. Wilckens, *Theologie des Neuen Testaments,* I, 4, p. 158, voir bibliographie, p. 401.

12. IkaZ Communio 31 (2002), p. 481.

13. *Ibid.*, p. 480-481.

14. *Ibid.*, p. 480.

15. Eusèbe, *Histoire ecclésiastique,* III, 39 in SCh, n. 31, p. 153-157.

16. Peter Stuhlmacher, *Biblische Theologie des Neuen Testaments,* vol. II, p. 206, voir bibliographie, p. 401.

17. *Ibid.*, p. 207.

18. *Ibid.*

19. M. Hengel, *Die johanneische Frage, op. cit.,* p. 322.

20. I. Broer, *Einleitung in das Alte Testament,* p. 197, voir bibliographie, p. 401.

21. M. Hengel, *Die johanneische Frage, op. cit.,* p. 322.

22. *Theotokos* : littéralement « celle qui a enfanté Dieu ». P. Rech, *Inbild des Kosmos. Eine Symbolik der Schöpfung,* vol. II, p. 303, voir bibliographie, p. 401.

23. Tertullien, *Traité du baptême,* IX, 4 in SCh, n. 35, p. 79.

24. P. Rech, *Inbild des Kosmos, op. cit.,* vol. II, p. 304.

25. R. Schnackenburg, *Die Johannesbriefe,* p. 232, voir bibliographie, p. 401.

26. Ch. K. Barrett, *Das Evangelium nach Johannes,* p. 334, voir bibliographie, p. 401.

27. Par exemple *ibid.*, p. 213.

28. *Ibid.*, p. 211s.

29. *Ibid.*, p. 461.

30. *Ibid.*, p. 301.

31. *Ibid.*, p. 298.

32. C. Schönborn, *Weihnacht. Mythos und Wirklichkeit*, p. 23s, voir bibliographie, p. 402.

33. *La Didachè*, IX, 4, Naissance des Lettres chrétiennes, 1957.

34. J. Jeremias, in ThWNT, vol. 6, p. 487.

35. K. Elliger, *Das Buch der zwölf Kleinen Propheten*, p. 172, voir bibliographie, p. 402.

36. Ch. K. Barrett, *Das Evangelium nach Johannes, op. cit.*, p. 374.

37. *Le Pédagogue*, III, 12, 101 ; F. van der Meer, H. Sibbele, *Christus. Der Menschensohn in der abendländischen Plastik*, p. 23, voir bibliographie, p. 402 ; SCh, n. 138, p. 189.

9. Deux événements marquants de l'itinéraire de Jésus

1. P. Grelot, *Les Paroles de Jésus-Christ*, p. 184, voir bibliographie, p. 402.

2. R. Pesch, *Das Markusevangelium*, II, p. 80, voir bibliographie, p. 402.

3. J. Daniélou, *Bible et Liturgie. La théologie biblique des sacrements et des fêtes d'après les Pères de l'Église*, p. 451, voir bibliographie, p. 403.

4. *Ibid.*, p. 459.

5. *Ibid.*

6. Grégoire de Nysse, *De anima*, PG 46, 132 B ; cf. J. Daniélou, *Bible et liturgie, op. cit.*, p. 464-466.

7. H. Gese, *Zur biblischen Theologie. Alttestamentliche Vorträge*, p. 81, voir bibliographie, p. 403.

8. R. Pesch, *Das Markusevangelium, op. cit.*, II, p. 66s.

10. Les affirmations de Jésus sur lui-même

1. R. Schnackenburg, *Die Person Jesu Christi...*, p. 74, voir bibliographie, p. 404.

2. Paris, Le Cerf, 2005.

3. P. Wülfing v. Martitz, in ThWNT VIII, p. 334-340, en particulier p. 336.

4. H. Zimmermann, TThZ 69, p. 6.

NOTES

5. R. Schnackenburg, *Das Johannesevangelium*, II, p. 61, voir bibliographie, p. 404.

6. H. Zimmermann, TThZ 69, p. 12s.

7. R. Schnackenburg, *Das Johannesevangelium*, *op. cit.*, II, p. 69s.

NOTE ÉDITORIALE

Pour les citations de la Bible en langue française, nous avons utilisé habituellement la traduction liturgique, souvent plus connue des lecteurs. Lorsqu'elle n'existe pas, nous avons pris la Bible de Jérusalem et, dans certains cas, la traduction a été refaite pour être le plus proche possible du texte original.

Voici l'explication de certains sigles utilisés dans le texte :

ATD : *Das Alte Testament Deutsch*, édité par Volmar Herntrich et Arthur Weiser, Göttingen, 1949s. Il s'agit d'un commentaire très connu de l'Ancien Testament en langue allemande. Les chiffres qui suivent indiquent le numéro du volume et la page.

CSEL : *Corpus Scriptorum ecclesiasticorum latinorum*, Vienne, 1866s. Parallèlement aux *Patrologies grecque* et *latine*, il s'agit d'un recueil de sources chrétiennes en langue latine.

HThKNT : *Herders Theologischer Kommentar zum Neuen Testament*, édité par Alfred Wikenhauser, Fribourg, 1953ss. Il s'agit d'un commentaire très connu sur le Nouveau Testament, traduit en plusieurs langues.

IkaZ Communio : *Internationale Katholische Zeitschrift Communio*. C'est la revue fondée par Henri de Lubac, Urs von Balthasar et Joseph Ratzinger en 1972. La revue est publiée aussi en français. Cependant, les articles ne sont pas toujours les mêmes dans les différentes langues.

PG : *Patrologia graeca*, éditée par Jacques-Paul Migne et qui comprend 161 volumes, Paris, 1857-1866. Ce sont des recueils de source chrétiennes en langue grecque.

RGG : *Die Religionen in Geschichte und Gegenwart,* Tübingen, 1909-1913 ; 2° 1927-1932 ; 3° 1956ss. À cette dernière édition, le jeune Ratzinger apporta aussi sa contribution par certains articles.

SCh : *Sources chrétiennes* : il s'agit d'une importante collection de textes des Pères de l'Église traduits aux éditions du Cerf.

ThWNT : *Theologisches Wörterbuch zum Neuen Testament,* collection fondée par Gerhard Kittel et éditée par Gerhard Friedrich, Stuttgart, 1933.

TThZ : *Trierer Theologische Zeitschrift.*

BIBLIOGRAPHIE

Comme je l'ai expliqué dans l'Avant-propos, ce livre présuppose l'exégèse historico-critique et utilise ses résultats. Mais il veut aussi aller plus loin que cette méthode, cherchant une interprétation proprement théologique. Il n'entend pas entrer dans la discussion qui est le propre de la recherche historico-critique. C'est pour cette raison que j'ai aussi renoncé à toute prétention d'être exhaustif dans l'utilisation de la bibliographie ; une telle exhaustivité serait en réalité difficile à réaliser. Les textes utilisés sont régulièrement cités dans le livre, parfois en abrégé. Les titres complets se trouvent dans la liste bibliographique ci-dessous[1].

Je voudrais en tout premier lieu citer certains des textes les plus importants et les plus récents sur Jésus :

Gnilka Joachim, *Jesus von Nazareth. Botschaft und Geschichte*, HThKNT, Supplément n. 3, Herder, Fribourg-Bâle-Vienne, 1991.
Berger Klaus, *Jesus,* Pattloch, Munich, 2004. – Sur la base d'une profonde connaissance exégétique, l'auteur illustre de manière essentielle la figure et le message de Jésus face aux interrogations présentes.

---

1. Les citations utilisent en général une nouvelle traduction faite sur l'original, renvoyant par conséquent à ce dernier. Pour la commodité du lecteur, l'édition en langue française est également indiquée après le titre original, le cas échéant.

Schürmann Heinz, *Jesus. Gestalt und Geheimnis.* Gesammelte Beiträge, Bonifatius, Paderborn, 1994. Il s'agit d'un ensemble de textes aux bons soins de Klaus Scholtissek.

Meier John P., *A Marginal Jew. Rethinking the Historical Jesus.* Doubleday, New York, 1991-2001 : *Un certain Juif : les données de l'histoire,* Paris, Le Cerf, 2004. Cette étude en plusieurs volumes est l'œuvre d'un exégète américain qui représente sous différents aspects un modèle d'exégèse historico-critique, où se manifestent à la fois l'importance et les limites de cette discipline. La recension du premier volume, faite par Jacob Neusner, mérite d'être lue : « Who needs the historical Jesus ? », *Chronicles,* juillet 1993, p. 32-34.

Söding Thomas, *Der Gottessohn aus Nazareth. Das Menschsein Jesu im Neuen Testament,* Herder, Fribourg-Bâle-Vienne, 2006. – Ce livre ne cherche pas à reconstruire la figure historique de Jésus, mais illustre le témoignage de foi que renferment les différents écrits du Nouveau Testament.

Schnackenburg Rudolf, *Die Person Jesu Christi im Spiegel der vier Evangelien,* HThKNT, Supplément n. 4, Herder, Fribourg-Bâle-Vienne, 1993. À ce livre cité dans l'avant-propos, Schnackenburg a fait suivre un autre petit volume, très personnel : *Freundschaft mit Jesus,* Herder, 1995, dans lequel il met davantage « l'accent, plus que sur ce qui est reconnaissable, sur les effets que Jésus produit dans l'âme et dans le cœur des hommes » (p. 7) et de ce fait, comme il le dit lui-même, il tente une « pondération entre raison et expérience ».

Dans l'interprétation des Évangiles, je me base essentiellement sur les différents volumes de la collection « Herders theologischem Kommentar zum Neuen Testament » (HThKNT), qui malheureusement est incomplète.

On trouve aussi un riche matériau sur l'histoire de Jésus dans l'œuvre en 6 volumes : *La Storia di Gesù,* Rizzoli, Milan, 1983-1985.

Les abréviations correspondent à celles de la troisième édition du *Lexikon für Theologie und Kirche* (LThK), Herder, Fribourg-Bâle-Vienne, 1993.

1. Le baptême de Jésus

Evdokimov Paul, Nicolaevci Pavel, *L'Art de l'icône. Théologie de la beauté*, Desclée, Paris, 1970, p. 239-247. On se référera à cet ouvrage pour ce qui concerne la théologie de l'icône et les textes des Pères.

Jeremias Joachim, article « Amnos », in ThWNT, Band I, Kohlhammer, Stuttgart, 1966, p. 342-345.

Gnilka Joachim, *Das Matthäusevangelium. Erster Teil*, HThKNT I/1, Fribourg-Bâle-Vienne, 1986.

Guardini Romano, *Das Wesen des Christentums – Die menschliche Wirklichkeit des Herrn. Beiträge zu einer Psychologie Jesu*, Matthias Grünewald, Mainz / Schöningh, Paderborn, 1991. La première édition remonte à 1938. Trad. fr. *L'Essence du christianisme*, Paris, Alsatia, 1950.

2. Les tentations de Jésus

Ce chapitre est en grande partie identique à ce que j'ai eu l'occasion de développer, sur le même sujet, dans mon livre *Unterwegs zu Jesus Christus* (Augsburg, Sankt Ulrich, 2003), p. 84-99. Dans ce volume se trouvent de nombreuses indications bibliographiques. En outre, je désire ici renvoyer seulement à Vladimir Soloviev, *Kurze Erzählung vom Antichrist*, traduit et commenté par Ludolf Müller (Wewel, Munich, 1986[6]) : *Court récit sur l'Antéchrist* in *Trois Entretiens sur la guerre, la morale et la religion*, Genève, Ad Solem, 2005.

3. L'Évangile du Royaume de Dieu

Harnack Adolf von, *Das Wesen des Christentums* ; il s'agit d'une nouvelle édition avec une préface de Rudolf Bultmann, Klotz, Stuttgart, 1950 (la première édition a été réalisée par Hinrichs, Leipzig, 1900). *L'Essence du christianisme*, Paris, Fischbacher, 1902.

Moltmann Jürgen, *Theologie der Hoffnung. Untersuchungen zur Begründung und zu den Konsequenzen einer christlichen Eschatologie,* Chr. Kaiser, Munich, 1985[12]. *Théologie de l'espérance : étude sur les fondements et les conséquences d'une eschatologie chrétienne,* Paris, Le Cerf, 1983.

Stuhlmacher Peter, *Biblische Theologie des Neuen Testaments ;* vol. I *Grundlegung. Von Jesus zu Paulus,* vol. II : *Von der Paulusschule bis zur Johannesoffenbarung,* Göttingen, Vandenhoeck & Ruprecht, 1992 et 1999.

4. Le Sermon sur la montagne

Neusner Jacob, *A Rabbi Talks with Jesus,* Montréal, McGill-Queen's University Press, 2000.

Gnilka Joachim, *Das Matthäusevangelium. Erster Teil,* HThKNT I/1, Fribourg, 1986.

Elliger Karl, *Das Buch der zwölf Kleinen Propheten,* vol. II (*Das Alte Testament Deutsch,* Bd. 25), Göttingen, Vandenhoeck & Ruprecht, 1964[5].

Dinkler Erich, *Signum Crucis. Aufsätze zum Neuen Testament und zur christlichen Archäologie,* Tübingen, Mohr, 1967, p. 1-54 (sur le signe Tau).

Bernard de Clairvaux, *Sämtliche Werke lateinisch-deutsch :* Winkler von Gerhard B. (éd.), vol. V, Tyrolia, Innsbruck, 1994, p. 394. Concernant ce texte et ses antécédents, cf. Lubac Henri de, *Histoire et Esprit. L'intelligence de l'Écriture d'après Origène,* Paris, Le Cerf, 2002.

Pour la critique du christianisme de Friedrich Nietzsche, à propos de laquelle il existe une vaste littérature, je renvoie volontiers à Henri de Lubac, *Le Drame de l'humanisme athée,* Paris, Le Cerf, 1983.

Pour la partie « Compromis et radicalité prophétique », je suis tributaire des deux contributions particulièrement stimulantes du professeur Olivier Artus, rédigées pour la Commission biblique internationale, Paris 2003 et 2004, à ce jour encore inédites. En ce qui concerne la dialectique entre les deux formes de droit, casuistique et apodictique, il renvoie avant tout à Crüsemann Frank, *Die Tora,* Munich, Chr. Kaiser, 1992.

5. LA PRIÈRE DU SEIGNEUR

La littérature sur le *Notre Père* est immense. En ce qui concerne l'exégèse, je me suis tourné avant tout vers Joachim Gnilka, *Das Matthäusevangelium. Erster Teil,* HThKNT I/1, Fribourg-Bâle-Vienne, 1986.

Pour les relations interdisciplinaires, on trouvera une première orientation chez Trenner Florian (éd.), *Vater unser im Himmel,* Klerusblatt-Verlag, Munich / Wewel, Donauwörth, 2004.

Sur l'arrière-fond hébraïque : Limbeck Meinrad, *Von Jesus beten lernen. Das Vaterunser auf dem Hintergrund des Alten Testamentes,* Religiöse Bildungsarbeit, Stuttgart, 1980.

Brocke Michael, Petuchowski Jakob J. et Walter Strolz (éd.), *Das Vaterunser. Gemeinsames im Beten von Juden und Christen,* Herder, Fribourg-Bâle-Vienne, 1976.

Sur le riche trésor de l'interprétation spirituelle, je rappelle l'œuvre tardive de Romano Guardini, *Gebet und Wahrheit. Meditationen über das Vaterunser,* Werkbund, Würzburg, 1960 ; Matthias Grünewald, Mainz-Schöningh, Paderborn, 1988[3] ; *Prière et vérité, méditations sur le Notre Père*, Paris, Le Cerf, 1966.

Schneider Reinhold, *Das Vaterunser,* Herder, Fribourg-Bâle-Vienne, 1947, 1979[6].

Kolvenbach Peter-Hans s.j., *Der österliche Weg. Exerzitien zur Lebenserneuerung,* Herder, Fribourg-Bâle-Vienne, 1988, p. 63-104. *Les Chemins de Pâques : exercices spirituels pour changer de vie*, Paris, Seuil, 1990.

Martini Carlo Maria, *Non sprecate parole. Esercizi spirituali con il Padre Nostro,* Portalupi Editore, Casale Monferrato, 2005. Trad. fr. *Ne méprisez pas la parole. Exercices spirituels avec le Notre Père*, Paris, Bayard, 2007.

Parmi les interprétations du *Notre Père* chez les Pères de l'Église, m'est particulièrement chère, et c'est pour cela qu'elle est souvent citée, l'œuvre de saint Cyprien de Carthage (vers 200-258), *De dominica oratione,* in : *Thasci Caecilli Cypriani Opera omnia,* CSEL III 1, S. 265-294. *Le Notre Père*, Dourgne, Abbaye d'En-Calcat, 1996.

Sur l'Apocalypse 12-13, voir par exemple, Ravasi Gianfranco, *Apocalisse,* Piemme, Casale Monferrato, 2000[2], p. 108-130.

6. LES DISCIPLES

Feuillet André, *Études d'exégèse et de théologie biblique. Ancien Testament*, Paris, Gabalda, 1975.

Pesch Rudolf, *Das Markusevangelium*. Erster Teil, HThKNT II/1, Fribourg-Bâle-Vienne, 1976.

Schlier Heinrich, *Der Brief an die Epheser. Ein Kommentar*, Patmos, Düsseldorf, 1958².

Biser Eugen, *Einweisung ins Christentum*, Patmos, Düsseldorf 1997.

7. LE MESSAGE DES PARABOLES

Jeremias Joachim, *Die Gleichnisse Jesu*, Vandenhoeck & Ruprecht, Göttingen 1956⁴. Trad. fr. *Les Paraboles de Jésus*, Le Puy, Xavier Mappus, 1964.

Jülicher Adolf, *Die Gleichnisreden Jesu*, Bände I und II, Tübingen, Mohr, 1899-1910².

Dodd Charles H., *The Parables of the Kingdom*, Londres, Nisbet, 1938⁴. *Les Paraboles du royaume*, Paris, Seuil, 1977.

Kuhn Helmut, « *Liebe* ». *Geschichte eines Begriffs*, Munich, Kösel, 1975.

Grelot Pierre, *Les Paroles de Jésus Christ* (Introduction à la Bible, Nouveau Testament 7), Paris, Desclée, 1986.

Augustin d'Hippone, *Sermons*, Morin Germain (éd.) (nouvelle édition d'Armand Caillau et Benjamin Saint-Yves) II, 11, p. 256-264.

8. LES GRANDES IMAGES DE L'ÉVANGILE DE JEAN

Généralités

Bultmann Rudolf, *Das Evangelium des Johannes*, Kritisch-exegetischer Kommentar über das Neue Testament, vol. 2, Göttingen, Vandenhoeck & Ruprecht, 1941.

Hengel Martin, *Der Sohn Gottes. Die Entstehung der Christologie und die jüdisch-christliche Religionsgeschichte*, Tübingen, Mohr, 1975.

Hengel Martin, *Die johanneische Frage. Ein Lösungsversuch,* Tübingen, Mohr, 1993.

Pesch Rudolf, *Antisemitismus in der Bibel ? Das Johannesevangelium auf dem Prüfstand,* Augsbourg, Sankt Ulrich, 2005.

Cazelles Henri, *Johannes. Ein Sohn des Zebedäus.* « *Priester* » *und Apostel,* in : IkaZ Communio 31 (2002), p. 479-484.

Stuhlmacher Peter, *Biblische Theologie des Neuen Testaments* ; Bd. I *Grundlegung. Von Jesus zu Paulus* ; Bd. II *Von der Paulusschule bis zur Johannesoffenbarung,* Göttingen, Vandenhoeck & Ruprecht, 1992-1999.

Wilckens Ulrich, *Theologie des Neuen Testaments,* vol. I, partie n. 4, Neukirchener Verlag, 2005, en particulier les pages 155-158.

Broer Ingo, *Einleitung in das Neue Testament* (Die Neue Echter-Bibel, Ergänzungsband 2/I), Würzburg, 1998.

Parmi les commentaires de l'Évangile de Jean, j'ai surtout utilisé celui de Rudolf Schnackenburg, en trois volumes, dans HThKNT (IV/1, IV/2, IV/3), Fribourg-Bâle-Vienne, 1965-1975 ; *Ergänzende Auslegungen und Exkurse* (IV/4), 1984.

Barrett Charles K., *The Gospel According to St. John,* Westminster, Philadelphie, 1978.

Moloney Francis J., *Belief in the Word. Reading John 1-4,* Fortress, Minneapolis 1993 ; *Signs and Shadows. Reading John 5-12,* 1996 ; *Glory not Dishonor. Reading John 13-21,* 1998.

Brown Raymond E., *The Gospel according to John,* 2 vol., Doubleday, Garden City-New York, 1966-1970.

Les grandes images

L'eau

Rech Photina, *Inbild des Kosmos. Eine Symbolik der Schöpfung.* 2 Bände, Otto Müller, Salzburg, 1966.

Schnackenburg Rudolf, *Die Johannesbriefe,* HThKNT, Fribourg-Bâle-Vienne, 1963.

Schnackenburg Rudolf, *Das Johannesevangelium,* partie 2, HThKNT IV/2, Fribourg-Bâle-Vienne, 1971, particulièrement p. 209-218.

Rahner Hugo, *Symbole der Kirche. Die Ekklesiologie der Väter,* Otto Müller, Salzburg 1964 ; en particulier *Flumina de ventre Christi. Die patristische Auslegung von Joh 7, 37.38,* p. 177-235.

La vigne et le vin

En plus des commentaires de l'Évangile de Jean mentionnés ci-dessus et celui de Photina Rech, je voudrais rappeler en particulier les utiles contributions de Henrici Peter, Figura Michael, Dolna Bernhard, Zaborowski Holger, in IkaZ Communio 35 (2006), n. 1.

À propos d'Isaïe 5, 1-7, voir Kaiser Otto, *Der Prophet Jesaja. chapitres 1-12* (*Das Alte Testament Deutsch*, vol. 17), Göttingen, Vandenhoeck & Ruprecht, 1963, p. 45-49.

Le pain

Schönborn Christoph, *Weihnacht – Mythos wird Wirklichkeit. Meditationen zur Menschwerdung,* Johannes-Verlag Einsiedeln, 1992², en particulier p. 15-30.

Le pasteur

Jeremias Joachim, article « Poimén », in ThWNT, vol. VI, Stuttgart, Kohlhammer, 1959, p. 484-501.

Elliger Karl, *Das Buch der zwölf Kleinen Propheten,* vol. II (*Das Alte Testament Deutsch*, vol. 25), Göttingen, Vandenhoeck & Ruprecht, 1964⁵, p. 168-177.

Van der Meer Frits et Sibbelee Hans, *Christus. Der Menschensohn in der abendländischen Plastik,* Fribourg-Bâle-Vienne, Herder, 1980, en particulier p. 21-23.

9. Deux événements marquants de l'itinéraire de Jésus

Pesch Rudolf, *Das Markusevangelium. Zweiter Teil,* HThKNT II/2, Fribourg-Bâle-Vienne, 1977.

Jaspers Karl, *Die großen Philosophen,* vol. 1, Munich, Piper, 1957, p. 186-228.

Grelot Pierre, *Les Paroles de Jésus Christ* (Introduction à la Bible, Nouveau Testament 7), Paris, Desclée, 1986, p. 174-205.

Welte Bernhard (éd.), *Zur Frühgeschichte der Christologie* (*Quaestiones disputatae* 51), Fribourg-Bâle-Vienne, Herder, 1970 ; il y a surtout la contribution importante de Schlier Heinrich, *Die Anfänge des christologischen Credo,* p. 13-58.

Cangh Jean-Marie van et Esbroeck Michel van, « La Primauté de Pierre (Mt 16, 16-19) et son contexte judaïque », in : *Revue théologique de Louvain* 11 (1980), p. 310-324.

Gese Hartmut, *Zur biblischen Theologie. Alttestamentliche Vorträge,* Munich, Chr. Kaiser, 1977.

Daniélou Jean, *Bible et Liturgie. La théologie biblique des sacrements et des fêtes d'après les Pères de l'Église,* Paris, Le Cerf, 1951.

Riesenfeld Harald, *Jésus transfiguré. L'arrière-plan du récit évangélique de la transfiguration de Notre Seigneur,* Copenhague, Munksgaard, 1947, p. 188s.

Puisque ce livre est consacré à la figure de Jésus, j'ai renoncé volontairement à l'exégèse des affirmations sur la primauté dans le passage de la confession de Pierre. Pour cette question, je renvoie à Cullmann Oscar, *Petrus. Jünger – Apostel – Märtyrer. Das historische und das theologische Petrusproblem,* Zurich, Zwingli-Verlag, 1952.

Pesch Rudolf, *Simon-Petrus. Geschichte und geschichtliche Bedeutung des ersten Jüngers Jesu Christi,* Stuttgart, Hiersemann, 1980.

Pesch Rudolf, *Die biblischen Grundlagen des Primats* (*Quaestiones disputatae* 187), Fribourg-Bâle-Vienne, Herder, 2001.

Gnilka Joachim, *Petrus und Rom. Das Petrusbild in den ersten zwei Jahrhunderten,* Fribourg-Bâle-Vienne, Herder, 2002.

Hengel Martin, *Der unterschätzte Petrus. Zwei Studien,* Tübingen, Mohr Siebeck, 2006.

10. LES AFFIRMATIONS DE JÉSUS SUR LUI-MÊME

Hahn Ferdinand, *Christologische Hoheitstitel. Ihre Geschichte im frühen Christentum,* Göttingen, Vandenhoeck & Ruprecht, 1966[3].

Robinson James M., *A New Quest of the Historical Jesus,* SCM, Londres, 1959 ; édition allemande : *Kerygma und historischer Jesus,* Zwingli-Verlag, Zurich, 1960 (sur la question du Fils de l'homme : p. 122ss).

Schnackenburg Rudolf, *Die Person Jesu Christi im Spiegel der vier Evangelien*, HThKNT, Supplément n. 4, Fribourg-Bâle-Vienne, 1993 (sur le Fils de l'homme : p. 66-75).

Schnackenburg Rudolf, *Das Johannesevangelium*, Zweiter Teil, HThKNT IV/2, Fribourg-Bâle-Vienne 1971, particulièrement p. 59-70 (« Herkunft und Sinn der Formel *egó eimi* ») et p. 150-168 (« le Fils » comme autodéfinition de Jésus dans l'Évangile de Jean).

Zimmermann Heinrich, « Das absolute *Ich bin* in der Redeweise Jesu », TThZ 69 (1960), p. 1-20.

Zimmermann Heinrich, « Das absolute *egó eimi* als die neutestamentliche Offenbarungsformel », in *Biblische Zeitschrift* NF 4 (1960), p. 54-69 ; 266-276.

Pour la relation entre la christologie biblique et la christologie conciliaire, je renvoie à l'œuvre fondamentale de Grillmeier Alois, *Jesus der Christus im Glauben der Kirche,* vol. 1 : *Von der apostolischen Zeit bis zum Konzil von Chalcedon (451),* Fribourg-Bâle-Vienne, Herder, 1979.

CITATIONS BIBLIQUES ET DOCUMENTS DU MAGISTÈRE

Table des abréviations

Ancien Testament

Gn	Genèse
Ex	Exode
Lv	Lévitique
Nb	Livres des Nombres
Dt	Deutéronome
1 S	Premier Livre de Samuel
2 S	Deuxième Livre de Samuel
1 R	Premier Livre des Rois
1 Ch	Premier Livre des Chroniques
2 Ch	Deuxième Livre des Chroniques
Jb	Livre de Job
Ps	Livre des Psaumes
Pr	Livre des Proverbes
Ct	Cantique des Cantiques

Sg	Livre de la Sagesse
Jr	Livre de Jérémie
Ez	Livre d'Ézéchiel
Dn	Livre de Daniel
Os	Livre d'Osée
Am	Livre d'Amos
Jon	Livre de Jonas
Mi	Livre de Michée
Ha	Livre d'Habaquq
Za	Livre de Zacharie
Ml	Livre de Malachie

Nouveau Testament

Mt	Évangile selon Matthieu
Mc	Évangile selon Marc
Lc	Évangile selon Luc
Jn	Évangile selon Jean
Ac	Actes des Apôtres
Rm	Lettre aux Romains
1 Co	Première Lettre aux Corinthiens
2 Co	Deuxième Lettre aux Corinthiens
Ga	Lettre aux Galates
Ep	Lettre aux Éphésiens
Ph	Lettres aux Philippiens
Col	Lettre aux Colossiens
2 Tm	Deuxième Lettre à Timothée
He	Lettre aux Hébreux
Jc	Lettre de Jacques
1 P	Première Lettre de Pierre

1 Jn	Première Lettre de Jean
2 Jn	Deuxième Lettre de Jean
3 Jn	Troisième Lettre de Jean
Ap	Apocalypse de Jean

Ancien Testament

410

Nouveau Testament

5, 7 : 41
6, 17 : 363
7, 30 : 100
8, 4-6 : 198
10, 3-4 : 271
10, 13 : 188
15, 26 : 109
15, 26-28 : 170
15, 28 : 368
15, 45 : 297
15, 45-49 : 362
15, 48 : 363

2 Co
1, 19-20 : 286
1, 20 : 362
4, 4 : 161
4, 8-10 : 93
4, 11 : 94
5, 20 : 106, 234, 362
6, 8-10 : 93

Ga
1, 11-12 : 323
1, 15-16 : 323
1, 18-19 : 324
2, 2 : 324
2, 7 : 324
2, 9 : 324
2, 20 : 95, 116
3, 28 : 170, 363
4, 6 : 373
5, 1 : 121
5, 13 : 121, 141
6, 2 : 121

Ep
3, 14 : 165
6, 10-12 : 199

Ph
2, 5 : 116, 156
2, 5-11 : 358
2, 6 : 326
2, 7-8 : 326
2, 6-9 : 117
2, 6-11 : 17

Col
1, 15 : 161

2 Tm
2, 13 : 285

He
1, 2.8 : 368
2, 17-18 : 47
2, 18 : 185
3, 6 : 368
4, 15 : 47, 185
5, 7 : 173
5, 8 : 368
7, 28 : 368
9, 11-24 : 26
10, 5(s) : 173, 296
11, 26 : 177
13, 12 : 242

Jc
1, 13 : 185

1 P
1, 19 : 41

1 Jn
1, 1-3 : 257
5, 6-8 : 269

418

Documents du Magistère

INDEX DES NOMS

TABLE DES MATIÈRES

Composition et mise en page

CET OUVRAGE
A ÉTÉ ACHEVÉ D'IMPRIMER
SUR ROTO-PAGE
PAR L'IMPRIMERIE FLOCH
À MAYENNE EN MAI 2007

Nº d'éd. L.01EHBN000116.A003. Nº d'impr. 68444.
D. L. : mai 2007.
Imprimé en France